中国政府间财政关系

历史考察与制度设计

方铸 常斌 ◎ 著

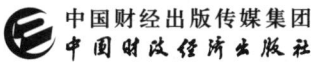

图书在版编目（CIP）数据

中国政府间财政关系：历史考察与制度设计／方铸，常斌著．——北京：中国财政经济出版社，2025.6.
ISBN 978-7-5223-3340-3

Ⅰ.F812

中国国家版本馆 CIP 数据核字第 2024RU6433 号

责任编辑：庄　莉　　　　　　　　责任校对：张　凡
封面设计：陈宇琰　　　　　　　　责任印制：史大鹏

中国政府间财政关系
——历史考察与制度设计
ZHONGGUO ZHENGFUJIAN CAIZHENG GUANXI
——LISHI KAOCHA YU ZHIDU SHEJI

中国财政经济出版社 出版

URL：http://www.cfeph.cn
E-mail：cfeph@cfeph.cn

（版权所有　翻印必究）

社址：北京市海淀区阜成路甲28号　邮政编码：100142
营销中心电话：010-88191522
天猫网店：中国财政经济出版社旗舰店
网址：https://zgczjjcbs.tmall.com
涿州汇美亿浓印刷有限公司印刷　各地新华书店经销
成品尺寸：185mm×260mm　16开　19.75印张　458 000字
2025年6月第1版　2025年6月河北第1次印刷
定价：68.00元
ISBN 978-7-5223-3340-3
（图书出现印装问题，本社负责调换，电话：010-88190548）
本社图书质量投诉电话：010-88190744
打击盗版举报热线：010-88191661　QQ：2242791300

前言 Preface

1956 年，毛泽东同志在《论十大关系》中提出要"发挥中央和地方两个积极性。应当在巩固中央统一领导的前提之下，给地方更多的独立权，让地方办更多的事情"。2012 年国务院印发《关于推进中央与地方财政事权和支出责任划分改革的指导意见》，对推进中央与地方财政事权和支出责任划分改革作出总体部署。党的十九届四中全会通过的《中共中央关于坚持和完善中国特色社会主义制度 推进国家治理体系和治理能力现代化若干重大问题的决定》提出："构建从中央到地方权责清晰、运行顺畅、充满活力的工作体系。" 2022 年，《关于进一步推进省以下财政体制改革工作的指导意见》印发，指出省以下财政体制是政府间财政关系制度的组成部分，对于建立健全科学的财税体制，优化资源配置、维护市场统一、促进社会公平、实现国家长治久安具有重要作用。党的二十届三中全会通过的《中共中央关于进一步全面深化改革，推进中国式现代化的决定》提出要完善中央和地方财政关系，增加地方自主财力，拓展地方税源，提升市县财力同事权相匹配程度，适当加强中央事权，提高中央财政支出比例，不得违规要求地方安排配套资金。

回顾我国财政体制改革的过程，可以清晰地看到，我国在不断探索和持续推进政府间财政关系的改革。政府间财政关系，是指从中央到地方各个层级政府之间的财政责权配置关系，包括政府间事权和支出责任的划分以及与之相匹配的财权和财力配置，并辅之以财政转移支付制度予以平衡。财政是国家治理的基础和重要支柱，建立现代财税体制是全面建设社会主义现代化国家的重要保障，而政府间财政关系是组成国家治理体系中的重要部分，影响着国家治理体系和治理能力现代化水平。

党的十八大以来，我国财政体制改革进程不断加快，中央与地方财政关系改革稳步推进，中央与地方收入划分进一步理顺，财政转移支付制度改革持续深化，权责清晰、财力协调、区域均衡的中央与地方财政关系逐步形成。与此同时，省以下财政体制作为中央和地方财政关系的延伸，也开始了逐步探索与改革。目前，我国经济发展已从高速增长阶段进入高质量发展阶段，经济运行的主要矛盾由总量问题变成结构问题，对转变发展方式、转换发展动能的要求更高、更迫切。因此，了解掌握政府间财政关系的基础知识，学习古今中外政府间财政关系的演变与发展应当是财政学以及其他相关领域学生应必备的基础知识与基本技能。

本书在体系安排上力求全面，以政府间财政关系的基础知识为起点；在中篇以政府间事权与支出责任、收入划分、转移支付、地区公共服务和财政竞争作为核心部分，辅以中国在政府间财政关系的实践，讲述政府间财政关系所包含的主要内容；最后在回顾中国历史上政府间财政关系演变的基础上又与其他国家的政府间财政关系作比较，并且探索大数据时代数字化政府的发展。本书具体内容为：第一章介绍政府的概论与属性；第二章介绍多级政府与政府间关系的相关影响因素；第三章到第七章介绍政府间财政关系的具体内容，其中第三章介绍政府间事权与支出责任，第四章介绍政府间收入划分，第五章介绍政府间转移支付，第六章介绍广义政府间财政关系与地区公共服务，第七章介绍政府间财政竞争与风险分担；第八章介绍我国政府间财政关系的历史考察；第九章介绍政府间财政关系的国际比较；第十章介绍财政数字化和数字化政府构建。本书旨在将政府间财政关系知识与我国具体实践相结合，形成了以下特点：第一，在内容设计上，将相关理论与中国具体实践相结合，在阐述政府间财政关系的知识点的基础上，引入中国在该方面的改革与实践历程，使学生能更好地在实践中理解和学习，有利于为我国治理体系和治理能力现代化建设培养人才；第二，在形式安排上，在每章开篇以思政案例引入，使学生带着思考开始各章的学习，提高学生自主思考与学习的能力。

本书在编写过程中，参阅借鉴了诸多优秀教材和财税研究方面的最新成果，在此向各位专家学者表示诚挚的谢意！此外，还要感谢中国财政经济出版社领导、编辑老师及各位工作人员为本教材的出版发行付出的辛勤劳动。尽管在编写过程中已经尽力搜集整理资料，投入时间与精力以期能为该领域提供一本具有可读性的教材，但终归水平有限，书中可能存在许多疏漏与不足，恳请各位读者批评指正，也欢迎各位读者能够提出更多观点来进行探讨。本书配有电子课件，可提供给将本书作为教材的老师使用。对本书提出修改意见的读者，请发送电子邮件至596394365@qq.com。

目 录 Contents

第一章 政府 …………………………………………………………（ 1 ）

　　第一节　政府概论 …………………………………………………（ 2 ）
　　第二节　政府的职能 ………………………………………………（ 17 ）
　　第三节　政府的行为与活动 ………………………………………（ 24 ）

第二章 多级政府与政府间关系 ……………………………………（ 30 ）

　　第一节　多级政府 …………………………………………………（ 31 ）
　　第二节　多级政府体制下的政府间关系 …………………………（ 36 ）

第三章 政府间事权与支出责任 ……………………………………（ 44 ）

　　第一节　事权与支出责任的理论内涵 ……………………………（ 45 ）
　　第二节　事权划分的政治经济学意义 ……………………………（ 47 ）
　　第三节　事权划分的基本原则 ……………………………………（ 51 ）
　　第四节　中国事权与支出责任划分的实践 ………………………（ 57 ）

第四章 政府间收入划分 ……………………………………………（ 64 ）

　　第一节　政府收入 …………………………………………………（ 65 ）
　　第二节　政府间收入划分的依据 …………………………………（ 79 ）
　　第三节　政府间收入划分的原则 …………………………………（ 82 ）
　　第四节　政府间收入划分的方法 …………………………………（ 83 ）
　　第五节　中国政府间收入划分实践 ………………………………（ 84 ）

第五章　政府间转移支付 （95）

第一节　政府间转移支付的概念界定 （96）
第二节　转移支付的政治经济学分析：逻辑起点和必要性 （100）
第三节　政府间财政转移支付的形式与目标 （103）
第四节　转移支付的技术方法 （108）
第五节　绩效评价 （123）
第六节　中国政府间转移支付制度实践 （129）

第六章　广义政府间财政关系与地区公共服务 （168）

第一节　广义政府间财政关系的内涵 （169）
第二节　基本公共服务的内涵 （174）
第三节　国家治理与基本公共服务均等化 （177）
第四节　基本公共服务均等化实现路径 （187）

第七章　政府间财政竞争与风险分担 （194）

第一节　政府间财政竞争的产生原因 （195）
第二节　政府间财政竞争的主要形式 （204）
第三节　政府间财政风险分担问题 （212）
第四节　政府间财政竞争的影响与协调机制 （220）

第八章　我国政府间财政关系的历史考察 （225）

第一节　秦汉时期的政府间财政关系 （226）
第二节　隋唐至明清时期的政府间财政关系 （229）
第三节　中华民国时期政府间财政关系 （241）
第四节　新中国政府间财政关系的回顾与总结 （244）
第五节　结论及历史经验 （250）

第九章　政府间财政关系的国际比较 （253）

第一节　美国 （254）
第二节　日本 （260）
第三节　俄罗斯 （264）
第四节　国际经验对我国的启示 （271）

第十章　走进大数据时代、构建数字化政府 ……………………（274）

　　第一节　财政数字化转型加速到来 ……………………………（275）
　　第二节　财政数字化转型与横向转移支付探索 ………………（280）
　　第三节　大数据时代的政府间关系 ……………………………（295）
　　第四节　加强数字化发展治理、推进数字化政府建设 ………（298）

主要参考文献 ……………………………………………………（302）

后　记 ……………………………………………………………（306）

第一章 Chapter 1
政　府

> 人民的福利是最高的法律，政府的目的是为人民谋福利。
>
> ——约翰·洛克

政府作为一种特殊的组织形式，是人类社会发展的结果，是伴随着人性的发展而产生和壮大的。同时，政府作为一种组织的发展，也经历了从掠夺型政府和管制型政府，逐步上升为服务型政府；并且，也具备一些如课税、禁止或允许、节约交易成本和组织成本等其他组织所不拥有的优势和特点。

【思政案例】

转变政府职能，加快建设法治政府

习近平总书记在党的二十大报告中强调"扎实推进依法行政"，对转变政府职能、深化行政执法体制改革、强化行政执法监督机制和能力建设等作出重点部署、提出明确要求，为新时代法治政府建设提供了根本遵循。围绕全面建设职能科学、权责法定、执法严明、公开公正、智能高效、廉洁诚信、人民满意的法治政府，持续推动政府转职能提效能，健全政府机构职能体系，依法全面履行政府职能。

案例解析：转变政府职能，优化政府职责体系和组织结构，推进机构、职能、权限、程序、责任法定化，提高行政效率和公信力。健全宏观经济治理体系，发挥国家发展规划的战略导向作用，加强财政政策和货币政策协调配合，着力扩大内需，增强消费对经济发展的基础性作用和投资对优化供给结构的关键作用。健全现代预算制度，优化税制结构，完善财政转移支付体系。健全共建共治共享的社会治理制度，提升社会治理效能。健全基本公共服务体系，提高公共服务水平，增强均衡性和可及性，扎实推进共同富裕。建立生态产品价值实现机制，完善生态保护补偿制度。加强法治政府和服务型政府建设。

思考讨论：我国建设服务型政府和法治政府的原因是什么？

第一节 政府概论

一、国家和政府的起源

（一）国家

在《家庭、私有制和国家的起源》（以下简称《起源》）一文中，弗里德里希·恩格斯（Friedrich Engels）认为："国家是社会在一定发展阶段上的产物""在生产者自由平等的联合体的基础上按新方式来组织生产的社会，将把全部国家机器放到它应该去的地方，即放到古物陈列馆去。"① 恩格斯的这段论述，一方面说明了生产力的发展是国家产生的根本原因，另一方面说明了随着人民在国家中主体地位的崛起和生产力水平的发展，国家最终将走向消亡。从国家产生的这一历史过程中，我们可以看到人民群众一直推动着社会生产力的发展，国家产生后的统治阶级将人民群众置于被剥削奴役的地位，但这丝毫不能改变"历史活动是群众的活动"的唯物主义原理，随着人民在国家中主体地位的崛起，人民终将成为国家的主人并推动国家的历史走向。在《起源》中，恩格斯揭示和批判了资产阶级国家对人民的剥削与压迫，强调了国家必将在人民自由平等享有财富的基础上消亡。恩格斯关于国家观的阐述在很大程度上体现了人民主体性思想，补充和发展了马克思国家观。②

（二）政府

古希腊的亚里士多德（Aristotle）在其著作《政治学》中，常把政府与政体或政治制度混同使用。他说，"政体"这个名词的意义相同于"公务团体"，而公务团体就是每一城邦"最高治权的执行者"。由于人们认为公务团体或政治团体的目的是追求优良的社会生活，因此，一个政治制度或政府是全城邦居民借以分配政治权利的体系。可见，亚里士多德把政府看作为确保城邦公民过优良的社会（政治）生活而分配政治权利或社会资源的公务团体，即最高政治权的执行者。近代西方的政治理论家约翰·洛克（John Locke）、让-雅克·卢梭（Jean-Jacques Rousseau）、伊曼努尔·康德（Immanuel Kant）等人则把政府看作人民意志或公民理性的执行者。现代西方政治理论家大多数把政府看作是合法使用权力的治理结构或公共权力组织。早在 20 世纪初，马克思·韦伯（Max Weber）在《经济与社会》中已把政府看成国家使用垄断合法暴力和强制机构的工具——统治团体。马克思主义认为，国家是从社会中产生，但又凌驾于社会之上，统治阶级用于压迫被统治

---

① 中共中央马克思恩格斯列宁斯大林著作编译局. 马克思恩格斯选集（第四卷）[M]. 北京：人民出版社，2012.

② 赖怡芳，张国启. 恩格斯国家观的人民主体性思想及其当代价值——以《家庭、私有制和国家的起源》为例[J]. 华侨大学学报（哲学社会科学版），2022（03）.

阶级的手段和工具。而政府作为国家权力的载体，是一种与氏族组织不同的特殊的公共权力组织：一种具有双重性质的公共权力组织。一方面，政府是统治阶级维护自身的阶级利益，压迫被统治阶级的专政工具；另一方面，由于国家在表面上作为各阶级冲突的"调停人"，对社会具有"相对独立性"，因此，政府又是国家管理社会公共事务，维护社会各阶级共同利益的公共管理组织。在对政府的概念做出阐释的情况下，有必要对国家和政府的关系做一个充分的了解。

（三）国家与政府的联系

在政治生活中，政府与国家的联系十分密切，两者的关系体现在：

1. 政府是国家最为重要的构成要素。没有政府，国家也就不复存在。国家主权的行使、国家领土完整和安全秩序的维护、人民生活的维持和生活水平的提高，都与政府具有直接或间接的关系。

2. 国家的产生以政府的形成为组织标志，政府是实现国家目标最为基本的手段。国家与氏族、部落、村坊等组织的重要区别之一在于具有完整系统的政府存在。国家意志的形成和执行，都要通过政府来体现，政府的目的就是国家的目的。

3. 政府是国家的主权代表和具体形态。在日常性的功能运作中，政府往往作为国家的具体组织和机构化身而存在，代表国家运用和行使公共权力。

（四）国家与政府的区别

正因为国家与政府存在如此千丝万缕的关系，在对政治现象的理解中，往往会把国家与政府混为一谈。从政治学研究的角度，尤其是对于公共管理专业的学习来说，区分国家与政府，具有特定的意义和必要性。

从历史和现实状况来看，国家与政府的区别主要体现在：

1. 政府是国家的构成要素之一，而非国家的全部。国家本质上是统治阶级进行阶级统治的工具，而要进行这种统治，必须具有基本的国家构成要素，或者说，必须在构成要素基本具备的条件下进行阶级的统治。从国家构成要素来看，它是由政府、居民、领土所构成的统一体。从这些要素来看，一个国家的存在，不能没有政府，但是，政府本身的更迭并不导致国家的灭亡。

2. 政府权力受之于国家主权，但是，并不等于国家主权。国家主权是普遍、广泛、无限和统一而不可分的，而政府公共权力是有限的，并且通常要在权限或职能上进行具体限度和界定。在现代社会，国家主权一般为人民所拥有，而政府权力则是人民通过法定的方式授予政府组织和官员的。因此，政府权力以人民或者人民代表是否授权为转移，而国家权力则以国家是否完整存在为转移。

3. 政府的功能是国家功能的体现，但是，政府的功能并不等同于国家功能。在实际政治生活中，政府是执行和实现国家重要功能的组织和工具，但在国家的功能中，有些功能是政府没有或者无法履行的，比如，国家文化传统的形成和传承等。因此，在政治生活中，一国的公民可以不认同特定政府及其政策，但不能反对和脱离自己的国家，否则就会丧失公民资格。国家是其成员生存和发展的根本前提，公民如果丧失对于国家的认同，就会丧失基本的生存和发展条件。

4. 国家在特定社会中代表和实现着统治阶级的利益和意志要求，但是，就其组织构成来看，国家却是由统治阶级成员和非统治阶级成员共同构成的。而政府作为统治阶级进行政治统治的组织和工具，则是由特定社会中经过专业化训练并具有管理能力和水平的一部分人组成的，因此，政府的组织构成并不包含非政府的其他社会成员。

专栏 1-1

关于政府起源的其他学说

随着社会生产力的不断发展，人们的劳动产品除了满足自身需要外产生了剩余。手工业逐步从农业中分离出来，以交换为目的的生产逐渐发展，促使了私有制的产生。这一过程使得阶级开始出现，社会逐步分裂为两个对立的阶级——奴隶主阶级和奴隶阶级。私有制的产生和社会分裂形成阶级，在客观上需要国家权力的产生。这样，国家就产生了。同时，伴随着社会的发展进步，特别是经过了资本主义社会的发展，国家需要服务的领域不断扩大，就需要一个强有力的组织来维护国家的运转，政府就应运而生。但是，关于国家和政府的起源不同时期的学者从不同的角度予以不同的解释，可谓是仁者见仁、智者见智。归纳起来，有以下五种具有代表性的阐述：

一、神权说

奴隶社会和封建社会，国家一直被视为神的意志的产物，即国家起源于神，是根据神的意志所创造的；而国王（君主）则是神的化身或神所委派的代表，是神派到人间统治世人的，所以人民应该无条件服从国王的统治。这种思想在从古代一直到十七八世纪资产阶级革命之前的政治思想中始终占据统治地位，当时统治者都曾利用这种观点来维护自己的统治。比如英王詹姆士一世（James I），中国古代的君主更是号称自己受命于天。

二、社会契约说

国家的产生是人们之间订立契约的结果。在国家产生以前人们处于自然状态中，并拥有与生俱来的自然权利。由于人们在自然状态下的生活不方便或不安全，因而自发地相互按照理性原则订立社会契约，[①] 交出自己的部分权力，由此组成了国家。在资本主义上升时期，这种学说是资产阶级关于国家起源的最有影响的学说，代表人物有荷兰的胡果·格劳修斯（Hugo Grotius）、巴鲁赫·德·斯宾诺莎（Baruch de Spinoza），英国的托马斯·霍布斯（Thomas Hobbes）、约翰·洛克（John Locke），法国的让-雅克·卢梭（Jean-Jacques Rousseau）等。

三、暴力说

该理论认为，国家起源于掠夺和征服，是人对人使用暴力的结果。其鼓吹者宣扬"强权即公理"的思想，认为"强者制服弱者，是天然的法则"，强者凭借武力征服弱者而建立起国家，国家是暴力征服的结果。

这种学说产生于19世纪末、20世纪初，其理论主张反映了帝国主义实行强权政

---

① ［法］让-雅克·卢梭. 社会契约论［M］. 戴光年, 译. 湖北：武汉出版社, 2012.

治、种族主义和对外扩张的要求。代表人物有德国的弗里德里希·恩格斯·杜林（Friedrich Engels Dühring）等。

四、国家有机体说

该学说以生物学理论来解释社会现象，以自然界的生物发展规律来说明社会发展规律。认为人类社会和国家是一种与生物相同的有机体，国家的各种组织机构相当于生物的各种系统。国家是自然生长起来的，而非人类的自由意志随便创造出来的。其主要代表人物有英国的赫伯特·斯宾塞（Herbert Spencer）等。

五、人性权利与利益论

任何人类历史的第一个前提无疑是有生命的个人的存在。人为了适应社会环境的不断变化，需要一个组织来实现维护他们的利益，政府正是这样一种社会组织，而这种需要归根结底是伴随人性的发展而发展。"权利论"认为，每个人都生而具有自然赋予的各种权利。但是如果每个人都一味地追求个人权利而不顾他人，那么他人的权利就有可能受到威胁。于是大家愿意放弃在"自然状态"中享有的部分权利，交由大家指定的机构和人员（政府及其官员）来行使，政府由此出现。"利益论"认为政府是为促进人类的共同利益而产生的。比如，英国人大卫·休谟（David Hume）认为，人类"真诚地依恋自己的利益"，这表现为"你和我一样都有舍远而图近的倾向"。例如，每个人都知道"涸泽而渔"有损于长远利益，但还是有人为了眼前的一点小利在禁渔期非法捕鱼。其结果就是正义规则和社会秩序的破坏。这时，为了维护人类的共同利益，客观上需要建立政府来干预个人的私利。

人的一生都是在选择中度过。人所面临的选择以及在此基础上的行动，均是为了处理五个问题：

1. 资源
2. 把资源价值化的技术
3. 沟通媒介与文化才能
4. 个人的偏好和欲望
5. 表达偏好并安排人类关系的制度安排

而在上面五个问题中，最基本的是资源和个人的偏好和欲望，只有处理好了这两个问题，其他问题的解决才能得到根本的保障。在处理这两个基本问题的时候又会衍生出一个最重要的问题：如何在资源稀缺的前提下满足个人的偏好和欲望？

在现实社会中，人们在做出选择的时候，一般会遵循道德原则、技术原则和经济原则这三个原则。其中，道德原则是指一定社会或阶级用以调整人们之间利益关系的根本指导原则，是对一定社会或阶级的道德关系的本质概括，最集中地反映了社会经济关系和阶级利益的根本要求，表现了道德的社会本质和人们行为的基本方向；技术原则是指人们在作出选择时，要看自己是否有能力解决这个问题，是解决自我问题的根本要求；经济原则是指如何在其他条件都相同的情况下，做出一个最有利于自己的选择，以使自己的利益和效用达到最大化。

众所周知，人的生活主要面对三个市场：经济市场、政治市场和道德市场。而每一种市场都各自具有自己的特征,简而言之,在经济市场上是自愿的互惠性的利己选择;政治市场是强制性损人利己;而道德市场是无回报利他。

人为了实现自己利益的最大化和组织效率的最优,就要通过不同的手段和方式来达到自己的目标,其手段不外乎有以下几种:

1. 求助于自己
2. 求助于他人
3. 求助于组织
4. 求助于政治
5. 求助于道德

可是,不论采用哪种方式去解决自己所面临的问题和实现自己的目标,均需要通过交换来实现。交换是社会再生产过程的不可缺少的一个环节,是联结生产及由生产决定的分配和消费的桥梁。

在自给自足阶段,人们的生活水平比较低下,基本上处于原始的生活状态,不需要经过什么交换,就能满足自己的基本生活需求;当人们手上有了多余的物资,就用手上的多余物资去交换其他需要的物资;随着商品经济的发展,人们开始有组织地去进行交换,随之出现了专门进行商品交换的商人;当交换发展到既定规则下的交换阶段,为了制定这种交换的规则和维护规则的顺利实施而达到自己的利益的最大化,政府作为一个特定组织的出现适应了这种需求。

总之,人们遵循着道德的原则、技术的原则和经济的原则进行选择。在选择的过程中发现,作为一种组织的政府在所有选择中具有充分的优势和独特的手段,因而政府开始产生、发展并壮大了。可是,当市场制度发展受到限制,组织的互惠性开始为政治等级性和军事性所取代,不以经济原则为首要考虑的政治军事组织就诞生了。即政府就是这个最主要的政治军事组织;而国家的制度安排是政府运转的依据。

二、政府的内涵与属性

政府作为履行国家权力的组织和机关,其目的、资源和功能与一般社会组织存在着本质的区别,具有一般社会组织所不具备的特性。图 1-1 描绘了中国的五级政府管理体系:中央—省级(省、自治区、直辖市)—市级(设区的市、自治州)—县级(县、自治县、不设区的市、市辖区)—乡级(乡、民族乡、镇)。这一体系由历史上的"中央—省—郡县"三级体系演变而来。中华人民共和国成立后,在省以下设了"专区"或"地区"。20 世纪 50 年代开始试行"以市管县"的模式,但在改革开放之前,市的数目不足 200 个。随着工业化和城市化的发展,1983 年开始,"以市管县"在全国推行,大多数"地区"都改成了"地级市",城市数目大幅增加到 600 多个(如图 1-1 所示地级市与县级市之和)。目前依然存在的"地区",大都在地广人稀的边疆省份,面积很大,如内蒙古的锡林郭勒盟和新疆的阿克苏地区。在县乡一级,帝制时期的地方精英自治体制(所谓"皇权不下县")随帝制瓦解而终结。民国至新中国初期，政权逐渐延伸到了县以下的乡镇和城市的街道。在乡以下的村落，则实行村民自治，但行政能力毕竟有限，若村落也建制，那财政供养人口又要暴涨一个数量级。①

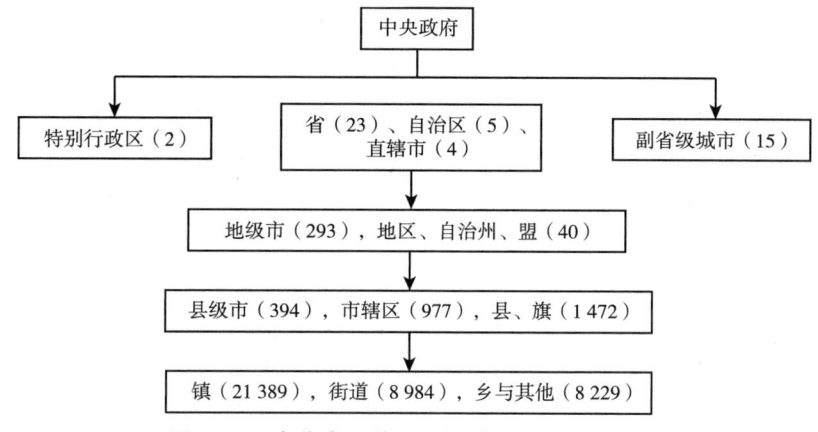

图 1-1　中华人民共和国行政区划（2022 年）

注：括号中的数字为对应的行政单位数目（单位：个）。
资料来源：民政部网站。

（一）政府的属性

1. 阶级性。阶级性是政府的灵魂，是其赖以建立的社会关系和社会环境所规定的，是国家的阶级性在政府基本特性方面的体现。作为政府的本质特征，阶级性对政府及其活动具有主导性的作用，贯穿于政府的机构构成、制度设置、政策制定、价值导向和各种实际活动中。就此而言，统治阶级的性格构成了政府的基本性格。

2. 公共性。国家本质上是一种阶级的统治，公共性就是统治阶级为了实现其统治的稳定性和有效性，往往不得不以形式上的中立者和公共利益的代表者的面貌出现，而政府就是实现这种表面上公共性的基本形式。由此可见，政府总是有在形式上或者实质上把自己的主张、制度、规则和政策等上升为普遍的公共利益的诉求，以公共利益的名义或者实际要求来行使公共权力。

3. 权威性。权威性是公共政策执行中不可或缺的资源，是国家强制性和合法性的有机结合和集中体现。一方面，政府以法律制度为基础，以暴力手段为后盾，具有凌驾于社会之上的普遍强制力，这是国家权力强制性在政府机构方面的具体要求和合法赋予。另一方面，政府又必须得到多数社会成员的认同，只有这样，政府才能有序、有效地进行社会政治统治和政治管理，这是国家权力的政治合法性在政府特性方面的延伸。而维护政府的权威是确保各项政策执行到位、政府工作顺利推进的基本前提。在实际政治生活中，有权威的政府，才能有效组织和领导全社会的力量，有目标、有计划、有步骤地推进各方面的建设和服务大众。

4. 特定的职能规定性。从总体上看，政府执行着国家的对内对外政治统治和社会管

---

① 兰小欢. 置身事内：中国政府与经济发展［M］. 上海：上海人民出版社，2021.

理的基本职能，但是在不同的历史时期、不同的社会经济背景下，各个国家的政府职能在其范围、内容和形式等方面，都有其特定的内容，政府职能始终是变化的。另外，就政府内部的不同机构和部门来看，其职能分工又有其特定的规定性，这些机构和部门按照政府在特定历史条件下的特定职能分工，相互协调，有机统一，构成了政府总的职能结构。

5. 有机组织性。尽管现代政府都形成了严格的职能分工和权力划分，但是就政府机关各部分之间的关系而言，则构成了严密的有机整体。各政府机关按照一定的原则和程序形成有机联系的整体系统，共同运行和协调发生作用，以保证统治阶级意志完整统一地贯彻实行。同时，政府都是以组织的形式而存在和运行的，这些组织由特定的人员、物质和财力等要素按照特定的原则和规则构成，政府的权力依托这些组织机构而得以行使，按照这些组织的原则、规则和程序得以实施。

（二）政府的类型

自国家诞生后，政府作为最主要的政治军事组织，几乎同时产生，目前的理论将政府、居民、领土和主权一起列为国家的四大要素。在政府产生的几千年里，随着时代的推移，其角色和职能的定位是迥然不同的，或者说，存在的目的不同。大致存在掠夺性政府、管制型政府、服务型政府三种类型。

掠夺型政府，是指政府以维护自己所代表的某阶层某集团的利益为出发点，将牺牲其他社会成员的根本利益视为达到目的的途径。一些通过殖民、侵略他国而形成的统治政府（伪政府）就属于这样的典型。

管制型政府，是指政府为了达到某种目的（这种目的不一定是为了自身或自身利益），在社会生活中扮演主导性的地位，要求其他社会成员让渡部分或全部的自身权益。

服务型政府，是指在社会生活中，其他社会成员在绝大多数时候能够自主决策自身生活，并根据其他社会成员自主决定的需求来确定自身的职能。

专栏 1-2

管制型政府与服务型政府的区别[①]

服务型政府，相对于传统的管制型政府而言，通俗地讲，就是以服务人民、服务市场和社会为目标，并承担相应职责的现代政府治理模式。建设服务型政府是现代国家治理的一个重要标志，是我国行政体制改革的基本方向。

1. 治理格局方面。传统管制型政府体现的是人治格局，行政主体总是依据主观想当然地解决和处理问题，通过国家公权力来实现自身意志，无法可依或有法不依。而现代服务型政府首先是崇尚法治的政府，不但要保护公民各项人身权利、财产权利和民主权利的实现，而且通过严格规范政府行政行为，更好地实现和维护公民权利。

[①] 张博. 合作共治视角下的现代服务型政府建设 [J]. 行政论坛, 2016 (01).

2. 政府与公民关系方面。传统管制型政府的行政主体大多具有"官重民轻、官显民微、官尊民卑"的思想，国家行政权力实际上演变成一种控制社会的权力，政府的行政权力涉及领域较广、层面较深。与计划经济高度集权相适应，传统管制型政府以国家公权力为本，政府行政机关管了许多"管不了、管不好、不该管"的事情，而公民权利却相对被压缩甚至没有。

相反，现代服务型政府是以公民权利为根本，行政机构是为人民提供各项公共服务的机构，不可逆转地向社会本位、权利本位、公民本位回归。服务型政府坚持以公民权利为根本，强调以人为本，政府只是为公民提供服务的机构。因此，一切行政管理活动都是围绕着切实保护和充分实现公民权利进行的。

（三）政府的体制模式

由于国家体制不同、社会传统不同等，政府间的职责分工也有差异。按照中央与地方政府的法律关系和法律地位，大致可以把国家分为单一制和联邦制两种类型。

1. 单一制

单一制指由若干不享有独立主权的一般行政区域单位组成统一主权国家的制度。国家本身是一个统一的整体，只是为了便于管理，才把领土划分成若干行政区域，并据以建立起地方政权，即各地方行使的权力来源于中央授权，并不是地方固有，地方的自主权或自治权是由国家整体通过宪法授予的，各地方政权一般没有单独退出该国的权利。主要有以下几个特点：

第一，国家只有一部统一的宪法和一套统一的法律体系。

第二，从国家组织机构看，国家具有统一的立法、行政、司法系统。

第三，国家主权高度统一，中央政府是国际法主体，对外代表国家，统一行使外交权，地方政府对外不具有政治上的独立性，不享有外交权。

第四，中央政府统一掌管全国事务，地方接受中央集中统一的领导。

第五，全国国民具有统一的国籍身份。

单一制的政体组织形式强调的是国家权力和决策的集中，也强调居民对公共产品的同等享用权，各级地方政府对中央政府有着较多的依存关系，即使存在着多级政府和多级财政，也仍然由最高一级的中央政府对各级地方政府进行调控。有时，甚至只存在着一个级次的政府。在这种情况下，单一制的特征便会表现得更为突出和明显。世界上许多国家采取了单一制的政权组织形式。建立在城市基础之上的新加坡、摩纳哥、安道尔只有一级政府，是典型的单一制国家。英国、法国、意大利、西班牙、葡萄牙、土耳其、埃及、日本、韩国、印度尼西亚、新西兰等，均设立有多级政府，却属于单一制国家。把中国划为单一制国家，也是许多学者所接受的观点。[①]

2. 联邦制

联邦制是由两个或两个以上的政治实体（共和国、州、邦）结合而成的一种国家结

---

① 财政部干部教育中心. 现代政府间财政关系研究 [M]. 北京：经济科学出版社，2017.

构形式。联邦制国家由各个联邦成员组成，多数情况下各成员单位先于联邦国家存在。联邦成员国在联邦国家成立之前，是单独的享有主权的政治实体；加入联邦之后，虽然不再有完全独立的主权，但在联邦宪法规定的范围内，联邦成员的主权仍受到法律的保护，联邦成员有自己的宪法和法律。主要有以下几个特点：

第一，国家整体与组成部分之间是一种联盟关系，联邦政府行使国家主权，是对外交往的主体。

第二，联邦设有国家最高立法机关和行政机关，行使国家最高权力，领导其联邦成员。

第三，实行联邦制的国家都认同于统一的联邦宪法，遵从代表国家利益的统一法律。

第四，联邦各成员国有自己的立法和行政机关，有自己的宪法、法律，其公民具有联邦国家统一的国籍，管理本国的财政、税收、文化、教育等公共行政事务。

第五，联邦和各成员国的权限划分，由联邦宪法规定。如果联邦宪法与成员国的宪法发生冲突，以联邦宪法和法律为准。

在联邦制国家的内部必定会存在着多级政府，因此，相对于单一制国家，与政府职能、财政权责相关的决策权极大地分散化了，各级政府均在一定程度上拥有决策的自主权。这种形式有助于各级政府因地制宜地实施其政策措施，但也不可避免地存在着机构及政策实施重叠、各级次政府之间关系相当复杂等一系列问题。在部分联邦制国家里，中央对地方所产生的控制极其有限，不少地方在确定税基和选择税率方面有相当可观的权限。同时，有的联邦制国家也通过有条件补助等转移支付方式对地方政府决策施加一定的影响。许多国家选择了单一制，但实行联邦制的国家也不在少数。其中，美国、加拿大、德国、瑞士、澳大利亚是典型的经济发达的联邦制国家，而在发展中国家里，也有印度、马来西亚、巴基斯坦、巴西、墨西哥等实行联邦制的政体组织形式。

三、政体

政体，即国家政权的组织形式。国家以什么样的形式组织政权，根本上由作为国家内容的国体所决定。国体是指"社会各阶级在国家中的地位"，哪个阶级在国家中处于统治地位，哪个阶级在国家中处于被统治地位。马克思主义认为，国体与政体相辅相成，辩证统一，具有特定阶级本质的国家，需要相应的政权组织形式保证阶级意志的实施，一定的国家政权形式取决于阶级统治的需要，并为阶级统治服务。国家政体，相对于国体，具有相对独立性。

除了国体之外，一个国家的政权组织形式即政体采取的具体形式，还受到地理环境、政体形成和发展过程中的政治力量对比、历史传统、经济结构、文化、民族、宗教等自然和社会多方面因素的影响和作用。因此，不同的国体，可能采取相同的政体，如古希腊奴隶主阶级统治的奴隶制国家和现代资产阶级统治的资本主义国家，都可以采取相同的共和政体；而相同的国体，也可以表现为不同的政权组织形式，如同样是资产阶级统治的国家，英国、日本实行的是君主立宪制，而美国、德国则实行共和制。

自古代到近现代,许多思想家在研究国家问题时,就划分国家政权的组织形式提出了各种各样的标准,并且按照这些标准进行了多种多样的政体划分。16世纪法国政治思想家布丹,把掌握国家主权的人数多少作为划分政体的标准,可分为君主政体、贵族政体、民主政体。该划分的方法直接来源于古希腊亚里士多德的理论。17世纪英国政治思想家洛克,从立法权的归属来划分政体,可分为君主政体、寡头政体、民主政体。现代学者根据古典政治理论家们对政体的划分与标准,结合现代情况,将政体划分为:君主政体、贵族政体、共和政体、民主政体、权威政体、极权(独裁)政体(如表1-1所示)。

表1-1　　　　　　　　在历史实践中曾出现过的政体形式

阶级属性	政体类型	典型代表
奴隶制	城邦民主	古希腊的雅典
	贵族共和	古罗马
	专制君主	新王国时期的古埃及
封建制	贵族君主	西欧中世纪前期
	等级君主	13—15世纪的英、法、俄等
	专制君主	中国明清
资本主义	二元君主	二战前的德国、日本,现在的摩洛哥、约旦等国
	议会制君主立宪	英国、荷兰等
	议会共和制	法兰西第三第四共和国,现在的德国、意大利等
	总统共和制	美国、俄罗斯
	委员会制	瑞士
	法西斯独裁专制	二战时的德国
社会主义	苏维埃	前苏联
	人民代表大会	当今中国
	代表团	前南斯拉夫

四、政治利益与政治关系

(一) 政治利益

1. 政治利益概念的内涵及其多义性

所谓利益,是指人们在社会活动和社会关系中,并且只能通过一定社会关系才能发生的指向、拥有和享用满足人的各种需要的事物、状态、关系等。如果现实生活中存在的这些事物与人们的需要没有任何关系，那么这些事物就不构成利益。在《新帕尔格雷夫经济学大辞典》（第二版）中，提到"利益实际上达到了包括人类行动的全部范围，从狭义的以自我为中心的到牺牲的利他主义的，[①] 以及从谨慎地计算过的到在感情上被迫的，最后，利益成为人们干的或者希望干的任何事情的背后动机"。

根据马克思主义的观点，政治是在一定的经济基础上政治主体在公共领域中围绕公共权力和资源分配而展开的各种活动、关系和形式。政治源于利益，服务于利益。任何政治活动都以利益为根本驱动力，最终指向利益的实现和维护。利益和政治有着天然的联系。然而，将利益和政治联结起来的政治利益概念却不那么清晰，这就引起人们对这一概念的不同理解。政治利益究竟是人们从政治（政府）活动中得到的各种好处，还是仅仅指某种"政治性"的好处？如有人主张："凡是需要经过政治权力予以支配、决定、调节、维护的利益，都是政治利益。"因此，政治利益一词可以有两种理解：（1）政治利益是政治主体参与政治生活得到的收益。这一收益可以是物质的，比如选民通过参加投票使某项法案得以通过，从而获得直接物质利益；也可以是精神的，比如选民参与选举获得了对当前政治制度的认同感；（2）政治利益是指参与政治生活得到的满足政治需求的利益，比如选民的政治参与感。因此，为了厘定政治利益的确切含义，有必要进一步考察政治利益概念的实际使用情况。

2. 政治利益概念的辨析

目前，政治利益概念的使用存在一定程度的混乱。尽管中央文件明确提出过政治利益概念，研究人员也使用这一术语，但其明确定义尚未出现。涉及政治利益的文献主要有三类：第一类是中央和地方有关文件和报告；第二类是公共政策领域的文献；第三类是国际关系领域的文献。

在农民问题研究中，政治利益是作为农民利益的一个部分：与经济利益并列但高于经济利益而被提及的。有的研究认为应该赋予农民参与政治生活的权利，维护农民的政治利益。在关于中央和地方政策的文献中，政治利益与经济利益和文化利益相提并论。有的文章提出，政府不仅应该维护人民的经济利益，还应该保障人民的政治利益和文化利益。这些属于第一类文献，其中政治利益指与经济利益、文化利益并列的一种利益类别。

公共政策领域的大量文献研究利益集团——通常称为政治利益集团——在国家政治生活中的行为及其影响。按照哈里·S. 杜鲁门（Harry S. Truman）的看法，利益集团，包括任何类似的团体，是指在一种或几种共同的态度基础上，为了建立、维护或提升具有共同态度的行为方式的团体。从这个角度讲，所有的团体都是利益集团，因为它们是有着共同态度的团体。当利益集团通过任何一种政府的机构提出自己的要求时，就变成了政治利益集团。这些属于第二类文献，这里的政治利益表示通过政治过程实现的集团利益，利益集团所追求的目标当然不仅是政治利益，还有经济利益和其他利益。

在国际贸易和国际关系领域，人们研究在国际贸易谈判中政治利益与经济利益究竟何者占主导地位。这些属于第三类文献，这里的政治利益也是指某种不同于经济利益的

[①] [美] 史蒂文·N. 杜尔劳夫，劳伦斯·E. 布卢姆. 新帕尔格雷夫经济学大辞典（第二版）[M]. 贾拥民等，译. 北京：经济科学出版社，2016.

类别。

从总体上看，现有文献事实上讨论的是不同层次主体的政治利益：第一类讨论普通民众的政治利益，第二类研究国内利益集团和组织的政治利益，而第三类则关注国家主体的政治利益。

(二) 政治关系

什么是政治关系？学者们从不同的角度分别给出了定义。例如，"政治关系是人们在社会生活中，基于特定的利益要求而形成的，以政治强制力量和权利分配为特征的社会关系"。"所谓政治关系是指政治主体之间的一种本质联系，这种本质联系是在特定的历史条件下形成的，并表现出极大的稳定性。"其中，第一个定义侧重于揭示政治关系的本质内容，第二个定义则强调指出政治关系是政治主体之间的关系。把以上两个定义综合起来，可以得出一个更为全面的定义。所谓政治关系，是指各种政治主体在组织或参与国家政治生活过程中形成的，以特定的政治权力和政治利益分配为内容的社会关系。从直观上看，政治关系表现为一种权力关系，即权力施加者与权力接受者之间的关系。而从根本上看，政治关系所表现出来的则是一种利益关系，是不同层次、不同类型的政治主体之间在各种利益上的对立统一关系，各种利益关系便构成了政治关系形成的原因。这个定义包含着以下几层意思：

第一，政治关系的主体是政治主体，即政治关系的当事者。

第二，政治关系是在特定的政治过程中形成的，即在组织或参与国家政治生活的过程中形成的。也就是说，那些不是在试图组织或参与国家政治生活过程中形成的其他社会关系（如家庭成员之间的家庭关系、市场交易双方之间的商品交易关系），不属于政治关系的范畴。

第三，政治关系的内容是特定的政治权力和政治利益的分配。特定社会中的个人或组织为了实现特定的利益要求，而结成特定的社会政治力量，形成政治主体。各个不同的政治主体根据自身的地位、角色和力量，在法定的政体结构和彼此较量中形成了政治权力和政治利益的权威性分配，形成了特定的政治关系格局。

我们说政治关系是政治主体之间的关系，那么什么是政治主体呢？政治主体，是指人们为实现自身特殊的政治权利和政治利益，按照一定原则和规则所结成的集合体。政治主体一般具有特定的共同政治利益和政治权利要求；具有特定的实体存在方式；具有特定的构成成员（这些成员可以是个人，也可以是次级政治组织）；具有特定的运行规则和活动方式。简而言之，政治主体就是在政治生活中具有政治能动性的政治实体。有学者指出，"政治主体的最显著特征就是它具有政治能动性"，这种政治能动性表现为政治主体对政治环境具有特殊的感受能力。它可以根据自己的理解对政治感受做出一定的判断，形成政治意识，并将这种政治感受和政治意识上升为政治意志，在一定的条件下付诸实施，从而产生政治行为。实际政治生活中，由于各种政治关系的交错性和复杂性，政治主体和政治客体的地位也是相对存在着的。同一政治主体在这一政治关系中是主体，而在另一政治关系中则可能是客体。如相对于中央政府来说，地方政府是政治客体；而相对于其所管理的社会组织和社会成员来说，地方政府又是政治主体。"从这个意义上说，只要一个政治实体能够产生一定的政治行为，不论其在既定的政治关系中的基本地位如何，我们都应该把它视为政治主体,或者至少承认它一定的主体性。"

一般来说,政治主体具有一定的结构。首先,从内部结构看,每一个复合型政治主体内部都具有一定的层级和结构,并通过对内部各层级的调控,而将各层级的利益和意志协调为统一的利益和意志,协调成为一个大体上的统一体。复合型政治主体的内部结构一般可以分为多种层次,其中每一层次又可以相对独立地形成次级政治主体,并且具有一定的结构;其次,从外部结构看,各个复合型政治主体彼此之间也具有一定的相互关系的结构模式,它反映着各复合型政治主体之间相互影响、相互制约、相互作用、相互冲突等权力和利益关系格局。政治主体之间的政治关系,既包括复合型政治主体内部不同层级结构之间的关系,也包括各个复合型政治主体彼此之间相互作用所形成的关系。

在当代世界各国的国内政治关系格局中,政治主体的种类和数量都是非常多的。从类型上说,政治主体主要包括政府、政党、政治集团、社会团体、社会组织、军队,以及作为个体而存在的政治精英、社会精英和普通社会成员等。有学者把阶级、民族也视为政治主体,这还值得商榷。作为一个政治主体,它们的政治能动性需要通过一定的组织结构表现出来,而阶级和民族自身并不具有一定的组织结构性。在阶级矛盾或民族矛盾紧张激烈的时候,一个阶级或一个民族的政治感受和政治意识,往往要通过特定的政党、政治集团、政治组织或其领袖人物的感召和动员能力而表达出来,并上升为政治意志和政治行为。在这里,作为政治主体而与其他政治主体发生关系的,主要是具有特定组织结构的政党、政治集团、政治组织或领袖人物,而不是宽泛意义上的民族或阶级。

一般而言,政府是最为主要的政治主体,是政治权力和政治利益的集中掌管者,在一国的政治关系格局中占据主导性地位。从这个意义上可以说,政治关系是以政府为中心,各种政治主体围绕着政府的权力和利益分配展开活动,尤其是围绕着中央政府的权力和利益分配展开活动而形成的纷繁复杂的关系网络。同时,由于现代社会分工体系的发展,在政府内部也开始了机构的分立,形成了不同的政治主体。包括:在横向上,形成国家立法、行政和司法机关之间的分立;在纵向上,形成中央政府和地方政府的层级关系。因此,政治关系包括政府与其他政治主体之间的关系以及政府内部各政治主体之间的关系两个层面。

从政府与其他政治主体的关系来看,主要包括:政府与政党的关系;政府与各种利益集团的关系;政府与各种中介性的社会组织和社会团体的关系;政府与各种经济组织的关系;政府与公民个人的关系;政府与军队的关系;从政府内部各政治主体之间的关系看,主要包括:国家立法机关、行政机关、司法机关之间的关系;中央政府与地方政府的关系;地方政府之间的关系。

五、政府的优势和约束

政府是国家最为重要的构成要素。国家的产生以政府的形成为组织标志,政府是实现国家目标最为基本的手段;同时,政府也是国家的主权代表和具体形态,因而政府具有自己独特的优势、手段和约束条件。国内政府间关系主要指国内各级政府间和各地区政府间的关系,它包含纵向的中央政府与地方政府间关系、地方各级政府间关系和横向的各地区政府间关系。从宏观上看，国内政府间关系构成了一个社会的管理与资源配置的网络体系，这种关系协调得怎么样直接关系到整个社会的稳定与协调发展。从微观上看，国内政府间关系是社会主要利益关系的直接反映，处理好国内政府间关系是实现社会利益平衡，保证最大多数利益得到合理实现的关键。从广义上讲，国内政府间关系主要体现为：立法关系、行政关系和司法关系。[①]

（一）政府的优势

政府作为国家的主权代表和具体形态，为了行使自己的权力和履行义务，而具备了本身所具有的特殊的优势：课税的优势、禁止或允许的优势、节约交易成本和组织成本的优势、遏制搭便车的优势、财政优势和货币优势。

课税的优势。课税是指国家凭借政治权力，按照法律规定对有纳税义务的单位和个人征收货币或实物的行为。税收是政府提供公共产品的主要财力来源。由于公共商品在生产、分配、消费方面的特殊性，决定了市场机制在提供和配置公共商品上的低效性或无效性。因此政府应承担起课税责任，通过税收筹集财政资金来生产、提供社会所需要的公共商品。同时，税收是政府调节经济的重要手段，政府可以通过采用"逆经济风向而行"的税收政策，促进社会总供求的平衡。

禁止或允许的优势。法律是设定权利与义务的行为规则，它允许人们进行一定的行为或禁止人们进行一定的行为。但在不同法治理念的支配下，有的突出权利（允许）本位，有的强调义务（禁止）本位，各国法律关于权利与义务的设定模式会有所不同。政府为推行自己的政策目标，需要制定合适的规则，为了维护规则的权威性，政府就必须发挥自己禁止或允许的优势。

节约交易成本和组织成本的优势。所谓交易成本就是在一定的社会关系中，人们自愿交往、彼此合作达成交易所支付的成本，也即人—人关系成本。它与一般的生产成本（人—自然界关系成本）是对应概念。从本质上来说，有人类交往互换活动，就会有交易成本，它是人类社会生活中一个不可分割的组成部分。政府可以运用自己手中掌控的人力、物力进行资源的合理调控，进而具备节约交易成本和组织成本的优势。

遏制搭便车的优势。公共物品消费的非排他性和非竞争性使得公共物品的消费和生产具有自己的特点，同时给市场机制带来一个严重的问题——搭便车问题。搭便车问题往往导致市场失灵，使市场无法达到效率。因而，只有依靠政府强大的组织、调控能力，才能弥补市场缺陷，遏制搭便车现象。

财政优势。财政从实际意义来讲，是指国家（或政府）的一个经济部门，即财政部门，通过其收支活动筹集和供给经费和资金，保证实现国家（或政府）的职能。从经济学的意义来理解，财政是一个经济范畴，是一种以国家为主体的经济行为，是政府集中一部分国民收入用于满足公共需要的收支活动，以达到优化资源配置、公平分配及经济稳定和发展的目标。在现实社会中，政府组织通常具有独特的财政优势。

货币优势。货币是从商品中分离出来固定地充当一般等价物的商品，可以执行交换媒介、价值尺度、延期支付标准和完全流动的财富储藏手段等功能的商品。政府为了推动社

---

① 林尚立. 国内政府间关系 [M]. 浙江：浙江人民出版社，1998.

会的发展，可以把社会上大量分散的资金集中起来，进而充分发挥资金的功能，完成有利于推动国计民生的重大项目，而这些都不是私人、社会组织所具有的能力。

（二）政府的手段

政府为了推行特定的政策目标，就必须采取相应的措施，实施相配套的手段，从而保证政策目标的实现。政府的主要手段有行政手段、法律手段、经济手段、教育手段。

行政手段。行政手段是指国家通过行政机构，采取带强制性的行政命令、指示、规定等措施，来调节和管理经济的手段。行政手段在现实生活中还是很常见的，比如工商局的检查、税务的查税、政府的命令等。行政手段以权威和服从为前提，行政命令接受率的高低在很大程度上取决于行政主体的权威大小。提高领导者的权威有助于提高行政手段的有效性。行政主体与行政对象之间的关系不是经济利益关系，而是一种无偿的行政统辖关系，两者之间不存在经济利益利害关系的纽带。行政方法依靠行政组织和行政机构，以行政区划和行政系统的条块为基础实施，具有系统的内化约束力，因而产生封闭性。

法律手段。法律手段是指政府依靠法治力量，通过立法和司法，运用法规来调节社会关系和活动，以达到调控目标的一种手段。通过法律手段可以有效地保护公有财产、个人财产，维护各种所有制经济、各个经济组织和社会成员个人的合法权益；调整各种组织之间横向和纵向的关系，打击各种违法犯罪行为，保证社会运行的正常秩序。

经济手段。经济手段是指政府在自觉依据和运用价值规律的基础上借助于经济杠杆的调节作用，对国民经济进行宏观调控。经济杠杆是对社会经济活动进行宏观调控的价值形式和价值工具，主要包括价格、税收、信贷、工资等。经济手段也是国家运用经济政策和计划，通过对经济的调整来影响和调节经济活动的措施。财政政策和货币政策是国家在宏观调控中最常用的经济手段。国家还可以通过制定和实施经济发展规划、计划等，对经济活动参与者进行引导，以实现国民经济的持续快速健康发展。

教育手段。教育手段是指政府借助媒体、舆论等相应的工具，对国民进行说服教育，进而让社会、民众了解自己的政策意图，达到相应的政策目标。政府利用教育手段可以实现以下方面的目标：（1）使得政府行为目标更加清晰，可以减少民众对政策作出的预期反应的政策偏差，消除民众对政府的猜疑和不满；（2）提高民众对政府行为的接受度，使民众对政府行为产生信任和认同；（3）展示政府的责任担当，增强政府的形象和公信力，有利于增进民众信任，促进社会和谐稳定发展。

（三）政府面临的约束

对于政府而言，主要面临两大约束：政治约束和财政约束。政治约束指阻碍改革政策的可行性的约束和决策已经制定并在看到结果以后的反作用和逆转约束。财政约束就是指国家运用财政手段来对政府行为进行规范和约束。财政约束要素包括财政约束主体、客体、手段、目标等。财政约束是通过法规约束和行政约束来实现的。财政约束具有两层含义：一是政府为提供公共物品应具有的筹集财政资金的能力；二是财政制度作为一种收支规则所具有的约束政府行为的能力。

其中，最重要的约束是政治约束，也就是合法性的约束，这是硬约束，它主要具有四个来源：政府政绩、公民服从的习惯、意识形态的认同和特殊人物的魅力和合法的程序。而财政的约束是一种软约束，传统社会的财政约束只是一种潜在的约束，仅仅对政府的合法性起到缓慢而间接的影响；现代国家的财政约束是制度化的，其标志是财政预算制度的建立，现代预算制度建立的标志是1789年英国通过的"统一基金法案"。①

第二节 政府的职能

职能一般是对组织的职责和功能的概括性描述。凡组织，都是机构和职能的复合体。其中，机构是机制结构和人员关系的统一体；职能则是职和能，即职权、责任和功用、能力的统一体。所谓"职能部门"，即指职责与权能确定的部门。所有社会组织作为机构和职能的复合体，其职能总是与机构同时被确定的，而确定的方式则是同组织的产生方式相一致。政府职能，即政府组织的职责和功能。在法治国家，是指政府依法应当行使的职责和所具有的功能。具体地说就是政府作为国家行政机关，依法在国家的政治经济以及其他社会事务的管理中所应履行的职责及其所应起的作用。

一、政府职能配置的基本原则

政府职能是静态与动态的统一体。其中政府职责是相对静态的存在，政府功能则以动态方式发挥。政府职能配置主要是指对处于静止状态中的政府的基本职责的配置；至于政府按其职责所发挥的功能，则体现于政府职能行使的过程中，不是职能配置所关注的主要内容。所谓政府职能配置的原则，其实就是在职能设定过程中，如何把握动与静、变与不变、发展与稳定、相对独立与普遍联系等方面的职能关系所应遵循的标准和法则。其配置原则主要是以下几点：

（一）法定与"三定"原则

职能法定是行政发展的必然要求，也是完善市场经济体制的必要前提。职能法定即政府的职能通过法律得到明确而恰当的界定：政府该管什么、不该管什么，在什么范围内管，以及如何管的问题，都应在法律上明确。"三定"是指定职能、定机构、定编制。在政府职能配置时贯彻"三定"原则的意义在于，使法定化的政府职能与相应的政府机构和既定的人员编制相结合、相统一，成为具有普遍联系的可操作性政府软件。

（二）权、责对等原则②

也就是有限政府和责任政府的一致，具体反映在权、能一致，职、责一致。在现实政

---

① 1789年英国议会通过了《统一基金法案》，政府预算把全部财政收支统一在一个文件中，规定除特殊情况外，所有财政收入要纳入综合基金中，一切财政支出也都从综合基金中拨付。政府预算：1832年，英国议会又通过一项法律，规定财政大臣每年必须向议会提出"财政收支计划"，经由议会批准后才予以执行。至此，具有现代意义的政府预算制度才真正建立起来。

② 法约尔于1916年发表了《工业管理和一般管理》一书，提出适用于一切组织的管理五大职能和有效管理的14条原则，标志着一般管理理论的诞生。

治中，权、责不对等的现象表现为：要么权力不受限制，责任不被追究；要么权力在上面，责任在下面；或者有职无权，或者有权无能、有权无责。所谓"权力大于王法、利益高于责任""上面邀功，下面受气"，所谓"管事的没有权，有权的不管事""有利抢篮球，无利踢足球"等通俗的说词，就是对上述不对等、不一致现象的生动概括。

（三）决策、执行、监督相协调原则

在政府职能配置中，既要明确决策、执行、监督的权力和责任，又要体现三者相互依从、相互制约、相互促进的运行关系。作为一项政府运行原则，决策、执行、监督相协调不仅是对整个政府系统上下级之间的要求，也是对下一级政府内部关系运作的要求。

（四）逐层递减原则

根据熵定律原理①和结构功能统一原则，政府系统的职能行使和职能配置应当是自上而下逐层递减的。按照熵定律原理，在一个封闭的管理系统内，管理的效能是定向递减的；在政府这一相对封闭的系统内，从中央到基层，管理的权威性、有序性和有效性也是呈递减态势的。按照结构功能统一原则，政府权力效能的发挥基于权力结构和权力功能的协调一致，即机构规模越大职能越多，反之亦然；倘若机构与职能不相对应，则政府效能就会降低。

二、主要职能

国家是阶级矛盾不可调和的产物，国家的性质决定国家职能、活动范围和总体活动方向。因而，作为国家机器最重要组成部分的政府，其职能从根本上讲，必然与一定的阶级相联系，为其所代表阶级的利益服务，古今中外一切国家的政府概莫能外。但是也要指出，政府的职能不是一成不变的。从历史演进的过程来看，政府的职能、活动范围和方向总是伴随着人类社会发展阶段和社会、政治、经济等状况的变化而变化的。

（一）政治职能

政府的政治职能是政府的主要职能。政府是社会政治活动的最重要主体，它的职责关系到社会各个方面的公共事务。社会矛盾的协调、社会秩序的稳定以及社会状况的发展等都需要政府来处理。因此，政府的政治职能主要表现为：一是构建和维护既有的政治、经济、法律和文化的制度和环境。二是制定维护国家和社会利益的政治、经济和文化政策。三是建立和维护军队、警察、监狱等暴力机器。

（二）经济职能

政府的经济职能是随着社会经济的发展而逐渐产生和扩张的。特别是现代资本主义经济的兴起，市场经济的繁荣，一方面导致社会财富的增长，提升了人们的物质生活水平；另一方面也带来了各种新问题。所以，经济财富的增长为政府履行经济职能提供了物质条

---

① 熵定律是指热力学第二定律。即能量只能从可利用向不可利用、从有序向无序、从有效向无效转化，亦即向耗散的方向转化，不可逆转。熵是不能再被转化做功的能量总和的测定单位。"熵"一词由德国物理学家克劳修斯1868年首次提出。他认为，世界的熵（即无效能量的总和）总是趋向最大的量。罗塞尔解释为，"每当在一个区域聚有大量能量，而邻近区域能量较少时，能量就呈现出从这个区域向邻近区域流动，直至达到平衡"。在这一过程中，自由或有效的能量被用完、耗散。

件，而各种问题的出现为政府干预市场提供了合法理由。经济职能已经成为现代政府特别重要的职能，其主要表现为：一是通过财政政策和货币政策调节经济发展，保证宏观经济的稳定增长。二是通过税收和财政支出等手段，对社会财富进行再分配，保证社会的公平和稳定。三是控制垄断行为和外部不经济行为，提高资源的配置效率。四是积极创造条件，促进经济结构的优化和转型。五是提供公共产品和服务。

(三) 社会管理职能

政府的社会职能主要指在政治、经济领域以外的其他领域，诸如社会管理、社会服务、社会保障等方面。政府的社会职能不同于政治、经济职能，它没有那么强的政治性和经济性，它往往是服务性的和非营利性的，主要以社会公共福利的趋向为依归。具体内容为：一是维护社会治安和社会秩序。二是管理政治、经济事务之外的社会事务，如交通通信、技术开发、文化体育、教育卫生等。三是阻止污染环境的行为，保护自然环境，维持生态平衡。四是制定和实施社会保障的制度和措施，提供社会福利、保险、救济和慈善服务。

(四) 政府职能的延伸与拓展

1. 服务型政府的基本职能

(1) 经济调节职能

政府的经济调节职能，是指在市场经济运行中，政府从社会经济生活宏观角度，对社会总需求和总供给进行调节控制，以促进经济结构调整和优化，使经济社会保持平稳健康发展。

政府的经济调节职能是伴随着生产力发展、社会分工、生产社会化程度提高和市场的扩大而产生和扩展的。在资本主义社会之前的几千年的历史长河中，由于生产力水平低下、生产社会化程度不高、市场狭小，能够发挥政府经济调节职能作用的领域、能够调节的范围是十分有限的。到了资本主义初期的向上发展阶段，与自由竞争相适应，资产阶级政府曾标榜不干预经济生活，实行自由放任的经济政策，对资本主义经济发展起了促进作用。但是，随着机器大工业的迅速发展，生产社会化程度的不断提高、国内外市场的扩大、自由竞争引起的生产集中和垄断的形成，一方面促使资本主义个别企业生产日益具有严密的组织性，另一方面为了追逐高额利润，又驱使各个资本家尽力扩大生产规模，使整个社会生产处于一种盲目的无政府状态。资本主义生产无限扩大的趋势和广大人民有支付能力的需求相对缩小的状况形成尖锐的对立，加深了资本主义生产固有的基本矛盾。特别是1929—1933年席卷资本主义世界的经济大危机爆发时，西方资本主义国家普遍推行凯恩斯主义，政府干预经济的领域几乎直接介入到社会再生产过程的各个方面，政府经济调节职能极大增强，对缓解资本主义周期性的经济危机起到了积极的作用。

(2) 市场监管职能

市场监管职能是指政府依法对市场主体及其行为进行监督和管理。

市场经济运行最基本的制度要素包括市场参与者产权关系明确、经济主体利益独立、价格依据供求关系形成、市场平等进入和公平竞争、经济关系法治化。如果政府没有按照市场运行客观要求制定法律法规体系和行为准则，那么这种自由放任、没有法律和法规的市场必然充满着强权、垄断、欺诈、混乱和扭曲市场主体的行为。为此，政府必须通过改革开放建立和制定一整套与市场经济运行相适应、符合国际惯例、比较完善的市场规则和法律体系，规范市场秩序，使之成为进入市场主体共同遵守的行为规范和处理各主体之间相互关系的准则，而进入市场的各个主体只能在不损害公众利益的前提下，追求和实现自身的经济利益。

政府在市场运行中充分发挥监督管理职能，通过法律法规的实施，维护公平竞争的市场秩序，防止和打破市场经济中可能产生的垄断和不正当竞争，为建立更加开放、竞争、有序的现代市场体系创造良好的市场环境，并提高各方面资源的运用效率，从而达到社会效益的最大化，是政府义不容辞的历史使命。

（3）社会管理职能

社会管理职能，是指政府通过制定社会政策和法律法规、管理和规范社会事务、维护社会秩序，以求得经济的发展和社会的稳定。这是国家社会职能实现途径的具体体现。

恩格斯指出："一切政治权力起先总是以某种经济的、社会的职能为基础的。""……政治统治只有在它执行了它的这种社会职能时才能持续下去。"[①] 政府的社会管理职能是以国家存在为前提的，是国家本质要求的必然体现，彰显着国家的公共性和代表公共利益进行社会管理的共有特征，行使公共事务监督与管理的使命。政府社会管理职能的核心内容是确立政府和社会组织的法律地位，使政府的社会管理法治化、规范化，有法可依，有章可循，最大限度地调动一切积极因素，协调地区之间、民族之间和不同行业之间的社会冲突，化解社会矛盾，维护社会治安，稳定社会秩序。实施政府的社会管理职能，把政府社会管理工作纳入法治化轨道，既使各个社会组织在法律规定的框架内，享有充分的独立自主管理权，选择多样的管理模式，政府又能在尊重法律的原则下，积极介入社会生活，管理社会事务，指导社会组织按照国家制定的目标和方向发展。

（4）公共服务职能

公共服务职能是指政府在正确界定政府、市场和企业边界的基础上，为社会提供公共产品和服务，为社会公众生活和参与社会各种活动创造条件。

市场经济条件下，政府、市场和企业之间的关系在功能上是互补的，也就是说，政府、市场和企业各有各自活动的范围和边界，任何一方都不能在功能上完全替代另一方；边界不清就会造成"越位""错位"的诸多弊端。政府为社会提供公共产品和服务，比如加强城乡公共基础设施建设；发展教育、科技、文化、卫生、体育、环境等公共事业；加大政府投入；制定和实施社会保障制度；提供社会福利、保险、救济和慈善服务；增加就业；在国家经济实力增强的基础上不断提高广大人民群众的物质文化生活水平。

2. 财政职能

财政职能和政府职能是相互区别又密切联系的两个经济范畴。两者的关系可以简括为：政府职能是财政职能存在的基础，规定着财政作用的范围和方向；财政职能是政府职能实现的重要手段，是政府经济调节、市场监管、社会管理和公共服务供给职能在经济社会生活中发挥作用的体现。社会主义市场经济条件下的政府宏观经济调节、微观经济引

---

① 中共中央马克思恩格斯列宁斯大林著作编译局. 马克思恩格斯选集（第三卷）[M]. 北京：人民出版社，2012.

导、社会总供给和总需求的平衡，无不依赖于财政、金融等职能的实现。我国社会主义市场经济体制下的财政职能主要有：资源配置职能、收入分配职能、稳定经济增长职能和监督管理职能。

(1) 资源配置职能

财政资源配置职能，一般是指政府运用财政手段，将一部分社会资源（国内生产总值）集中起来，根据政府、市场、企业之间边界的理论框架，通过财政支出，为社会提供公共物品和服务，满足社会需要。

资源稀缺是现代社会面临的重大现实问题，如何使有限的资源得到最优的配置，达到"帕累托最优"的理想状态，一直是国内外经济学界研究的基本问题。就当代社会资源配置的方式而言，概括起来不外乎两点：一是市场配置；二是政府配置。市场诞生以来的市场经济运作实践反复证明，市场配置资源优于政府配置资源，有利于缓解资源稀缺与人类无限需要的矛盾，从而保持社会总供给与总需求的基本平衡。这是因为市场及其内在机制对社会经济活动发挥着交换商品的桥梁和纽带、调节生产结构、传播和反馈信息的积极作用。在市场经济条件下，资源配置通过价格、竞争、供求等各种市场要素的相互作用、相互制约，影响企业和个人的经济决策，实现各种生产要素在地区间、部门间的自由流动，调整生产结构和资源的合理配置。但是几百年的市场经济实践也同时证明，单纯依靠市场机制的作用，自发地调节资源配置，明显存在自身的局限性，难以达到所谓的"帕累托最优"状态，而且还由于社会经济生活中广泛存在着市场失效的领域，市场机制运行无法为整个社会需求提供公共产品。正是由于市场机制自身存在的局限性，要求政府承担起为社会提供公共物品和服务的责任，介入社会资源配置，弥补市场功能的缺陷。

政府在自身边界的活动空间范围和领域内，把财政收入集中起来的资金，通过财政支出，以公共提供的方式，用于社会公共部门，为这些部门提供公共产品和服务，保证国家安全和社会秩序稳定，或用于市场资源配置无效和低效的非竞争性商品领域和行业，制定有关政策，引导社会资金投向，鼓励和支持其发展。此外，借鉴国际经验，政府把集中起来的社会资源，直接配置于国民经济中的农业、原材料、交通运输、能源等基础产业和部门，以及一些推动国民经济快速发展具有先导性的高新技术产业，也是财政资源配置职能的重要内容。这对于提高社会资源配置的宏观效益，实现全社会资源配置效率的最优化起着巨大作用。

(2) 收入分配职能

财政收入分配职能，是指财政以政府名义，代表政府参与部分社会产品或国民收入的分配，调节社会成员在社会产品或国民收入分配中所占有的份额，以协调各方面的经济利益关系，实现社会财富的公平分配。

市场经济条件下，社会成员个人收入的形成是通过市场和社会两个层次的分配实现的。市场分配也称微观层次的分配，属社会产品或国民收入的初次分配。社会分配又叫作宏观层次的分配，属社会产品或国民收入的再分配。我国现阶段社会主义市场经济体制是以公有制为主体，多种所有制经济共同发展，国家实行以按劳分配为主，多种分配形式并存，效率优先，兼顾公平的收入分配政策。为此，在市场层次分配中，社会财富占有份额必然要以效率为准则，依据市场各个经济主体提供的生产要素数量和质量自主决策分配，无需政府直接干预。

这样，有利于贯彻按劳分配为主体的分配政策，调动各种积极因素，鼓励一部分地区一部分人先富起来。但是，由于参与市场分配各社会成员之间，客观存在着劳动能力、生产要素占有量、受教育程度、就业机会、就业地区和部门以及竞争条件的差异，因而就会出现收入差距过大，社会财富占有份额过分悬殊的不公平现象。为了缓解收入分配中的矛盾，政府有必要通过财政、税收、社会保障、转移支付和补贴等手段，以社会公平为目标，从宏观层面参与社会产品或国民收入的再分配，调节社会成员个人收入之间、地区之间、部门之间的分配关系，把社会成员的收入差距、地区差距、部门差异控制在与社会生产力发展水平相适应和社会可以接受的限度内，以利于正确处理积累和消费、全局和局部、长远利益和近期利益的关系，实现社会主义效率与公平的统一，使广大人民群众共享经济发展的成果，走共同富裕的道路。

（3）稳定经济增长职能

财政稳定经济增长职能，是指政府运用财政收入手段和其他经济手段相互配合，从宏观视野对国民经济所实施的调节、控制和管理，以实现政府制定的经济发展战略目标，保证社会经济持续平稳较快增长。

稳定经济增长职能包括稳定经济和经济增长两个方面的基本内容。稳定经济是经济增长的前提，而经济的持续增长又为进一步稳定经济奠定了坚实的物质基础。市场经济运行要实现稳定经济增长的目标，需要政府采取一系列的经济手段、法律手段和必要的行政手段配合进行宏观经济调控，以解决市场机制自身所具有的功能缺陷和不足的问题，减少市场主体参与者偏离市场信号或信号失真导致的自发性和盲目性。

在现实经济生活中，财政发挥自身的职能作用，实现经济稳定增长的条件包括：有较充分的就业、物价相对稳定、总供求基本平衡、经济稳定、国际收支协调。由于财政对社会资源的占有是以政府为主体参与社会产品或国民收入的分配，这就决定了财政在经济稳定增长中起着特殊的作用。例如，政府实施扩张性的财政政策，扩大财政赤字规模，增加财政支出，减少税收收入，就可以增加就业、扩大社会总需求、抑制经济下滑和经济运行中的周期性波动。反之，政府采取紧缩性的财政政策，压缩赤字规模，减少财政支出，增加税收，则可以抑制经济过热，减轻社会需求过度引起通货膨胀的压力，使社会总供给和总需求保持相对平衡。又如，政府采用个人所得税、转移性支出、失业救济金和财政投资等制度，以及增加公共设施和基础产业投入，这对优化产业结构、调节需求结构、促进经济持续稳定增长起着重要作用。

（4）监督管理职能

在财政的资源配置、收入分配和调控经济各项职能中，都隐含了监督管理职能。财政监督能够促进、规范、优化并保障资源配置职能、收入分配职能以及稳定经济增长职能这三项职能的实现。通过开展反映、督促、检查和制裁等一系列财政监督活动，可以及时察觉并纠正预算编制和执行过程中出现的偏差，以确保财政分配与管理具备合规性、合理性和有效性，有效保障财政发挥资源配置职能作用。在宏观经济调控方面，财政监督通过对财政资金运行进行跟踪、检测、分析以及反映，为政府提供经济决策的依据；在资源配置与经济稳定发展层面,借助对财政资金流向及其效率的判断,为财政资源的有效配置以及经济的稳定发展提供坚实保障;在提升财政管理水平方面,通过对财政资金绩效的监督,为各级政府部门构建协同监管机制、改进财政管理水平创造有利条件。

三、中国政府职能的转变

在改革开放前的计划经济时期,中国政府在经济与社会生活中的角色及职能定位是非常清楚的,这就是全部经济与社会事务的控制者与组织者。在经济领域,政府不仅控制几乎全部的经济资源,还直接通过国有企业以及农村经济集体组织开展各种具体的经济活动,并且决定社会财富在不同群体间以及不同成员间的分配;在社会领域,不仅各种公共服务都是由政府直接提供,政府同时也对各种社会事务乃至个人行为进行控制和管理。简而言之,几乎所有的经济与社会控制和管理权力都是由政府掌控的。在经济与社会事务的组织方式上,则主要是通过计划与行政手段,而且是中央集权。省以下政府基本只是计划与行政决定的执行者,最终的决定权都集中在中央政府。很显然,这种角色与职能定位与计划经济体制的基本逻辑以及当时特定的政治文化和意识形态特点是一致的。

虽然计划经济体制并非一无是处,中国选择计划经济体制也并非毫无道理,但其对经济效率以及经济增长的制约结果是非常显著的。也正是基于这种现实以及经济发展方面的困境所带来的严重社会后果,从 20 世纪 70 年代末开始,中国开始了全面的改革开放,并最终选择了社会主义市场经济体制。虽然从表面上看,中国的改革主要是围绕经济体制,但改革的结果却并不单纯影响到经济活动的组织方式以及经济增长,而是影响到经济与社会生活的各个领域。政府的角色与职能也发生了巨大变革。

第一,政府从掌握几乎全部经济资源转变为部分经济资源的所有者。通过多种方式的所有制体制改革,相当一部分经济资源转由私人或民间经济组织所掌控,在全社会的总经济产出中,民间资本的贡献也已经占有了非常大的比重,甚至在不少领域已远远超过国有经济。而且,其增长还在继续。

第二,在经济活动的组织方式上,政府从全部经济活动的直接组织者逐步转变为经济活动的调控者。在生产领域,生产什么、生产多少已基本由市场和企业所决定,政府的作用逐步调整为调控宏观经济走向,规范市场秩序等方面。在分配领域,初次分配已基本取决于市场,政府的作用也逐步调整为通过税收以及社会保障等政策实施再分配。

第三,在社会生活领域,政府也由过去的全部社会事务以及社会成员行为的控制者转向社会秩序的维护者,且相当一部分社会管理事务开始由民间自治组织承担。过去"极左"① 的意识形态也逐步被消除,公民的自由度越来越大。保护公众基本经济与社会权利、促进经济、社会和自然之间的协调发展已经逐步成为政府自觉的追求。另外,随着政府对经济活动管理和干预程度的降低、物质生产活动越来越依靠市场和企业,政府主要作

---

① "极左"是一个政治术语。极左也就是把左派的思路推向极端,突破"自由的底限"。为获得无差别的公正,而取消绝大部分的自由,为取消绝大部分的自由,必须建立一个无比强大的国家机器,将人民的一切活动处于国家的控制之下。

为公共服务和公共产品提供者的角色定位也开始逐步清晰。

第四，政府行为方式也发生了重大改变。计划经济时期主要依靠行政手段，改革开放以来则越来越强调法制和制度建设，立法进程逐步推进，依法行政日益受到重视。另外，通过多次政府机构改革、行政管理体制改革、公务员制度建设和其他相关改革，决策的科学化、民主化以及政府行政行为的透明度逐步提高。公众对政治和社会事务的参与度和影响能力也逐步提高。

除上述几个主要方面外，还有一个重大的变革，就是决策体制从中央集权走向中央与地方分权。在集权体制下，自上而下的政府体系围绕中央政府确定的基本目标运行，在很大程度上是一个角色。而在分权体制下，不同层级政府则因事权和目标差异，变成了不同角色，彼此具有了不尽相同的职能。当然，这一过程是与其他体制相伴形成的，其中最关键的就是财政体制由计划经济时期的统收统支转变为以"包干"为主要标志的分级所有、分灶吃饭体制。从集权到分权，既是政府角色和职能调整的表现形式，也构成了政府角色与职能转变的重要影响因素。

第三节 政府的行为与活动

在社会中，居民的各种活动形成了公共事务，这需要特定的机构，即政府来协调和管理。政府基于行使公共权力的需要，开展财政活动。

一国的财政活动情况深受各种因素的影响，既有历史传统文化的影响，也有现实中国家形式的影响。最主要的是国家结构形式的影响。

国家的结构形式是国家形式的一个组成部分，它同国家政权组织形式（即广义上的国家的政体）有着密切的联系。由于国家结构形式的不同，世界上的国家可以分为单一制和联邦制两种形式。本节主要讨论了联邦制国家的代表美国、单一制国家中比较有代表性的日本和法国等国政府间的财政关系。

一、政府开展财政活动的理论依据

国家由四个要素构成，即政府、居民、领土和主权。领土是物质基础，主权是构成国家的本质属性，而居民是关键。居民个人形成家庭，进而作为细胞构成社会这样一个有机体。居民参加各种经济和社会活动会产生各种错综复杂的利益关系和利害冲突，由于这往往涉及某一群体或某一集团等较多人的利益，从而产生了公共事务。国家为了维持其生存发展，需要一个机构来协调和管理大量的公共事务，这个机构就是政府。

政府是社会的公共权力机关，公共权力凌驾于社会之上，政府凭借公共权力履行管理社会公共事务的职责。不过，政府本身往往不从事物质资料的生产，无法通过自身提供管理公共事务所需的经济来源，这也为我们研究政府与财政关系提供了理论依据：

公共权力的行使需要在财政的支持下进行，财政部门就是为政府行使公共权力提供经济来源的部门。

二、政府开展财政活动的范畴

政府公共权力的基础是管理社会公共事务。所谓公共事务，是指在社会中，私人部门不愿做、不能做、做不了，但却又是经济和社会生活所必不可少的，实质上体现全体居民共同利益的事务。其范围涵盖了国防、外交、治安、基础建设、文化艺术等方面。在现代市场经济中，之所以会产生私人部门不愿做、不能做、做不了的事务，是由于即使市场在资源配置中起决定性作用也存在市场失灵问题，它被定义为"市场中不符合完全竞争假设条件，以及市场运行结果被认为不令人满意的方面"。主要表现为：

第一，竞争失灵。这一现象主要表现为垄断和寡头，少数厂商具有控制市场供求和价格的能力，因而不能通过市场竞争来实现理想目标。此外，影响现实市场竞争性的因素还包括产品差别、产品之间的不可替代性以及生产成本递减等。

第二，公共产品。社会产品分为私人产品和公共产品，但公共产品具有非排他性和非竞争性，既不能通过市场来提供，也不能通过市场价格机制加以分配。每个人都期待着其他人去购买这一产品，自己则能免费地得到好处。所以公共产品的存在违反了完全竞争市场的假定，使得市场交换无法进行。

第三，外部性。产品和服务会对生产者或购买者以外的其他人产生影响。有积极影响（外部效益），也有消极影响（外部成本）。市场机制对于外部性的调节常常显得乏力，所以矫正外部性是政府部门最主要的职责之一。

第四，信息失灵。当市场中供求双方所掌握的信息不对等的时候，信息多的一方为了达到自身的利益最大化，就会利用自己的信息优势，对另一方进行欺诈，诱使其支付较高的价格。在这种情况下，市场无法实现效率。

第五，交易成本。在现实的市场中，交易并不是零成本的。使交易实现需要耗费大量的精力和财力，生产结构的调整也会耗费资源，这种情况显然不符合完全竞争的条件。

第六，宏观经济失调。单纯的市场调节只能解决微观平衡问题，并不能解决宏观经济平衡问题。在实际中，价格不是自由浮动的，而是具有刚性的。比如当劳动力供大于求时，工资应该下降，一直到雇主愿意雇用所有劳动力为止。但现实中往往受工会的影响，工资并不会下降，造成长期失业。这一问题的解决无法单纯依靠市场的自发力量。

三、政府形式对财政的影响因素

（一）外在影响因素

1. 政府的体制模式

一国的财政活动情况深受各种因素的影响，既有历史传统文化的影响，也有现实中国家形式的影响。要考察国家形式对财政的影响，必须弄清国体、政体和国家结构形式的概念和相互之间的关系。

国家观与政府观揭示了不同国家财政制度的立足之本,一般来讲,可以将现行各国政府划分为单一制和联邦制两种。在单一制政府体制下,地方政府的税收权限等财政活动权力从根本上说是中央政府授予的,因此,必然体现更高的财政集权特征;而在联邦政府体制下,联邦政府的权力是由地方政府(州、邦等)的权力集合派生而来,因此,体现出更高的分权特征。其概略情况可见表1-2。

表1-2　　　　　　　　　联邦制国家和单一制国家政府间职责比较

	联邦制国家	单一制国家
特征	1. 中央与地方的事权都是由宪法分别授予的。各级政府有充分的自治权。 2. 倾向于财政分权化制度。	1. 地方政府的事权通常是由中央政府以法律授予的。地方政府虽然有自治权,但中央政府仍保留有监督权。 2. 倾向于财政集权化制度。
优点	1. 事权分散,防止中央政府集权专制。 2. 各级政府能够因条件不同而对其财政政策加以调节,达成公平。	1. 事权集中,便于中央政府统一管理。 2. 由中央政府统筹全国财政,可就全国性政策加以考虑,效率较高。
缺点	1. 不便于对国家整体政策进行考虑,容易导致各级政府间发展不均衡。 2. 地方职权强化,影响国家整体政策,容易造成无效率。	1. 中央政府控制全国事权,容易形成集权专制。 2. 难以考虑各地方政府的不同情况,容易造成不公平。

资料来源:作者自制。

2. 政府的经济运行背景

从经济角度来说,与财政运行关系最大的还是经济体制。经济体制是经济运行中的各种原则和方式的集合,是一个经济有机体内部构成的统称,也是经济体各组成部分的职能及关联方式的总和。从全球范围来看,世界各国的经济体制并非是千篇一律的。在不同的经济模式中,政府与经济的关系如何,政府在整体经济中处于什么样的地位,发挥什么样的作用,这是财政比较研究必须注重的基本问题之一。政府的经济运行背景具体可以理解为在宏观层面上的政府与市场的关系,主要是对经济的整体调控和产业引导方面,以及在微观层面政府与企业、公民的关系,主要为政企关系、公共服务及社会保障等方面。这一系列的关系突出地体现在政府在经济和社会中所占据的规模和扮演的角色。

合理设置地方政府的规模,主要还是考虑政府提供公共服务的效率问题。一般来说,资源配置的目的是获得最大的效用,因此消费者的满足程度和管理成本应是选择的参照标准。就公共产品来说,消费者的意愿或偏好一般具有明显的地域性,而地方政府的设置应该恰好能顺应其区域利益,取得资源配置的最佳效果。一般来讲,设置地方政府主要考虑以下三个因素:人口因素,行政成本和最佳规模。表1-3为世界主要市场经济国家地方政府规模比较。

表1-3　　　　　　　　　　　主要市场经济国家地方政府规模比较

国别	地方政府类型	具体情况
日本（2024.10）	都道府县	1都（东京都）、1道（北海道）、2府（大阪府、京都府）和43县（省）
	市町村、特别区	
法国（2025.04）	大区	本土（13大区、96省），领有5海外单省大区、5海外行政区和1地位特殊的海外属地
	省	
	市镇	全国共34 935个市镇
瑞典（2024.10）	州	26州（苏黎世、伯尔尼、卢塞恩、上瓦尔登（半州）等）
	市镇	
德国（2024.10）	州	16州（巴登—符腾堡州、巴伐利亚州、勃兰登堡州等，其中柏林、不来梅和汉堡为市州）
	县市	
	乡镇	10 786个市镇
美国（2025.01）	州	50州（亚拉巴马、阿拉斯加、加利福尼亚等）1特区（哥伦比亚特区）
	县	3 143个县
加拿大（2024.10）	省	10省（不列颠哥伦比亚、阿尔伯塔、萨斯喀彻温等）
	地区	3地区（育空、西北、努纳武特）。各省设省督、省长、省议长和省内阁

资料来源：外交部. https://www.fmprc.gov.cn/web/gjhdq_676201/

相较发达国家而言，发展中国家经济发展水平低，市场化程度不高，经济基础相对薄弱并且财力有限，政府不仅要承担提高公共服务水平的职责，而且还必须承担改善公共基础设施、减困济贫等方面的重任，出于"集中力量办大事"的需要，在政府间事权划分方面处于相对集中的状态。而在发达国家，由于经济起步早，大规模基础设施建设基本完成，而且由于市场化程度相对较高，市场承担的份额多一些，政府的职责主要是满足社会公共服务。但随着福利社会的兴起，社会公共服务需求已经从满足生存的基本公共服务逐步转向促进人类较为全面发展的较高公共服务水平。这些较高水平的公共服务，个性化色彩比较浓厚，需求比较精细化，因此需要进一步拓展地方政府的事权功能，以满足多样化的社会公共需求。

3. 立法体系与财政监督制度

当今市场经济条件下，对财政运行发挥基本规范作用的，是各国的法律法规。按照财政立宪主义的观点，政府的运行必须在相关法律框架之下，政府从事各种财政和课税活动，都必须要有合法的来源，这一来源的根基是宪法，这是最高层面上的法律，然后就是行政法律和财政法律，这些组成财政的立法体系，能对整个财政的运行起到良好的引导和规范作用。而财政监督是财政制度民主与法制性质的重要体现，是财政立法体系的有力保障，是提高财政运行透明度的必要措施，也是完善委托—代理关系的重要环节。这一监督制度是伴随立法体系的演进而不断完善的，其涉及范围和宽度都是相当大，内容也极其丰富。

从立法权限来看，一般而言，美国、澳大利亚等联邦制国家，由于州、省等下级政府拥有较大的立法权限，因此下级政府事权的决策权力、管辖范围、责任程度和自主性明显高于单一制国家；但从下级政府实际承担的支出比例来看，则呈现出差异化的情况，有的联邦制国家联邦政府的集中程度很高，如美国联邦政府财政支出长期占50%以上，呈现出典型的集权特征，而有的单一制国家中央政府的集中度相对较低，呈现出典型的分权特征。

从立法传统比较来看，大陆法系和海洋法系对政府间事权配置有一定的影响。在大陆法系国家，如法国，往往通过成文法较为详尽地列举了各级政府的事权，中央的意图通过政治渠道渗透到地方行政组织的末端。虽然，形式上中央授权范围广泛，但是，除了规模极小的事务，一般都需要逐个得到上级行政单位组织的认可。由于受海洋法系的影响，英国等国家在中央与地方事权配置上侧重于立法与司法干预，因此英式国家地方行政单位的事务通过法律明确加以限定，即列举主义，一般是在宪法或者基本法层次明确规定了中央与地方的事权配置，地方分权特色明显，且根深蒂固。

从东西方差异来看，西方文化强调权力的均衡、制约，按效率原则在中央政府和地方政府间划分职责权力。东方儒家文化强调中央权威、集权，中央政府承担所有职责，地方政府仅是中央政府的派出机构或附属，在中央政府授权下承担相应职责。

（二）内在影响因素

1. 财政支出责任划分

财政支出责任划分是财政体制有效运行的基础与前提，总体上看，成熟市场经济国家政府间事权划分基本遵循市场经济的基本规则，注重通过法律方式界定各级政府事务，实践中基础教育、公共卫生、公共安全等基本公共服务的事权配置较为清晰合理。

根据支出责任划分的市场优先原则、受益范围原则以及效率原则，就具体政府事务的划分实践看，受特定政体等国情因素影响，根据事权配置过程中剩余权归属的不同，政府层级间事权配置通常有两种方式：一是分权方式，即将剩余权划归级次较低政府的事权配置方式，联邦制国家通常采取此种方式处理联邦政府与州政府间事权配置问题，在配置上，凡是法律没有规定属于联邦政府的权力都属于州政府。二是授权方式，即将剩余权划归上级政府的事权配置方式。单一制国家中各级政府之间以及联邦制国家中州政府以下各级地方政府之间的事权配置通常采取此种方式。使用此种方式的多级政府间存在明确的上下级关系，下级政府的事权由其上级政府或上级立法部门授予，剩余权属于上级政府。总体而言，相对于联邦制国家而言，单一制国家中央政府的事权较大。

2. 财政收入划分

从成熟市场经济国家财政收入划分的具体实践看，在不违背税种属性的前提下，通常将主体税种、大宗收入的税种划为中央收入。这不仅是中央政府提供国防、外交等公共产品以及履行再分配和经济稳定职能的需要，也是强化中央权威地位、均衡地区间财政差异、应对地区间公共品外溢等一系列问题的必然要求。但由于政体不同，各国集中程度也不尽一致。法国、韩国、英国等单一制国家通常将增值税、个人所得税、公司所得税等税种作为中央收入，中央收入比重相对较高；德国、美国等联邦制国家一般将所得税纳入联邦与州等地方政府的共享范围，财力集中水平略低于单一制国家。

3. 财政转移支付制度

当前成熟市场经济国家通常将转移支付分为均衡性转移支付（Equalization Fiscal Transfers）、专项转移支付（Specific Fiscal Transfers）和分类转移支付（Block Grants）。从各国具体实践看，专项转移支付多用于政府间委托事务、共同事务以及符合上级政府政策导向的事务，实行专款专用，并纳入绩效考评进行监管，注重提高资金使用效益，主要国家间差异不大。成熟市场经济国家转移支付制度的区别与特色集中体现在均衡性转移支付的制度安排。

第二章 Chapter 2
多级政府与政府间关系

一个国家不能选择它的政府形式。它可以选择的只不过是细节和实际的组织；但整体的实质，最高权力的中心，是由社会情况为它决定的。

——约翰·斯图亚特·密尔

政府间关系调整的分权取向，是近年来工业化国家政府改革的三大实践之一。分权改革的内容在联邦制国家和单一制国家有所不同，但总体上都是使政府间关系朝着增加地方自主性的方向发展，以改变地方过分依赖中央的局面，使政府间的资源分配更趋平衡，以提高相互之间的依赖程度。改革开放以前，中国实行的是集权主义，从 20 世纪 70 年代末 80 年代初开始在经济体制和政治体制上进行全面改革，改革在总体特征上呈现出地方分权倾向，使政府间的关系出现了根本性的变化。

【思政案例】

理顺政府间财政关系，推进财政体制改革

党的十八大以来，中央和地方财政关系不断完善，中央与地方财政事权和支出责任划分改革向纵深推进，中央与地方收入划分进一步理顺，财政转移支付制度不断完善，权责清晰、财力协调、区域均衡的中央与地方财政关系逐步形成。但作为中央与地方财政关系的延伸，一些地区省以下财政体制改革相对滞后，存在与完整、准确、全面贯彻新发展理念、建设公平统一市场、实现基本公共服务均等化要求不相适应的方面，主要体现在财政事权和支出责任划分不尽合理、收入划分和省以下转移支付不够规范、部分地区基层财力保障较为薄弱、基本公共服务均等化程度有待提升等，亟须通过进一步深化改革来推动解决。

案例解析： 推进省以下财政体制改革，健全规范省以下财政体制框架，合理优化基本制度安排，更好发挥财政在资源配置、财力保障、统筹调控等方面的作用，充分激发和调动各方面积极性、主动性，确保各级财政运行稳健、保障有力、长期可持续，对于推动经济持续健康发展和维护社会大局稳定，将中国特色社会主义制度优势转化为治理效能，推进国家治理体系和治理能力现代化具有重要意义。

思考讨论：结合财政的本质和特点，谈谈你对政府间关系的理解。

第一节 多级政府

政府间关系是一个国家政府体系的主要构成部分，它的形成与发展经历了一个长期的演变过程。20世纪80年代以前，政府间关系的调整一直在中央集权与地方自治之间徘徊。近年来由于社会结构的变化，政府间关系趋于复杂化，但这种发展趋势的实质是寻求实现各级政府之间的平等、相互依赖与合作。在此过程中，西方国家政府间关系研究的理论对政府改革起到了重要的指导作用，并且构成了政府改革的一个不可缺少的理论体系。

一、分权理论

分权是指有关公共职能的权威和责任从中央政府向次国家政府（即中央以下各级政府）或准独立的政府组织（或私人部门）转移，是一个复杂的具有多重含义的概念。当前比较权威的分权理论主要有以下几个：

（一）蒂布特（Tiebout）的"以脚投票"理论

蒂布特在1956年发表的《地方政府支出的纯理论》中指出，人们通过在地区间充分流动，选择公共产品与税收的组合使自己效用最大化的地区政府，地区政府应有效提供人们需要的公共产品，否则，人们会迁移到能更好地满足他们偏好的地区。

（二）奥茨（Oates）定理

对于某种公共物品来说（这种公共物品的消费被定义为遍及全部地域的所有人口的子集），如果该物品的每一个产出量的提供成本无论对中央还是对地方政府来说都是相同的，那么，由地方政府向各自的选民提供帕累托有效的产出量比由中央政府向全体选民提供任何特定的并且一致的产出量更为有效。据此，可以得出的结论是：中央政府应该只提供具有广泛的相同偏好的公共产品。

（三）施蒂格勒（Stiegler）的"最优分权模式菜单"

施蒂格勒的"最优分权模式菜单"主要包含两个方面的内容：一是与中央政府相比，地方政府更接近选民，比中央政府更加了解其所辖选民的效用与需求；二是一国国内不同地区的选民有权对不同种类和不同数量的公共服务进行投票表决，也就是说，不同地区的选民应有权选择自己需要的公共服务的种类和数量。总之，为了实现资源的有效配置和分配的公平，决策应该在最低行政层次的政府部门进行。

(四) 马斯格雷夫 (Musgrave) 的分权思想

从财政的资源配置、收入分配与经济稳定三大职能出发,认为地方政府缺乏充足的财力和经济主体的流动性,因此后两个职能应该由中央政府负责,而资源配置则应根据各地居民的偏好不同而有所差别,由地方政府负责更有利于经济效率的提高和社会福利水平的改进。据此,可得到以下结论:一是中级尤其是基层政府所依托的税源应限定在其管辖的范围内;二是个人累进税应由那些能最有效地课征全部税源的政府机关征收;三是累进税用于保障社会分配,应主要由中央政府控制;四是用于社会稳定政策的税收由中央政府控制,基层的税费应该是大体不变的;五是在地方政府管辖范围内分布不均匀的那些税源应由中央政府来课征;六是各级政府都可以征收收益税和使用费。

(五) 特里西 (Tresch) 的偏好误识分权理论

特里西关于"偏好误识"的分权理论就中央政府对全民偏好认识的准确性提出了质疑。他通过模型证明,如果一个社会能够获得完全的信息,并且经济活动也是完全确定的,那么,由中央政府或者地方政府来向公众提供公共产品,都是无差异的。他认为由于信息不完全,中央政府在提供公共产品过程中存在着失误的可能性,易造成对公共产品的过量提供或提供不足。而由地方政府来提供公共产品,社会福利才有可能达到最大化。

二、多级政府

为了适应社会发展需求、提高政府效能、节约行政经费,政府机构不断变革,这一情况在世界各国普遍存在。影响政府机构设置的因素有很多种,但多级政府的形成是政府机构改革的必然结果。

(一) 多级政府的必然性

1. 政府职能发展变化的必然要求

首先,初期政府主要作用于政治领域,后来发展到政治、经济领域,再后来发展到政治、经济、教育科学文化领域,最后发展到政治、经济、教育科学文化和社会事务领域。随着社会的发展,政府职能也在不断地扩大,相应机构随之增加,政府性质层级的设置也遵循此规律不断进行改革。

其次,政府职能的性质是由保卫性、统治性向管理性、服务性变化的,这也导致了政府机构设置的变化。保卫性和统治性是政府最古老的职能,在现代,这两种性质的职能在所有性质职能中所占的比重越来越小,然而随着经济、教育、科技、文化等发展,政府的管理性职能大大加强,由此相应的政府机构也越来越多,越来越大,分层管理就有了其充分的必要性。

2. 信息技术发展是内在动力

20世纪80年代后,信息技术日趋成熟,广泛渗入到国民经济和社会生活的各个领域,向管理经济和社会的政府提出了新的挑战。

首先,信息技术与生产能力的发展导致了社会公共事务极度复杂化,且变化迅速,时效性强,这要求具有接收、加工和传递信息的多种渠道。旧的制度随着社会信息化程度的提高日益笨拙,穷于应付。这样的情况下,原来只有靠中央政府才能办成的事情,现在地方政府也能办好，甚至有些事可以办得更好，很多社会福利政策的制定以及若干公共服务的供给就是这样。因此，政府有下放权力的需要，公民也有重新赋予权力的要求。

其次，信息技术的发展与成熟提高了政府管理的技术含量，它为政府改善管理水平提供了可能，新的信息技术不仅使政府容易管理社会，也能优化政府自身管理。于是，新的技术环境既向各个国家政府提出了改革政府管理模式的要求，又为其改革管理模式提供了物质条件，使各级政府都有了进行管理的能力。

3. 政府职能充分发挥的必然要求

合理划分政府层级，特别是划分各级政府职责权限，有利于各级政府充分发挥其应有作用，建立一个职权划分合理，功能健全、运转灵活的行政层级格局。

理顺各级政府之间的关系对政府职能的充分发挥有着重要的作用。中央与地方互相掣肘、互相侵权的现象如若存在，一方面使财权相对分散，不利于宏观管理和行政监督；另一方面，管理权限过分集中于中央，中央有关部门往往凭借手中的权力，干预地方事务，既影响地方积极性的发挥，也使地方政府在履行其应有职权时受到制约。

对于现代国家治理而言，设置地方政府也有着其重要的意义。首先，它有利于在全国范围内进行有效统治和管理，有利于地方区域的政治稳定和社会发展，从而为全国的政治稳定和社会发展奠定了基础。其次，现代化对政府管理提出诸多要求，远远超过了中央政府的承受能力，客观上要求地方政府承担更多的地方性事务管理工作。最后，地方政府由于贴近社区和基层，了解社区和基层民众的真实需求，可以在公共政策领域及时做出回应，在提供地方性公共服务方面具有得天独厚的优势。

因此，20世纪70年代以来，众多单一制国家纷纷扩大地方自治权，并给予地方政府适当的财政和附加拨款支持，促使地方政府承担更多的公共服务工作。

（二）多级政府下各种市场主体间的关系

纵观国家的发展史，所有国家的政府都随着历史的变迁扩大了其规模，扩展了其职能。但是这种国家职能的扩张并不是政府单方面的行为，而是由当时的社会经济结构、社会矛盾和经济状况所决定的。在现代经济社会中，政府参与经济活动的广度和深度都在日益扩大，于是就赋予了研究政府与各种市场主体间关系的重要性。

1. 政府与企业

政府与企业的关系不仅与市场问题密不可分的，也与所有制紧密相连。在促进社会经济发展的过程中，政府、市场和企业是三个最基本的要素。市场机制在优化资源配置方面占有优势，但本身存在缺陷，需要政府合理地干预和规范；政府调节可以部分弥补市场缺陷，但不能代替市场的基础性作用；企业可以依赖市场的价格信号自主经营，同时要接受政府的直接制约。这种政府、市场和企业相互配合，相互促进，构成一种生物链，忽视或贬低任何一方都会导致经济波动和发展停滞。

具体来说，所谓政企关系，主要有两种含义：一是指政府作为社会公共权力行使者时与所有社会企业的关系。二是指政府作为国有资产所有者代表时与国有企业的关系。这就是说，政府不仅要处理好与国有企业的关系，而且要处理好与其他多种经济成分的企业的关系。对待这两种关系，政府的职能以及所要采取的政策、方针、手段、方式、方法是有所不同的。

前者，基于社会公共权力的运用而在政府与企业之间形成管理与被管理的关系，政府对社会上所有的企业一视同仁，通过调控市场的方式来实现对企业行为间接引导。它主要体现为政府对宏观经济的调控行为，健全市场机制。后者，有国家在，就有国家财产、国家所有制和国有企业。由于两种不同社会制度下的国家所有制的存在：资本主义国家所有制和社会主义国家所有制，所以政府与国企的关系也有所不同。二战之后，资本主义国家开始重视国有企业在经济发展中的作用，政府对国有企业进行改革，通过一系列政策，加强政府对市场经济的干预与指导，协调政府与企业的关系。而在社会主义国家，如中国，政府以全体人民的代表身份拥有国有资产，通过向国有企业投资而产生了国有企业在财产法律上的权利和义务关系。同时企业作为一个独立的财产法人，对其所辖资产享有充分的行为能力，可以运用其资产进行自主经营。政府与国有企业有资产所有者与经营者的直接联系，并在法律上产生了政府的国有资产管理职能。

2. 政府与个人

这里的个人，是指政府公共管理的对象、客体与合作伙伴，即一国公民。政府要不断扩大为其公民提供公共服务的领域，不断提高政府行政管理工作的透明度，吸纳公民参与管理。不断扩大公民的活动空间和领域，以满足公民对政府越来越高的要求。

政府与公民的关系，实质上主要的是公共权力和公民权利的关系。在我国，公民把管理国家及社会事务的一部分权力委托给政府机关和国家公务员，后者受公民委托并代表人民进行这种管理。可以说，政府始终生活在人的不同需求之中，行走在个人与团体的压力之间。公民或人的需要是政府行为的前提。

在政府与公民的相互关系中，处于主体地位的应当是理性人，而处于主导地位的则是政府。要处理好政府与公民关系，一方面，是公民的自觉，应当唤起公民意识，吸引公民积极主动参政，不断完善公民权利对公共权力的制约机制；另一方面，是政府的自觉，积极引导、组织和支持公民参政，努力培养公民的主人翁观念和权利义务观念，为公民提供优质管理和服务，改善公民的经济生活状况。

3. 政府与政府

世界上绝大多数国家出于有效管理的实际需要，都将国土划分为若干个管理层次，并设立相应的地方政府，形成了各级各类地方政府之间复杂的公共组织关系和政策网络体系。政府间关系包括纵向关系和横向关系两种。在地方自治制度下，由于地方政府的自治权力是由国家有关法律明确赋予的，地方政府之间的纵向隶属关系较弱。在中央集权制度下，地方政府之间的纵向关系具有明显的领导与被领导、监督与被监督的关系。而地方政府之间的横向关系，却不存在领导与被领导、监督与被监督的关系。近年来，在追逐地方利益的内力驱动下，各国的政府间横向合作关系都获得了长足发展。

不同的地方政府分别拥有特定的资源优势，每个地方政府也都有各自的利益偏好和目标追求，并依本身拥有资源的关键程度而与对手进行策略性互动，以寻求自身目标和实现自身利益。这种由于资源依赖和利益贡献而达成的相互结合，使得地方政府间产生越来越深刻的相互依赖性，并通过达成制度性的公共政策予以规范，从而形成了政府间的紧密合作关系。

随着市场经济的发展，人们对政府与市场的关系，已经认识到市场经济的运行需要政府进行宏观调控和微观管理。政府如果没有对企业中作为市场参与者的个人进行法律的、行政的、规范的微观管理，就不可能有良好的市场秩序。而无论是政府还是市场都存在着固有的缺陷，这样的情况下，解除困境的办法只有寻找这两者之外的第三方，即社会。作为社会性的公共领域，它的功能主要在于规范市场和政府行为。维护市场秩序，减轻政府的负担，缓和政府、企业和个人三者之间的矛盾，沟通政府、企业和社会成员之间的联系，营造公共道德市场，促进经济的发展。

三、地方政府

我国规模超大，人口、面积、经济总量都与一个大洲的体量相当，各省份的规模也大都抵得上一个中型国家，且相互之间差异极大：新疆的面积是海南的 47 倍；广东的人口是西藏的 33 倍，GDP 总量是后者的 62 倍；北京的人均 GDP 是甘肃的 5 倍。这种经济发展水平的差异远大于美国各州。美国最富的纽约州人均 GDP 也不过是最穷的密西西比州的 2.3 倍。[①] 地方政府是一个国家政治制度的重要组成部分。任何国家，都是由中央国家政权和基层国家政权构成的一个庞大的政治组织。国家产生以后，相应地组成了中央（联邦）政府和不同区域内设置的地方政府。其中，《不列颠百科全书》认为地方政府是决定和执行国内较小地区事务的一种机关；《世界图书百科全书》认为地方政府通常指小于一个国家、州或省的某个地区的政府。这样的地区包括县、市、镇、村；新中国成立后，我国学术界对地方政府的解释，代表性的是来源于《辞海》：" '中央政府' 的对称。设置于地方各级行政区域内负责行政工作的机关。"

（一）地方政府的特征

戴维·威尔逊（David Wilson）和克里斯·盖恩（Chris Game）在《联合王国地方政府》中，对地方政府的基本特征作了较为全面的概述。主要有：第一，地方政府是地域性的自治组织，不是地方行政机关，享有较大的自治权，有权决定地方事务；第二，地方政府是法律的产物；第三，地方政府由当地居民直接选举产生，更接近选民，能更好地反映和代表选民的意愿；第四，地方政府为当地居民提供全方位的公共服务；第五，地方政府具有多重职能，享有征税权。新中国成立后，我国地方政府又呈现出自己的特色：实行多层级的地方政府制度；地方政府职责具有双重从属性；实行基层组织自治制度；在中央和地方的关系上，实行中央统一领导，充分发挥地方主动性、积极性的原则。

（二）地方政府的层次和规模

合理设置地方政府的规模，主要还是考虑政府提供公共服务的效率问题。一般来说，资源配置的目的是获得最大的效用，所以消费者的满足程度和管理成本应是选择的参照标准。就公共产品来说，消费者的意愿或偏好一般具有明显的地域性，而地方政府的设置应该恰好能顺应其区域利益，取得资源配置的最佳效果。因此，设置地方政府主要考虑以下因素：

1. 人口因素

我国幅员辽阔，但人口分布极不平衡。如果从黑龙江的瑷珲（今黑河市南）到云南

[①] 兰小欢. 置身事内：中国政府与经济发展 [M]. 上海：上海人民出版社，2021.

的腾冲之间画一条直线,把国土面积一分为二,东边占了43%的面积却住了94%的人口,而西边占了57%的面积却只住了6%的人口。西边人口密度比东边低得多,行政单位面积自然就大得多。面积最大的四个省级单位(新疆、西藏、内蒙古、青海)都在西边,合计占国土面积的一半。新疆有些地区的面积比东部一个省的面积还要大,但人口却尚不及东部一个县多。政府最重要的职能是改进居民福利,所以人文因素就成为重要的参考因素。地理因素虽然也是设置政府层次和规模的重要因素,但社会毕竟是特定的人类社会,因此地理因素并不是第一位的决定因素。古代交通不便,山川河流也就成了行政管理的自然边界,历史地理学家称之为"随山川形变",由唐朝开国后提出:"然天下初定,权置州郡颇多,太宗元年,始命并省,又因山川形便,分天下为十道"(《新唐书·地理志》)。所谓"十道",基本沿长江、黄河、秦岭等自然边界划分。唐后期演化为40余方镇,很多也以山川为界,比如江西和湖南就以罗霄山脉为界,延续至今。现今省界中仍有不少自然边界:海南自不必说,山西、陕西以黄河为界,四川、云南、西藏则以长江(金沙江)为界,湖北、重庆以巫山为界,广东、广西则共属岭南。

2. 行政成本

在一定的范围内,政府管辖范围越大,其成本可能就越小。也就是说,组建政府也存在着规模经济问题。不过,就成本比较而言,一个很重要的问题是要区分政府提供服务与政府购买服务两个不同的概念。按照传统观念看来,如果政府负责某种公共服务,如垃圾处理,那么政府就应该实实在在地雇佣人员和进行监督管理,以便提供较好的公共服务。但是,近年来西方发达国家政府更多地采取向私人购买公共服务,这就使得确定下级政府的合理规模更为复杂。因为如果没有购买服务的因素,那么规模更大的政府显然具有提供公共服务的规模经济优势。但将公共服务的生产委托承包给私人后,规模经济问题在一定程度上就成为私人生产的规模经济问题了,而不一定是决定政府合理规模的一个重要因素。

3. 最佳规模

提供某种特定公共服务所需要的最优政府规模也显示了这样的一种假设,即不同的政府服务项目要求不同的政府最优规模。政府层次划分太多会使行政管理成本难以有效分摊,也会使选民无所适从。更重要的是许多公共服务是相互交叉的,如路灯和道路、垃圾收集和街道清理。如果这些交叉的服务发生了,那么由一级政府管理显然更为有效。这样,许多国家最终选择组建一级或很少几级地方政府。其道理大体是按照政府主要的职能设定较为合理的政府层次以使公共服务的提供达到最优水平,而将那些一般性服务职能配置给能够较好完成的政府级次。

第二节 多级政府体制下的政府间关系

政府间关系或称"府际关系",是指中央政府与各级地方政府之间纵横交错的网络关系，它既包括纵向的中央政府与各级地方政府之间的关系，也包括横向的同级地方政府之间以及不存在行政隶属关系的非同级地方政府之间的关系。改革开放以来，我国地方政府的独立性不断增强和自主权迅速扩大，已经成为具有独立经济社会利益和独立发展目标的利益主体。它不仅改变了传统中央与地方之间单纯的控制与服从的关系，还深化了地方政府之间的对策博弈关系，使得政府间关系研究成为一个备受关注的公共管理的理论与实践课题。[①]

一、广义的政府间关系

（一）政府间关系的演变与发展

20世纪60年代后，随着政府管理实践的发展，西方学者逐渐意识到了政府间关系问题的重要性。美国学者安德森（Anderson）于1960年首次提出"政府间关系"这一概念，并将其界定为"各类的和各级政府机构的一系列重要活动，以及它们之间的相互关系"。而政府间关系最早在文献中使用的是克莱德·施耐德（Clyde F. Snider），他于1937年在《美国政治学评论》上发表的《1935—1936年的乡村和城镇政府》一文，不过，他们都是从政府公职人员之间的人际关系和人的行为角度来看待政府间关系。[②] 后来，另一位美国学者狄尔·S. 莱特（Deil S. Wright）明确指出，国内政府间关系概念比联邦主义涵盖的范围更广，联邦主义主要强调联邦与州的关系以及各州之间的关系，而国内政府间关系还包括联邦与地方、州与地方、国家—州—地方之间、地方与地方之间的关系。同时，有的学者将对美国体制研究的焦点放在日常管理的重要性上，认为政府间关系发展到了一个新的阶段，即处于政府间管理时代。莱特认为有三个原因可以说明现在处于政府间管理时代：计算机增多；运用调包的手法或能力，即把为某一目的获得的资源用于另一目的；负载过度而导致成本过高、无效率和调控过度。而政府间管理除了政府间纵向关系之外，必然包含着政府间横向关系问题，正如美国学者罗森布罗姆（Rosenbloom）等所指出的："联邦主义需要两种类型的协调与合作，其一是联邦政府与州政府之间的合作，其二是各州政府之间的合作。"

与此同时，国内学者也对政府间关系有许多不同的解读。林尚立教授（1998）在《国内政府间关系》中认为，政府间关系主要是指各级政府间和各地区政府间关系，包含纵向的中央政府与地方政府间关系、地方各级政府间关系和横向的各地区政府间关系。此外，林尚立教授认为，政府间横向关系虽然主要指地方政府间关系，但由于中国传统的政府间关系模式是以条块关系为基础的，所以横向关系有时也包括政府内部各部门之间的关系。谢庆奎教授（2000）将政府间关系称为"府际关系"，并将其界定为"包括中央政府与地方政府之间、地方政府之间、政府部门之间、各地区政府之间的关系"。台湾学者赵永茂（2012）等认为，府际关系乃是一个国家内部不同政府间的相互运作关系。狭义来说，主要指各层级政府之间垂直互动关系；广义而言，府际关系其实更涵盖同级政府间的

---

① 陈振明. 公共管理学（第二版）[M]. 北京：中国人民大学出版社，2017.
② 张紧跟. 当代中国政府间关系导论 [M]. 北京：社会科学文献出版社，2009.

水平互动关系、特定政府机关内各部门间协调管理即政府同民间组织的公共关系等。陈国权教授和李院林通过对长江三角洲地方政府间关系的研究，提出"所谓政府间关系，是指多边多级政府之间的利益博弈与权力互动的一种政治经济关系"。由于研究的对象是长江三角洲，所以这里的"多边关系，是指江苏、浙江和上海两省一市之间的横向水平关系；多级关系，即包括省级行政区划内部的纵向垂直关系，又包括不隶属的城市之间的'等级'关系"。

对比以上各种观点，我们可以看出，除了概念表述上的区别之外，不同学者对政府间关系的主体以及"政府间关系更为根本的实质性"的理解也存在着分歧。那么，我们应该怎样界定政府间关系呢？首先，国内政府间关系是一个国家内部政府间的横向关系与纵向关系；其次，国内政府间关系的主要内容是一个利益关系；最后，在国内政府间关系的主导脉络上，纵向关系与横向关系同等重要，诚如林尚立教授所言："在任何一个国家，中央与地方关系都将直接决定整个国内政府间关系的基本格局。"

（二）广义的政府间关系概论

广义的政府间关系不仅指中央与地方政府的关系，还包括地方各级政府之间的关系和各国政府之间的关系。目前地方政府间关系的研究多集中在国内视角，基于这一现实，政府间关系包括典型的纵向政府间关系、横向政府间关系，随着社会形态的演化及改变，政府间关系的形式和内在联系不断丰富，相关的理论体系也在不断完善。至今研究政府间关系的文献和专著不断推陈出新，政府间财政关系也拓展至纵向政府间关系、横向政府间关系、网络模式的政府间关系、省以下政府间关系等。研究链条上纵向政府间关系从央地关系发展至省以下纵向政府间关系，横向政府间关系从政府职能部门关系发展至不同行政隶属关系政府之间的横向合作，而条块关系集合了横向和纵向政府间关系的优点，政府在处理运作过程中更加灵活化、动态化。

在广义的政府间关系研究中，可以基于政府视角又可以从央地关系、横向竞争两个方面进行划分。

1. 央地关系

我国的政府间关系经历了漫长的历史演变。从古代到近现代权力高度集中在中央，央地关系表现为纵向垂直的条形结构，等级制度较为严格。新中国成立后，我国确立起单一制国家结构形式，央地关系发生变化，中央开始由集权向中央集权和地方分权结合的特征转变。改革开放以前，我国形成了以等级控制为特征的传统模式；改革开放以来，我国的政府间关系发生了很大变化，传统的中央对地方等级控制模式逐渐瓦解，并显示出网络特征的端倪。这些变化主要得益于政府分权化的改革与横向合作的扩展，央地关系的更迭在实质上又会对政府间关系产生影响。

央地关系连接着两个关系：一个连接着中央政府与地方政府之间的关系；一个连接着地方政府与基层社会之间的关系。央地关系中行政权力、财政权力的结构和分配在一定程度上影响政府间关系，并通过四条重要维度进行传导。一是立法关系上形成了二级立法体制，即中央立法和地方立法并存，同时地方立法受到中央立法的控制。二是财税关系上由"分灶吃饭"转变为分税制改革，央地收入依据税种划分，中央政府收入迅速增长，同时提高税收返还、转移支付等方式调控地方收入，而地方在税制改革中收入减少，不得不依靠土地财政弥补收入不足。三是人事关系上坚持党管干部的原则，同时在央地层面由下管三级转变为下管一级，扩大了地方的干部管理权限。此外还建立了干部交流和选任制度以完善人事关系。四是事权关系上我国长期形成的基本局面是齐抓共管，各级政府职能没有明显区别且高度重叠交叉，且上级政府对下级具有绝对优势。[①]

2. 横向竞争与合作

市场经济发展的内在需求以及政府事务的日渐交织也推动着政府间关系做出适应性调整，推动政府间横向合作的发展。市场经济的发展要求以国家市场的统一为前提，政府间关系的横向阻隔造成了市场的分割，阻碍了资源和要素在地域上的自由流动，降低了社会的整体经济效率，因此政府间的合作使它们获得了"共赢"的机会，有助于增进全社会的福祉。社会的发展也使政府事务日趋复杂，各级政府常常面临着许多需要联合起来共同解决的问题。事实上，社会问题很少有遵从地域或项目边界的，比如森林的消失尽管是地方性的，然而影响却是全国性的甚或全球性的；污染了的河流会从一个地区流向另一个地区。全国性的项目也有赖于各级地方政府联合执行，而每个地方政府仅是整个地理拼图的一小块。因此，需要加强横向合作。

改革开放之后，中央对地方"放权让利"的"行政性放权改革"成为我国政府间关系调整的主旋律，受益于权力下放的改革以及经济与社会日益密切的联系，中国地方政府之间的合作有了较大发展。然而，"上有政策，下有对策"以及地方保护主义仍然困扰着政府间关系的正常发展。"上有政策，下有对策"固然与地方最大化地追逐自身利益有关，但归根结底主要是由于地方缺乏全国性政策制定的参与机制，中央政策的制定并不是中央与各级地方政府进行协商的结果，无法充分反映地方的利益，因此政策的执行得不到地方的支持，其失败自然不可避免。这说明，我国的地方政府层级依然是分散的，尚未形成一股合力对中央的政策制定产生有效的影响。

如果中央政府在政策制定过程中让地方共同参与，即"一对多"的博弈，要比在政策执行过程中多次的"一对一"的博弈更有效率。另外，地方保护主义在我国依然是个十分普遍的现象，严重制约着地方政府间横向合作的开展。地方保护主义造成的地方之间的竞争虽然在某种程度上带动了地方经济的发展，具有良性的一面，但在很多政策领域，地方之间的竞争是恶性的，它只能使地方政府陷入"囚徒困境"。实践证明，地方政府间的合作不只是社会与经济发展的自然结果，它更是地方政府的理性选择，在相互依赖的网络世界中，只有采取合作的策略才能实现各方的共赢。当然，地方政府之间能否采取合作的策略，还有赖于外部制度环境的变革，在中国，地方保护主义的消除必须以政府与市场、政府与企业关系的理顺为前提。

二、政府间关系的核心要素

基于政府间关系的含义，其核心就是中央政府与地方政府之间的纵向关系。各级、各类政府为管理复杂的社会公共事务所形成的关系是十分广泛的。它包括了政治关系、

[①] 吕冰洋. 央地关系：寓活力于秩序[M]. 北京：商务印书馆，2022.

职能关系、政策关系、监控关系、税收关系、预算关系、公务合作关系、法律关系、司法关系等,虽然政府间关系包含的内容十分广泛,但从决定政府间关系的基本格局和性质因素来看,政府间关系主要体现在政治关系、财政关系和行政关系三个方面。

(一) 政治关系

政治关系是政府间关系的基础,它决定中央与地方各级政府的各自地位和职权范围。政治关系受国家结构形式以及与此相关的宪法和法律的制约和规定。很显然,联邦制国家的政府间权力关系与单一制国家的政府间政治关系有很大的差异,前一种关系中的地方政府权力要比后一种关系中的地方政府权力大些。一般来说,各国政府间的政治关系的基本格局均以宪法和法律对中央与地方的职权划分为基础。国家结构、宪法与法律所规定的只是政府间政治关系的基本格局和原则。在实际的操作中,由于受到社会、经济和政治生活多种复杂因素的影响,政府间实际的政治关系状况有时很难与宪法、法律规定的完全吻合,甚至可能突破宪法、法律规定的基本原则,从而导致宪法与法律的补充或修改。实际的政府间政治关系是现实社会经济和政治发展具体要求的反映,因而,它最能反映政府间关系的变化与走向。

(二) 财政关系

财政关系是国内政府间关系的核心,它直接决定政府间关系的现实状况。所以,考察各国国内政府间的财政关系,就能比较清楚地认识该国家内部各级政府的实际地位和相互之间关系状况。政府间的财政关系,总体上是社会经济发展的反映,在具体的关系形成上,中央政府的财政政策起决定作用。

财政是一切政府行政活动的基础,因此,在中央与地方各级政府之间的财政分配,直接决定中央与地方各级政府实现其职权的能力,从而决定中央与地方各级政府在整个管理公共事务活动中的地位与权威。例如,中国是一个单一制的国家,宪法规定中央政府对地方政府有很强的控制权。1979年开始施行改革开放后,中央政府有意识地向地方放权,但是这种放权是在中央对地方的制约关系不发生根本变化的前提下进行的,主要是财政上放权。因而,随着现实经济生活的变化,中央与地方的财政关系发生了急剧变化。据统计,1985年实行"拨改贷",在此过程中,1984年税收体系逐步搭建,形成"以税代利"的财政收入体系,中央财政收入占全国财政收入的比重是37%,而地方财政所占比重却高达63%,中央与地方的财政关系出现严重倒挂,其结果是:中央权威流失,在法律和制度上具有很强地位的中央政府对地方的调控失灵;地方保护主义抬头,经济生活陷入混乱。这一结果表明:财政分配的倒挂已使得中央与地方的行政关系发生了逆向性的变化。再如,二战后,许多西方国家为了适应国家垄断资本主义的发展,加强中央集权。但是,它们不是通过修改宪法,重新划定权力范围来实现集权的,而主要是通过中央与地方之间财政关系的政策性调整来实现。事实证明,财政关系对现实政府间关系的形成与发展具有决定性的意义。现在,它不仅是中央政府,而且也是地方政府调节自身与其他政府间关系的重要杠杆。

(三) 行政关系

行政是政府管理社会公共事务的活动。各级政府在一定的权限划分和财政分配基础上,为管理社会公共事务所形成的活动关系,就是政府间的行政关系。其基本形式取决于政府间的政治关系和财政关系。由于这种关系是在直接管理社会的活动中形成的，因而，它在很大程度上还受制于另外两方面因素：行政的社会生态环境，如社会结构、历史传统、民族心理、阶级关系、社会问题和社会变迁等；行政体制的环境，如体制结构、体制资源、体制原则、体制活动程序和过程、体制内的目标体系等。

政府的主要职能体现在管理和组织社会公共事务活动方面。在当今社会，政府的这一职能是通过政府间的共同努力来实现的。因此，不论在什么样的国家结构中，各级政府间、同级政府间都存在不同形式的行政关系。政府间行政关系是政府间关系的动态面的具体体现，这一重要关系是在政府管理社会活动中形成的，因而对现实社会的发展变化反应最为灵敏。政府间关系的每一次重大变革往往都是从这一重关系的变化开始的。与前两种关系相比，政府间公共行政关系更为活跃，关系网络更为广阔。政治关系和财政关系主要体现为纵向的政府间关系，因为横向的政府间关系不存在政治与财政上的分配与协调问题。但是，行政关系是一种管理和组织社会活动的关系，因而，它不仅存在于纵向政府之间，而且也存在于横向政府之间。

这三重关系在塑造各国国内政府间关系过程中，是有机地结合在一起的，这意味着不能简单地从一重关系去判定一个国家的国内政府间关系。这三重关系相互制约、相互影响，当社会的经济和政治发展引发某一重关系变化时，其他两重关系也可能发生变化，从而共同推动政府间关系的发展。

三、政府间关系的决定因素

政府间财政关系是一种财政资源的分配原则、办法等调节机制的总和，其直接会影响到一个国家稳定、经济的发展等，因而，政府间财政关系也直接受诸如政治、经济、文化、公民习惯、地理结构等的影响。

（一）政治环境

宪法的修正、党派的更替、权力的转移、机构的增减及其功能的转换、政治价值观的变化和意识形态的革命等，都会引起政府间财政关系的变化，尽管有时这种变化是极其微妙的。政治环境包含诸多因素，其中有些因素，如国家结构形式、宪法与法律等都会对政府间财政关系产生直接的影响，在单一制模式中，主要有中央主导型和地方自主型政府间关系；在联邦制下，主要有均衡型和非均衡型政府间关系。

同时，政党制度也会对政府间关系产生影响。政党在现代政治生活中的特殊地位和作用，决定了政党制度在政治体系中所具有的影响力。政党制度对政府间关系的影响主要表现在两个方面：第一，政党制度形式产生的影响。从制度形式上看，政党制度可分为：一党制、两党制和多党制。在一党制下，执政党是政治体系的核心力量，不仅控制中央政府而且指挥地方各级政府。在实行一党制的国家，政府间关系受党的组织体系的影响很大，由于一党制下的党的组织体系大多是集中统一的体制，所以政府间关系就带有浓厚的中央集权色彩。两党制和多党制的共同特征是：执政党并非执掌所有的地方政府，有一部分地方政府是反对党控制的。因此，在两党制和多党制下，党派之间的矛盾和权力斗争往往会影响到政府间关系。第二，在两党制和多党制国家，政治权力在不同政党之间的分配也会对政府间关系产生直接影响。一方面，非执政党控制的地方政府往往会给中央政府带来许多麻烦；另一方面，执政党往往会利用手中的权力来打击在野党的实力范围，进而对政府间关系产生影响。

（二）经济因素

政府间关系的核心是财政关系，而财政关系基本上完全受制于一定社会的经济环境。因此，经济环境虽然处在政府间关系所在的政治体系之外，但它对政府间财政关系的制约也是相当直接的。在此，主要探讨经济管理体制和经济发展对政府间财政关系的影响。

经济管理体制是一个国家组织国民经济活动的一系列管理制度、管理方式和管理方法的总称。它包括中央与地方、上级与下级之间的权力划分，政府与企业的关系以及政府管理和协调经济生活的有关制度和手段。经济管理体制在根本上取决于一个社会的所有制关系。以生产资料公有制为基础的社会主义经济管理体制与以生产资料私有制为基础的资本主义经济管理体制有很大的差别，这种差别形成了两种不同的经济管理体制：一是集中协调模式，二是松散模式。在这两种模式制约下形成的中央与地方关系，自然也带有相应模式的特点，在集中协调模式下，中央与地方关系十分密切，地方对中央的依赖性较大；而在松散模式下，中央与地方的权力划分比较明确，地方有较大的自主权。经济管理体制对政府间关系的制约作用，决定了经济管理体制的任何变化，都可能会影响到政府间的财政关系。

经济发展与经济体制的变化之间有着密切的关系，从根本上讲，经济发展对经济体制的变化有决定性的作用，就此而言，可说经济发展对政府间财政关系有影响。在当今世界，经济发展不仅意味着财富的增加，而且意味着社会结构的全面变化。传统社会通过经济发展走向现代化社会，社会结构的全面变迁必然带来政府间关系的变化。

（三）文化因素

文化是一种普遍的社会现象，作为一种包括知识、信仰、艺术、道德、法律、习惯以及作为社会成员而获得的种种能力、习性在内的复合体，它制约着社会成员的行动，规定着社会成员的观念，从而在社会生活的各个领域起重要影响作用，进而影响政府间的财政关系。在此，主要探讨政治文化对政府间关系的影响。

政治文化反映社会的政治价值取向和政治心理取向。前者决定社会的政治信仰、政治观念和政治意志；后者决定社会的政治行为方式、政治情感投向和政治生活方式。在任何社会中，政治文化的各因素都是在历史与现实、主观与客观、社会与个人相互作用的过程中形成的。孟德斯鸠（Montesquieu）揭示了一个重要事实：一种制度的运作，不能偏离由一定的社会文化所规定的制度原则。因而，不同社会的政府间关系，在很大程度上受制于由不同政治文化所赋予的不同制度原则。

在现代社会，国内政府间关系协调的重要政治资源是中央政府的权威。中央政府的权威主要来源于两方面：一是制度和法律赋予的权力，二是社会各组成单位对中央政府的认同。一般来说，在政治文化同质度较高的社会，社会各组成单位对中央政府的认同度较高；反之，则认同度较低。因此，各国的政府间关系，在很大程度上还取决于该社会政治文化结构的同质度。

(四) 公民的习惯

公民的习惯对政府间关系的影响，主要是公民参与政治的激情。现代社会的发展，推动了世界各国公民参与的扩大，地方政府是公民参与的直接对象。因此，随着公民参与的扩大，各国公民要求实行地方自治、扩大地方自主权的愿望也就更加迫切。这种趋势必然对各国政府间关系产生影响，法国1982年颁布实施的《权力下放法案》就是这种趋势的产物。虽然这个法案并没有使法国地方政府获得很大的自主权，但使法国的中央与地方关系发生深刻的变化。

公民参与的扩大，不仅使地方获得了自主权，而且也调动了地方的积极性。自主权的扩大导致中央与地方政治关系的变化；而地方积极性的提高，可能使中央与地方行政关系获得新的活力，从而使政府间关系朝着积极的方向发展；同时，地方积极性的提高，必将导致地方公共行政范围扩大，伴随着这一发展，地方必然会提出调整中央与地方财政分配关系的要求，影响政府间财政关系。因此，公民参与的扩大，可能导致政府间关系的连锁反应。

但也应看到，公民参与的扩大，地方自主权的增强，也有可能产生不利于政府间关系的影响。这就是公民参与地方自治可能导致的地方主义的影响，在地方主义影响下，地方利益将会不断冲击国家利益，从而影响中央与地方之间必要的指导和制约关系。

同时，任何人都生活在特定的民族之中，都有特定的信仰，养成一定的生活习惯和作风。当一个国家由同一个持共同信仰的民族所组成的时候，民族和宗教就不成为影响国家结构的因素。但事实上，这种情况极少。由于历史和社会的原因，大多数国家均由多种民族组成，存在着不同的宗教，形成不同的公民习惯。不同民族有不同的传统和文化，有不同的利益和要求，有不同的观念和信仰，有不同的生活方式，这些差异常常会给国家结构以及国内政府间关系带来许多挑战和问题。历史和事实一再证明：协调好国内民族关系、宗教关系和种族关系，使民有一个好的习惯，是各国政府都应承担的十分重要的任务，也是国内政府间关系的协调与发展必须认真考虑的关键因素。

(五) 地理结构

两千多年前，古希腊政治思想家亚里士多德（Aristotle）在分析如何选择理想政体时，就明确将政体的选择与各国的地理结构结合起来，认为选择优良的政体应考虑国家的地理结构。一个国家是采取联邦制形式，还是采取单一制形式，多少都与该国的地理结构有关。对于历史较长的国家来说，地理结构差异性所产生出来的文化和传统的差异性，深深影响着国家结构的形式；同时，地理结构的差异，有时也决定着不同地区的人的经济生活方式和经济发展水平的差异性和多元性，这也会对国家结构形成深刻的影响。一般来说，地理结构的单一性和各地地理关系的密切性，都有助于中央集权的形成；相反，地理结构的多元性或各地地理关系的松散性，则有助于地方分权传统的出现。地理结构对国家结构形式的影响，也就同时意味着对国内政府间关系的影响。

作为决定因素之一的地理结构对政府间关系的影响，不能夸大，但也不能忽视。因为从表面上看，地理结构是固定不变的，它不会连续影响国内政府间关系；但是，应该看到，由地理结构所决定的经济、社会和文化生活却是"活"的因素，各地区在这方面的关系不可能永久不变，它会发生不断变化，从而对国内政府间关系不断形成新的挑战。

第三章 Chapter 3
政府间事权与支出责任

> 因天下之力，以生天下之财；取天下之财，以供天下之费。
>
> ——王安石

政府职责划分是政府间财政关系的逻辑起点，依据政府职责划分事权与支出责任又是合理划分政府间财政关系的出发点，是财政收支划分的重要前提。财政属于政府的分配，而不同级次的政府所执行的特定职能或侧重点是不同的，因而应根据各级政府行使职能的需要，相应地划分财力，为不同级次的政府履行其职责提供物质保证。因为多数国家各级政府的财政支出基本上是按照政府的事权（职责）范围确定的，政府间财政关系中诸多问题的焦点也都落在了事权与支出责任划分上。

【思政案例】

推进财税体制改革，合理划分各级政府事权与支出责任

2013年11月，党的十八届三中全会提出要建立现代财政制度。2014年6月30日，中共中央政治局会议审议通过了《深化财税体制改革总体方案》，描绘了未来财政体制改革的总体图景。2018年1月27日国务院办公厅印发了基本公共服务领域中央与地方公共事权和支出责任划分改革方案。文件中提出：要结合省以下财政体制，合理划分省以下各级政府的支出责任，加强省级统筹，适当增加和上移省级支出责任。县级政府要将自有财力和上级转移支付优先用于基本公共服务，承担提供基本公共服务的组织落实责任；上级政府要通过调整收入划分、加大转移支付力度，增强县级政府基本公共服务保障能力。随后在教育、医疗与公共卫生、公共文化、交通运输等领域出台改革意见。

案例解析：合理划分中央和地方事权和支出责任，是财税体制改革的重要环节，关系提升政府的执政和施政能力，更事关政府提供公共服务的能力和效率。改革方案明确了适度加强中央的事权，保障地方履行事权，减少并规范中央与地方共同事权，能够促进各级政府更好地履行职责。

思考讨论：
（1）目前我国的财政体制是什么样的？
（2）我国为什么要进行中央与地方财政事权与支出责任划分改革？

第一节 事权与支出责任的理论内涵

事权、支出责任、财权、财力是政府间财政关系的基本构成要素，而事权、财权、财力要素划分及其组合则是央地财政关系的核心。合理划分中央与地方事权和支出责任是政府有效提供基本公共服务的前提和保障。[①] 近年来，国务院办公厅先后出台各领域中央与地方共同事权和支出责任划分改革方案，优化各领域政府间事权和财权划分，形成中央领导、合理授权、依法规范、运转高效的事权和支出责任划分模式。合理界定事权与支出责任，健全事权与支出责任的调整机制，让事权与支出责任和治理能力更好匹配，有利于建立健全科学的现代财税体制。

一、事权

改革开放前，中央通过计划经济体制上收经济管理事权，事权内容基本不涉及公共服务职责，多表现为对企事业单位和重点项目工程的行政管理权，突出的是一种行政隶属关系。改革开放后，特别是1994年分税制改革以来，事权内容由经济管理权力为主向公共服务职责为主转变。随着预算管理体制改革和税收制度改革的不断深化与推进，以事权划分为基础的中央与地方财政关系改革变得极为迫切。事权是指一级政府在提供公共服务、化解公共风险时应当履行的任务和职责，侧重解决"谁的事""办事的责任"问题。[②] 尽管事权叫"权"，实质上应是责任，更准确的表述应为"事责"。根据履行事权的主体，事权可分为中央事权、地方事权、中央与地方共同事权。而当前我国正在推进分领域中央与地方财政事权改革。财政事权，是指一级政府应承担的运用财政资金提供基本公共服务的任务和职责，侧重解决"某项掏钱的事是谁的""某项掏钱的事该由谁来办"问题。财政事权是政府事权的一部分，是与财政资金最为紧密相关的一部分事权。财政事权的重点包括基本公共服务领域以及医疗卫生、教育、科技、交通运输、自然资源、农业生产、水利、公共文化等多个领域。

[①] 刘尚希，赵福昌，孙维. 中国财政体制：探索与展望［J］. 经济研究，2022（07）.
[②] 蒋毅. 国家治理视角下中央与地方财政事权和支出责任划分探析［J］. 北京：中国财政，2022（05）.

二、支出责任

拥有什么样的事权就要承担什么样的支出责任,支出责任是基于事权划分,各级政府履行事权时的支出义务和保障。具体而言,支出责任是政府承担的运用财政资金履行其事权、满足基本公共服务需要的财政支出义务,主要涉及资金的筹集、支付和管理,侧重解决"由谁掏钱""付钱的责任"问题。划分支出责任,亦即履行事权并提供公共服务后,"掏钱或付钱的责任"是由中央财政承担,地方财政承担,还是中央财政和地方财政共同承担,并进一步明确中央财政和地方财政各自承担资金支出的比例问题,是中央财政和地方财政协调的焦点之一。

三、财权和财力

财权主要是指一级政府在履行支出责任时所拥有的财政资金的筹集权与支配权,包括税权(费权)、产权和债权,主要是规定政府能以何种方式"收钱"与"花钱"的权力。财力是指一级政府在一定时期内为履行公共职能拥有的全部可支配财政资金,既包括自己收取的财政收入,也包括上级政府的转移支付和税收返还、各种政府债券融资和扣除本级政府的上解收入等,可称之为"政府拥有多少钱"。财权和财力既相互联系又相互区别,二者相对于事权和支出责任是手段。拥有财权的政府一般拥有相应的财力,拥有财力的政府却不一定拥有相应的财权。

四、事权与支出责任相适应

党的十八届三中全会通过的《中共中央关于全面深化改革若干重大问题的决定》中,明确提出要"建立事权和支出责任相适应的制度,促进中央和地方各司其职、各尽其责,又相互协调"。这是理顺中央和地方财政分配关系,健全中央和地方财力与事权相匹配体制的重要任务。因此,要充分认识建立事权和支出责任相适应的制度的重要性。完善事权和支出责任相适应的制度是整个财政体制协调运转的基础环节,是建立合理的分税财政体制的前提。纵观各国分税制建立与发展的历史,一个带有普遍性的基本特征就是,以科学界定政府事权及由此决定的支出责任为基础,匹配相应的税源,才能最终建立起以各级政府主体税种为核心的税收体系,确立政府间财政分配关系。因此清晰的事权和支出责任是财力与事权相匹配的重要前提,是深化财税体制改革首先要解决的问题。要适度加强中央事权和支出责任,国防、外交、国家安全、关系全国统一市场规划和管理等作为中央事权;部分社会保障、跨区域重大项目建设维护等作为中央和地方共同事权,逐步理顺事权关系。区域性公共服务作为地方事权。中央和地方按照事权划分相应承担和分担支出责任。中央可通过安排转移支付将部分事权支出责任委托地方承担。对于跨区域且对其他地区影响较大的公共服务,中央通过转移支付承担一部分地方事权支出责任。保持现有中央和地方财力格局总体稳定，结合税制改革，考虑税种属性，进一步理顺中央和地方收入划分。①

在此基础上，中国对于如何使事权与支出责任相适应进行了一系列实践。在《国务院关于推进中央与地方财政事权和支出责任划分改革的指导意见》（国发〔2016〕49号）中，指出"合理划分中央与地方财政事权和支出责任是政府有效提供基本公共服务的前提和保障，是建立现代财政制度的重要内容，是推进国家治理体系和治理能力现代化的客观需要。"事权划分是界定中央与地方财政关系的逻辑起点，是国家治理体系和治理能力现代化的重要体现。事权划分改革重点从财政领域突破，即推进财政事权及与之相应的支出责任划分改革。之所以从财政领域推进，一则财政是国家治理的基础和重要支柱。财政是国家治理的"基础"，是治国理政的基础性问题；同时财政又是国家治理的"重要支柱"在财政领域实现事权划分突破，对推进国家治理现代化意义重大。二则财政资金是政府有效运转的"血液"。事权特别是财政事权直接关联上下级政府之间的支出责任、财力、财权、转移支付等财政管理活动，即直接影响着上下级政府的"真金白银"，是最有可能被量化、被具体化的。

所以为更好地清晰划分中央与地方财政事权和支出责任，探索如何破解面临的现实问题，立足于我国基本国情，分别从推进中央与地方财政事权划分、完善中央与地方支出责任划分、加快省以下财政事权和支出责任划分三个部分进行改革。要在完善中央决策、地方执行的机制基础上，明确中央在财政事权确认和划分上的决定权，适度加强中央政府承担基本公共服务的职责和能力，维护中央权威。要切实落实地方政府在中央授权范围内履行财政事权的责任，最大限度减少中央对微观事务的直接管理，发挥地方政府因地制宜加强区域内事务管理的优势，调动和保护地方干事创业的积极性和主动性。要兼顾政府职能和行政效率，实现权、责、利的相统一。

第二节 事权划分的政治经济学意义

中央与地方事权和支出责任划分是理顺政府间财政关系的前提和基础，是推进国家治理体系和治理能力现代化的重要方面。推进政府间事权划分，有其特定的政治经济学意义。

一、事权划分的理论基础

事权划分是现代财政制度有效运转的基础和支撑，是理顺政府间财政关系的逻辑起点和前置条件。2016年8月，《国务院关于推进中央与地方财政事权和支出责任划分改革的指导意见》印发实施，第一次比较系统地提出从事权和支出责任划分即政府公共权力纵向配置角度推进财税体制改革。党的十九大提出加快建立现代财政制度，建立权责清晰、

---

① 新华社. 中共中央关于进一步全面深化改革 推进中国式现代化的决定［EB/OL］（2024-07-21）［2024-09-15］. https://www.gov.cn/zhengce/202407/content6963770.htm.

财力协调、区域均衡的中央和地方财政关系。

（一）辅助原则

一般认为，较为全面清晰阐述的辅助原则是源自1931年罗马教廷所提出的教义，其表述为："褫夺个人凭自己的创意、用自己的办法所能够做到的事情，转移给某个群体去做是不合法的，同样，将下一级或较小群体能做的事情转移给上一级或较大群体承揽也是不公正的，同时也严重损害和扰乱了社会秩序。一切社会实体都应当辅助于社会整体的成员，而不是吞没它们，也不是摧毁它们。"辅助原则体现"个体优先，国家辅助"的根本理念，即尊重最基层个体的独立性，除非基层个体有所要求，否则较高级的组织不得对之进行干预，较高级组织需要做的就是扮演优秀的辅助角色。辅助原则强调个体事务的解决应当遵循"个人——集体——国家"的路径，按照这种从小到大、从个人到国家、从低层级政府到高层级政府的层层递进模式来解决。

辅助原则原先是一项宗教原则，第二次世界大战后，德国、日本等国在立法中汲取辅助原则的根本精神与实质，由此，辅助原则演变成宪政与法治的基础准则。作为一种自下而上的组织原则，辅助原则为政府处理公共事务的职权、职责在政府各部门之间以及上下级政府之间进行科学、合理的配置提供了坚实的理论基础。将辅助原则作为政府事权划分的理论基础可以衍生出两项子原则：一是政府辅助个体原则（政府外部辅助）。即首先应强调个体的独立性、自主性，个体的问题个体解决，在个体通过自身力量无法解决问题的情况下，个体还可通过互助合作的方式，借助群体的力量解决所面临的困境与问题，只有当个体本身或通过群体互助合作而无法解决问题的时候，政府权力的介入才具有正当性基础。二是较高层级政府辅助较低层级政府原则（政府内部辅助）。即在政府权力介入社会公共事务、解决公共问题的时候，也应尽可能做到由较低层级的政府权力主体来处理与承担；高层级的政府权力主体应避免超越低层级的政府权力主体，解决低层级政府主体有足够能力应对的问题。只有在低层级的政府权力主体有现实需要时或者高层级政府权力主体处理公共事务与问题更具经济、更有效率的前提下，高层级政府权力主体才可以介入。

（二）委托代理理论

20世纪30年代，美国经济学家阿道夫·伯利（Adolf Berle）和加德纳·米恩斯（Gardiner Means）针对企业所有者兼具经营者的严重弊端提出了委托代理理论。该理论认为，实现所有权和经营权的分离，企业所有者保留剩余索取权，而将经营权利让渡与经营者，所有者根据经营者的服务质量对其进行考核评价，并对其支付相应的报酬。之后随着该理论的不断丰富完善，学者们将其与国家、政府权力的配置结合起来，既赋予了委托代理理论更深层次的内涵，也为政府间事权配置奠定了深厚的理论基础。另外，颁布的《中央与地方关系法》，其目的在于厘清中央与地方各自的事权，协调二者之间的利益关系。《中央与地方关系法》以《宪法》为依据，确定分税制改革以来二者各自的权力范围、权力运行模式以及利益分配措施等，将中央与地方之间事权划分纳入法治化轨道。以法为依托，有效地化解过度集权和权力放任的困局。这既是各级政府事权划分的法律保障，同时也能确保中央政府权威。

因此，在政府权力的委托代理中，人民授权给政府，中央政府委托给地方政府，上级政府委托给下级政府，形成一种层层分解、层层代理、层层负责、层层激励的委托代理结构，从而确保各层级政府的事权得到更好的履行。

（三）公共产品层次性理论

根据满足需要的不同，可以将产品划分为公共产品与私人产品。公共产品不同于私人产品，公共产品具有非排他性、非竞争性、不可分割性以及地域性等特征。公共产品的非排他性与非竞争性决定了政府与市场的边界，决定了公共产品应当由政府来提供。公共产品的地域性也称为公共产品的层次性，即公共产品根据其所影响的范围大小划分为不同的层次。公共产品根据其所影响的范围大小划分为不同的层次，这是公共产品层次性理论的基础。公共产品层次性理论认为，政府事权意味着政府提供社会公共产品和服务的责任，对政府事权进行科学、合理的划分实质上是对各级政府承担公共产品与服务供给职责的界定。政府事权划分对于公共资源的优化配置，提升公共产品和服务的品质与质量意义重大。

根据公共产品影响与受益的范围，公共产品可以划分为三个层次：一是全国性公共产品，即受益范围覆盖整个国家、与全体人民的利益息息相关的公共产品，该类产品的提供主体为中央政府，提供该项产品的事权为纯中央事权，如国防建设、国家政治往来等都属于纯中央事权；二是地方性公共产品，该类公共产品涉及一定辖区内的地方性公共服务与事务，主要是地方政府处理与本辖区内政治、经济、文化以及社会发展相关的各项公共事业，其影响范围局限于本辖区，应该由相应的地方政府来提供；三是准全国性公共产品，该类公共产品的影响范围是跨区域的，其到底是由中央政府还是地方政府提供，取决于哪一方能够使该事权履行的效率最大化。该项事权称之为混合型事权，主要表现为受益范围横跨多个辖区、涉及两个或两个以上的利益主体、层次性上有一定的区域特征。

（四）权力制约理论

古罗马时期，著名的思想家波里比阿（Polybius）（公元前204—122）在考察罗马政治实践的基础上，提出了权力制约思想。他认为，罗马政体的优点在于国家的三种权力不是各自独立、毫无联系的，而是在分权基础上互相牵制，从而使政体保持平衡。近代西方系统论述权力制约理论的是孟德斯鸠，他指出："一切有权力的人，都容易滥用权力，这是万古不变的一条经验。有权力的人使用权力，直到有界限的地方才休止。"权力制约理论的产生源于对人性的不信任，认为国家权力本身并无"善"或"恶"，但掌握权力的人有可能滥用国家权力。因此，为防止国家权力的滥用、实现保障公民权利与自由的目的，必须以权力制约权力，对国家权力进行合理分工与科学配置，以实现国家权力的互相牵制与平衡。"它要求在政府内部建立相对分散与独立的权力中心，以实现不同部门之间的相互制衡。"

权力制约理论不仅要求国家权力的横向分工与互相制约，同时要求中央与地方以及地方各层级政府间的权力分工与制约。权力制约理论对于科学、合理配置政府事权具有重要意义，是政府事权划分的基础性理论原理。政府权力的合理分工、制约与良性互动是规范政府权力有效行使、实现事权划分目的的关键与核心。从纵向政府事权划分来看，将权力分配给中央政府和地方各级政府，使各方都成为一个权力的中心、具有权力的主体地位，以此为基础在权力的行使过程中使双方相互制约、相互配合，进而在纵向上达到权力的谨慎行使，实现权力的制约。从根本上来说，事权划分包含中央监管地方和地方制约中央两部分的双向运行过程。科学、合理配置政府事权，构建完善的纵向事权划分制度，实现政府事权纵向分工、互相制约与良性互动，实现中央与地方以及地方各层级政府和各部门的事权在法治的轨道上有效运行，让不同层级政府以及不同职能部门在自身的权限范围内发挥作用，实现公共职能，履行公共职责。[①]

二、事权划分的政治学意义

合理划分中央与地方事权是政府有效提供基本公共服务的前提和保障，是建立现代财政制度的重要内容，是推动国家治理体系和治理能力现代化的客观需要。

对中央与地方的事权进行合理划分、规范各级政府间财政关系，有利于为现代财政制度的建立提供重要的支撑，促进国家治理体系与治理能力的现代化，实现国家的长治久安。事权划分是现代财政制度有效运转的基础和支撑，是理顺政府间财政关系的逻辑起点和前置条件。现代国家治理要求科学界定公共权力边界，并实现国家公共权力的合理配置和规范运行。合理划分中央与地方财政事权和支出责任、建立事权与支出责任相适应的制度，形成分工合理、权责一致、运转高效、法律保障的政府提供基本公共服务的体制机制，是推进国家治理体系和治理能力现代化的重要内容和必然要求。

科学合理地划分、厘清中央与地方各级政府间事权，有利于加快实施依法治国、依法行政的步伐。在明确政府财政事权和支出责任的基础上，将中央与地方事权划分基本规范以法律和行政法规的形式规定，将地方各级政府间的财政事权和支出责任划分相关制度以地方性法规、政府规章的形式规定，实现政府机构、职能、权限、程序、责任法定，让行政权力在法律和制度的框架内运行。

如果说分税制改革主要聚焦"财"的话，目前的中央与地方事权划分改革则瞄准了"政"，是对政府公共权力进行纵向配置，这无疑是涉及面更广、利益关系更复杂的重大改革。从事权划分入手可以为全面推进事权划分改革奠定基础和创造条件。事权划分改革涉及面广、难度大，不可能一蹴而就，一些成熟市场国家的事权划分经历了数百年的逐步演进。事权是政府事权的重要组成部分，从合理划分事权入手破冰中央与地方事权划分改革，先局部后整体，既抓住了提供基本公共服务这一政府核心职责，又能够为全面推进事权划分改革积累经验、蹚出路子。

三、事权划分的经济学意义

财政是国家治理的基础和重要支柱。习近平总书记指出，科学的财税体制是优化资源配置、维护市场统一、促进社会公平、实现国家长治久安的制度保障。财税体制改革不是解一时之弊，而是着眼长远机制的系统性重构。推进政府间事权划分，有利于健全规范财

[①] 徐东涛.条块关系：理解中国府际关系的一个核心概念［J］.治理研究，2024（03）.

政体制，合理优化基本制度安排，更好地发挥财政在资源配置、财力保障、统筹调控等方面的作用，充分激发和调动各方面积极性、主动性，确保各级财政运行稳健、保障有力、长期可持续，对于推动经济持续健康发展和维护社会大局稳定具有重要意义。

现行的中央与地方财政事权划分存在不同程度的不清晰、不合理、不规范等问题，如：政府职能定位不清，一些本可由市场调节或社会提供的事务，财政包揽过多，同时一些本应由政府承担的基本公共服务，财政承担不够；中央与地方事权划分不尽合理，一些本应由中央直接负责的事务交给地方承担，一些宜由地方负责的事务，中央承担过多，地方没有担负起相应的支出责任；不少中央和地方提供基本公共服务的职责交叉重叠，共同承担的事项较多。这种状况不利于充分发挥市场在资源配置中的决定性作用，与建立健全现代财政制度、推动国家治理体系和治理能力现代化的要求不相适应。积极推进中央与地方的事权划分改革，有利于充分调动各方面的积极性，对完善社会主义市场经济体制、保障和改善民生、促进社会公平正义，以及解决经济社会发展中的突出矛盾和问题发挥着重要作用。进一步理顺政府间的财政关系，有利于建立健全权责配置更为合理、收入划分更加规范、财力分布相对均衡、基层保障更加有力的财政体制，促进加快建设全国统一大市场，推进基本公共服务均等化，推动高质量发展，为全面建设社会主义现代化国家提供坚实保障。

第三节 事权划分的基本原则

事权是一级政府应承担的运用财政资金提供基本公共服务的任务和职责，支出责任是政府履行事权的支出义务和保障。从理论层面分析，事权划分可基于两个维度展开，一是政府间财政事权划分，二是中央与地方共同财政事权和支出责任划分，且划分应遵循以下基本原则。

一、政府间财政事权划分原则

（一）信息优势原则

根据传统财政分权理论，政府在提供公共品时需要充分考虑居民偏好、提供成本、监管难度等因素，而这些信息往往存在明显的地区差异。相较于中央政府，地方政府具有获取地方信息的天然优势。一方面，地方政府更接近当地居民的生活，能够以更低的成本获取更真实的信息；另一方面，地方政府辖区范围更小，处理加工信息的难度更低。此外，信息在向上传递过程中容易受到各种因素干扰而失真。因此，具有较强信息复杂性的公共品更适合由地方政府提供。比如基础教育、公安、城乡社区事务、本地基础设施建设等公共品具有鲜明的地区异质性和复杂信息依赖性，只有当地方政府负责提供时，才能以更高的效率提供更贴近当地居民需要的公共品。

(二) 外部性原则

由于不同公共品的受益范围存在差异，公共品的有效提供会受到地理和空间因素的影响。一般而言，公共品具有正外部性。地方政府提供的公共品的获益者并非只局限于辖区内部的居民，一些地方公共品收益也作用于辖区内的非居民，地方公共品本身也可能溢出辖区的地理边界从而使其他辖区的居民获益（比如空气污染的减少、河流水质的改善都会使相邻地区的居民受益）。如果公共品的外部性辐射范围跨越较大的地理区域，那么由地方政府提供公共品将导致公共品数量低于社会最优水平，产生效率损失和市场失灵。

(三) 规模经济原则

公共品的供给效率与其规模经济属性密切相关，需通过合理划分政府层级实现成本优化。具有全国性规模经济特征的公共品（如国防、外交），因受益范围广且边际成本稳定，由中央政府统一提供可最大限度节约成本。跨区域公共品（如高铁、水利工程）因覆盖范围广、协调成本高，需由中央或省级政府统筹，避免地方分散投入导致的低效。城市公用事业（如供水、供电）因需求偏好差异小且区域集中，在市级层面形成规模效应更具效率。而消防、治安等地方性服务因外部性弱、偏好差异小，由地方政府直接供给即可匹配实际需求。值得注意的是，公共品的外部性与规模经济往往密不可分：跨区域正外部性项目即便集权供给成本较高，但通过收益共享仍能实现规模经济目标。因此，基于规模效应差异的层级化供给模式，是提升公共资源配置效率的关键路径。

(四) 公平与社会稳定原则

政府间事权与支出责任划分应在维护社会公平与稳定的前提下进行。收入再分配是政府的重要职能之一，也是促进社会和谐稳定、实现共同富裕的重要途径。相较于地方政府，中央政府在这方面处于更有利的地位。一方面，由于管辖范围有限和激励缺失，地方政府难以自主进行地区间的收入再分配。另一方面，地方政府实施地区内收入再分配计划容易陷入富人迁出、穷人迁入的局面，最终导致地区贫困加剧，收入再分配计划失效。因此，像社会救济、失业补助等与收入分配有关的公共品更适合由中央政府来提供。

二、中央与地方共同财政事权和支出责任划分原则

(一) 坚持以人民为中心

从解决人民最关心最直接最现实的利益问题入手，聚焦民生痛点难点，首先将教育、医疗卫生、社会保障等领域中与人直接相关的主要基本公共服务事项明确为中央与地方共同财政事权，并综合考量地区差异、经济发展水平等因素合理划分支出责任，同时完善相关转移支付制度，优化资金分配和使用流程，确保更好地为人民群众提供基本公共服务。

(二) 坚持财政事权划分由中央决定

完善中央决策、地方落实的机制。强化顶层设计与统筹协调，基本公共服务领域共同财政事权范围、支出责任分担方式、国家基础标准由中央确定；明确地方政府职责，充分

发挥地方政府区域管理优势和积极性，建立动态评估与监督机制，保障政策落实。

（三）坚持保障标准合理适度

既要尽力而为，以民生需求为导向加快推进基本公共服务均等化，依据发展实际适时调整国家基础标准，逐步提高保障水平；又要量力而行，科学评估财政收支状况，兼顾各级财政承受能力，不超越经济社会发展阶段，建立动态预警机制，加强跨部门协同监管，兜牢基本民生保障底线。

（四）坚持差别化分担

充分考虑我国各地经济社会发展不平衡、基本公共服务成本和财力差异较大的国情，依据不同地区经济基础、人口结构和服务需求，中央承担的支出责任要有所区别，体现向困难地区倾斜，同时逐步规范、适当简化基本公共服务领域共同财政事权支出责任的分担方式。

（五）坚持积极稳妥推进

基本公共服务领域中央与地方共同财政事权和支出责任划分是一个动态调整、不断完善的过程，既要加强顶层设计，明确改革路径和方式，又要加强与各领域管理体制改革的衔接，在管理体制和相关政策比较明确、支出责任分担机制相对稳定的民生领域首先实现突破。

专栏 3-1

事权与支出责任的其他划分原则

尽管不存在一个绝对最优的办法来确定应由哪一级次的政府承担某一特定公共服务的事权与支出责任，[①] 但仍有一些经济学家就事权与支出责任在各级政府间的划分提出了许多带有原则性的思想，这些原则对指导财政支出在各级政府间的具体划分是有着积极意义的。

一、奥尔森（Olson）的划分原则

尽管传统经济理论为辨识各级政府的财政职能奠定了基础，但它并未明细财政支出责任划分。由此，Olson（1969）以公共物品确定行政辖区从而确定辖区支出责任的思路，探讨了指导行政辖区责任划分合理模式的发展原则。

（一）财政均等化原则。Olson依据交易费用不为零，否定了当时辖区间自由讨价还价能够以帕累托最优方式解决外部性的观点，随后通过分析公共物品受益范围与提供该物品的行政辖区之间的关系，得出公共物品的受益者与成本负担者一致。

（二）规模经济原则。在划分财政事权与支出责任的时候，要充分考虑公共物品的成本，采用规模提供，使有限资源的效用能够得到最大发挥。

---

① 刘尚希，程瑜，赵福昌等．优化中央与地方财政关系研究［J］．财贸经济，2024（10）．

（三）联邦补助原则。Olson 同时指出，规模经济较难把握，有时相反会导致规模不经济，解决的办法就是地方政府最小化单位成本，联邦政府则依据外溢程度对收益外溢部分给予地方政府补助。

二、美国财政学者阿图·埃克斯坦（Otto Eckstein）着重强调在财政支出的划分上应重视决策程序问题。他认为，与中央政府的决策相比，地方政府形成一项公共决策程序所需的时间要短许多。即使中央政府的决策是科学的，也常常会因为决策程序过长而时过境迁。地方政府的决策相对快捷，而且往往更能够体现出本地区居民的偏好和习惯，更符合本地区的居民的利益。因此，埃克斯坦主张除国防、外交、国家管理等支出需要由中央财政承担之外，其他的一些财政支出项目则主要由地方政府负责①。其他一些学者也就财政支出划分的一般性原则提出了自己的看法。如美国财政学者塞力格曼（Seligman）就强调应以效率为标准划分财政支出，同时他还提出规模较大的财政支出划归中央财政，而规模较小的财政支出划归地方财政。

三、齐守印的划分原则②

完整的政府间财政体制是由财政支出责任的纵向配置、征集财政收入权力的纵向划分和财政转移支付这三个层层递进的逻辑层次构成的。在这种政府间财政关系体系中，与政府间公共物品提供责任（即公共经济责任）划分相适应的财政支出责任纵向配置处于基础地位，是政府间财政收入划分的主要依据之一，也决定着政府间财政转移支付的结构与规模。因而，政府间财政支出责任纵向配置是否处于优化状态，对一个国家财政体制、进而对一个国家公共经济的运行效率产生至关重要的影响。

第一原则——政府间财政支出责任纵向配置与公共经济责权的纵向配置格局总体上相一致。即哪一级政权机构拥有提供某种公共物品的责任和权力，那么该级政府也就要相应地承担为这种公共物品的生产提供成本资金即财政支出的责任。

第二原则——纠正效益外溢性的成本补偿原则。多数发达国家对诸如教育、医疗卫生、社会保障与社会福利、社会治安、道路交通等涉及公民生存与发展基本条件的公共物品，都是采取提供责权多层次划分、筹资责任两级以上分担的方式解决的。上级政府之所以要以不同比例分担下级政府负责直接提供的公共物品成本，归根到底是由于这些公共物品具有正效益外溢性，只有在得到上级政府给予适当成本补偿的情况下，这种公共物品才能在数量和质量上实现最佳提供。

第三原则——财政支出责任划分与辖区居民受益紧密衔接。财政支出在或大或小的程度上代表辖区居民所费，而公共物品的提供则是辖区居民所得。根据物质利益规律，通过体制设计将居民所费与所得之间的联系衔接得越紧密，就越能调动公民参与公共经济决策和监督活动的积极性、主动性、创造性，从而越有利于提高公共经济的效率和政治民主的广泛性。因此，直接财政支出责任（与此相对应的是上级政府通过给予补助承担的间接支出责任）应当尽可能配置于最接近纳税人的那一级地方政府。

---

① 阿图·埃克斯坦. 公共财政学［M］. 北京：中国财政经济出版社，1983.
② 王玮. 地方财政学［M］. 北京：北京大学出版社，2019.

第四原则——财政支出责任配置与财政收入筹集能力相适应。不管财政支出责任配置有多少条原则，但这种责任的落实都必须以相应层级的政府具有相应的筹资能力为基本前提。在某一层级政府筹资能力被经济发展和居民收入水平客观限定的情况下，如果赋予其超过这一能力的财政支出责任，或者允许其量力而行地提供低于相邻地区水平的公共物品（适用于非基本的公共物品），或者上级政府必须负责补充为提供标准公共物品所需要的财力缺口（适用于涉及公民基本生存与发展权利的公共物品）。

四、项怀诚[①]在《中国财政管理》中提出，中央和地方政府间财政事权划分应遵循五项原则：

（一）市场基础原则。即首先要以界定市场经济条件下政府职能为基础，消除政府的"越位"和"缺位"现象，并相应界定清楚财政供应的范围。

（二）财政事权范围原则。即按政府管辖的范围来确定财政事权的归属，属于全国（全社会）范围共同事务的财政事权，由中央政府承担；属于地方（局部）范围的事务，由地方政府承担。

（三）管理效率原则。凡是由地方政府处理，其行政效率更高的事务归地方；由中央政府处理，其行政效率更高的事务归中央。

（四）分级管理原则。凡需要由中央决策，且只有中央能够承担的事务，由中央管理；需要由中央决策，地方有能力承担的事务，由中央授权地方管理；凡地方能够决策并有能力承担的事务，则应交由地方管理。

（五）法律规范原则。即财政事权划分和调整，都需经过法律程序，并保持相对稳定。

五、楼继伟事权划分三项原则[②]

（一）基本公共服务受益范围原则。地方政府主要通过向所辖区域内的居民提供满足其偏好的公共产品来履行财政事权。但是，地方政府在提供公共产品时往往会受到公共产品空间外部性的影响。即对于没有空间外部性的财政事权，可以仅由受益居民所属辖区的地方政府承担。对于那些具有空间外部性的财政事权，更适合交由高级政府来承担。

（二）信息复杂性原则。信息复杂性指的是不同层级政府在应对收集信息复杂程度不同的公共产品时，应该交由哪一级政府承担更有效率。通常情况下，信息处理越复杂、越可能造成信息不对称的事项，越应让拥有信息优势和效率优势的地方政府管理；信息复杂程度低一点，属于全局性的事务适合于高层级政府来管理。

（三）激励相容原则。如果在某种制度安排下，各级政府都按划定的职能做好自己的事情，就可以使全局利益最大化，那么这种制度安排就是激励相容的。在财政事权与支出责任划分时，在晋升激励下各级政府自利的行为导向，就会使得各级政府目

---

① 项怀诚. 中国财政管理 [M]. 北京：中国财政经济出版社，2001.
② 楼继伟. 中国政府间财政关系再思考 [M]. 北京：中国财政经济出版社，2013.

标不一致，财政事权各个领域的量化考核又会促使同级政府产生竞争行为从而产生目标偏离，导致激励不相容问题的出现。

六、吕冰洋中央和地方政府间财政事权划分的两项原则①

（一）效率原则：活力问题。针对政府间事权划分，一般认为坚持以下几个原则可提高效率：

一是信息优势原则。提供公共产品需要了解当地信息，信息复杂性越高的公共产品，越应该由地方政府去提供。不同地区异质性的大小，会直接影响公共产品的信息复杂性。

二是外部性原则。公共产品一般都具有正外部性，但每项公共产品外部性辐射的地域范围存在差异。外部性辐射地域范围越大的公共产品，交由更高层级的政府提供越有效率。

三是规模经济原则。公共产品的提供需要考虑提供成本的大小。很多公共产品的生产具有明显的规模经济属性，即生产量越大时，单位成本会越低。

四是激励相容原则。激励相容机制是要使得参与者即使按照自己的利益去行动，也能实现整体利益最大化。

（二）制衡原则：秩序问题。我国地方政府存在省、县等多级架构。省县两级政府的区别在于：县级政府更接近当地市场和基层社会，省级政府则逊之；县级政府权力更多受当地居民制约，省级政府权力更多受中央制约；省级规模较大，县级规模较小，省级政府的政治和经济动员能力远大于县级。在这样的框架下，需要制衡的主要是省级政府，为此，事权分配应体现哑铃分权原则和三权分离原则。

第一，哑铃分权原则。事权分配要向中央政府和县级政府两头集中，中央财政主要承担与宏观调控、维护统一市场有关的职能，县级财政主要承担县域内公共服务、社会管理等职能，省级政府主要行使监管职能和协调区域发展职能。

第二，三权分离原则：省权以监督权为主。事权包括决策权、执行权、监督权三部分。监督权是关于监督财政资金管理的权力，属于上级政府，不存在分配问题。

第四节
中国事权与支出责任划分的实践

从事权划分的历史沿革上看，我国中央与地方的财政关系经历了四个阶段，政府间事

---

① 吕冰洋. 央地关系：寓活力于秩序 [M]. 北京：商务印书馆，2022.

权的划分逐渐明确。但由于我国复杂的政治经济等因素的影响，事权划分的问题错综复杂，存在不少的问题和缺陷，急需推进政府事权划分改革，理顺各级政府事权，健全事权和支出责任相适应的制度，推动事权改革法治化方向，以法律规范政府事权，为事权履行的财力保障提供法律支撑。

一、我国事权划分的实践历程

（一）计划经济体制时期中央集中经济管理事权（1949—1978年）

新中国成立初期，国家的财政经济遭受严重的破坏，为了挽救岌岌可危的经济，我国实行了高度集权的计划经济体制，国家发布政策与文件对全国财政收支和物资进行统一调度，将有限的资源集中于经济恢复，经济管理高度集中于中央的事权关系初步建立。然而这一关系限制了地方积极性，各地请求扩大事权，中央认识到适度放权的必要。我国开始实行"统一领导、分级管理"为特征的财税体制。1951—1952年，我国实行初步划分收支、分级管理的财税体制，财政层级被划分为中央、大行政区和省（市）三级，国家预算支出划分为中央预算支出及地方预算支出，但仍是中央集中控制财权和财力，地方的财力依然有限。1953年，财政管理体制中取消了大区一级财政，财政层级改为中央、省（市）和县（市）三级管理，并划分各层级的财政收支范围。从1959年起实行"收支下放，计划包干，地区调剂，总额分成，一年一变"为主要特征的财税体制，下放财政支出管理权，中央为收入小于支出差额部分买单。针对经济困难和权力下放过度问题，1960年中央又收回了部分事权和财权。1971—1973年，在当时的国情之下，我国尝试了"收支包干"财政分配体制；1974—1975年，我国又一次对收支分配方式进行了探索，采取了"收入按固定比例留成，超收另定分成比例，支出按指标包干"这种分配方式，这是因为前一种分配方式无法适应经济社会的发展变化。1976—1979年，我国实行"收支挂钩、总额分成"和试行"收支挂钩、增收分成"的财政管理体制，一方面进一步下放企业、事业单位给地方管理，扩大地方事权操作范围，另一方面也继续通过调整收入分配方式，调动地方增收节支和平衡预算的积极性。尽管如此，中央和地方之间仍未能严格分开，各级财政搅在一起、不分彼此的局面依旧存在。

（二）改革开放后地方包干事权（1979—1993年）

1979年，国家对经济体制进行全面改革，并以财政税收制度改革为突破点，中央决定向地方下放权力，让地方获得更多的自主权和实惠。1980—1984年，国务院发布相关财政管理体制的通知，确定实行"分灶吃饭"的划分收支、分级包干财政管理体制，旨在扩大地方的财权，调动地方的积极性。1983年到1984年两年间分两步实行了利改税，这一阶段的中央和地方的财政收支范围按照隶属关系明确划分，各级政府有了统筹安排地方财政收支的自主权。1985—1987年，国务院颁布了财政收支分配的相关文件，在中央的统一领导下进行划分税种，税收收入原则上将税种设置划分为中央固定收入、地方固定收入和共享收入，依据隶属关系对各级政府的支出进行界定范围，给予地方政府分级包干的自主权。这一阶段的改革适应改革开放的要求，调动了地方政府增加收入的积极性，促进了全国经济的发展。但同时也使中央财政收入锐减，中央政府对财政权力的控制力下降。尽管政府间事权划分已基本清晰，但在实际实行的过程中却出现了交叉、重叠的现象。

（三）分税制改革后地方扩大事权（1994—2012年）

包干制下的"分灶吃饭"由于存在各地方缺乏体制形式上的统一性和规范性、收支划分依据和基数核定办法不科学、缺乏横向公平机制以及中央宏观调控能力弱化等弊端，导致中央和地方的事权关系难以真正实现规范，稳定性更是无从谈起。因此，1993年12月15日，国务院发布《关于实行分税制财政体制的决定》，决定实行分税制改革。分税制财政体制的主要内容包括分权、分税和分管三个方面。2006年，我国进一步提出了对现行的事权进行调整的决定，将政府之间的事权范围进一步划分明确。2007年，我国再一次强调对我国目前的财税体制进行改革，并且提出在财政转移支付这一方面要更加透明和规范化，并且要增加转移支付的规模，在公共服务这一领域增加政府的支出力度。

分税制改革后，一方面地方延续了包干制下的部分公共服务职责，地方事权扩大，另一方面却由于中央上收财力，地方财力增长不足，加剧了地方事权与财力不匹配的程度。这一阶段的改革，我国实现了由"行政性分权"向"经济性分权"的实质性转变，中央政府的财政收入大幅增长，地方政府积极性也不断增加。

（四）全面深化改革时期中央推进事权划分改革（2013年至今）

党的十八大提出全面深化改革，事权划分作为困扰中央与地方财政关系和国家治理体系的长期症结，在分税制改革20年后开启改革。2013年党的十八届三中全会通过了《中共中央关于全面深化改革若干重大问题的决定》，将"建立事权和支出责任相适应的制度"列为新一轮财税体制改革三大任务之一。2014年中央政治局会议审议通过的《深化财税体制改革总体方案》对合理划分各级政府间事权和支出责任作了明确部署，党的十八届四中全会要求"推进各级政府事权规范化、法律化"。2015年党的十八届五中全会提出"适度加强中央事权和支出责任"。2016年，国务院发布相关文件对央地事权和支出责任划分，划分主要从国防、国家安全、外交、公共安全等基本公共服务领域率先开展。2017年党的十九大明确"权责清晰、财力协调、区域均衡的中央和地方财政关系"，将事权改革列为政府间财政关系改革的第一要务。2019年党的十九届四中全会从国家治理的高度，提出"形成稳定的各级政府事权、支出责任和财力相适应的制度"，要求事权划分尽快取得实质性进展，形成稳定制度。2020年，国务院分别印发了《生态环境领域中央与地方财政事权和支出责任划分改革方案》《公共文化领域中央与地方财政事权和支出责任划分改革方案》《自然资源领域中央与地方财政事权和支出责任划分改革方案》《应急救援领域中央与地方财政事权和支出责任划分改革方案》，对不同领域中央及地方政府的事权进行了详细划分，力求建立权责清晰、财力协调、区域均衡的中央和地方财政关系，形成稳定的各级政府事权、支出责任和财力相适应的制度。2024年，二十届三中全会指出明确深化财税体制改革，提出要继续完善中央和地方财政关系，一方面要推进消费税征收环节后移并稳步下划地方。另一方面，要完善转移支付体系，建立促进高质量发展的转移支付激励约束机制。此外，还要合理扩大专项债券支持范围，适当加强中央事权，提高中央财政支出比例。

这一阶段中央将事权划分提升至国家治理的高度,强化各级政府对事权划分改革的重视。但是诸如政府事权"越位""缺位""错位"等问题依然存在;地方事权与支出责任压力过重;政府"重经济管理权力、轻公共服务职责"偏好尚存;事权划分法治化程度偏低等痼疾亟待解决。

二、我国事权划分存在的问题

(一)政府职能越位与缺位的并存

政府间的职能分工和事权的界定,首先取决于政府的职能定位,也就是事权在政府与市场间的初次划分。然而,在由计划经济向市场经济的转轨过程中,我国政府职能定位还存在许多问题,主要表现为政府职能越位和缺位的并存。政府职能的越位,指的是政府规模庞大、职能范围宽广、对市场侵占过多,一些政府仍以政府管理者的身份直接参与国有企业生产经营活动。在职能越位的同时,政府却没有很好履行其基本的职责,即在一些基本公共产品和公共服务的提供上政府严重缺位,例如对基础教育、社会保障、医疗卫生、环境保护等投入严重不足,对提供基本公共服务和促进社会公平缺乏足够的重视。

(二)政府间事权缺乏明确的划分

在多级政府体系下,不同级别政府间的支出责任缺乏正式的划分。宪法原则上对中央和地方政府职责范围做出了规定,但实际上各级政府间并没有明显区别,中央政府对省以下各级政府之间的支出划分没有明确的指南。一般是"下管一级"的办法,由上级政府顺次决定其下级政府的支出划分,因此事权划分在各省和地区可能有所不同。表3-1展示了各级政府主要的事权分配框架,从中可以看出我国政府间事权划分混沌不清。

表3-1 中国各级政府主要支出责任的基本概况

	中央政府	省级政府	县级政府
全国性公共事务	决策权、支出权、监督权	支出权、监督权	支出权
跨省域公共事务	决策权、支出权、监督权	支出权、监督权	支出权
跨县域公共事务	监督权	决策权、支出权、监督权	支出权
县域内公共事务	监督权	监督权	决策权、支出权

资料来源:吕冰洋.央地关系:寓活力于秩序[M].北京:商务印书馆,2022.

(三)中央与地方事权错位

在政府间事权缺乏明确划分的情况下,各级政府间事权划分必然会错位。我国目前政府间事权的划分就存在不规范的问题,政府的事权层层下移,地方政府尤其是基层政府的支出责任过大。

1. 中央与地方事权的错位

(1)地方政府过多承担了本应由中央政府承担的资源勘探工业信息等支出和自然资

源海洋气象等支出。如表3-2所示，2020年，中央政府在资源勘探工业信息的支出只有5.09%[1]，而对自然资源海洋气象等支出则只有11.23%。地方政府过多地承担了对自然资源的支出。

表3-2　　　　　2023年中央地方分项目财政支出数额及比重　　　　（单位：亿元）

项目	国家财政	中央财政	地方财政	中央比重（%）	地方比重（%）
一般公共服务支出	21 242.45	1 516.94	19 725.51	7.14	92.86
外交支出	572.08	570.31	1.77	99.69	0.31
国防支出	15 805.08	15 536.78	268.30	98.30	1.70
公共安全支出	14 870.12	2 245.58	12 624.54	15.10	84.90
教育支出	41 248.29	1 570.81	39 677.48	3.81	96.19
科学技术支出	10 885.84	3 371.19	7 514.65	30.97	69.03
文化旅游体育与传媒支出	3 965.36	172.69	3 792.67	4.35	95.65
社会保障和就业支出	39 881.65	1 053.41	38 828.24	2.64	97.36
卫生健康支出	22 396.01	296.72	22 099.29	1.32	98.68
节能环保支出	5 636.78	195.53	5 441.25	3.47	96.53
城乡社区支出	20 535.76	3.36	20 532.40	0.02	99.98
农林水支出	23 989.85	256.98	23 732.87	1.07	98.93
交通运输支出	12 222.11	773.04	11 449.07	6.32	93.68
资源勘探工业信息等支出	8 245.86	403.48	7 842.38	4.89	95.11
商业服务业支出	1 971.87	30.34	1 941.53	1.54	98.46
金融支出	1 970.66	524.54	1 446.12	26.62	73.38
援助其他地区支出	437.17		437.17		100.00
自然资源海洋气象等支出	2 646.28	286.37	2 359.91	10.82	89.18
住房保障支出	8 213.56	621.47	7 592.09	7.57	92.43
粮油物资储备支出	2 017.35	1 300.96	716.39	64.49	35.51
灾害防治及应急管理支出	2 436.99	422.53	2 014.46	17.34	82.66
债务付息支出	11 832.84	6 945.96	4 886.88	58.70	41.30
债务发行费用支出	83.9	54.1	29.80	64.48	35.52
其他支出	1 515.08	66.39	1 448.69	4.38	95.62

资料来源：根据《中国统计年鉴2024》整理和计算而得。

（2）中央政府没有很好地承担收入再分配的功能。从国家财政对社会保障和就业的支持来看，中央财政对社会保障和就业的支出只占3.44%，地方财政则占到96.56%，中央政府对住房保障的支出较少，从具有很强收入再分配性质的住房保障支出来看，中央财政所占的比重只有8.54%。而根据国际惯例，具有再分配性质的社会保障和社会救济的职能几乎都是由中央政府提供的。

（3）一般来说，中央和省级是教育和卫生的主要提供者，然而目前中央政府在这两

---

[1] 数据来源：《中国统计年鉴2024》。

方面的投入太低，中央占教育事业费的投入约只占4.6%，卫生健康支出只有1.78%，教育和卫生支出目前则主要由地方政府承担。

2. 省级以下事权的错位

中国近70%的公共支出发生在省和省以下，其中55%以上的支出发生在市、县、乡三级，尤其是县乡两级担负着相当沉重的支出责任，这与国际惯例不符。总的来说表现在：

（1）较高级别的政府集中了过多的基础设施和经济建设支出的份额，急需大量基础设施投入的县、乡政府只能获得不到10%的份额。

（2）对农村的扶助支出主要落在县、乡政府，由于背后缺少一个很好的均等化转移支付体系，这意味着让贫困地区自寻活路。

（3）教育和公共卫生这类较强外溢的公共产品过多由县、乡政府承担。例如，县、乡政府提供了大部分重要的公共服务，包括60%—70%的教育预算支出，55%—60%的医疗卫生支出。

（4）主要的社会保障支出落在地、县两级政府，尤其是地级市和县级市，它们构成了社会保障网的主体，负责向国企下岗工人提供收入支持和再培训、失业保险和城市最低生活保障，还要承担地区性养老金计划所需的资金。①

（四）政府事权与财权不统一

在支出责任层层下移的同时，财政收入却层层向上集中，事权与财权严重脱节。1994年分税制改革的主要目的是扭转长期以来中央财政收入占全国财政收入比重过低的局面。然而在目前省级以下财政关系很不完善的情况下，这种做法导致省、市级政府倾向于提高财政资金集中度，从而使得基层政府收入减少。基层政府事权与财权的脱节直接导致了县、乡财政的运转困难，地方财政赤字的不断增加使得基层政府的正常运转受到了严峻的挑战，基本公共支出难以保证，地方政府被迫寻求其他的收入来源，以种种手段获取预算外和制度外收入。

专栏3-2

分税制改革内容②

第一，通过划分税种明确中央与地方的财政收入分配方式。分税制改革将税种明确划分为中央税、地方税和共享税三类。税种划分重新界定了中央与地方的财政利益，形成了中央与地方统一规范的分配关系。

第二，明确中央与地方的财政支出范围，即不同层级政府的支出责任。例如，中央政府主要负责国家安全、外交事务、国家级的基础设施建设等重大支出需求，而地方政府则主要负责本地区的公共服务和基础设施建设等事项。

---

① 国务院办公厅. 国务院办公厅关于进一步推进省以下财政体制改革工作的指导意见［EB/OL］（2022-06-13）［2024-05-13］. https：//www.gov.cn/zhengce/zhengceku/2022-06/13/content_5695477.htm.

② 周绍杰，杨璐. 重塑国家发展治理：分税制改革三十年评述［J］. 经济理论与经济管理，2024（05）.

第三，实行中央对地方的税收返还。这种制度设计一方面是为了维护地方财政的既定利益，减小地方推行分税制的阻力；另一方面又通过增量调节使得中央在新增财政资源中获得更大比例，从而提升中央政府的财政汲取能力。

第四，在分税制改革实施的同时也推进了征税体系建设，包括分设中央和地方两套税务机构，即国家税务局和地方税务局，并很快启动税收信息化建设。其中，地方税务局负责征收地方级固定收入，其余主要由国家税务局征收。从制度激励的角度来看，国税地税分设是1994年分税制改革的配套措施，在税务部门征收技术体系不完备的条件下，其目的是发挥中央和地方的积极性，提高"两个比重"。然而，也要看到国税地税分设导致纳税人履行纳税义务所需要支出的成本大大上升。需要补充说明的是，随着税收系统信息化建设水平的不断提高，作为国务院机构改革的一部分，2018年实施了国地税合并，目标是建立一个更加优化、高效和统一的税收征管体系。在税收系统信息化建设方面，1994年分税制改革后很快便开启了中国的税收信息化建设。

三、我国事权划分的改革方向

（一）厘清政府与市场边界，聚焦公共服务职责

构建现代财政管理体制的基础在于政府事权的科学、合理划分，而事权划分的基础在于政府与市场边界的厘清，要明确政府到底应该做什么即明确政府的职责范围，才能在此基础上将这些职责在各级政府间进行划分，此为基础之基础。当然，目前政府职责应聚焦于公共服务领域，尤其是基本公共服务的供给，这既是党和国家"以人民为中心"战略思想的集中体现，也是新时代人民群众向往美好生活的现实需要。①

（二）合理划分中央与地方的事权

首先要做到适度加强中央事权，强化中央的事权履行责任，中央的事权原则上由中央直接行使。中央的事权确需委托地方行使的，报经党中央、国务院批准后，由有关职能部门委托地方行使，并制定相应的法律法规予以明确。其次是保障地方履行事权，加强地方政府公共服务、社会管理等职责。将直接面向基层、量大面广、与当地居民密切相关、由地方提供更方便有效的基本公共服务确定为地方的事权，赋予地方政府充分自主权，依法保障地方的事权履行，更好地满足地方基本公共服务需求。地方的事权由地方行使，中央对地方的事权履行提出规范性要求，并通过法律法规的形式予以明确。最后要减少并规范中央与地方共同事权，根据基本公共服务的受益范围、影响程度，按事权构成要素、实施环节，分解细化各级政府承担的职责。并在此基础上建立事权划分动态调整机制，根据客观条件进行灵活调整。②

---

① 崔军，李晓凡，黄健雄. 建国以来中央与地方事权划分：历史回顾与经验总结[J]. 财政监督，2022（08）.
② 国务院. 关于推进中央与地方财政事权和支出责任划分改革的指导意见[EB/OL]（2016-08-24）[2024-03-26］. https://www.gov.cn/zhengce/content/2016-08/24/content_5101963.htm.

(三) 推进事权划分法治化、规范化

首先,将中央与地方事权范围和分担标准以法律法规的形式进行明确。其次,利用完善配套的法律制度为事权履行的财力保障提供法律支撑,并以此明确政府的事权范围,正确处理政府和市场、社会之间的关系,更好发挥预算作用,精确界定政府必需的财政资金规模,为强化对事权履行和支出责任落实的问责奠定基础。最后,健全政府事权纠纷的法律解决机制。通过立法建立对事权进行行政和司法相结合的解决机制。可建立一个隶属于国务院并具有相对独立性的机构,统筹处理中央和地方事权纠纷问题。[①]

---

① 王湘军,李雪茹. 深化政府事权划分改革之整体框架建构 [J]. 中国行政管理,2019 (04).

第四章 Chapter 4
政府间收入划分

> 税收不仅是赋予政府收入的手段,也是为了保证政府能够履行它的职责和义务。
>
> ——约瑟夫·斯蒂格利茨

政府间收入划分是政府间财政关系中的一个必要环节,事关收入体制改革和地方财力保障。在我国,分税制的推行使中央与地方之间建立起了较为明确而稳定的收入分配机制,但是随着改革的深入,现行分税制暴露出许多问题和不足,形成收入层层向上集中和支出责任层层下放的分配格局,最终导致地方尤其是基层政府的收入能力与日益增长的支出责任极不适应,并由此引发了一系列的财政问题。因此,如何对政府间收入重新划分成为当前十分紧迫的任务。

【思政案例】

政府财政收入划分的改革迫在眉睫

2019年国发21号文件《国务院关于印发实施更大规模减税降费后调整中央与地方收入划分改革推进方案的通知》提出实施更大规模减税降费后调整中央与地方收入划分改革推进方案。文件中不断地强调"保持现有财力格局总体稳定。调动中央与地方两个积极性,稳定分税制改革以来形成的中央与地方收入划分总体格局,巩固增值税'五五分享'等收入划分改革成果。在此基础上,建立更加均衡合理的分担机制。按照深化增值税改革、建立留抵退税制度的要求,在保持留抵退税中央与地方分担比例不变的基础上,合理调整优化地方间的分担办法。稳步推进健全地方税体系改革。适时调整完善地方税税制,培育壮大地方税税源,将部分条件成熟的中央税种作为地方收入,增强地方应对更大规模减税降费的能力。"这一项措施也无疑在提醒我们政府财政收入划分的改革迫在眉睫。

案例解析:减税降费主要由减免税收及降低、取消或停征部分非税收入和社会保障收入两部分构成,通过这两项举措减少企业运营成本,降低企业负担,增强市场活力,以达到增加就业机会，稳定金融市场，保持外贸稳定，提高外资投入，提升投资收入，保证预期结果的目的。

思考讨论：就文件中所说的关于"理顺中央与地方财政分配关系，支持地方政府落实减税降费政策、缓解财政运行困难"针对现行财政体制运行困难，你有什么看法？现行体制下都有哪些困难？

第一节 政府收入

对于国家所筹集的收入，传统经济学是用"财政收入"或"国家收入"等概念来表述的。自从西方经济学被引进以后，公共财政和政府收入的理念被广泛接受。政府收入，是指政府为履行其职能而筹集的一切资金的总和。在市场经济条件下，政府收入是国家通过一定的形式和渠道集中起来的以货币表现的一定量的社会产品价值，其中主要是剩余产品的价值，它是政府从事一切活动的物质前提。本节通过税收收入、债务收入、国有资产收益、政府费收入、其他收入五种政府收入形式来具体讨论政府收入。

政府收入形式是指政府取得收入的具体方式，即来自各个部门、单位和个人的政府收入通过什么方式上缴给国家。在世界各国，取得政府收入的主要形式都是税收，除此之外，其他非税收入形式，则视各国的政治制度、经济结构和财政制度的不同而有所区别。

一、税收收入

（一）概念

税收收入是指国家为了实现其职能，凭借政治权力并按照特定的标准，强制、无偿地向纳税人取得财政收入的一种形式。它具有强制性、无偿性、固定性三大基本特征，是现代国家征收面最广、最稳定可靠的财政收入形式，也是现代国家财政收入最重要的收入形式和最主要的收入来源。

（二）税制结构

税制结构是指根据客观经济条件和社会经济发展要求，一个国家的税种制度中不同税系之间以及不同税种之间的相互配合、相互制约的组合状况，它体现了一个国家税种制度的整体布局和内部构造，反映了不同税系和不同税种在整个税收体系中的地位和作用。

发达国家的税制结构和税种结构均相对稳定。如表4-1所示，2000年以来OECD国家的全部税收收入中，直接税占比始终在64%—66.8%；以货物与劳务税为代表的间接税占比则维持在32.1%—34.4%。二者在二十多年内的波动幅度最多为2.8个百分点。分析各税种的收入结构也可以得出类似的结论。在二十余年的时间里，个人所得税、企业所得税、社会保障缴款、工资税、财产税、货物与劳务税在全部税收收入中的占比，最高值与最低值的差异，分别为2.5个、2.4个、2.3个、0.3个、1.2个和2.3个百分点，无论是直接税还是间接税,都没有大的变化。[1]

表 4-1　　　　　　OECD 国家税制结构（2000—2021 年）　　　　　（单位:%）

年份	直接税	个人所得税	企业所得税	社会保障缴款	工资税	财产税	货物与劳务税	其他税	合计
2000	65.0	24.1	9.5	24.9	1.2	5.3	33.9	1.1	100
2001	65.3	24.5	8.9	25.4	1.2	5.3	33.7	1.0	100
2002	64.7	23.6	9.0	25.6	1.1	5.4	34.2	1.1	100
2003	64.1	22.7	9.0	25.7	1.2	5.5	34.4	1.5	100
2004	64.0	22.3	9.7	25.5	1.1	5.4	34.3	1.7	100
2005	64.4	22.2	10.6	25.1	1.1	5.4	33.9	1.7	100
2006	64.7	22.2	11.2	24.7	1.1	5.5	33.4	1.9	100
2007	65.0	22.7	11.3	24.5	1.1	5.4	33.0	2.0	100
2008	65.3	23.0	10.6	25.2	1.2	5.3	32.8	1.9	100
2009	65.2	22.7	9.1	26.8	1.2	5.4	33.2	1.6	100
2010	64.2	22.0	9.0	26.6	1.2	5.4	34.0	1.8	100
2011	64.4	22.1	9.3	26.4	1.2	5.4	33.8	1.8	100
2012	64.9	22.5	9.4	26.3	1.3	5.4	33.6	1.5	100
2013	65.2	22.6	9.4	26.3	1.3	5.6	33.3	1.5	100
2014	65.0	22.8	9.2	26.1	1.3	5.6	33.4	1.6	100
2015	65.1	23.1	9.2	25.9	1.2	5.7	33.3	1.6	100
2016	65.6	22.6	9.4	25.9	1.2	6.5	33.1	1.3	100
2017	65.6	23.0	9.7	25.8	1.3	5.8	33.1	1.3	100
2018	65.9	23.1	10.1	25.9	1.3	5.5	32.8	1.0	100
2019	66.0	23.5	9.6	26.0	1.3	5.6	32.6	1.4	100
2020	66.8	24.1	9.0	26.6	1.4	5.7	32.1	1.1	100
2021	66.1	23.8	9.7	26.0	1.2	5.4	32.6	1.3	100

注：社会保障缴款（social Security contributions）为强制性付款，缴款者具有在未来获得社会福利的权利；工资税（tax on payroll）为雇主、雇员或个体经营者支付的税款，按工资比例或按每人固定的金额支付,不具有在未来获得社会福利的权利（do not confer entitlement to social benefits）。

数据来源：根据 OECD – Taxrevenue（https：//data.oecd.org/tax/tax-revenue.htm）整理计算而得。

如表 4-2 所示,经济合作与发展组织（OECD）成员国地方税收收入以所得类税收和财产类税收为主,巴西、印度等金砖国家地方税收收入则以货物劳务类税收为主。如表 4-3 所示,虽然我国地方财政收入中税收收入占比高于 OECD 成员国以及巴西等国家的平均水平,但由于税收收入占比不足 50%,使得地方财政更多依赖于中央转移支付,既不利于发挥地方政府的自主性,也难以发挥其对地区经济的调控作用。此外,在我国现行

---

[1] 黄凤羽,李洁.税制结构演变的国际经验与中国展望[J].财经理论与实践,2023,44（05）.

财政管理体制下，地方政府税收立法权较小，地方主体税种涉税法律体系尚不健全，影响国家治理体系和治理能力现代化目标的实现。①

表 4-2　　　　　2020 年典型国家（地区）各级政府税收收入结构占比　　　　（单位：%）

国家（地区）	所得类税收	工资与劳动力类税收	财产类税收	货物劳务类税收	国际贸易与交易类税收	其他税收
OECD 单一制国家地方政府	34.68	0.25	42.32	20.61	0.07	2.07
OECD 联邦制国家地方政府	24.31	7.62	51.46	13	0.01	3.60
OECD 联邦制国家州政府	40.38	10.86	11.18	34.60	0.01	2.97
印度	0	0	1.10	88.90	0	10
中国	20.97	0	15.99	60.05	0	2.99
巴西	0	0	42.07	57.93	0	0
印度尼西亚	0	0	45.57	54.43	0	0

表 4-3　　　　　　　2020 年典型国家各级政府收入结构占比　　　　　　　（单位：%）

国家（地区）	各级政府	税收收入占比	社会保障收入占比	补助收入占比	其他收入占比
OECD 联邦制国家	中央	58.37	30.49	2.68	8.46
	州	35.39	1.97	48.23	14.41
	地方	34.64	0.97	44.51	19.88
OECD 单一制国家	中央	63.30	26.98	1.70	8.02
	地方	34.35	0.81	51.45	13.39
印度	中央	91.02	0.11	0.11	8.76
	地方	43.29	0.00	49.48	7.23
印度尼西亚	中央	77.98	0.00	1.12	20.90
	州	37.59	0.00	54.84	7.57
	地方	7.62	0.00	83.75	8.63
巴西	中央	49.48	34.52	0.03	15.97
	州	62.36	8.58	23.66	5.40
	地方	19.45	5.43	70.17	4.95
中国	中央	57.44	34.48	0.00	8.08
	地方	42.46	0.00	45.50	12.04

注：（1）OECD 联邦制国家包括美国、澳大利亚、奥地利、比利时、加拿大、西班牙、瑞士、德国，OECD 单一制国家指 OECD 成员国中的非联邦制国家。

（2）国际货币基金组织（IMF）将各类税收归纳为所得类税收、货物劳务类税收、财产类税收、工资与劳动力类税收、国际贸易与交易类税收以及其他税收，分别对应于我国企业所得税、增值税和消费税、财产税、个人所得税、关税等税种。

（3）本表根据 IMF 官网数据计算得出，计算结果保留小数点后两位。

---

① 樊丽明，郭健. 地方主体税种选择：理论逻辑、国际经验与策略权衡[J]. 国际税收，2022（11）.

(三) 税收划分原则及方法

1. 政府间税收划分的含义

分税的含义，有广义与狭义之分。广义的分税是指包括税收立法权、税收政策制定权、税收征管权以及税收收入支配使用权在内的税权在政府间的分配。

狭义的分税，仅指税种或税款以及税收征管权在中央与地方、地方各级政府之间的划分。分税制的核心是划分中央与地方的权力边界，为各级政府行使其职能确定制度基础。

2. 税收划分的基本原则

从理论层面剖析，税收划分主要遵循以下三类原则：按税种属性划分、按受益原则划分以及按效率划分。

第一，按税种属性进行税收分享。相比较而言，持这种观点的学者比较多，其中最具代表性的是美国著名财政学家马斯格雷夫（Richard A. Musgrave）的七原则。[①] 他从税种的设立和划分应该有利于政府职能的履行与政府目标实现的角度提出了税收划分的原则：

（1）流动性强的税收最好划归中央，否则会扭曲资源在地区间的优化配置，中低级政府应对辖区间流动性低的税基征税；

（2）应该在那些能够最有效地执行统一税基的辖区征收累进税率的个人税；

（3）以保障收入再分配为目标的累进税应划归中央，因为对收入的再分配应该由中央政府在全国范围内调节，以实现公平目标；

（4）用于稳定经济手段的税收应划归中央，因为稳定经济是全国性的职责，应由中央政府履行，而具有周期性稳定特征，收入起伏不大的税收应划归地方；

（5）地区间税源分布不均的税种应划归中央，否则会引起地区间税收收入不平衡；

（6）附于居住地的税收，如销售税和消费税，较适合划归地方；

（7）受益性税收及收费对各级政府都适用。

如果照此原则，大部分税收收入应由中央政府征收。这样的弊端是地方各级政府收入与支出的严重失衡，使收入和支出责任不能有效结合起来，可能带来企业和个人税收负担加重或地方政府过度依赖中央政府、财政资金的使用效率下降等一系列问题。

第二，按受益原则进行税收分享。美国经济学家埃克斯坦（Otto Eckstein）认为，[②] 应当根据公共产品的受益范围来有效地划分各级政府的职能，并以此作为分配财权的依据。那些有益于全体国民的公共产品应当由中央政府来提供，另有一些公共产品虽然只惠及某一阶层或某些人，但因对全社会和国家的发展至关重要，也要由中央政府提供，如对适龄儿童的义务教育、对特困地区和受灾地区的专项补助等。但是，为了维护局部利益，地方政府也应具有一定的财权和财力。尽管按此原则可能会增加税收征管成本，但由于它符合"谁受益，谁付款"的原则，可以增加对地方政府经济行为的监督，从根本上促进整个政府体系服务效率的提高。综合上述观点，税种的划分主要应根据税种本身特性和受益原则。从效率的原则出发，哪一级政府更多地掌握有关税基的信息，就应由这一级政府来负责税收。而根据事权匹配的原则，与哪一级政府支出责任相关的税种就由这一级政府

[①] 查理德·A. 马斯格雷夫，佩吉·B. 马斯格雷夫. 财政：理论与实践 [M]. 北京：中国财政经济出版社，2022.

[②] 阿图·埃克斯坦. 公共财政学 [M]. 北京：中国财政经济出版社，1983.

负责征收。根据上述两个原则,应将收入相对稳定且不受经济周期影响的税、以长期定居地为基础的税如消费税、对完全不能流动要素课征的税划归地方政府专有。

第三,按效率进行税收分享。主要代表是美国财税学家迪尤(J. F. Due)提出的原则:

(1) 征收效率原则。课税权与收入的划分要以征税效率的高低来决定。若某一税收的征收由中央负责比地方负责更有效率,则该税收应当由中央政府负责征收;反之,则应当交由地方政府来负责征收。

(2) 经济效率原则。该原则以增进经济利益为标准划分中央税和地方税。税收应归哪级政府,应以促进经济发展、不减少经济利益为着眼点。如货物销售税划归中央,使货物在全国畅通无阻,有利于发展生产;反之,如归地方政府,会出现过境则征的现象,会增加成本,提高物价,影响流通,对经济发展极为不利。

而从中国实践出发,税收划分应坚持以下三个基本原则[①]:

第一,经济效率原则,是指征税不能扭曲资源配置效率,不能对经济增长造成严重的伤害。在中国这样一个大型的经济体中,相比其他国家,构建统一大市场具有无比的优势,税收不能妨碍构建统一大市场这个目标的实现,要让市场在资源配置中发挥决定性作用。某些税种作为地方税,它有利于激发地方经济发展生产的积极性,从局部看具有经济效率,但是从宏观上看,就有可能导致地方政府之间激烈的税收竞争,进而导致资源配置扭曲。因此,如果发挥地方积极性与构建统一大市场这个目标发生冲突的时候,我们应该服从后者。

第二,受益性原则,是指税收要跟政府为居民提供的公共服务密切相关。符合受益原则的税收就是受益税,它的典型代表是房地产税。受益税是良好的地方税,因为当地方政府提供公共服务水平提高时,税收会随之增加,这会激励地方政府为辖区居民提供良好的公共服务。除此之外,个人所得税和一般性消费税都具有受益税的性质。当政府的公共服务水平提高时,会吸引更多的人进入辖区,个人所得税会随之增加,从而有受益税性质;一般性消费税则是因为当地方政府完善消费基础设施、改善消费环境时,一般性消费税会随之增加。这三种税的受益范围有大有小,个人所得税 > 一般性消费税 > 房地产税,受益范围小的,应该归为管辖区域较小的政府;受益范围大的,应该归为管辖区域较大的政府。

第三,有效激励原则,要求中央税要有利于发挥中央政府发展经济的积极性,地方税要有利于发挥地方政府发展生产或提供公共服务积极性,其积极性的发挥方向可根据历史发展不同阶段进行调整。通过税收激发地方政府积极性,不可避免地会带来地方政府间税收竞争。在现行分税制情况下,各地区政府采用"引税""买税"等措施也很常见。我们要认识到无论如何设置地方税系,辖区间税收竞争都是不可避免的现象。地方税系的建设应尽量做到抑制负面的税收竞争,而鼓励良性的税收竞争。一般而言,地区间经济竞争容易带来扭曲,公共服务竞争则可能带来社会整体福利水平提升。

3. 政府间税收划分的基本方法

(1) 划分税额

划分税额的分税方式是对税收最简单的划分,它一般是先税后分,即先统一征税,然

[①] 吕冰洋. 地方税系的建设原则与方向 [J]. 财经智库, 2018 (02).

后再将税收收入的数额按照一定的比例在各级政府之间划分。我国经济体制改革之前实行的"总额分成"财政体制就属于这种方式。西方财政税收理论与实践中的"收入分享",往往是各级政府之间转移支付的一种形式,与"总额分成"是不同的。

(2) 划分税种

划分税种指中央政府根据各种税务权利,并针对各级政府行为行使职责的需要以及考虑主体税收和辅助税收中各个税种的特征和税收收入等因素,将不同税种的收入划分至各个级别的政府以及按照税种类别划分税收范围的工作。与划分税额的方式不同,税种划分方式是确定某些税种收入的隶属关系,也就是将某些税种的收入固定地划归中央或地方,同时对某些税种的收入实行共享,但地方政府并不享有等同于中央的税收立法权。税种划分直接体现了收入在政府间划分的基本状况,因而是分级财政体制最直观的表现。

税种划分需综合考虑税基流动性、调控作用、财政功能、征管效率等多种因素,一般把税基流动性大、调控作用和调节范围广、税额大且较为集中、征管简单便利的税划为中央税;反之,把税基流动性很小、受益范围小且明确、税额不大且零星分散、征管难度较大的税划为地方税,但各国的做法又各有不同。

(3) 划分税率

划分税率,实际上是一种按照税源实行同源课税、分率计征的方式。此类方式所采取的具体做法包括:一是上级政府对某一税基按照既定比率征税并将税款留归本级财政之后,再由下级采用自己的税率,对相同的税基课征且自行支配该税收款项。在这种类型中,下级政府亦可在上级政府征税的同时或之前按照自己的税率对同一税基实施课税。二是采用所谓"税收寄征"的方式,即上级政府在对某一税基按照自己的税率征收本级税款的同时,代替下级政府并按照下级政府的税率对同一税基课税,而后将这笔税款拨给下级政府。

(4) 划分税制

在划分税制的方式下,往往是分别设立了中央税和地方税两个相互独立的税收制度和税收管理体系,中央与地方均享有相应的税收立法权、税种的开征和停征权、税目的增减权和调整权,并且有权管理和运用本级财政收入。当然,尽管两级税收体系相对独立,但它们之间又是相互衔接和相互补充的,而不是截然地分割开来。

(5) 混合型模式

混合型的模式,是在税收划分中综合地运用以上两种或两种以上做法而形成的一种各级政府间税收划分方式。例如,在以划分税制为主的情况下,辅之以对某一个或某些税种的收入实行共享的方式;或者在以划分税制为主的同时,中央和地方政府对某一个或某些税源实行分率计征。在当今世界上的许多国家中,所采取的分税方式往往并不是划分税额、划分税种、划分税率或划分税制四种方式中的单一一种,而通常是采取混合型的分税方式,从而发挥多种分税形式的综合效应。

(四) 我国目前的划分方法

我国有18个税种,将维护国家权益、实施宏观调控所必需的税种划为中央税;将同经济发展直接相关的主要税种划为中央与地方共享税;将适合地方征管的税种划为地方税,并充实地方税税种,增加地方税收入。具体划分方式如表4-4所示。

表 4-4　　　　　　　　我国目前中央与地方税收划分比例

序号	税种	细分	中央	地方
1	增值税	海关代征增值税	100%	
		非海关代征增值税	50%	50%
2	消费税		100%	
3	车辆购置税		100%	
4	关税		100%	
5	船舶吨税		100%	
6	城镇土地使用税			100%
7	房产税			100%
8	车船税			100%
9	土地增值税			100%
10	耕地占用税			100%
11	契税			100%
12	烟叶税			100%
13	环境保护税			100%
14	企业所得税	中央企业、地方银行和外资银行及非银行金融企业，铁道部门、各银行总行、各保险总公司等缴纳的部分	100%	
		其他企业缴纳的部分	60%	40%
15	个人所得税		60%	40%
16	资源税	海洋石油企业缴纳	100%	
		非海洋石油企业缴纳		100%
		水资源税（河北省除外）	10%	90%
17	城市维护建设税	铁道部门、各银行总行、各保险总公司集中缴纳的部分	100%	
		其他企业缴纳部分		100%
18	印花税	证券交易印花税	100%	
		其他证券交易印花税		100%

资料来源：中国政府网站整理。

二、债务收入

（一）概念

债务收入，是指一国政府以债务人的身份从国内外取得的各项借款收入，主要包括在国内发行债券（主要是国库券）、向外国政府、国际金融组织、国外商业银行的借款以及发行国际债券等取得的收入。其中，在国内发行国库券是取得债务收入的最主要形式。

（二）分类

政府债务，按照行政层级分为中央政府债务和地方政府债务。在中国，公债的募集主体一般是当地政府，而国债的募集主体是以财政部为代表的中央政府。中央政府债务即国债，随着社会主义市场经济和金融市场不断发展，国债的功能也从单纯的财政筹资工具发展到财政筹资、宏观经济调控、金融市场定价等多功能并举。除中央政府举债之外，不少国家有财政收入的地方政府及地方公共机构也举借债务，即地方政府债务。2014年，我国修正财经领域根本大法——《预算法》，地方政府被允许在中央批准的限额内发行地方债券。同时，地方平台债务逐渐与地方政府信用剥离，实现市场化运作。[①]

（三）国债

1. 国债的概念

国债又称国家公债，是国家以其信用为基础，按照债的一般原则，通过向社会筹集资金所形成的债权债务关系。国债是政府债券的一种，是中央政府向投资者出具的、承诺在一定时期支付利息和到期偿还本金的债权债务凭证，由于国债的发行主体是国家，所以它是拥有最高信用度、最具公信力、最安全的投资工具。一般情况下，国债主要是面向国内投资者在国内发行；在政府需要外汇的情况下，也可以在境外发行国债。在境外发行的国债可以采取外国债券和欧洲债券两种形式。

2. 国债的种类

国债的种类繁多，按国债的券面形式可以分为三大品种，即凭证式（储蓄）国债、无记名（实物）国债以及记账式（无纸化）国债。

凭证式国债，也可以被称为储蓄国债，是指国家采取不印刷实物券，而用填制国库券收款凭证的方式发行的国债。它是以国债收款凭单的形式来作为债权证明，通过各银行储蓄网点和财政部门国债服务部面向社会发行，主要面向老百姓，从投资者购买之日起开始计息，可以记名、可以挂失，但不可上市流通转让。在持有期内，持券人如遇特殊情况需要兑取现金，可以到购买网点提前兑取。提前兑取时，除偿还本金外，利息按实际持有天数及相应的利率档次计算。其票面形式类似于银行定期存单，利率通常比同期银行存款利率高，具有类似储蓄、又优于储蓄的特点，通常被称为"储蓄式国债"，是以储蓄为目的的个人投资者理想的投资方式。

无记名国债又名实物国债，是一种票面上不记载债权人姓名或单位名称，以实物券面形式（券面上印有发行年度、券面金额等内容）记录债权而发行的国债，又称实物券。是我国发行历史最长的一种国债。无记名式国库券的一般特点是：不记名、不挂失，可以上市流通。由于不记名、不挂失，其持有的安全性不如凭证式和记账式国库券，但购买手续简便。由于可上市转让，流通性较强。

记账式国债又名无纸化国债，准确定义是由财政部通过无纸化方式发行的、以电脑记账方式记录债权，并可以上市交易的债券。记账式国债可以记名、挂失，以无券形式发行可以防止证券的遗失、被窃与伪造，安全性好；可上市转让，流通性好；期限有长有短，

---

① 冯静，汪德华. 新中国政府债务70年 [M]. 北京：中国财政经济出版社，2019.

但更适合短期国债的发行；其通过交易所电脑网络发行，从而可降低证券的发行成本；上市后价格随行就市，有获取较大收益的可能，但同时也伴随有一定的风险。

3. 国债的特点

（1）安全性极高

国债的发行者是一国的中央政府，政府依靠国家信用发行国债，同企业债券和市政债券相比，国债的安全性最高，基本零风险。

（2）流动性较强

由于国债信誉高，安全性好，各金融机构、企业和个人都愿意从事其交易，所以国债的二级市场非常发达。因此，国债的持有者很容易就能以当时的市场价格出售手中的债券。在各种债券中，国债的流动性是最强的。

（3）收益较稳定

国债的投资收益指的是国债投资者从购买国债一直到国债被清偿期间所获得的利息收入和资本增值。国债由于风险较小，因而其市场价格相对稳定，从而国债收益率也处于相对稳定的状态。由于国债的安全性最强，流动性最好，所以在期限相同的情况下，其收益一般比其他类型债券要低。

（4）有期性

国债一般在发行的时候就确定了偿还期限，到期由发行者偿还本息。若有提前偿还或者展期的规定，在发行的时候就应该予以明确说明。国债的偿还期限由中央政府根据所筹资金用途和金融市场的状况来决定。一般来说，国债的期限从几个月到几十年不等。

（5）发行对象广泛性

国债的债权人既可以是一般债权债务关系中普遍存在的国内外公民、法人和组织，也可以是一个国家或地区的政府以及世界银行、国际货币基金组织等国际金融组织。而债务人一般只能是国家。

（四）地方政府债券

1. 地方政府债券

地方政府债券，是指省、自治区、直辖市和经省级人民政府批准自主债券发行的计划单列市人民政府（以下简称地方政府）发行的、约定一定期限内还本付息的政府债券，地方政府债券按资金用途和偿还资金来源分类，通常可以分为一般债券和专项债券。

2. 一般债券

地方政府一般债券（以下简称一般债券）是指省、自治区、直辖市政府（含经省级政府批准自办债券发行的计划单列市政府）为没有收益的公益性项目发行的、约定一定期限内主要以一般公共预算收入还本付息的政府债券。其主要特点如下：

（1）还款来源

一般债券纳入一般公共预算管理，其本息由地方政府通过安排地方一般公共预算收入偿还。

（2）主要用途

主要用于政府批复的政府投资项目，是为没有收益的公益性项目发行的，如市政设施建设、道路建设、教育基础设施建设、生态环境保护、乡村振兴等。

（3）资金成本低、发行期限长

相较于一般银行贷款等融资渠道成本相对较低；且政府债券的借贷期限较长，并可根据项目建设和运营期限匹配债券的发行期限，降低期限错配风险，防止资金闲置风险，又能避免频繁发债增加成本。

（4）到期还本、可接续发行

还本付息方式普遍为按期付息、到期一次性还本；对于到期无法偿还的地方政府债券，可通过发行再融资债券偿还本金。这种偿债方式在某种程度上平缓政府短期内的偿债压力。

3. 专项债券

（1）专项债券

专项债券，又称收益债券，是指为了筹集资金建设某专项具体工程而发行的，约定一定期限内以公益性项目对应的政府性基金或专项收入还本付息的政府债券，是地方政府债券的一种。

根据我国《专项债券资金使用管理办法》要求，专项债券资金的使用应当严格对应到项目资本性支出，任何单位和个人不得截留、挤占和挪用，不得用于经常性支出，不得调整项目，不得调整资金使用用途，并在规定时间内支出完毕。专项债券资金使用范围需对照编制"一案两书"时的建设内容支付相关工程费用，不得支付在建设内容以外的其他工程费用。

（2）我国地方政府专项债券发债支持领域

专项债券要合理扩大使用范围，坚持投向领域总体保持稳定，同时结合经济运行中出现的新情况进行优化调整。目前我国专项债的支持领域包括以下几种。

交通基础设施——铁路、收费公路、民用机场（不含通用机场）、水运、城市轨道交通和市域（郊）铁路、城市停车场、综合交通枢纽（含综合交通枢纽一体化综合利用）；

能源——天然气管网和储气设施、煤炭设备设施、城乡电网（农村电网改造升级和城市配电网）、大型风电基地、大型光伏基地、抽水蓄能电站等绿色低碳能源基地（含深远海风电及其送出工程）、村镇可再生能源供热、新能源汽车充电桩、公共领域充换电基础设施；

农林水利——农业、水利、林草业；

生态环保——城镇污水垃圾收集处理；

社会事业——卫生健康（含应急医疗救治设施、公共卫生设施）、教育（学前教育和职业教育、普通高校学生宿舍）、养老托育、文化旅游、其他社会事业；

城乡冷链等物流基础设施，城乡冷链等物流基础设施、粮食仓储物流设施、国家物流枢纽等物流基础设施、农产品批发市场、应急物资仓储物流设施（含应急物资中转站、生活物资城郊大仓基地）；

市政和产业园区基础设施——市政基础设施（供水、供热、供气、地下管廊）、产业园区基础设施；

国家重大战略项目——京津冀协同发展、长江经济带发展、"一带一路"建设、粤港澳大湾区建设、长三角一体化发展、推进海南全面深化改革开放、黄河流域生态保护和高质量发展、成渝地区双城经济圈；

保障性安居工程——城镇老旧小区改造、保障性租赁住房、棚户区改造（主要支持在建收尾项目，适度支持新开工项目）、公共租赁住房、城中村改造、保障性住房；

新型基础设施——市政、公共服务等民生领域信息化，轨道交通、机场、高速公路等传统基础设施智能化改造，云计算、数据中心、人工智能基础设施（主要支持国家算力枢纽节点和国家数据中心集群），第五代移动通信（5G）融合应用设施，国家级、省级公共技术服务和数字化转型平台；

新能源——新能源领域满足有一定收益、公益性建设项目，主要有以沙漠、戈壁、荒漠地区为重点的大型风电光伏基地、农民利用自有建筑屋顶建设户用光伏、乡村分散式风电、生物质能利用、抽水蓄能、新型储能、分布式智能电网、适应分布式新能源接入的直流配电网工程、光伏公共建筑一体化项目等。此外，加氢站也是有一定收益的公益性新能源建设项目。

（3）我国地方政府专项债券品种

土地储备专项债券（目前仅可用于保障性租赁住房的地块发行，其余情形不再发行）、收费公路专项债券、棚户区改造专项债券（目前只可用于存量项目）、其他实现项目收益与融资自求平衡的专项债券品种（地方政府专项债券多据此创设，目前发的多数是这种）。

表4-5总结了我国专项债与一般债的异同。

表4-5　　　　　　　　　我国专项债与一般债的异同

关键词	专项债内容	一般债内容	异同
定义	地方政府专项债券是指省、自治区、直辖市政府（含经省级政府批准自办债券发行的计划单列市政府）为有一定收益的公益性项目发行的、约定一定期限内以公益性项目对应的政府性基金或专项收入还本付息的政府债券。	是指省、自治区、直辖市政府（含经省级政府批准自办债券发行的计划单列市政府）为没有收益的公益性项目发行的、约定一定期限内主要以一般公共预算收入还本付息的政府债券。	异
发行主体	省、自治区、直辖市政府	省、自治区、直辖市政府	同
具体负责	省级财政部门	省级财政部门	同
使用方向	专项债务收入（专项债券募集资金）应当用于公益性资本支出，不得用于经常性支出。	一般债务收入应当用于公益性资本支出，不得用于经常性支出。	同
还款来源	政府性基金收入、专项收入、发行专项债券等（利息不能通过发行专项债券偿还）。	一般债务本金通过一般公共预算收入（包含调入预算稳定调节基金和其他预算资金）、发行一般债券等偿还。	异
特别要求	有一定收益，实现项目收支平衡。	无	异
确定额度	1. 全国人民代表大会或其常务委员会批准的专项债务限额；财政部分配额度；国务院批准后下达省级财政部门。 2. 省级财政部门每年10月底前，提出本地区下一年度增加的额度及项目的建议，经省、自治区、直辖市政府批准后报财政部。	1. 全国人民代表大会或其常务委员会批准的一般债务限额；财政部分配额度；国务院批准后下达省级财政部门。 2. 省级财政部门每年10月底前，提出本地区下一年度增加的额度及项目的建议，经省、自治区、直辖市政府批准后报财政部。	同

续表

关键词	专项债内容	一般债内容	异同
额度分配	1. 省级财政部门在本地专项债务限额内，确定省本级及所辖各市县当年专项债务限额方案，批准后下达市县级财政部门。 2. 市县级财政部门提前提出项目的建议，批准后报省级财政部门。	1. 省级财政部门在本地专项债务限额内，确定省本级及所辖各市县当年专项债务限额方案，批准后下达市县级财政部门。 2. 市县级财政部门提前提出项目的建议，批准后报省级财政部门。	同
资金运作	转贷	转贷	同
预算管理	专项债务收入、安排的支出、还本付息、发行费用纳入政府性基金预算管理。	一般债务收入、安排的支出、还本付息、发行费用纳入一般公共预算管理。	异
监督管理	县级以上各级财政部门应当按照法律法规和财政部规定，向社会公开专项债务限额、余额、期限结构、使用、项目收支、偿还等情况，主动接受监督。	县级以上地方各级财政部门应当按照法律法规和财政部规定，向社会公开一般债务限额、余额、期限结构、使用、偿还等情况，主动接受监督。	同

资料来源：作者自制。

三、国有资产收益

（一）概念

国有资产收益是指国家凭借对国有资产的所有权，从国有资产经营收入中所获得的经济利益。

（二）收益来源

这些收益可能来源于多种形式，包括但不限于：

1. 股息、红利收入：指在实行国有资产股份制经营方式中，国有股份根据企业经营业绩向国家财政提供的收入。

2. 上缴利润：国有企业将其实现的利润的一部分按规定或根据承包合同上缴给国家财政，这部分收入的真正来源是企业职工在剩余劳动时间里为社会创造的剩余产品价值。

3. 租金收入：是指租赁经营国有资产的承租人按照租赁合同规定的向国家缴纳的费用，即承租人有偿使用、支配国有资产的报酬。

4. 其他收入形式：除了上述常见的几种形式外，还有资源补偿费收入、资产占用费收入、国有股权证转让收入等其他形式的收益。

四、政府费收入

（一）概念

政府费收入是指政府公共部门中的一些行政单位和事业单位在向社会提供管理服务或事业服务时，以供应者的身份向被管理对象或服务的消费者收取的费用。按世界银行有关文件的说法，政府费收入是指"为交换公共部门所提供特殊商品和服务而进行的支付"。

也就是说，政府费收入实际上是政府仿照私人物品定价方式对公共物品收取的费用，以便回收提供特殊商品和服务的全部或部分成本。

政府费收入模拟市场价格，但又不同于市场价格，因为政府对公共物品定价不能采取利润最大化原则，所以，政府费收入一般不能弥补提供特殊商品和服务的全部成本。[1]

（二）具体内容

政府费收入的内容在理论上大致可以划分为两类，行政性管理收费和事业服务性收费。

1. 行政管理性收费

行政管理性收费主要是指政府的各种职能管理部门在提供行政管理服务时，向被管理对象收取的收费，这类收费一般包括特许权使用费、服务规费以及各种罚没收入等。

（1）特许权使用费

指使用其他经济单位所有的专利权、商标权、版权或类似的专有权利的付款。这些许可权（证）使人们可以去从事原本被限制或被禁止的活动。如自然资源开采权收费、特殊行业经营权收费等。

（2）服务规费

这是基于政府权力行使管理权而收取的费用。如工商注册费、专利申请费、房屋产权登记费、婚姻登记费，各行业管理部门的审查费、评估费、检测费等。

（3）罚没收入

是财政收入的一种形式。国家司法、公安、行政、海关或其他经济管理部门对违反法律、法令或行政法规的行为按规定课以罚金、罚款或没收品变价收入，以及各部门、各单位追回的赃款和赃物变价收入等。税务机关经办的税款滞纳金、补税罚款收入，通过税收渠道上缴，不属于罚没收入。

2. 事业服务性收费

是对自愿购买政府公共服务的个人或企业收取的费用，这些服务一般都与政府的基本职能相关，主要指政府举办的各种公共事业单位在向社会成员提供各种事业服务时向消费者收取的费用，种类比较多。

（1）教育收费

主要是高等教育。

（2）医院收费

公立医院的规定收费。

（3）公用设施收费

如公共道路、桥梁、机场码头、交通设施（如交通信号灯、人行道等）；自来水、电力、天然气供应；公园、花园、绿化带、植树造林等公共绿化和景观的建设和维护费用；公共体育馆、游泳池、学校、图书馆、医疗设施；排污、固体垃圾处理等。

实践中，政府通过提供特定公共服务并收费的情况在世界范围内较为普遍，且相关收费在政府公共收入中也占据相当的比重。美国联邦政府的各种收费占总收入的8%—

---

[1] 周小林. 公共财政管理［M］. 北京：北京大学出版社，2018.

10%。收费是针对特定群体从政府获取的超出一般公共服务水平，且具有获益性的特定公共行为。为了给相关特定公共物品或公共服务计划提供资金支持从而保证服务的获取，对使用者征收费用有助于提升和促进相关服务的供给效率与公平，形式上类似于在自由竞争市场中为消费者提供私人物品或服务的行为。在韩国，根据企划财政部《关于手数料算定及其协议的指针》等规定，政府的收费范围广、项目多，行政收费的目的不是盈利，也不是增加财政收入，而主要是对特定行政服务支出的一种补偿。此外如英国、德国和日本，其政府收费也都体现为公民（社会主体）获得特定服务或使用特定公共设施、行政设施而加诸给社会的成本补偿。[1]

（三）必要条件

只有当政府的服务具备了以下两个必要条件时，用收费来获得财政收入才成为可能。

1. 可区分服务受益者

对某项服务收费的前提是该项公共服务的受益者是明确的自然人或法人个体，而不是整个区域。且公共性（正外部性）越弱的服务越能区分出受益者。只有能区分出受益者时，收取费用才能找到具体的对象。准公共产品的消费具有不同程度的排他性，要维护社会公平，就必须实行"受益者负担"的原则。现代技术的发展能更好地解决排他性问题，更容易区分消费者，如有线电视技术、自动监控摄像技术等。但这些技术的采用都有成本，因此必须对收费产生的额外管理成本进行核算。

2. 服务收费的技术可行性

合理地收取服务费用，除了要分清受益者和非受益者，还要准确测量出使用服务者受益的多少和大小。比如：通过电表、水表、气表来测算人们使用水、电、气的数量，从而根据使用数量进行差别付费。如果技术上无法做到准确测量，收费就会比较困难。比如，在美国的一些城市通过对用水量的测量来收取排污费，对于居民来说是可行的，但是如果加上生产性企业的话，对于排放污染物的质量就无法区分了。

（四）职能

政府费收入作为一种特殊的财政收入手段，还具有一定的社会管理与社会调节的职能。

1. 进行特殊的管理

首先，制度规范的确立可以约束社会成员的行为。政府的相关职能管理部门通过管理和纠正、处以罚款等行政管理手段，即通过政府收费方式约束社会成员自觉遵守规则。其次，政府为确保某些行业的经营质量和最佳规模，也会通过行政管理的方法来限制经营者的数量，控制经营者的质量（特殊的技能需要），这种限制最终会造成这类行业的超额利润，因此通过收取特许费的方式便可适应这种管理的需要。

2. 抑制人们对政府供应的某些准公共物品的过度消费

任何一个国家的政府向社会提供准公共物品，如图书馆、公路、桥梁、自来水、电和煤气等，若不进行数量限制和设置"门槛"，往往会出现过度消费或浪费的情况。因此当一个国家的公民并不具备充分自律，政府也没有足够的财力充分向社会提供这类物品时，都可以通过收取使用费的方式来减少"拥挤"和"负外部效应"，降低、补偿社会成本。

---

[1] 贾小雷. 政府收费法律依据完善之理论与实践探讨[J]. 北京行政学院学报，2020（05）.

美国公共财政研究者约翰·L. 米克塞尔（John·L. Mikesell）说过："收费可以使公众意识到很多公共服务并不是无成本的。"

3. 增进社会福利、降低筹资成本、提高政府机构的营运效率

首先，政府为社会提供准公共物品，人们可以通过自愿付费的方式来满足自己的需求，即谁受益谁负担。这样可以将社会成员对政府服务的需求同他们对政府支出费用的分担联系起来，可以使政府供应物品的效用最大化，使人们在费用分担上的个人福利损失最小。其次，可以促进收费的单位在提供服务时考虑消费者需求，从而使公共服务的供给规模更加合理。最后，收费弥补单位支出的直接性可以减少在税收—支出机制下的管理过程和管理成本，因此，收费方式也是一种成本较低的筹资方式。

4. 提高受益与成本分担费的对应性

政府识别好项目的受益群体，不仅能向其单独收费来解决成本问题，还能体现公平原则。如养路费向有车的人收取，城市清洁费向城市居住人口收取等。

正是由于政府收费对社会经济有着上述几个方面的作用，因此各国财政税收中始终保持了政府收费这种收入形式。

五、其他收入

其他收入是指除了上述各类收入形式以外的其他各种收入形式，如事业收入、外事服务收入、基本建设贷款归还收入、捐赠收入等。由于各国上述收入形式中包含的具体内容各不相同，因此其他收入形式反映的具体内容也各不相同。

第二节 政府间收入划分的依据

一、财政分权理论

（一）第一代财政分权理论

如果按新古典经济学的原理，中央政府能够完全根据居民的偏好、经济中的产品和服务总量以及资源禀赋供给公共品，从而实现社会福利最大化，一个国家就不可能出现多级政府，也就没有必要讨论财政分权。但是，现实是地方政府不仅实实在在地存在，而且作用很大，基于此，西方财政分权理论逐渐产生，传统的财政分权理论以查尔斯·蒂布特（Charles Tiebout）1956年发表的《地方支出的纯理论》为标志，然后马斯格雷夫（Richard A. Musqrave）、奥茨（Oates.）等经济学家对此作出补充和发展。

传统财政分权理论对财政分权的合理性、必要性给出了一定的解释和说明，其研究的一个基本问题是如何将各项财政职能及相应的财政工具在各级政府之间进行适当的分配，

核心观点认为：如果将资源配置的权力更多地向地方政府倾斜，那么通过地方政府间的竞争，能够使地方政府更好地反映纳税人的偏好，从而加强对政府行为的预算约束，在一定程度上能改变中央政府在财政政策中存在的不倾听地方公民意见的状态。这个论点实质上是强调地方政府的竞争机制的作用。

第一代财政分权理论（即传统财政分权理论）认为，政府间收入划分方式应该与各级政府的财政职能紧密联系。其中，最著名的当数美国财政学家 Musgrave 提出的七原则。总体而言，第一代财政分权理论强调了居民偏好的地区间异质性和地方政府财政经济活动的溢出效应这两个核心问题。举例来说，在该框架下，对调节居民收入再分配和促进经济稳定与发展具有显著影响的个人所得税和企业所得税收入应当划归中央政府，与辖区内居民受益程度高度关联的房地产税则应归为地方政府。

（二）第二代财政分权理论

第二代财政分权理论，在分权框架上引入了激励相容与机制设计学说，是当代微观经济学的最新进展在财政学中的运用，其更关注的是如何设计出一套机制以实现对公共政策制定者的激励。该原则认为政府官员也有物质利益，官员有可能从政治决策中寻租，而一个有效的政府结构应该实现官员和地方居民福利之间的激励相容。20 世纪 80 年代以来，财政分权在基础理论、分析方法等方面有了很大发展，出现了一些新的理论问题，主要涉及不同层次政府间职能分配、税收与支出划分和政府间转移支付等。

第二代财政分权理论（即现代财政分权理论）将现代企业治理理论引入财政分权的分析框架内，并指出财政分权可以加剧政府间的财政竞争，因而一个合理的政府间收入划分体系应当有效约束这一行为，实现激励兼容。该观点指出，辖区间竞争可以有效约束地方政府的过度征税行为，意味着将税基流动性较大的收入划入地方政府是个良好的选择，也就是说，个人所得税和企业所得税收入应当划归地方政府。显然地，这与传统财政分权理论所建议的收入划分形式截然相反。

综合而言，尽管根据这两种财政分权理论得到的政府间收入划分结论存在较大差异，但不可否认的是，这两种理论一定程度上均为政府间收入划分的原则提供了理论依据。①

二、合作性的博弈

博弈论的目标是研究冲突对抗条件下的最优决策问题，博弈中的局中人都是聪明的，将理性地采取行动，做出收益最大化的决策。因此，从收入最大化导向下的收入行为选择角度来看，政府间的收入划分可以看作是一个公共选择过程和交易活动，从理性上说，中央与地方所追求的是各自利益的最大化，这里蕴含着的是一种合作的博弈机制。从契约理论的视角，收入划分体现着纵向政府间的契约关系与利益交换诉求，收入划分体制是各级政府间在收入划分权力、收入划分形式、收入划分比例等方面进行博弈的基本规则。在应然意义上，通过收入划分契约的订立与履行，使得互为影响的政府间建立明晰的权力和责任对等关系，从而降低纵向收入权力配置和调整收入划分比例的交易成本，缩小财政收入

---

① 贾俊雪，刘勇政. 现代财政体制建设［M］. 北京：中国人民大学出版社，2023.

管理半径，更好地契合各级政府财政行为的正向激励，切实提升各级政府的收入汲取能力和财政治理能力。

在收入划分契约的框架下，中央集中性的调控约束与地方财政自治之间可能存在着冲突，中央政府和地方政府面对有限的收入蛋糕都会以最大限度满足自身利益为出发点来做出对己最有利的策略选择，特别是地方存在着收入最大化规模的动机和增加收入的动力，由此形成政府间相互制衡的关系。一方面，当一方利益受损而没有达到卡尔多—希克斯标准即总财富最大化标准时，政府间收入划分就呈现出非均衡性或不符合帕累托改善条件，不论受损方是中央还是地方都会提出对收入划分体制改革和调整的新要求，如税制改革背景下地方主体税种空心化倒逼增值税比例向地方倾斜与加快地方税体系建设。另一方面，收入划分具有不完全契约性。中央政府与地方政府作为利益相关者具有不同的目标函数与偏好，存在不同程度的利益摩擦或冲突，加之经济环境的变化及其因政策的非预期多变性所导致的收入不确定性，以及影响中央与地方利益的变量不同，由此地方针对收入划分所采取的行为具有一定程度的有限理性和机会主义特征，这主要体现在转移支付分配和收入分成比例调整两个维度。[1]

三、行为激励

（一）内置激励决定转移支付规模的适度性

政府预算中的中央财政与地方财政之间的委托代理关系主要通过财政转移支付得以体现。转移支付是形成名义收入集权与实际收入分权的传导机制，其规模大小与结构直接影响地方最终收入总规模及收入分权程度。转移支付形式上是财政收入在中央与地方之间的第二次划分，中央是供给方，地方是需求方，实质上是一种政策引导性的收入再分配，并成为政府间财政关系框架内支出责任划分后为地方提供财力保障的主要来源，也是影响政府间收入划分格局最终形成的重要因素。从世界范围看，大多数国家都依据税收的经济属性来合理划分政府间税种归宿，同时辅以政府间转移支付来保障地方支出责任的落实。转移支付实质上是中央把自己的资金配置权委托给地方政府，具有明显的委托代理特征。根据授权理论，只要中央提供恰当的激励机制，就能达到期望的地方治理结果。作为委托人，中央在转移支付分配中虽然有动机了解地方税收努力与支出责任需求的情形，然而有限理性与信息劣势地位可能会限制其对真实收支情况的全面了解，特别在专项转移支付分配中往往存在着明显的讨价还价、主观随意性较大，以及对地方专项转移支付配套的规模和比例难以作出准确适度规定的问题，因此可能造成分配规模过大引致激励过多或不足而产生逆向激励问题。

中央政府和地方政府的激励结构存在差异，转移支付规模过大会产生负向激励。由于转移支付具有非自有收入或外源性收入的性质，这使得作为代理人的地方政府基于信息优势和为了获得更多的转移支付资金会存在策略性地高估支出需求和低估收入规模的动机，或者没有足够的激励采取有利于委托人的行为。对中央政府而言，扩大转移支付规模有助

---

[1] 刘明慧，侯雅楠. 政府间收入划分：理论与现实驱动的重新审视［J］. 财经问题研究，2019（06）.

于矫正地区间财力不均衡，通过对地方政府的约束对其决策的优先序及实现全国性目标施加影响；对地方而言，减少转移支付规模可以有效解决道德风险，遏制地方成本转嫁行为，并且可以进一步缓解"粘蝇纸效应"①对地方收入规模扩张的倒逼问题，因为在地方转移支付依存度较高的情况下，转移支付规模越大预示着财政支出分权度越高。

（二）共享税分成比例调整引致地方收入行为

相比于转移支付收入，政府间的分享收入对地方财政行为决策一般会发挥更大的影响作用。在收入分成体制下，共享税的分成比例以及正向激励机制的建设是制约政府间收入划分规模大小的重要变量。不同财政体制下税收征管权和支配权的配置模式使得中央政府与地方政府呈现出不同的信息优势和劣势，从而对收入划分结构的形成及财政收入总规模变化产生直接的影响。

第三节 政府间收入划分的原则

在上述理论依据的指导下，政府间收入划分的原则包括以下几个方面：

（一）收入划分与支出责任相匹配

收入划分与支出责任划分具有一定的关联性。支出责任划分是收入划分的基本依据，收入划分反过来又决定支出责任履行程度。在分权化财政体制下，如果中央以下各级政府无法掌控自身的收入来源，当辖区财政状况不理想时，必然会寄希望于上级政府的财政拨款。这种对上级政府转移支付资金的依赖削弱了中央以下各级政府采取理性财政行为的激励作用，造成了资源配置的效率损失，导致了地方居民对政府官员负责程度的质疑。因此，政府间转移支付的规模应当是有限的，不应构成地方财政收入的较大部分，以避免"拨款依赖"带来的成本。为保证中央以下各级政府财政行为的有效性，至少应当为那些最为富有的政府提供足够的收入，以保证这些政府能够通过自身控制的税收取得用于满足支出需要的收入并为其行为结果负责。在保持财政透明度的前提下，允许中央以下各级政府在边际上决定其"自有来源"收入，有利于增强地方官员的责任感。

（二）提高资源配置效率

财政分权理论从公共产品的受益范围出发，指出了财政分权的意义。例如，美国经济学家斯蒂格勒（Stigler）论述了最优分权条件下地方政府提供地方公共产品和服务的有效性问题，认为地方政府比中央政府更接近于当地居民，更了解辖区居民的消费偏好和地方公共产品与服务需求，地方提供地方公共产品并进行相应资源配置的行为也就更有效。也

---

① 粘蝇纸效应：指上级政府通过转移支付拨款可以"粘住"接受拨款的一级政府，使其不会将拨款用于增加个人收入，而是用于提高公共服务水平。

就是说，财政分权改善了公共产品和公共服务的提供，提高了对地方政府绩效的监督，有利于实现社会福利的最大化和提高资源配置效率。

（三）征管成本最小化

在发展中国家，征管成本往往成为政府间税收划分最有约束力的限制条件。除了规模经济以外，中央政府的管辖范围更为广泛，征收所得和商品等具有流动性的税基时，相较于中央以下各级政府更具确认、评估和征收能力，因此由中央政府征收成本更低也更有效率。也就是说，大多数国家的中央政府在税收管理方面要比中央以下各级政府更具有比较优势。中央以下各级政府的税收管理成本越高，分配给地方政府的税收越少，这就解释了地方政府税权较少的原因。即使中央政府将某些税种下放给地区和地方政府，受到征收管理成本的限制，中央以下各级政府也难以实现预期的收入规模。

第四节 政府间收入划分的方法

一、分散型

分散型的主要特征是赋予地方政府很大的税收权限，尤其是地方政府在税权上的自主权比较大，中央政府的税收权限相对较小。这种税权划分的结果是中央政府掌握的财力很小，有时甚至要向地方政府借款或由地方政府上缴一部分税收以支撑中央的开支。其基本特征是：

（1）税权分两级或多级行使，中央税由中央立法，地方税由地方立法，由谁立法的税种，就由谁负责解释、修订并决定其开征、停征。

（2）税制设置两套或两套以上，地方可以与中央（联邦）相同，也可以不同，各地的税制可以相同，可以不同。

（3）税收政策的制定与实施权分属于中央与地方，分别用于调节各自管辖的社会经济活动。

（4）税务征管机构分设，中央与地方的税务机构之间不存在领导与被领导的关系。

（5）税款分别纳入各级金库，中央与地方预算自求平衡，相互之间不得挤占，这种税权划分类型，有助于保证各级财政尤其是地方财政自主组织和支配财源，但如果税权关系协调不好，可能会产生各级政府间税收分配政策上的矛盾和一定的负面效应。

二、集中型

税权集中型也不是绝对的，主要是指基本权限相对集中于中央，地方政府没有或仅有很小部分的税权。其主要特点是：

（1）税收立法权全部集中于中央，地方基本上没有税种开征、停征、税率、税基和税目调整、减免税等权力。

（2）税收政策和税收调节权力由中央统一行使，不允许地方对本地区范围内的社会经济活动实施相应的税收调节措施。

（3）税收制度集中统一，重要的税种都属于中央税，各地的征税办法也基本相同，地方享有的税种是一些零星分散、税款少、征管难度大的小税。

（4）税务征管机构集中统一，全国只设一套税务征管机构，直接归中央领导。

（5）税款集中，各项税收基本上都归属于中央，地方没有固定的收入来源，其所需资金只能依赖中央拨款。

三、适度集中，相对分散型

税权适度集中、相对分散型是指各种税收权限当中的某一部分归中央，其他部分归各级地方；税收收入大部分归中央，少部分归地方；立法权集中，执行权分散；财力相对集中，财政资金使用权相对分散。

当今世界各国的税权划分，真正实行分散型的国家为数极少，大多国家实行集中型或集中与分散相结合的税权划分模式，把税额大的重要税种划归中央政府所有。这种税权和税种划分的结果，使得几乎所有国家的中央政府财政收入占财政总收入的比重超过了50%，表现出明显的财政收入集中的特点。

第五节 中国政府间收入划分实践

一、我国收入划分的历史沿革

（一）包干制

我国 1949—1979 年实行的以"统收统支、高度集中"为特点的财政预算管理体制缓解了百废待兴和国家财力薄弱之间的矛盾，但是权力集中导致政府职能的过度膨胀，压制了地方的积极性，导致了逆向激励现象等问题。

从 1979 年到 1993 年，我国财政管理实行"分灶吃饭"体制，包含了中央和地方财政收支两个方面的范围划分，但以财政收入的责任划分为主，也就是说，财政包干制是"分灶吃饭"制度的核心组成部分。在此期间，中央与地方的财政关系以地方与中央签订财政上的承包协议为主，形成了以划分收支为基础的分级包干和自求平衡的财政关系。

在刺激地方发展经济的同时，也造成了财政汲取能力下降、地区间的恶性竞争和市场分割等问题。这主要表现为以下两个方面：

一是"两个比重"下降，中央积极性发挥不足。财政收入占国内生产总值的比重下降，由1978年的31.2%下降到1992年的13.1%，反映了国家财政收入的汲取能力降低；中央财政收入占全部财政收入的比重下降，从1984年的40.5%下降到1992年的28.1%，反映了中央政府对全国财力的控制程度减弱。在财政包干制下，中央政府向地方政府让利过多，导致中央政府宏观调控能力下降，进而导致中央政府在稳定经济波动、促进社会收入分配公平、协调区域经济发展等方面出现职责缺位。

二是地方政府过度关注发展经济的积极性，导致了地方的财政机会主义倾向和市场分割。由于财政包干方式在中央和地方之间以及地方与地方之间存在时间不一致性和空间差异性，使得地方政府可以利用自身的信息优势，向中央政府争取对自己有利的结果，造成中央的财政利益受损。地方政府对经济发展的过度关注激发了严重的地方保护主义，这造成了严重的市场分割。①

（二）1994年分税制改革至2012年

1993年11月，十四届三中全会通过了《中共中央关于建立社会主义市场经济体制若干问题的决定》，正式提出分税制改革，标志着新中国成立以来涉及范围最广、调整力度最大的财政体制改革正式拉开序幕。其中有关收入划分的内容如下：

一是中央与地方收入的划分根据事权与财权相结合的原则，按税种划分为中央与地方的收入。将维护国家权益、实施宏观调控所必需的税种划分为中央税；将同经济发展直接相关的主要税种划分为中央与地方共享税；将适合地方征管的税种划分为地方税，并充实地方税税种，增加地方税收收入。具体划分如表4-6所示。

表4-6   1994年中央与地方政府税种及税收收入划分

中央财政固定收入	关税；消费税；海关代征的消费税和增值税；中央企业所得税；地方银行和外资银行及非银行金融企业所得税；铁道部门、各银行总行、各保险总公司等集中缴纳的收入（包括营业税、所得税、利润和城市维护建设税），中央企业上缴利润等。
地方财政固定收入	营业税（不含铁道部门、各银行总行、各保险总公司集中缴纳的营业税）；地方企业所得税（不含地方银行和外资银行及非银行金融企业所得税）；个人所得税；地方企业上缴利润；城市维护建设税（不含铁道部门、各银行总行、各保险总公司集中交纳的部分）；城镇土地使用税；固定资产投资方向调节税；房产税；车船使用税；印花税；屠宰税；耕地占用税；农（牧）业税；农业特产税；契税；土地增值税；遗产和赠予税；国有土地有偿使用收入等。
中央与地方共享收入	增值税（中央政府分享75%，地方政府分享25%）；资源税（其中海洋石油资源税归中央，其他资源税全部归地方）；证券交易税（中央政府分享50%，地方政府分享50%）。

二是保护地方既有利益格局，建立存量格局不变的税收返还制度。为了保证税收大省发展企业的积极性和照顾既得利益的分配格局，分税制规定了税收返还办法，主要建立了增值税和消费税"两税"返还制度，即按照1993年地方净上划中央收入（消费税+75%的增值税-1993年中央下划收入）作为中央对地方税收返还的基数，基数部分全部返还

---

① 吕冰洋. 走进现代财政："国家治理财政"视角[M]. 北京：中国人民大学出版社，2022.

给地方；为调动地方协助组织中央收入的积极性，1994年以后的税收返还数额按一定比例增长，即税收返还数额的增长率，按全国"两税"的平均增长率的1∶0.3系数确定——全国"两税"收入每增长1%，税收返还数额增长0.3%。在分税制运行两年后，中央财政又进一步推行"过渡期转移支付办法"。即中央财政从收入增量中拿出部分资金，选取对地方财政收支影响较为直接的客观性与政策性因素，并考虑各地的收入努力程度，确定转移支付补助额，重点用于解决地方财政运行中的主要矛盾与突出问题，并适度向民族地区倾斜。税收返还和转移支付制度旨在调节地区间的财力分配，一方面既要保证发达地区组织税收的积极性，另一方面则要将部分收入转移到不发达地区去，以实现财政制度的地区均等化目标。

（三）2012年以来中央与地方收入划分调整情况[①]

党的十八大以来，中国特色社会主义进入新时代。为了适应新的发展要求，中央决定深化财税体制改革，重点围绕完善税收制度和调整中央与地方政府间财政关系等方面推进，对分税制财政体制做了进一步补充完善。

为适应1994年分税制改革时的经济体制和税收征管能力，我国在推行增值税的同时，继续在部分行业保留征收营业税，形成了"增营并征"的税收征管局面。但随着市场经济的建立和发展，这一征管局面不利于经济结构优化，造成税收征管困境。有鉴于此，中央决定从2012年开始实行"营改增"试点工作，到2016年"营改增"改革全面推开，营业税和增值税最终合并为一个税种。为了维持地方政府财力稳定，中央和地方的税收收入划分比例发生了变化，规定央地间增值税分享比例由75∶25变为50∶50，资源税、城市维护建设税、土地增值税等部分税种也有一定比例的下调。"营改增"从制度上解决了货物和服务税制不统一和重复征税问题，体现了税制公平原则，进一步完善了我国的税收制度并深刻影响了地方政府收入的主要来源。

2014年6月底，财税改革顶层设计方案——《深化财税体制改革总体方案》通过，明确了三大任务，除了预算管理制度改革和六大税收制度改革两大任务外，最后一大任务就是调整中央和地方政府间财政关系，在保持中央和地方收入格局大体稳定的前提下，进一步理顺中央和地方收入划分。

因此，在全面深化改革推动下，我国坚持把深化财税体制改革作为新时代财政工作的一条主线，预算制度改革全面深化，税收制度改革取得重大进展，财政体制改革迈出坚实步伐，党的十八届三中全会确定的财税体制改革目标基本实现，财政更好发挥了在国家治理中的基础和重要支柱作用。政府间权责利进一步明确，有效调动了"两个积极性"。中央与地方财政事权、支出责任更加清晰，中央对地方转移支付体系更加优化，中央对地方的转移支付规模从2012年的4.5万亿元，增长到2024年的10.2万亿元，增长125%，有力促进区域协调发展和基本公共服务均等化。

随后，2024年党的二十届三中全会在十八大的基础上对深化财税体制改革作出进一步部署，指出加快建立健全与中国式现代化相适应的财政制度。要聚焦构建高水平社会主义市场经济体制来完善财政体制和税收制度，推动加快构建全国统一大市场，并且着眼完

[①] 贾俊雪，刘勇政. 现代财政体制建设[M]. 北京：中国人民大学出版社，2023.

善宏观调控制度体系，坚持系统观念，统筹推进财税改革，增强宏观政策取向一致性，强化财税调节作用，持续增进人民福祉。

二、我国财政收入划分与收入结构

（一）预算收入划分

按《预算法》第五条，我国财政分为四大方面：一般公共预算收入、政府性基金收入、国有资本经营收入、社会保险基金收入（《预算法》第五条"预算包括一般公共预算、政府性基金预算、国有资本经营预算、社会保险基金预算"），这就是我们常说的"财政的四本账"，具体明细可参考财政部印发的《2024年政府收支分类科目》。

1. 一般公共预算收入

一般公共预算收入是指纳入一般公共预算管理的收入。按照内容构成，包括各项税收收入、行政事业性收费收入、国有资源（资产）有偿使用收入、转移性收入和其他收入等；按照编制层级，可以分为中央一般公共预算收入和地方各级一般公共预算收入。

2023年全国一般公共预算216 784亿元，为预算的99.8%，比2022年增长6.4%。其中，税收收入181 129亿元，增长8.7%；非税收入35 655亿元，下降3.7%，主要是盘活存量资源资产，国有资源（资产）有偿使用收入等增加较多。加上从预算稳定调节基金、政府性基金预算、国有资本经营预算调入资金及使用结转结余16 840.68亿元，收入总量为233 625.05亿元。

2. 政府性基金预算收入

政府性基金收入是国家通过向社会征收以及出让土地、发行彩票等方式取得收入。按《预算法》第十四条，政府性基金预算收入包括政府性基金各项收入和转移性收入。

2023年全国政府性基金预算收入70 704.85亿元，为预算的90.5%，下降9.2%。分中央与地方看，中央政府性基金预算收入4 418亿元，同比增长7.1%；地方政府性基金预算本级收入66 287亿元，同比下降10.1%，其中，国有土地使用权出让收入57 996亿元，同比下降13.2%。

3. 国有资本经营预算收入

国有资本经营预算收入是指各级人民政府及其部门、机构履行出资人职责的企业上缴的国有资本收益。按《预算法》第十五条，国有资本经营预算收入包括依照法律、行政法规和国务院规定应当纳入国有资本经营预算的国有独资企业和国有独资公司按照规定上缴国家的利润收入、从国有资本控股和参股公司获得的股息红利收入、国有产权转让收入、清算收入和其他收入。

按照国有资本经营预算管理规定，国有资本经营预算收入主要根据国有企业上年实现净利润一定比例收取，2023年全国国有资本经营预算收入6 743.61亿元，为预算的125.9%，增长18.4%，主要是地方加大资产处置力度，一次性产权转让收入增加，地方国有资本经营预算收入增长较多。

4. 社会保险基金预算收入

按《预算法》第十六条，社会保险基金预算收入包括各项社会保险费收入、利息收入、投资收益、一般公共预算补助收入、集体补助收入、转移收入、上级补助收入、下级上解收入和其他收入。①

2023年全国社会保险基金预算收入111 499.69亿元，为预算的102%，增长8.8%。其中，保险费收入81 784.66亿元，增长9.1%；财政补贴24 899.26亿元，增长8.5%。②

专栏4-1

财政学收入划分

财政学的收入划分可分为政府收入、财政收入与预算收入等。一般情况下，财政收入与政府收入是同一个概念，都是指政府在一个时期内以各种方式取得的收入总和，可以相互替代。但由于种种原因，我国财政收入与政府收入无论是数量还是结构都存在巨大差异。从财政收入扩展到政府收入，是对财政收入走向现代化的一个理解。

一、政府收入

（一）政府收入的概念

一般认为，基于政府相对于市场、社会的不同身份，共有4种政府收入形式。一是税收，这是政府以全社会管理者的身份，以公权力为依托，为履行社会管理和公共服务职能所取得的收入，通常具有强制性、固定性、无偿性3个特征。多数情况下，税收是政府取得收入的主要方式。二是政府性收费，这是政府作为公共服务提供者，向特定对象提供特定服务所收取的费用，目的是弥补部分公共服务成本，限制对公共资源的过度使用。三是国有资本、资源收入，这是政府作为国家资源、资本的所有者，凭借所有者权力所取得的收入。四是价格收入，政府提供水、电、气、道路等公用事业时，向使用者收取的费用，也称为"使用者付费"。以上4种政府收入形式，合称税、费、租、价。这4种形式的收入，构成政府收入体系。

（二）近年来我国政府收入总量与结构情况

在统计意义上，我国政府收入体系主要由以下几个部分组成：税收收入、非税收入、政府性基金收入、社会保险收入、国有资本经营收入。

用公式表示如下：政府收入 = 税收收入 + 非税收入 + 政府性基金（含土地出让金）收入 + 社会保险收入 + 国有资本经营收入③

---

① 国务院. 中华人民共和国预算法实施条例[EB/OL]（2020-08-20）[2023-10-23] https://www.gov.cn/zhengce/content/2020-08/20/content_5536179.htm.

② 财政部. 关于2023年中央与地方预算执行情况与2024年中央和地方预算草案的报告[EB/OL]（2024-03-06）[2024-05-09] https://www.gov.cn/xinwen/2024-03/06/content3930067.htm.

③ 冯俏彬. 我国政府收入体系现代化研究[J]. 重庆理工大学学报（社会科学），2020（09）.

二、财政收入

(一) 财政收入的概念

财政收入,是指政府为履行其职能,实施公共政策和提供公共物品与服务需要而筹集一切资金的总和。财政总收入包括财政部门组织的收入、税务部门组织的收入及上级转移收入。财政收入通常表现为政府部门在一定时期内(一般为一个财政年度)所取得的货币收入总和。

财政收入是衡量一国政府财力的重要指标,政府在社会经济活动中提供公共物品和服务的范围和数量,在很大程度上取决于财政收入的充裕状况。

(二) 财政收入的分类

按照现行政府预算体系,财政收入分为:一般公共预算收入、政府性基金收入、国有资本经营收入和社会保险基金收入。一般公共预算收入的主体为税收收入,是国家凭借政治权力向纳税人征收的收入;非税收入是一般公共预算收入的补充形式,反映各级政府行政机关、事业单位、代行政府职能的社会团体及其他组织依法利用政府权力、政府信誉、国家资源、国有资产或通过提供特定公共服务而参与国民收入分配活动。

我国《2023年政府收支分类科目》将政府一般公共预算收入科目分为四类,具体为:税收收入;非税收入(包括专项收入、行政事业性收费收入、罚没收入、国有资本经营收入、国有资源(资产)有偿使用收入、捐赠收入、政府住房基金收入,其他收入);债务收入;转移性收入。

(三) 衡量财政收入的不同口径

衡量财政收入的主要口径有四类:一是最小口径:仅指税收收入。二是小口径:税收收入及纳入财政预算(即一般预算)的非税收入,不包括政府债务收入、社会缴款,是最为常用的一个财政收入口径,我国统计年鉴中对外公布的财政收入即指这个口径。三是中口径:财政预算(即一般预算)收入加社会保障缴费收入。四是大口径:全部的政府收入。

三、预算收入

一般预算收入,财政收入的来源之一,有计划有组织并由国家支配的纳入预算管理的资金。一般预算收入是与原来的"财政机关总预算会计制度"中的"预算收入"相对应的概念。1997年6月颁布的"财政总预算会计制度"取消预算内、预算外收支界限后,财政总预算的收支体系也随之变化,将一部分原来属于预算外的收入纳入预算管理,但对这部分新纳入预算的收入又需要保持其专用性,不能与原来的预算收入统一分配。因此,预算收入被分为一般预算收入和基金预算收入两部分。一般预算收入是财政收入的重要组成部分,主要包括税收收入、行政事业性收费收入、国有资源(资产)有偿使用收入及其他收入。

(二) 我国财政收入结构

财政收入结构反映通过国家预算集中财政资金的不同来源、规模和所采取的不同形式，以及各类财政收入占财政总收入的比重和增加财政收入的途径。我国的财政收入结构大体可按项目结构、所有制结构、部门结构和地区结构几个方面加以考察。

1. 财政收入的项目结构

国家财政收入的结构由不同的征集方式形成，主要由各项税收、企业收入（企业上缴利润）、债务收入（内债和外债收入）、征集能源交通重点建设基金、国家预算调节基金收入等组成。1984年以前，财政收入的主要项目是税收和国营企业上缴利润。实行利改税以后，国营企业上缴利润改为征税制，税收逐渐成为财政收入的基本形式。分析财政收入各项目在总体结构中的比例及其变化，有利于确保财政收入的集中，有效地调节收入的合理分配。

2. 财政收入的所有制结构

按照财政收入来源的经济类型划分的结构。全民所有制经济提供的财政收入是主体，一般占年度财政收入80％以上。随着集体所有制、个体经济、私营经济和其他经济成分的发展，1986年以后，非全民所有制经济提供的财政收入有所增加，其中集体经济接近20％，其他经济成分所占比重不大，部分呈增长趋势。

3. 财政收入的部门结构

由工业、农业、商业、交通运输业、建筑业等部门提供的财政收入形成的收入结构。财政收入的部门结构也可按三次产业结构划分，即按第一产业（农业）、第二产业（工业、建筑业）和第三产业（服务、流通部门）划分，形成以第二产业部门为主的财政收入结构。对财政收入的部门结构进行分析，可以为培植财源、调整结构、提高效益、实现增产增收提供主攻方向的选择。

4. 财政收入的地区结构

财政收入在中央和地方之间以及各地区之间的分布，组成的具有层次特性的结构。国家集中的财政收入在中央和地方之间的分布，组成财政收入的级次构成。中央支配的财政收入比例，不但制约中央财政的宏观调控能力，而且直接影响地方积极性的发挥。财政收入在全国各个省、市、自治区的分布，组成地区性财政收入结构。一些经济较发达的地区，财政总收入和人均财政收入均高于经济较不发达地区。有些地区，特别是"老、少、边、山、穷"地区，财政收入的自给率低，还需中央财政补贴。进行地区结构分析，有利于国家财政统筹规划、合理分工，使地区之间优势互补、协调发展、利益兼顾，走共同富裕之路。

三、我国政府间收入划分的现状和存在的问题

客观地讲，分税制的实行是我国一次具有历史性突破的体制创新，但我们也应看到其本身还存在着许多问题，仍然需要进一步完善。

（一）我国政府间收入划分的现状

就我国政府间收入划分的现状而言可以分为两个层次：

1. 中央与地方收入划分情况。从中央与省收入划分来看，税收基本上是按税种实行了较为规范的分税制，对非税收入也划分为中央固定收入、地方固定收入和按某种比例分享的收入。分税制改革实施后，中央财政的收入能力进一步提升，为其实施更为有效的宏观调控政策、协调地区间收入差距提供了强有力的资金保障。

2. 省以下分税制情况。省以下各级政府间收入分配关系，并没有全面推行较为彻底的分税制，全国呈现多样化特征。具体划分方式有：

（1）按照企业的隶属关系确定税收归属。其中最为典型的就是企业所得税，几乎所有的省、市、自治区都是按照这种方式确定其归属的。

（2）按照纳税主体的所有制形式或行业性质，划分收入归属。最为典型的是之前应用的营业税，几乎所有的省、市、自治区都把金融保险业的营业税划作省级收入，而把建筑安装、交通运输、餐饮服务等行业的营业税作为地、市、县等层级地方政府的收入。

（3）按照某种比例对某些税种进行分享。相当部分省、市、自治区都把城镇土地使用税、耕地占用税、资源税等税基较小、税额不大的税种，在省级政府与其下的各个层级地方政府之间进行比例分享。

（4）对于地方分享的增值税50%部分，部分省、市、自治区将其全部划归地、市、县级政府，部分地区则实行了某种形式的共享税划分方式。

（5）部分省、市、自治区仍然沿用分成或包干的旧体制，把部分税种确定为调剂收入，根据其辖区内各个地区的贫富程度的差别，分别确定不同的分享比例或分享形式。

（二）现行政府间收入划分中存在的问题

从分税制改革实施效果来看，它有效地调动了地方发展经济、做大财政蛋糕的积极性，构建起了收入稳定增长的机制，但应该看到，由于受收入水平、税制结构、改革现状等多种条件限制，在分级分税制度安排上存在着一定的问题，并对当前落实科学发展观、转变经济增长方式造成了不利影响。

1. 收入与支出责任不匹配

现行分税制对各级财政的支出责任并未明确划分，导致支出责任层层下放，这样就造成地方政府尤其是县乡基层政府的收入能力与日益增长的支出责任表现出极大的不适应。据统计，2023年全国财政支出为274 574亿元，财政收入为216 784亿元，满足其79.0%的支出需要，其中，中央财政收入为99 566亿元，中央财政支出为38 219亿元，而地方各级政府收入平均仅能满足其49.6%的支出需要。图4－1为2010—2023年中央与地方政府财政收入比重变化图。

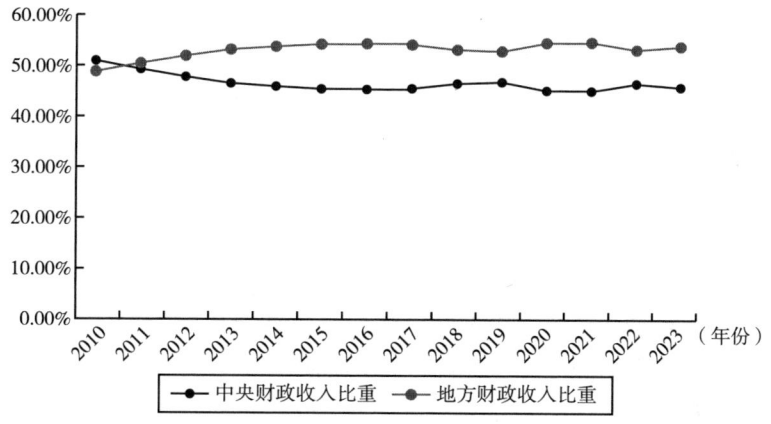

图4－1 2010—2023年中央与地方政府财政收入比重变化

如表4-7所示，截至2023年全国平均财政自给率为79.0%，其中：中央财政自给率达到260.5%，地方财政自给率仅为49.6%；地方财政分享收入过少和地方财政缺乏自有主体税种导致了严重的纵向财力失衡，这是导致地方政府不顾资源和环境承载能力，盲目发展财政增收效应大的加工制造业的制度根源。

表4-7　2023年中央与地方政府财政收支的对比（一般公共预算收支）　（单位：亿元）

	财政收入	财政支出	财政自给率
全国	216 784	274 574	79.0%
中央	99 566	38 219	260.5%
地方	117 218	236 355	49.6%

资料来源：国家统计局官方数据。

2. 地方政府严峻的财政危机

1994年的分税制改革以来，中央财政收入占全国财政收入的比重从1993年的22.00%提高到2022年的46.58%，在财力不断向中央集中的同时，地方政府的事权却在不断扩大，农村义务教育、医疗卫生、社会保障、公共安全、环境保护等基本公共服务支出需求增加。加之，2006年全国彻底取消农业税，加剧了县乡财政困难，导致地方政府依靠举借债务的规模进一步扩大。目前省以下地方政府，特别是县乡政府的支出责任和收入资源高度不相匹配，成为当前突出的矛盾。因此，为了缓解压力，地方政府想到了以地生财，产生了"土地财政"。

3. 公共产品提供不足

中央与地方政府职责和财政责权不对称，降低了公共资源的配置效率。不属于地方政府的职责，却由地方财政负担的事项较多。由于缺乏制度化的政府间职能划分规则，一些本应由上级政府承担的财政支出，却转嫁给下级政府，加重了地方财政负担。如国防支出，财政对基本养老保险基金补助、社会保障和就业支出，国土海洋资源管理支出，部门的个人和公用经费补助等中央部门支出。属于地方政府职责，但财政公共服务职责和财力却集中在中央。如教育支出、就业补助、城市居民社会保障和就业支出、医疗卫生支出、环境保护、农业支出、交通运输支出、经济发展与调节支出等，存在责权与财力相分离问题。

四、我国政府间收入划分的改革方向

习近平总书记指出："科学的财税体制是优化资源配置、维护市场统一、促进社会公平、实现国家长治久安的制度保障。"在全面建设社会主义现代化国家、实现第二个百年奋斗目标新征程上，我们要坚持守正创新，积极推进新时代财政理论建设，为充分发挥财政在治国安邦中的基础性、制度性、保障性作用提供理论支撑。

（一）关于财权的划分

要实行以"中央集权为主、适度分权"的模式，将地方税特征明显税种的立法权、收入权、征收权下放给省级政府。现阶段可赋予地方政府必要的税收立法权和在一定范围内税种、税率的选择权，以利于地方政府根据本地实情合理设立开征某些新税种，从而使地方税体系更规范，更符合区域实际经济情况。合理规范地方政府的收费权，将各种收费逐步纳入预算中。实行举债权与债务审批权的适当分离。

（二）关于税种的划分

中央与地方税种的划分应当兼顾税种本身的属性和与事权及支出责任相适应的原则，对主体税种如增值税、企业所得税等要坚持按税种属性划分，其他税种可按与事权和支出责任相适应原则在中央与地方间进行合理划分。可根据地方税制完善的情况，平衡中央与地方之间财力配置，如企业所得税，这部分税收会在中央和地方之间按照一定的比例进行分配。具体的分配比例可能会根据国家的财政政策和地方政府的实际需要有所调整。

（三）关于非税收入的划分

关于非税收入的合理划分问题，应该按照财权与事权相对应的原则，对现行划分不合理的收费项目要进行调整。对于事权已全部下放到地方的收费应将收入也全部划给地方，中央不再参与分成，保证地方履行事权的资金需要。对国有资产的经营收益和资源性收入都要按照所有者权益的原则将其划归相应层级财政。

（四）省以下分税制的完善

总体来看，短期内省以下各级政府间实行分税制的条件尚不成熟。必须随着政府层级的减少以及地方税体系的完善，逐步推行省以下分税制。减少财政层级，全面实行市县同级，因地制宜地取消乡镇财政。深化省以下分税制，培育各级政府的主体税种。要延续激励型财政的最初思路，继续抓好县域经济的发展，努力缩小地区发展差距。对专项补助要做到实时监管，在放权给市县自主决定使用的同时强调资金的使用效率。

（五）关于政府债务管理体系的完善

要加快建立同高质量发展相适应的政府债务管理机制，完善政府债务分类和功能定位，优化中央和地方政府债务结构。在此基础上建立全口径地方债务监测监管体系和防范化解隐性债务风险长效机制。健全工作协调机制，强化数据共享应用。加强源头治理，遏制增量和化解存量并行，严格对违规违法举债问题监督问责。加强地方政府专项债券管理，合理扩大地方政府专项债券支持范围，适当扩大用作资本金的领域、规模、比例。完善债务限额分配机制，加强专项债券资金借用管还全生命周期管理。加快地方融资平台改革转型，加强对融资平台公司的综合治理，持续规范融资管理，禁止各种变相举债行为，推动形成政府和企业界限清晰、责任明确、风险可控的科学管理机制。[1]

但是归根结底，政府间收入划分改革要以相对合理且稳定的中央和地方财政关系格局为前提。1994年至今，我国的财政管理体制一直以分税制冠名，2015年实施的《中华人民共和国预算法》亦明确规定了"国家实行中央和地方分税制"。可以确定的是，全面落实分税制财政管理体制而不是偏离这一方向甚至另辟新径，是充分调动和发挥地方积极

---

[1] 编写组.《中共中央关于进一步全面深化改革、推进中国式现代化的决定》辅导读本[M].北京：人民出版社，2024.

性、完善我国政府间收入划分的重中之重。全面落实分税制财政管理体制的关键，就在于准确把握分税制的内涵与外延。为此，要正本清源，在厘清分税制与此前以"总额分成""收入分类分成""大包干"为代表的分钱制财政管理体制所存在的系统性差异基础上，坚持走"分税源"而非"分税收"、分级财政管理而非单级财政管理、税权高度集中而非财权高度集中的路子。其相应的着力点和着重点是，通过健全地方税体系、健全中央对地方转移支付制度来健全地方财政收支体系，并由此重塑中央和地方财政关系格局，让地方政府形成关于经济发展和自身财政收支的确定性预期，在一个相对稳定的理财环境中进行地方政府治理。[①] 因此，党的二十届三中全会的改革方向更着重于要优化中央与地方收入划分，增加地方自主财力，拓展地方税源，适当扩大地方税收管理权限，结合税制改革优化共享税分享比例。完善产业在国内梯度有序转移的协作机制，推动转出地和承接地利益共享。规范非税收入管理，适当下沉部分非税收入管理权限，由地方结合实际差别化管理。

---

① 高培勇. 新一轮财税体制改革的战略谋划［J］. 经济理论与经济管理，2024（05）.

第五章 Chapter 5
政府间转移支付

> 金钱完全可能是用于高尚目的的一种手段。
>
> ——马歇尔

转移支付包括政府的转移支付、企业的转移支付和政府间的转移支付，其中政府间的转移支付主要是为了平衡各地区由于地理环境不同或经济发展水平不同而产生的政府收入的差距，以保证各地区的政府能够有效地按照国家统一的标准为社会提供服务。尽管总目标是一致的，但政府间的转移支付根据不同标准可以分为多种不同的类型，并以此达到中央政府的不同目的。

【思政案例】

完善转移支付制度设计在路上

2023年8月28日在第十四届全国人民代表大会常务委员会第五次会议上，时任财政部部长刘昆对转移支付情况作详细报告，主要涉及转移支付基本情况、改革措施、成效以及进一步完善转移支付的主要考虑。报告提出，完善财政转移支付制度是深化财税体制改革的重要内容，是党和国家大政方针落实的重要保障，需要在推进中央与地方财政事权和支出责任划分改革、完善中央与地方财政收入划分的基础上，认真落实预算法要求，坚持问题导向，突出改革重点，进一步完善转移支付制度，促进转移支付项目设置更加规范、分配方法更加科学、管理手段更加有效、法律制度更加健全，更好发挥财政在国家治理中的基础和重要支柱作用，为推动高质量发展和扎实推进中国式现代化提供坚实的制度保障。

案例解析：财政转移支付是指上级政府对下级政府无偿拨付的资金，主要用于解决地区财政不平衡问题，推进地区间基本公共服务均等化，是政府实现调控目标的重要工具。转移支付的不断完善是我国财政体制改革的重要组成部分。

思考讨论：转移支付在促进基本公共服务均等化上是如何发挥作用的？今后的改革方向重点在哪些地方？

第一节
政府间转移支付的概念界定

一、政府间转移支付概念

转移支付源于著名经济学家庇古（Arthur Cecil Pigou）于1928年在《财政学研究》中提出的转移经费概念，主要用于支付本国人民内债利息、抚恤金、养老金和奖金等。随着国家干预的加强，转移支付的范围不断扩大，作用日渐增强。一般意义上讲，转移支付是指"政府或企业的一种不以购买本年的商品和劳务而作的支付"，其中包括整个社会的非交换支出、政府间转移支付、企业转移支付和社会经济主体相互间的无偿支出。财政转移支付是指上级政府对下级政府无偿拨付的资金，包括中央对地方的转移支付和地方上级政府对下级政府的转移支付，主要用于解决地区财政不平衡问题，推进地区间基本公共服务均等化，是政府实现调控目标的重要政策工具。广义上，政府间转移支付制度包括纵向转移和横向转移，前者是指中央政府对地方政府的转移支付，后者指经济发达省份对经济落后省份的转移支付，政府间转移支付多数指纵向转移支付。但通常情况下，政府间转移支付仅指上级政府对下级政府财政资金的下拨，用以弥补下级政府的支出缺口。从转移支付的纵向财力协调视角来看，转移支付有效缓解了因财权事权逆向改革造成的央地财政纵向失衡矛盾。[①]

政府间转移支付，是以各级政府间的财力差异为基础，以实现各地公共服务均等化为核心，在既定的政府间支出责任和收入划分框架下，通过财政资金在各级政府间的无偿拨付，以弥补财政纵向及横向失衡、校正辖区外溢、稳定宏观经济、促进区位效率和实现其他非经济目标的一项财政平衡制度，其实质是财政资金在各级政府间的一种再分配形式，是世界各国财政体制的一个重要组成部分。其特征表现为：转移支付的主体是各级政府，范围仅限于政府之间；财政资源的转移是无偿的；政府间转移支付并不形成政府的最终支出。政府间转移支付作为财政分权体制的重要组成部分，在缓解地方政府收支失衡、解决外部性问题方面具有重要意义。

二、国外财政转移支付制度的历史演变

人类历史上最早的分权型政府可以追溯到1707年的英国，其地方自治理念通过殖民扩张，植入到英属各殖民地，并先后产生了以分权为特征的美国、加拿大、澳大利

---

① 曹志伟，吴柏钧，李竞超，等. 转移支付、政府间财力协调与地区差异化投资 [J]. 财经论丛，2023（08）.

亚、印度等英属殖民地类型的联邦制国家。此外，英国虽然具有地方自治的政治传统，但却是传统上收入高度集中的国家，地方政府无专门的税收，而是从中央政府获得财政补助。

政府间税收划分最早产生于联邦制国家。美国是世界上第一个联邦制国家，其在1787年的第一部宪法中便明确划分了联邦与州的权力，包括相应的税收权力。此外，联邦政府向州政府的第一次财政补助可以追溯到1862年的莫里尔法案（Morill Act，1862）。该法案规定，联邦政府可以用捐赠土地的形式，资助一些州建立大学。之所以采用土地捐赠的实物形式，是因为早期的美国联邦政府收入非常有限，但拥有大量的土地，尤其是西部广大地区的土地。获得土地补助的州可自用土地或出售土地以建立大学。而美国最早以现金形式提供财政补助始于1887年的海奇法案（Hatch Act，1887），该补助用于帮助州建立农业试验基地项目。值得注意的是，美国最初的政府补助或转移支付都是特定目的的专项补助或转移支付。

此后的加拿大和澳大利亚等联邦制国家纷纷建立分权和政府间收入划分的体制。加拿大在1867年联邦成立时制定的第一部宪法中明确规定联邦政府须每年对最早加入的四个州分别给予固定数额的补助，成为加拿大最早的转移支付。该补助一直延续到1907年修改宪法时，之后在保持其他不变的情况下，对固定数额的补助量进行了调整。1901年澳大利亚成立联邦时也建立了分权和政府间收入划分的财政体制，除此之外，联邦政府还将其"结余"收入——约全部收入（关税和消费税）的3/4返还给各州，形成了澳大利亚最早的财政转移支付。

早期西方国家税收划分和政府间财政转移支付的出现主要是出于政治及统一的需要，并不以财政均衡为目的。随着世界各国民主化进程的加快，以均衡各地财政能力差异为目的的财政均衡制度逐步发展起来，并日益成为政府间财政转移支付制度的核心。财政均衡制度是建立在既定的各级政府职能、收入和支出划分的基础上，通过均衡性税收分配或政府间的均衡性财政转移支付（以一般性转移支付为主）等手段来调节纵向和横向财政不均衡的制度。

最早的财政均衡制度可以追溯到1886年英国的高森公式（Goschen Formula）。高森公式之所以具有与以往的财政分配不同的均衡功能，是因为其公式中包含按人均进行税收分配的因素。根据1881年英格兰、苏格兰和爱尔兰三个地区的人口比例80∶11∶9，高森公式将中央政府对三个地区的税收分享比例确定为80∶11∶9，之后该分配公式进一步演变为均衡补助的公式，如1918年苏格兰的教育法案将相当于英格兰（包括威尔士）11/80的教育支出作为对苏格兰教育补助的底线，并逐渐扩展到其他政府公共服务领域。

瑞士1848年建立了继美国之后世界上第二个联邦制国家，但其财政均衡制度建立于1959年。加拿大联邦建立于1867年，但一直到1957年才建立正式的财政均衡制度。澳大利亚联邦的建立是1901年，虽然晚于以上国家，但其1933年建立的财政均衡制度，堪称世界第一个联邦制国家的财政均衡制度。

专栏 5-1

我国转移支付制度的演进

1994 年,我国开始了以分税制为核心的财政管理体制改革,这是中国经济体制改革进程中的一件大事。通过改革,我国财政体制的基本框架适应了市场经济发展的客观要求,并为其他方面的配套改革奠定了基础。为了配合分税制改革需要,1994 年正式提出了财政转移支付概念,财政转移支付正式成为财政制度的一个重要组成部分。

实行分税制财政管理体制后,迫切需要实施规范的财政转移支付制度,以调节各级政府之间纵向及同级政府之间横向的不平衡。实施财政转移支付制度不仅是完善分税制财政管理体制的需要,也是地方政府正常运行的现实选择。1995 年,中央财政在研究和借鉴国际经验的基础上,制定了比较规范的转移支付办法,又称"过渡期转移支付"。过渡期转移支付在设立一般性转移支付的同时,还建立了中央专项补助拨款制度,初步建立了过渡期转移支付制度框架,并为建立规范的横向财力均衡机制打下了基础。

为进一步规范中央和地方政府之间的分配关系,建立合理的分配机制,减缓地区间财力差距不断扩大的趋势,支持西部大开发,逐步实现共同富裕,2002 年,国务院出台了《关于印发所得税收入分享改革方案的通知》,决定以 2001 年为基期,地方分享的所得税收入如果小于地方实际所得税收入,差额部分由中央作为基数部分返还给地方;地方分享的所得税收入如果大于地方实际所得税收入,差额部分由地方作为基数上解中央。该办法从 2002 年 1 月 1 日起实施。

从 2002 年开始,所得税收入分享改革方案明确了中央因所得税改革增加的收入全部用于一般性转移支付,中央财政一般性转移支付资金稳定增长的机制初步建立,过渡期转移支付概念不再使用,改为"一般性转移支付",原来的一般性转移支付被称为"财力性转移支付"。一般性转移支付实施多年来,经过了多次的改进和完善,但其测算办法一直未突破以"基数法"为主的设计思路,反映的是一种历史情况的延续,难以从根本上起到调节地区间财政能力差距的作用,而且"基数法"中包含了旧体制的影响以及基期年份中的异常因素,在逐年的滚动过程中还有扩大之势。

从 2005 年下半年开始,通过对一般性转移支付测算方法的进一步深入研究,我国逐渐建立起一套以"因素法"为主的一般性转移支付制度体系。在不断探索适合财政体制发展的一般性转移支付体系的过程中,逐步完善了一般性转移支付分配办法,使一般性转移支付的实施能有效拉动和促进经济发展薄弱地区实现经济增长。转移支付补助资金向经济发展落后地区的倾斜,带动了其经济的增长,促进了当地基础设施建设、生态环境保护和各项社会事业的快速发展,体现了中央对少数民族地区和边疆地区的关怀,促进了民族团结与边疆稳定。

2006 年，党的十六届六中全会首次提出"基本公共服务均等化"的目标，财政转移支付制度成为促进全国基本公共服务均等化的重要保障。2007 年，党的十七大报告指出："围绕推进基本公共服务均等化和主体功能区建设，完善公共财政体系。深化预算制度改革，强化预算管理和监督，健全中央和地方财力与事权相匹配的体制，加快形成统一规范透明的财政转移支付制度，提高一般性转移支付规模和比例，加大公共服务领域投入。"因此这一时期的财政转移支付制度的改革和完善是以促进全国基本公共服务均等化为目标进行的。

自 2009 年起，我国颁布一系列政策来调整完善转移支付制度以加快推进财政体制的进一步完善，相比于前一时期，一般性转移支付体系正式确立。在 2009 年，"财力性转移支付"正式更名为"一般性转移支付"，原有"一般性转移支付"更名为"均衡性转移支付"，一般性转移支付体系正式确立，并分别在一般性转移支付中新增成品油税费改革转移支付、国家重点生态功能区转移支付。自 2019 年起，为全面贯彻落实党的十九大精神，进一步提高各级政府提供基本公共服务的能力和水平，一般性转移支付体系内纳入共同财政事权和支出责任转移支付，进一步明确基本公共服务相关支出责任，并依据基本公共服务侧重变化，对测算方法进行了相应调整。一是在现行一般性转移支付体系上，新设立共同财政事权分类分档转移支付，将改革前一般性转移支付和专项转移支付相关的基本公共服务领域共同财政事权事项统一纳入在内。二是在测算方法上，在原有基础上对标准财政收支依据做出相应调整。这一转移支付体系一直延续至今。

2012 年，党的十八大报告明确，完善劳动、资本、技术、管理等要素按贡献参与分配的初次分配机制，加快健全以税收、社会保障、转移支付为主要手段的再分配调节机制。

2013 年，党的十八届三中全会通过了《中共中央关于全面深化改革若干重大问题的决定》，首次提出"财政是国家治理的基础和重要支柱"这一重大论断，将财政的职能定位和作用提高到了前所未有的高度。《决定》明确提出了建立现代财政制度的目标，就改革预算管理制度、完善税收制度、建立事权和支出责任相适应的制度做出了具体安排，也明确了财政转移支付制度的改革方向和重点举措。为了满足国家治理现代化对财政转移支付的新要求，针对财政转移支付制度存在的问题进行了相应的改革。

2014 年，国务院印发了《关于改革和完善中央对地方转移支付制度的意见》，要求强化转移支付预算管理，做好绩效评价，并将绩效评价结果同预算安排有机结合。2016 年，《国务院关于深化财政转移支付制度改革情况的报告》中明确提出要"逐步形成一套定位清晰、规模适度、结构合理的转移支付体系和分配科学、使用规范、注重绩效、公开透明、监管严格的资金管理机制"。

2018 年，国务院首次对共同财政事权和支出责任划分改革进行了部署，2019 年共同财政事权转移支付正式设立。共同财政事权转移支付主要是配合财政事权和支出责任划分改革的需要，在划清中央和地方事权边界的基础上，实现中央和地方在共同事权领域的权利和责任对等。

> 2020年，新修订的《中华人民共和国预算法实施条例》对强化转移支付管理提出新要求：一是促进预算公开，加大财政信息公开力度，进一步明确一般性转移支付和专项转移支付的公开程度；二是推进绩效预算，提高财政资金使用效益，进一步明确一般性转移支付的范围及种类。
>
> 2022年，党的二十大报告指出，健全现代预算制度，优化税制结构，完善财政转移支付体系。加大税收、社会保障、转移支付等的调节力度。
>
> 2024年，党的二十届三中全会指出要建立权责清晰、财力协调、区域均衡的中央和地方财政关系。完善财政转移支付体系，清理规范专项转移支付，增加一般性转移支付，提升市县财力同事权相匹配程度。建立促进高质量发展转移支付激励约束机制。并且不得违规要求地方安排配套资金，确需委托地方行使事权的，通过专项转移支付安排资金。
>
> 二十年来，中央财政不断加大一般性转移支付力度。2002年实施的所得税收入分享改革，明确中央因改革增加的收入全部用于中央对地方的一般性转移支付，建立了一般性转移支付资金稳定增长机制。2023年中央对地方一般性转移支付已达85 036.91亿元，比1995年的21亿元增加约4 048倍。同时标准财政收支测算方法每年都根据客观因素、政策变化和数据条件加以改进，转移支付技术方法日益完善。

第二节 转移支付的政治经济学分析：逻辑起点和必要性

财政转移支付制度是财政分级管理体制的重要组成部分，是协调各级政府财权和事权相统一关系的重要辅助工具。财政转移支付制度一方面有助于平衡财政缺口，解决地区间的财政不均衡问题，另一方面可缓解外部性问题，有助于统一市场的形成。具体来说，纵向财政不平衡和横向财政不平衡问题的存在，是财政转移支付制度存在的决定性因素。此外，行政辖区间的外溢性和特定政策意图需要也是转移支付制度存在的重要理论依据。概括起来，政府间转移支付的理论依据包括以下四个方面。

一、财政纵向不平衡

财政纵向不平衡，又称为财政缺口，是指不同级次的政府之间各自的收入和承担的支出责任存在失衡。

由于财政管理体制中财权和事权划分原则的复杂性和技术操作的局限性，必然存在着纵向财政不平衡，从而构成了实施政府间转移支付的客观基础。一般来说，无论从收入和支出的角度，还是从历史和经验的角度来看，都存在着相似的结论，即中央政府财政通常盈余,而地方政府财政通常赤字。

然而,由于国家管理的需要,中央政府必须维护其相对权威,避免地方政府势力过度分散与扩张带来的社会行政的低效率。因此中央政府往往要在经济上占据主导权,控制相对集中的财力,其目的是使地方政府在财力上不同程度地依赖中央政府,从而建立和巩固中央政府的财力权威和法律权威;另外,根据财政活动有效性原则,在中央政府信息不对称的基础上,地方政府通常需承担较多的社会事务。因此,为了解决地方政府较多支出负担与较少财力来源不匹配的现状,客观上要求中央政府通过一定的再分配方式为地方政府提供行使法定职责的资金保证。

从财力分配上看,中央主要征收流动性大的生产要素的税收以及与收入分配和稳定经济职能相关的税收,这些税种具有税基大、税源充裕的特点,而将一些税基小的零星小税种如财产税交由地方政府征收。从支出责任的划分上看,中央政府主要承担用于实现收入分配和稳定经济职能的支出责任,而用于实现资源配置职能的支出则由中央和地方共同承担。具体来说,中央负责全国性公共产品的提供,地方政府负责地方性公共产品的提供。值得一提的是,对于具有跨地区"外部性"的公共工程和项目,如跨地区的公路、铁路、水陆运输、邮电等,考虑到其效率问题通常划归地方政府管理,但为了弥补地方政府自身财力的不足,中央往往会在财力上提供支持。可见,地方政府依赖所征收的较小部分财力去承担大部分支出责任。相反中央政府在集中了较多财力的同时,却只需承担较小部分的支出责任,这种不对称的政府间事权和财权的划分方式,造成中央政府与地方政府之间支出责任和财政收入的不平衡,即财政的纵向不平衡,从而在各级政府间实行转移支付制度成为必然。

二、财政横向不平衡

财政横向不平衡,是指由于各地自然资源、财源分布、经济发展水平、征税能力、公共支出成本等的差异,在统一的税收体系下,所产生的地方政府间可支配财力与维持均等化公共服务水平的支出需求不匹配,这构成了转移支付存在的现实基础。

显然,横向财政失衡的存在和加剧状况对公平和效率产生了严重影响。第一,根据蒂布特(Charles Tiebout)[①]的"用脚投票"理论,在其他条件相同的情况下,人们一旦发现当地政府提供的公共产品不足或违背自身利益就迁徙他地,选择能够提供较高水准的公共产品和服务的地方政府。这样就会导致贫困地区的人口向经济发达、社会福利条件好的地区流动,一般来说,流动的人群主要为富人。这种财源分布不平衡所带来的人口流动,不但会加剧财源分布的差异程度,而且会进一步加剧横向的财政不平衡。第二,地区间基本公共产品和服务的差别使得生产要素不能合理流动,原因是生产要素的价格会因财政待遇的不同而发生扭曲,从而造成效率缺失。第三,横向财政不平衡会导致市场的分割和封锁。各地区为了本地的利益,一方面避免本地财源外流,增加人口迁移的成本,造成较大的资源浪费,另一方面,实行地区保护主义,为外来商品设置各种障碍,形成地区间的市场封锁和经济割据,不利于全国统一市场的形成和发展。所以,无论是从公平还是效率的

---

① Tiebout, C. M. A Pure Theory of Local Expenditures [J]. Journal of Political Economy, 1956 (5).

角度都应该解决财政横向不平衡的问题。

然而,更深刻的矛盾在于,发达地区财政资金的边际效应是递减的,而贫困地区财政资金往往严重不足。要解决这一矛盾需通过转移支付方式,将发达地区的一部分资金转移到贫困地区,用于扶持落后地区的发展,同时也可提高发达地区财政资金的边际效用。但由于各地方政府财政的收支活动都会以本地利益为出发点和落脚点,因此在发达和落后地区之间无法自动形成这种财政资金转移,只能依靠中央政府采取适当的方式进行必要的财力调节,从而建立社会基本服务与基础设施的均等化标准,注重社会稳定与公平。即保证所有的公民,不论他们居住在哪个地区,都能享受到基本的公共服务水平,从而实现国家整体福利的最大化。

三、行政辖区间的外溢性

辖区间外溢性是指由于地方性公共产品外部效应的存在,所造成的辖区内收益成本与社会收益成本之间的不一致。地方性公共产品的外部效应是指某一地方政府提供的公共产品的效益(或成本)超出其本地区范围而扩散到邻近其他地区,与此同时,其他地区未对溢进的收益(或成本)进行支付(或被支付)。地方性公共产品具有外部正效应和外部负效应两种情况。外部正效应是指地方性公共产品的收益外溢问题,如兴建水利、对空气和污染的控制、对病虫害的防治、在当地享受良好教育的学生毕业后流动到其他地区工作或定居等;外部负效应则是指地方性公共产品成本外溢的问题,如江河的上游地区政府为发展当地经济导致生态破坏,对下游地区造成影响,并未承担相应的成本。

可以说,不论是地方性公共产品的外部正效应,还是外部负效应,都会造成资源的不合理配置。在市场经济条件下,地方政府作为代表本地区利益的主体,在提供地方性公共产品时,只考虑发生在辖区内的成本和收益,而对外溢到其他地区的成本和收益置之不理。由此,在按照辖区的边际收益与边际成本相等的条件来决定供应量时,提供的产量必然偏离最佳产量。对于像我国这样的发展中大国来说,外溢性问题相当复杂,处理不好必然会妨碍区域间的协调发展。总之,辖区间的外溢性是一个重要且亟待解决的问题。

外部效应问题可通过外部效应内部化的方式解决。一种既在理论上站得住脚,又可运用于实践的方案是建立适当的支付机制,即实行政府间的拨款,改变其他地区未对溢进的收益(或成本)进行支付(或被支付)的状况。通常,辖区间外溢性难以计量,必须由较高级次政府按照统一、规范的标准对各地方政府进行必要的利益调整。因此,中央政府通过财政转移支付的方式使外部效应内部化是解决这种外溢性导致的无效率状况的最主要、最实用的方法。

四、特定政策意图

中央政府通过转移支付来实施其特定的政策意图,从本质上讲,就是通过转移支付调整地方政府的支出结构和支出水平使之能更好地符合中央的政策意图。

首先，中央政府通过转移支付可以在全社会范围内实现资源优化配置的政策意图。在财政分级体制下，中央和地方都承担资源配置的职能，双方各有侧重，中央主要承担全国性公共产品的提供，地方主要承担地方性公共产品的提供。同时，中央还需要承担促使地方提供公共产品的责任。中央政府利用财政转移支付可矫正地方对某些公共产品评价时产生的偏差，从而实现全社会范围内资源的优化配置。

其次，转移支付可以实现中央政府公平化收入分配的政策意图。一个国家的公民无论生活在哪里，都应当享受到最基本的公共服务标准，比如社会保险、卫生保健、教育和社会福利等服务项目。这类服务应作为最基本的公共职责，以统一的标准来提供，确保每个人都能享受到最基本的服务水平。

再次，转移支付可以实现中央政治性的政策意图。如对一些地区因不可控因素如自然灾害等引起的减收增支，或对中国革命做出较大贡献但财政较为困难的革命老区，中央政府需要给予扶持性转移支付。

最后，政府间转移支付也是一种经济稳定器，在经济萧条时增加对地方政府的拨款，在经济高涨时减少对地方政府的拨款，从而达到稳定经济的目标。

总的来说，市场经济条件下政府间转移支付存在的理论依据是，在各级政府间支出和收入划分的基础上，矫正政府间财政纵向、横向失衡，矫正辖区间外溢和实现政府特定的政策意图，以确保各级政府具有提供相应的基本公共产品和服务的财政能力，实现公共服务水平的均等化（Otates，1999）。①

第三节
政府间财政转移支付的形式与目标

政府间财政转移支付的形式从本质上说就是转移支付实施的不同办法，而这些办法正是从转移支付的理论依据发展起来的。西方学者从严密的逻辑出发，按照有无附加条件的标准，将政府间财政转移支付分为两种基本形式：有条件转移支付和无条件转移支付。

一、有条件转移支付

有条件转移支付也称为专项转移支付、特殊转移支付或选择性转移支付，是指上级政府根据特定目的将其财政收入转作下级政府财政收入来源的补助形式，主要是针对下级政府难以承担的、对周边地区有利的以及符合中央政府产业政策的项目所给予的资助。这类资助具有附带条件，包括指定资金的用途、拨款接受者应满足的条件和资金的使用方式等。

---

① Oates W E. Oates：An Essay on Fiscal Federalism An Essay on Fiscal Federalism [J]. Journal of Economic Literature, 1999（03）.

> **专栏 5-2**
>
> **专项转移支付存在的问题**[①]
>
> 作为一般性转移支付的重要补充，专项转移支付项目的设立与中央相关政策相衔接，是优化地方财政预算支出结构、引导地方政府实现中央特定目标的重要手段。分税制改革以来，专项转移支付的作用总体上是积极有效的。然而，我国专项转移支付的弊端也由来已久，其中包括：项目种类和数量繁多，金额小，由于专款专用和资金分散，难以集中财力做大事，资金的使用效率低；项目的申请和审批程序复杂，项目申请者和管理者的负担都很重；拨款的审批时间长，资金不能及时到位，不利于地方政府在预算年度内的资金安排，财力均等化效应弱；资金分配不透明，易于产生腐败、项目包装、虚报冒领以及多头申请等不良现象。这主要源于中央政府意图通过对资金指定用途，借以纠正地方政府支出的外部性，但是过细的用途使得中央政府对地方政府公共支出干预造成的损失超出纠正地方政府支出外部性带来的收益。考虑到专项转移支付在中国的实际作用，未来应谋划在专项转移支付的基础上，探索实施分类转移支付模式，将按项目申请审批方式管理运行的专项拨款逐步改为用途指定较宽泛并按因素法分配资金的分类拨款，以减少中央政府对地方政府支出的过度干预，保障财政支出效率。

（一）有条件转移支付的分类

从资金配套的角度来看，有条件转移支付可分为配套转移支付和非配套转移支付。配套性转移支付是指为接受上级政府的拨款，自己必须先筹集一定比例的款项，一般配套比例为1:1。进一步，有条件的配套转移支付又可分为封顶的配套转移支付和不封顶的配套转移支付。前者规定接受拨款的政府可以得到拨款的最高限额，后者对拨款的额度不做限制，只要有自有资金，就一直可以按自有资金投入量的一定比例从上级政府那里获取配套资金。配套转移支付体制被许多国家采纳，由于中央给予配套拨款，对地方而言能够降低受补项目的地方成本，有利于刺激地方增加受补项目的支出，因此配套转移支付比较适合有溢出效应的地方公共产品或服务供给项目，但配套比例应根据项目的溢出收益与地方收益的比例关系确定，同时该方式还有利于中央实施宏观调控。

非配套转移支付是指拨款者即上级政府提供一笔固定资金，并规定它的使用方式和项目，下级政府不需要支出相应的配套资金，就可以获得资金并用于既定的公共服务项目。该类转移支付能够显著体现中央在支持地方提供某项公共产品方面的政策意图。

（二）有条件转移支付的目标

政府是提供公共产品的主要主体，公共产品具有非市场性、外部性，结合国家政治、经济目标，专项转移支付的目标可定位于当地方政府出现财政困难、存在公共产品溢出效

[①] 刘勇政，邓怀聪. 中国政府间转移支付制度三十年：演进、成效与变迁逻辑［J］. 经济理论与经济管理，2024（05）.

应与社会项目外溢时,避免财政支出不足而导致公共产品供给不足。与专项转移支付目标相联系,专项转移支付所发挥的重要作用主要包括以下四个方面。

1. 纠正公共产品跨区效益外溢

现实中财政资源是有限的,从这一经济学命题出发,可以得出各辖区内的政府都是理性的,在无利可图的情况下,不会轻易提供外溢性极强的公共产品。如上游生态环境的改善,本地受教育的学生搬到其他地区,非当地居民享受本区域的公园、文化、娱乐以及交通设施,省属大学以及国家福利与卫生保健体系等。在规划并管理这些公共产品和服务时,地方政府往往只考虑其自身的利益,因此提供这些产品与服务的积极性降低。而从中央政府的角度来看,该外部性并未跨区域,中央政府若想合理配置资源,开放式专项配套拨款由于能够改变相对价格,可以成为解决外溢效应所引起效益低下的理想方式。

2. 实现公共部门再分配

出于追求效率、偏好满足与责任的考虑,通常由较低层次政府提供医疗、教育、社会保障等公共服务,但实际上要素流动与财政竞争使地方政府不愿提供此类服务,并限制最需要人群（比如穷人或老人）获得这些服务的途径,因为这些人群更易带来服务成本的增加。要纠正地方政府的这些不良动机,中央政府可以利用专项非配套拨款。这种拨款不会影响地方政府追求成本效益的积极性,同时也能保证地方政府所提供的服务在获得服务途径与服务水平上都达到中央政府要求的标准。

3. 保护内部共同市场

从经济效益角度看,国家应建立起共同的公共服务最低标准,以减少地区间要素与商品流动的障碍,促进劳动力流动以及基础设施建设带来的资本要素与商品的流动,提高经济效益。建立公共服务的最低标准可以使各地支出活动达到和谐,从而有助于增加地区间的贸易收益,并促进共同内部市场的建立。无配套要求的专项拨款或封顶式配套专项拨款则有助于在各地区间建立共同的公共服务最低标准。

4. 促进经济稳定目标实现

政府间转移支付尤其是专项拨款可以帮助实现稳定经济的目的。在经济疲软期,可以通过增加专项拨款来增加经济活动的数量,从而达到鼓励地方支出增长的目的；在经济高涨期,可以通过减少拨款来减少经济活动并削减地方支出。资本项目拨款可以更好地实现这个目的。针对我国,目前专项转移支付的作用主要体现在纠正公共产品跨区效益外溢、提高地方政府对某些项目的支付能力和支持国家急需发展的领域和项目。近10年来,中央对地方的专项转移支付规模呈现出先增加后减少的趋势。绝对量上,专项转移支付自2013年到2018年均在增加；相对量上,这六年间的转移支付占比均在40%左右,在转移支付中占据相当重要的地位。转折点发生在2019年,彼时我国进行中央和地方共同事权的划分,相应地将部分专项转移支付划分到共同事权转移支付中,并归入一般性转移支付中。[①] 总体上形成了以财政事权和支出责任划分为依据,以一般性转移支付为主体,共同财政事权转移支付和专项转移支付有效组合、协调配合、结构合理的转移支付体系。专项

---

① 国务院办公厅. 关于印发《基本公共服务领域中央与地方共同财政事权和支出责任划分改革方案》［EB/OL］(2018-02-08)［2023-01-25］https：//www.gov.cn/zhengce/content/2018-02/08/content_5264904.htm.

转移支付的占比才会从原来的接近40%下降至不到10%。2013年至2023年中央对地方专项转移支付规模及比重具体见表5-1。

表5-1　　　　2013—2023年中央对地方专项转移支付规模及比重

年份	转移支付总额（亿元）	专项转移支付总额（亿元）	专项转移支付比重（%）
2013	42 973.18	18 610.46	43.31
2014	46 509.49	18 941.12	40.73
2015	50 078.65	21 623.63	43.18
2016	52 573.86	20 708.93	39.39
2017	57 028.95	21 883.36	38.37
2018	61 649.15	22 927.09	37.19
2019	74 359.86	7 561.7	10.17
2020	83 217.93	7 765.92	9.33
2021	82 152.34	7 353.05	8.95
2022	96 941.82	7 597.03	7.84
2023	102 836.32	8 040.67	7.82

数据来源：财政部预算司。

二、无条件转移支付

无条件转移支付也称一般性转移支付、非选择性转移支付或收入分享。它不规定拨款的使用范围、方式，拨款接受者可以按自己的意愿使用拨款。无条件转移支付可以是一笔固定的款项，也可根据拨款接受者的行为，如接受者自有收入情况等，给予适当的拨款额。

（一）无条件转移支付的分类

由于体制转轨的原因，我国出现了多种形式的一般性转移支付，其具体形式包括：1.县级基本财力保障机制奖补资金。是指由中央财政设立，主要用于激励引导地方保障基层"三保"等必要支出需求，奖励地方改善县级财力均衡度、加强县级财政管理的一般性转移支付资金。2.老少边穷转移支付。党的十八届三中全会《决定》明确提出完善一般性转移支付增长机制，重点增加对革命老区、民族地区、边疆地区、贫困地区等的转移支付力度的要求以来，中央财政对上述各项转移支付持续增加。3.生猪（牛羊）调出大县奖励资金。是指中央财政安排对各省（区、市）和生猪（牛羊）调出大县给予奖励的财政转移支付资金，以调动地方政府发展生猪牛羊养殖的积极性，促进生产、流通，并引导产销有效衔接，保障市场供应。4.共同财政事权转移支付。2019年，中央财政整合设立共同财政事权转移支付，主要用于履行教育、医疗、养老、就业等基本民生领域的中央财政支出责任，为与预算法规定衔接，编制预算时暂列入一般性转移支付。5.税收返还及固定补助。税收返还是1994年实施分税制改革和2002年增值税、消费税与所得税分享改革时期，为保证地方政府在税收上缴中央政府后能够继续享有改革前税收数额并获得一定增量而设立的一项制度。其最初目的是通过向税收多的地区返还税款来顺利推进税收体制改革。6. 体制结算补助。该转移支付形式是根据过去年度内因体制变动、企事业单位隶属关系变化及中央新出台的政策措施对地方收支影响进行的调节。

（二）无条件转移支付的目标

1. 调节中央与地方政府之间的纵向平衡

在实行分税制的情况下，中央政府与地方政府之间的税收分割不可能是完美无缺的。即使是在税制和预算管理体制都很健全的发达国家，在税收分割上也难以做到完全恰当和合理，需要中央财政采取必要的措施加以调整。政府间财政转移支付正是为了弥补税收分割缺陷而产生的，这也是当今发达国家无一例外地使用政府间财政转移支付的一个主要原因。从我国当前中央与地方收入及支出结构对比来看，财政结构上的纵向不平衡是十分明显的，地方政府承担70%多的公共支出（本级支出）却只占有50%左右的财政收入（本级收入），而中央财政拥有50%左右的财政收入，但本级支出占总支出的比重不足30%；[①] 在转移支付前，地方政府存在较大的"结构性赤字"，中央政府则明显存在"结构性剩余"。这种中央与地方事权与财力的不对称所造成的纵向财政缺口必须通过转移支付得到弥补，否则，缺乏财政自给能力的政府就无法履行其支出责任。在保障中央可支配财力的前提下，充分利用转移支付来调节中央与地方政府间的纵向平衡，是当前我国政府间转移支付制度的具体目标之一。

2. 促进地方政府之间的横向平衡

我国是一个区域发展差距十分显著的国家，地区间经济发展不平衡造成了地区间财政能力的不平衡，2023年全国各省人均财政收入和支出差异系数分别为71.03%、58.30%。[②] 若考虑到各地财政支出成本的差异和征税努力程度的不同，各地财政能力可能存在更大的差距。从国际比较来看，我国是世界上地区间经济发展差距最大的国家之一，各地区间人均GDP差距不仅高于美国、德国等发达国家，也高于像印度尼西亚这样的发展中国家。因此，在财力性转移支付实施过程中，保证各地区政府的横向平衡，促进基本公共服务均等化成为其直接目标之一。

3. 矫正外部性

由于外部性的存在，地方政府部门在提供区域性公共产品时，其受益范围不可能正好被限定在其管辖的区域范围之内，可能会出现两种情况：一种是受益范围超过其管辖的区域，使其他地区的受益者同时受益而又不承担成本；另一种是受益范围达不到其管辖的界限，从而形成公共产品供应不足。出现上述任何一种情况，都可能诱使地方政府在制定政策时出现偏差，这不仅影响区域性公共产品的提供，也不利于地区间经济关系的协调。唯有中央政府才有可能采取和运用相应的干预措施来矫正地方政府决策中的扭曲行为，政府间转移支付在矫正外部性方面无疑是最为有效的。

4. 强化中央政府的宏观调控能力

转移支付为中央政府稳定经济、公平分配、矫正外溢性提供财力保证。中央政府作为宏观经济稳定职责的唯一合适的承担者，对下级政府的转移支付应具有宏观经济的考虑。

---

① 数据来源：财政部预算司。
② 数据来源：国家统计局，差异系数以标准差与均值之比来计算。

中央对包括转移支付在内的公共支出决策应有"相机抉择"的灵活性，在转移支付的总量、结构及时间安排上作灵活调节。

总之，财政转移支付的每一种类型会对地方政府有不同的影响，产生不同的政策效应和经济效应，中央政府应根据不同的政策目标，选择合适的转移支付形式，并加强各种形式的协调配合。

第四节 转移支付的技术方法

经过转移支付的长期发展，技术手段也在不断进步，使得转移支付实践结果与目标更为接近。根据转移支付技术手段的不同，可将均衡性转移支付分为基数法、人均等值法、因素计分法、项目法等。

一、基数法

基数法均衡性转移支付是指使用以前年度的实际支出作为衡量支出需求依据的均衡性转移支付方法。在缺乏数据和难以量化支出需求的概念框架等情况下，使用过去的实际支出值是量化地方支出需求的一个简单方法。然而，在实际执行这一依赖于历史支出水平作为地方支出需求方法的过程中，地方因害怕重新核定基数而顾虑重重。结果是地方支出越扩越大、收入相对减少。因此，基数法应当尽量避免使用。

二、等值法

等值法（人均等值法）是以受补助的地方政府数量或人口作为衡量财政支出需求的依据，使每个地方政府或每人都得到相等数额的转移支付方法。这是一种简便易行的方法，但是其缺点是显而易见的。如果是以地方政府数量为依据来分配支出，则该方法忽视了地方政府人口数量、人口构成的不同，人口越少的地方受益越多，人口越多的地方受益越少。以人口数量作为分配依据要强于以政府数量作为分配依据，然而，正如前面所分析的，人口构成不同，对于需求也是不同的。

三、因素法

因素计分法是一种最广泛地用于量化地方支出需求的方法，它通过估算各个类别的支出因素对总支出需求的权重或重要程度来测算支出需求，纳入公式的因素必须是决定地方支出需求的主要因素。

（一）收入均衡性转移支付模式

收入法均衡性转移支付模式包括两种类型，一种是人均收入法均衡性转移支付模式，另一种是财政能力法均衡性转移支付模式。

1. 人均收入法均衡性转移支付模式

人均收入法均衡性转移支付是中央政府在均等化过程中分配资金的最简单方法，其原理是，通常情况下不论是"支出需要"或者是"财政能力"都可以用人均收入来衡量，这样，中央政府对于资金的分配可以按照各地收入相对于全国各地平均收入比例来进行，若该地区收入相对高于全国平均水平，则给予其较少的转移支付；若该地区收入相对低于全国平均水平，则反之。

人均收入法均衡性转移支付模式具有应用简单这一显著特点，缺点是收入指标对于衡量地区的支出需要及能力来讲过于粗略。同时人均收入法要求国家有完备的收入衡量体系，才能够实施，因此，对于发展中国家来说，这种衡量指标体系难以获得，或者是仅能获得某个周期、某个阶段的指标，人均收入法均衡性转移支付模式难以推广。

2. 财政收入能力法均衡性转移支付模式

财政收入能力均等化模式是通过计算各地区的"标准收入"来确定其所需的转移支付数额，体现不同地区财政收入的均等化，不考虑不同地区的支出需求差异，不计算不同地区因提供社会公共服务的成本差异对支出需求的影响。通过这种模式实行的均衡性转移支付，可以提高财政收入能力低于全国平均水平地区的能力，使其达到全国平均水平。同时，中央政府还可以通过调整某些因素的取舍范围，改变所要达到的均衡性转移支付的程度。该模式的缺点是必须假定所有地区的支出需求是大体相同的，其差异可以忽略不计，所以这种模式适合那些幅员较小，或所辖各地区的地理、气候、人口密度差别不大的国家或地区。财政收入能力法均衡性转移支付模式比较有代表性的是加拿大收入均等化拨款模式与德国横向均衡补助模式。

专栏 5-3

加拿大均等化转移支付制度

均等化转移支付是加拿大联邦政府为了减少各省之间的财力不平衡而设立的一项最主要的转移支付补助项目。均等化转移支付是根据联邦政府有关法律和规章设立的公式计算出来的。一个省的财政收入能力如果低于一定的标准，就会从联邦政府得到均等化转移支付资金，以使其财力水平达到规定标准。

一个省的财政收入能力是通过对个人所得税、企业所得税、销售税、财产税等30余种财政收入来源按照平均税率测算出来的。财政收入能力的测算标准取自魁北克、安大略、马尼托巴省、萨斯喀彻温省和不列颠哥伦比亚5个中等收入的省份。均等化转移支付的计算公式是根据"联邦—省财政协议条例"设定的，按照加拿大国会要求，每5年要对这一公式进行一次回顾和更新，以确保均等化转移支付能够反映各省最新的财政经济发展状况，同时改善了测算方法，引用了更加精确的统计数据。

1. 均等化转移支付的测算。

财政收入能力是各省用于提供公共服务的财政收入征收能力。财政收入能力用标准税收系统，即"有代表性的税收系统"来计算。该系统通过对超过30种不同税基的测算计算出每个省的财政收入能力。

均等化转移支付是基于财政收入能力的，与每个省财政收入的实际征收数没有关系。财政收入能力是一个假设的数据，用来衡量一个省如果采用全国平均税率对普通税基征税，所能够征收的财政收入数额。由于各省对税基的确定方法不同，在均等化转移支付中统一使用联邦确定的标准税基作为计算依据。在测算人均水平时，则承认各省的实际人口数。在各项税基中，最重要的是所得税，占省级财政收入的比例是27%，消费税占23%，财产税占18%。加拿大按下述步骤测算均等化转移支付的财政收入能力。

第一步，搜集财政收入的有关信息。全部10个省列入财政收入能力考核的33个税种（税基）的财政收入征收情况。

第二步，由于各省征税的对象不同，为了计算均等化转移支付，必须对各省的税基进行量化并调整成同一基础。为对各省的财政收入能力有一个客观的比较，需要对每个省的每项税基进行标准化测算。以销售税为例，其税基为所有应税零售商品和服务的销售总额。加拿大统计署、加拿大海关、加拿大税务局以及各个省提供每个省33种税基的测算数据。

第三步，计算33种税基的全国平均税率。用10个省某种税收收入的总和除以10个省此种税基的总和，得出该税种的全国平均税率。以烟草为例，2000/2001财政年度全国烟草的销售总额（税基）预计为500亿加元，征收的烟税为24亿加元，则烟草税的全国平均税率为4.8%。

第四步，用全国平均税率和标准税基可以计算出每个省各税种的理论财政收入额。用这种方法计算出所有税种的理论征收额，累加后得出各省总的财政收入能力。

第五步，均等化转移支付的计算公式采用人均财政收入能力，以便省与省之间能够进行比较。某省人均财政收入能力，就是用财政收入能力总额除以该省总人口。各省之间的人均财政收入能力存在较大差异。

2. 均等化标准

现行标准是从1982年开始使用的，均等化标准采用5个收入处于中游水平的样板省份的平均人均财政收入能力，而把收入水平最高的阿尔伯塔省和其他4个收入水平偏低的省份排除在外。2000/2001财政年度，5个样板省份的平均财政收入能力是5 914加元/人，这表示如果采用通常的方式、通过通常的税收系统，这5个省可以达到的平均人均财政收入水平。

3. 均等化转移支付补助

加拿大联邦政府对财政收入能力低于5个样板省标准的省份实施均等化转移支付，其低于部分即为均等化转移支付补助额。用公式表示就是：

$$\text{人均均等化转移支付补助额} = \text{人均均等化标准收入（5914加元/人）} - \text{人均财政收入能力}$$

$$\text{某省的均等化转移支付补助总额} = \text{人均均等化转移支付补助额} \times \text{某省的总人口}$$

均等化转移支付补助数不是固定不变的，当人口和财政收入能力发生变化时，均等化补助数也随之变化。加拿大每年要计算两次均等化转移支付补助数额，通常是在 2 月和 10 月，对各省应享受的补助额进行调整，最终的补助数要在财政年度终了 30 个月后才能确定下来。

4. 均等化转移支付的特殊规定

为了应对某些特殊情况，加拿大在实施均等化的过程中引入了一些特殊规定，这些规定会对均等化最后的计算结果产生影响。首先是"一般性解决方案"，用于部分地抵消某些特殊省份的财政政策取向对均等化补助的影响；其次是"下限"，限制年度之间某个省均等化转移支付补助额的下降；最后是"上限"，设定每年均等化转移支付总额的最大增长，确保联邦政府实施均等化转移支付的可负担性和可持续性。

专栏 5-4

德国州际横向转移测算[①]

德国州际横向转移支付采用的是财政能力法。德国州际横向转移支付是指各州之间实行的财政转移支付，即财力强的州转移部分财政收入到财力弱的州，从而使各州在收入与财政支出需求间达到一定程度的适应，以保证各州财政收支的大致平衡。州际横向财政平衡的实现由联邦按照统一的公式计算出各州的平均财力后，再确定各州财力的强弱和转移支付的水平。

德国州际财政平衡的资金主要来自两个部分：一是增值税中由州分享的 1/4 部分（其余 3/4 按每州人口数量直接分配给各个州）；二是财政较富裕的州按计算结果直接划拨给较穷的州的资金。其计算办法为：三大共享税中的公司税（根据所在地原则）和所得税中的工资预扣税（根据居住地原则）中，有一部分要自动向其他地区流动。而增值税的 75% 根据居民数，25% 根据经济能力分配，进行横向转移。德国州际间财政平衡分配包括三个环节。

（一）各州财政能力指数测算

各州财政能力指数 = 该州税收总额 + 该州所辖各地方政府税收总额 × 50% - 海港城市的海港维护费收入及边境州的边境建设费用

公式中，各指标测算规定为：

① 该州税收总额 = 专享税 + 属于州和地方的共享税 + 属于各州的增值税

---

① 葛乃旭，宋静. 德国转移支付制度改革及对我国的启示与借鉴 [J]. 地方财政研究，2013（01）.

州的专享税收入如实计算

属于州和地方的共享税＝企业所得税和个人所得税×分享比例

属于各州的增值税＝人均增值税收入额×各州居民数

增值税由州分享部分的3/4按各州居民人数分配，即计算出人均增值税收入额，乘以各州居民数进行分配；然后再将1/4增值税进行横向分配。

②州内地方级的税收按其实际收入的50%计入州经济能力指数测算。

③对某些州的特殊负担，如边境州的边境建设费用、港口城市的港口维护费用，可在其税收总额中扣除。

（二）财政平衡指数测算（财政需求指数）

平衡指数是确定财力平衡状况的数值，反映各州财力需求的标准，包括州本级和州内地方的需求数两部分。公式为：

平衡指数＝全国人均税收额×（州人口数×权数＋地方人口数×权数）

州本级的需求数量是用全国人均的税收收入分别乘以各州的居民数，再乘以权数。根据有关法律规定，对汉堡和不来梅两个州级市的居民人数，按其实际居民数乘以1.35的权数计算；其他各州都按实际居民数测算。

州以下地方需求数的计算中，各地的居民人数权数标准是：居民点人数不足5 000人的权数为1.0；5 000—15 000人的权数为1.1；15 000—80 000人的权数为1.15；80 000—400 000人的权数为1.2；400 000—500 000人的权数为1.25；500 000人以上的权数为1.3。这一权数标准，体现了对居民人口稠密地方的额外照顾。

（三）横向财政平衡数（横向转移支付）

把财政收入能力指数（代表财力供给）和财政平衡指数（代表财力需求）相比较，分档确定接受平衡基金的州及应得数额、自求平衡的州和付出平衡基金的州及支付数额。具体办法见表5－2。

表5－2　　　　　德国州政府间横向转移支付表

横向财政平衡档次	财政收入能力指数 / 财政平衡指数	横向财政平衡数
1	<92%	接受平衡基金：从平衡基金中得到补助，以达到的水平
2	92%—100%	接受平衡基金：从平衡基金中得到其中不足部分的
3	100%—102%	自求平衡
4	102%—110%	付出平衡基金 收入超过的部分，拿出用于州际间横向平衡
5	>110%	付出平衡基金 收入超过的部分全部用于州际间横向平衡

（二）支出均等化转移支付模式

财政支出均等化转移支付模式是通过计算各地区的"标准支出"来确定其所需的转移支付数额，从而提高低于全国平均水平地区的财政支出需求，使其达到全国平均水平。财政支出均等化模式与第一种模式正好相反，即只体现不同地区财政支出需求的均等化，而忽略各地区财政收入能力的差异，这种模式需要合理确定影响支出需求的各种因素、指标，选择什么因素以及该因素占有多大比重。这些因素都会直接影响"标准支出"的计算，必须进行科学、准确的计算分析，并进行详细的模拟论证。其缺点是不考虑各地区的收入能力，虽然在支出方面有较好的均等化效果，但是不利于调动各地区组织收入的积极性。支出均等化转移支付模式代表国家有印度、意大利、西班牙等。

专项转移支付通常使用支出法进行测算和分配。美国以专项转移支付为主，虽然没有正式明确以均等化为目标的转移支付，但在转移支付具体实施时则体现了均等化的意图，主要强调以支出需求为基础的均等化，包括健康、教育和福利方面。

特拉华州和北卡罗来纳州的教育就是通过参考人口、国内生产总值增长率和通货膨胀增长率进行专项转移支付资金分配的。补助的数额是在学生、教师、教室、课程、班级，以及其他一些因素的基础上通过计算得出。单位可以使用多种标准，如每班人数及教师与学生比率。使用了多种测算学生相关数据的方法，包括入学人数、平均每日考勤、年级报名加权数、项目类型以及有特殊需要的学生人数等。

专栏 5-5

美国专项转移支付测算公式

美国专项转移支付测算公式如下：

基本拨款 =（每位学生的最高资助数额 - 学区内每名学生的税基 × 法定最低税率）× 入学人数

42 个州都采用了这种方法，其中 22 个州指定了最低法定税率。关于入学人数采用了多种测量方法，包括在指定日期登记在册的学生人数、平均每日出勤、一定时期内的平均出勤。许多州（36 个州）采用年级入学人数加权、方案和学生残疾情况的体系。

罗德岛使用比例均衡拨款——与学校支出匹配均衡拨款，计算公式如下：

每位学生拨款 = [1 - 匹配率 ×（地区人均税收能力 ÷ 国家平均地区人均税收能力）] × 地区人均消费

地区均衡拨款，用于在印第安纳州和华盛顿，包括在均衡拨款中努力增加税收给予奖励，公式如下：

拨款 =（人均平均财政能力 - 区人均财政能力）× 区税率

（三）收支均等化转移支付模式

财政收支均等化转移支付模式（收支差额转移支付模式）是充分考虑各地区财政收

入能力和支出需求的差异，通过测算各地区的"标准收入"和"标准支出"之间的差额（标准收入 - 标准支出大于等于零除外）来确定转移支付额。这也是国际上目前比较完善、效果较好的模式。由于同时考虑了收入能力差异和支出需求差异，所以此种模式一方面能够实现特定的均衡目的，另一方面又能激励地方政府长时期地提高其税收努力的积极性。收支均等化转移支付模式最典型的是日本的地方交付税制度和澳大利亚的均衡拨款制度，我国均等化转移支付采用的就是财政收支法。

标准财政收入，是指在一个国家平均收入努力程度下，按照各项地方税收所对应的经济税基估算出的收入能力，它反映的是各地方政府应有而非实有的收入规模。通用计算公式为：标准财政收入 = 地方税基 × 标准税率

标准财政支出，是指在一个国家同等的支出效率前提下，地方政府达到均衡范围内公共支出项目均等化所需的支出，它要求考虑地方政府提供公共服务所存在的客观成本差异。标准财政支出一般等于地方政府所承担的教育、社会治安、交通等各项公共服务的标准财政支出之和。单项标准财政支出的计算公式为：

某项公共服务的标准财政支出 = 该项目公共服务的单位成本 × 调整系数 × 该公共服务的单位数量

或：某项公共服务的标准财政支出 =（单位成本 + 地区费用调整）× 单位数量

公式中，调整系数或地区费用调整，是指对各地区的地理环境（如人口密度、边境、高寒等）因素造成的公共服务人口成本和其他成本的差异进行的调整，旨在合理计算支出标准。单位数量是指某公共服务中基本单位的个数，如义务教育中的学生人数或教师人数、公共医院的病床数、公路维修项目的公路面积等。

典型国家财政收支均等化转移支付模式，从政府间转移支付制度的经验来看，澳大利亚、加拿大、德国、日本等国的均等化转移支付一直受到较多关注与好评，被认为是通过转移支付制度的设计较好地实现了全面均等化的典范。上述国家均等化转移支付设计中，澳大利亚均等化的实践经验丰富、效果良好、分配规范、机制独特，日本在转移支付公式中调整系数方面设计较为细致、周密。结合我国转移支付实践，选取澳大利亚和日本作为财政收支法转移支付的典型国家加以研究（如表 5 - 3 所示），对我国均等化转移支付改革有一定借鉴意义。

表 5 - 3　　　　　　　澳大利亚、德国、加拿大均等化效果比较

国家	均等化目标	均等化前差距（美元）	均等化后差距（美元）	均等化程度
澳大利亚 2000—2001 年度	州际间人均财政收入差距	136	0	100%
	州际间人均支出需求差距	303	0	100%
德国 1999 年度	州际间人均财政收入差距	463	142	69%
加拿大 2001—2002 年度	州际间人均财政收入差距	1 020	640	37%

澳大利亚早在1933年就建立了规范的均等化转移支付，成立了联邦拨款委员会（以下简称CGC）专注实施和改进均等化制度。澳大利亚采用的是收支法均等化转移支付模式，其分配公式的设计是联邦拨款委员会的精心制作，也是澳大利亚转移支付成功的关键。

从转移支付规模的计算公式来看，澳大利亚在技术方法上同时考虑财政收入和财政支出两方面的因素。主要基于以下两个方面的原因：一是澳大利亚地广人稀，且人口分布极不均衡，各州的收入能力与支出需求的比例存在较大差异，因此，只以收入水平或支出需要为因素计算转移支付数额不尽合理。二是澳大利亚转移支付的目标并不要求各州提供完全一致的公共服务，而是注重各级政府提供公共服务所付出的成本差异，包括服务对象的规模、偏远地区的生活成本、土著人和来自非英语国家人群的需求等。例如，在5—15岁年龄段的人口比例较高的群体就会对学校服务提出相对较高的要求。因此，不能仅以收入水平或支出水平来确定转移支付规模。

专栏5-6

澳大利亚均等化转移支付程序

联邦拨款委员会负责确定均等化转移支付的对象和规模，制定了一整套细致的计算程序，概括如下：

1. 选择收入和支出项目。选择30个多数州普遍征收的税种作为收入项目；选择了68个支出项目。

2. 计算全国人均标准收入和标准支出。按人口数，分别计算出各个项目全国统一的人均标准收入和标准支出。

3. 计算出合理的人均收支定额。将收入和支出中那些无法控制的因素规范化、数量化，计算出各州每项收入和支出的合理人均定额。

4. 计算出各州的人均拨款需求额。

①将各州的各项人均收入合理定额和支出合理定额分别加总，然后相减，得出每州人均的收支差额；

②将步骤2计算的各项全国人均标准收入和标准支出分别加总后，将其差额加到各州的人均收支差额中；

③从这个人均收支差额中减去联邦的专项拨款人均数，即各州的人均拨款需求额，数额为正说明须接受补助，反之说明须转出资金。

5. 按照实际拨款总额进行调整。

联邦拨款委员会每年测算出来的拨款需求总额与联邦政府确定的拨款总额之间的差距，须按照以下两种方法进行调整：按各州人口数和按照各州拨款权数分摊此差额。

> 专栏 5-7
>
> ## 澳大利亚均等化转移支付测算
>
> ### 对各州支出的估算
>
> 由于在构筑均等化预算的过程中，CGC 已经确定了将进入人均相对数估算的 68 项支出种类，同时也获得了它们的全国平均的人均数。因此，在对各州支出进行具体估算时，CGC 主要测算可能使得各州的支出水平偏离全国平均水平的各项原因（要素），并通过对其的合理衡量，最终得到对全国平均的人均支出开展调整的一个调整参数（种类要素）。则全国平均的人均支出乘以该州该项的调整参数即可得到该州该项的人均支出。即 CGC 的支出测算逻辑是理论上从宏观到微观（见图 5-1），操作上从微观到宏观（见图 5-2）。影响因素设定从宏观类别开始逐渐细化到单个项目（见表 5-4），测算操作过程中再将细化的要素重新组合为可以操作的类别（见表 5-5）。
>
>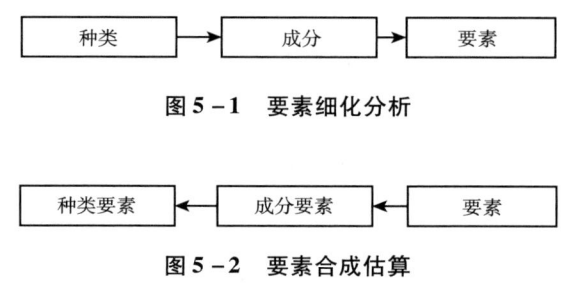
>
> 图 5-1 要素细化分析
>
> 图 5-2 要素合成估算
>
> 表 5-4　　　　　　　支出测算影响因素分类
>
> | 影响使用的要素 | 影响单位服务提供成本的要素 |
> | :---: | :---: |
> | 社会学——人口统计学因素 | 行政管理规模 |
> | 年龄、性别、土著状况、收入等 | 投入成本 |
> | 跨界因素 | 劳动力价格 |
> | 共享门经济环境因素 | 电力价格等 |
> | 城市化因素 | 人口分布密度 |
> | | 独立性 |
> | | 服务输送规模 |
> | | 物理环境因素 |

表 5-5　　　　　　　　　支出测算影响因素合成

支出要素合成为成分要素	支出成分要素合成为种类要素
(1) 如果两要素独立则相加； (2) 如果两要素相关则相乘； (3) 通过依据独立与否相加或相乘，最终组合成一成分要素	由于各成分具备离散性，则获取种类要素就只需根据各成分的支出比重来对成分要素加权即可
例：老年人与残障人士服务 (1) 老年人照顾服务成分要素 = 社会学与人口统计学要素×(分布密度要素+投入成本要素-1) (2) 残障人士服务成分要素 = 社会学与人口统计学要素×跨界要素×(分布密度要素+投入成本要素-1) (3) 地方自治性的优惠率成分要素 = 社会学与人口统计学要素	例：老年人与残障人士服务 老年人与残障人士服务的种类要素 = 0.0070×固定成本成分要素 + 0.2838×老年人照顾服务成分要素 + 0.6052×残障人士服务成分要素 + 0.1032×地方自治性的优惠率成分要素 + 0.0008×受影响的独立成本成分要素

通过一系列的由成份要素到种类要素的整合，CGC 已经将该州该类支出偏离全国平均的人均水平的缺陷因素计算完毕，此时对于该州该项人均支出的估算即为：

该州估算的该项人均支出 = 均等化预算下的全国平均的该项人均支出 × 该项种类要素

对各州收入的估算

收入基数的测量 CGC 有三种选择：

1. 税基 (Tax Bases)。基于直接从各州税收代理机构获得的数据，或者根据实际征收总量与实际税率而估算的数据，再经由必要的调整，排除政策性的影响，CGC 即可得到某项收入的税基。

2. 代理税基 (Proxy Tax Bases)。基于从独立来源（如澳大利亚联邦统计局）获得的数据测量而得，这些数据一般来说受各州政策的影响相对较小，由此测算的代理税基通常接近于法定税基，但未必完全一样。

3. 次整体性基数 (Sub-Global Bases)。当 CGC 难以确保在政策中性条件下测量税基或代理税基时，可以采用一些主要的经济数据，如各州国民生产总值、家庭可支配收入等，经由必要的调整来帮助收入基数的估算。

在这三种方法中，通常使用的是前两者。CGC 将通过检查各州税法，来确定哪些行为、交易、资产可以征税，以及有何免税政策、税收债务如何估算等问题，从而最终确定收入基数所应包括的事务范围。

收入基数的调整：完成了关于收入基数的测量后，CGC 将根据已确定的相应的要素来对收入基数进一步进行调整。

1. 对于税基与代理税基而言，可能出于政策性差异而需要调整；比如当某个州的某项税的征收范围明显宽于或窄于各州平均时，就需调整；

2. 对于次整体性基数则可能出于实际无法征收的考虑而需要调整；

3. 此外，当可信的数据实在难以获取时，同样需要对相应的收入基数进行调整。

估算收入经过调整获取到了所需的收入基数数据后，依照全国平均的人均收入数据，CGC 就可以来具体计算各州各项收入的人均估算数额。对此有两种公式：

1. 公式一：用收入基数和平均收入征收努力来计算。

第 i 州的人均收入估算值为：

$$t_a \times \frac{Y_i}{P_i}$$

其中平均收入征收努力（平均实际税率）被表示为

$$t_a = \frac{R_a}{Y_a} = \frac{\sum R_i}{\sum Y_i}$$

Y_i 代表第 i 州的收入基数；R_i 代表第 i 州的实际收入；P_i 代表第 i 州的人口数量；Y_a 代表全国的收入基数；R_a 代表全国的实际收入。

2. 公式二：用收入征收缺陷（要素）和全国平均人均收入来计算。

第 i 州的人均收入估算值为

$$\frac{R_a}{P_a} \times (\rho_i)$$

其中 ρ_i 代表第 i 州在收入征集上的缺陷，具体为

$$\rho_i = \frac{Y_i}{P_i} \Big/ \frac{Y_a}{P_a}$$

这样两种公式在计算结果上是完全一致的。其差异主要在于：第一种公式将要素的影响程度直接考虑到相应的各项收入基数的确定中，而第二种公式将要素的影响程度综合起来，成为一个单独且整合的影响因子，而后直接去调整全国平均的人均收入数额。

专栏 5-8

日本的地方交付税制度

日本的地方交付税制度是中央向地方实施财政转移支付、实现财政平衡的主要形式。它是一种配给税和平衡给付税的混合形式，因为中央财政转移给地方政府的资金总额由配给总比例决定，而具体交付给各个地方的金额则由财政目标决定。地方交付税的总额由中央地方分享税的法定分享比例决定，即所得税、法人税的 33.1%、酒税的 50%（从 2015 年开始）、消费税的 19.5%（从 2020 年开始）、地方法人税的全额（从 2014 年开始）（日本地方交付税法第 6 条）。在按上述比例交付地方的税收总额中，有 94% 是普通交付税，6% 是特别交付税。特别交付税是为交付税没有涉及的特别财政需要而设置的，对普通交付税起补充作用。而普通交付税则构

成地方交付税制度的中心内容，它是依据各个地方政府的基准财政需要额和基准财政收入额之间的差额进行分配。

和其他转移支付方案相比，日本的地方税收分配方案仅仅是均衡性方案。它按照相同的方式分配给都道府（Prefectures）和都市（Municipalities）。表5-6显示了在都道府与都市的地方税收分配情况。分配给都道府的数量略微超过都市。

表5-6　　　　2024年日本部分城市交付税额情况（百万日元）

道府	基准财政需要额	基准财政收额	财源不足额	交付税额
东京	2 111 697	2 693 732	—	—
大阪	1 405 106	1 073 220	331 886	330 918
爱知	1 150 895	1 026 494	124 201	123 608
京都	465 047	275 901	189 146	188 826
福冈	853 393	551 740	301 653	301 065
广岛	501 669	311 226	190 443	190 098

资料来源：日本总务省官方网站。

地方税收分配有94%按照一般方式分配，有6%是按照特殊的方式分配。一般方式分配是支付给那些基本财政支出需求超过基本财政收入的地方政府。一般来说，地处大都市附近地方政府比地处农村的地方政府有更强的财政能力。在日本，每年都需要核算每个地方政府的基准财政需要额以及基准财政收入额，再根据两者的差值核算具体交付税额度。2024年，在47个道府中，东京是唯一一个基准财政收入额大于基准财政需要额的道府，即2024年的地方政府交付税额为0，这也侧面表现了东京在日本地方政府中的财政能力较强。具体情况表5-6已显示。

在地方税收分配方式下，分配给地方政府的额度可以按照如下公式进行：

转移支付 = 基本财政支出需求 N – 基本财政收入 R

由于一般方式的税收分配(the Ordinary Allocation Tax) 是在事前计算的，因此不能完全弥补地方政府基本支出需求和基本收入之间的差距。在这种情况下，在计算总的分配额时必须采取一个调整系数（α）来进行必要的调整。这样，分配给地方政府的总额度就是：实际分配额 = $N - R - \alpha N$。

基本财政支出需求是地方政府按照中央政府规定的水平提供公共服务时所必需的标准支出。地方政府的总财政支出需求是其提供各项公共服务所需要的基本财政支出的加总。这些服务包括：警察部门、消防部门、义务教育，以及公园、道路和桥梁等的建设。在计算中，地方政府的这种需求并非一定要和具体某一个地方政府的实际支出需求相一致。标准且合理的财政支出需求是按照全国平均条件的"标准地方政府"（Model Local Government）计算的。目前，日本的标准地方政府有两种模式：道府（Prefecture），人口为一千七百万，地域面积为6 900平方公里；都市（Municipality），人口为10万，面积为160平方公里。两种模式都设定了基本财政支出需求和基本收入。在计算具体某个地方政府的财政支出需求过程中，将政府的活动划分为6个领域。例如，道府的划分情况是：警察、公共工程、教育、社会福利和劳力（Welfare and Labor）、工业和经济以及行政管理职能。一个地方政府的财政支出需求就是各项服务领域需求的总额。就某个领域来说，基本财政支出需求的计算按照如下的公式进行。

基本财政支出需求＝测量的单位×调整系数×单位成本

公式中，测量的单位（Unit of Measurement）是就提供某一项特定公共服务所测定的合理数据，如治安警察的数量、享受消防服务的居民数量、某一地区道路的长度和面积等。计算标准地方政府某个特定领域的基本财政支出需求时，首先测定的是其单位（A Single Unit）支出需求或成本需求。由于提供公共服务的成本受诸多因素的制约，如地理、社会、经济、各地的制度特征等，因此需要引入调整系数来校正这些影响因素。考虑到价格和居民对特定公共服务需求的变动，这些单位成本（Unitcosts）每年计算一次。

没有引入调整系数的基本财政支出需求的计算结果不精确。计算结果只是反映各种指标和单位成本乘积的总量。但是，单位成本经常会随总量变动而变化，例如，人口规模越大，单位成本就会越低。单位成本随地区不同而不同，因此必须调整。日本目前的调整系数有8种。

①种类调整系数（Class Modification Coefficient）。典型的例子是高校的资金需求。这种测量单位的指标是高校的学生规模。但是教育费用依不同的学校类型而变化，如工程学院、农业学院等等。因此，运用种类调整系数就可以调整这些单位成本。

②规模调整系数（Size Modification Coefficient）。这是考虑到规模经济影响而进行的系数调整。例如，大城市维持一套行政机构费用的单位成本要小于小城市。

③密度调整系数（Density Modification Coefficient）。一项服务的单位成本随着人口的增长而减少，如10万人的城市比1 000人的小镇维持一个医院所需要的单位成本低。

④特殊因素调整系数（Modification Coefficients for Special Factors）。这种调整系数旨在调整影响单位成本变动的因素，如城市化的程度、工资水平和住房津贴等。

⑤寒冷地区调整系数（Modification Coefficient for Cold Areas）。该系数用于反映因供暖设施和油料消耗而造成的寒冷地区较高的单位成本。

⑥反映测定客体迅速增加的调整系数（Modification Coefficients Toallow for Rapid Increase in the Units of Measurement）。例如，在一个城市的人口迅速增长的情况下，调整系数就会反映城市为此重新规划而造成的基本财政支出需求的增长。

⑦反映测定客体迅速减少的调整系数。例如在一个城市的人口迅速减少的情况下，地方政府税收分配额度就会急剧减少。运用调整系数就可以适度平滑这种趋势。

⑧与财政能力相关的调整系数（Modification Coefficients Related to Financial Capacity）。这种调整系数用于反映高负债地方政府较高的财政支出需求。

基本财政收入 = 地方税收转移规模 + 法定比例的标准地方税收收入

标准化的地方税收收入 = $\sum$ 各种地方税基 × 地方税收标准税率

基本财政收入（Basic Fiscal Revenue）指用于维持基本财政支出的一般收入。基本财政收入是地方税收转移规模和法定比例的标准地方税收收入（道府为80%，都市为75%）之和。标准化的地方税收收入（Standardized Local Tax Revenue）是通过计算加总的各种地方税基乘以中央规定的地方税收标准税率得出的。地方基本税收收入并不等同于地方所有税收收入。

将地方税收收入按法定比例计算有如下原因：一是通过一个统一的公式难以充分测定所有地方政府的基本财政支出需求。许多地方政府有自己特有的财政支出需求，要求有一定数量的税收收入。二是要鼓励地方政府努力征税的积极性。如果将所有地方税收都计算在基本财政收入中，那么地方税收收入增长额就会同等规模地减少其地方税收分配份额。这会对地方政府的征收努力造成负面影响。三是将所有地方税收转移（the Local Transfer Tax）的数额都包含在其中。因为地方税收转移收入是由中央政府征收的，与地方政府的税收征收努力（the Tax Collection Efforts）没有关系。表5-7总结了典型国家财政均等化转移支付的特点。

表5-7　　　　　　　　　　典型国家财政均等化转移支付特点①

特点	澳大利亚	加拿大	德国
目标	建立与地方收入努力程度相符的标准服务和营运效率	实现省际间可比的公共服务水平和税收收入水平	均衡各州之间的财政差异
法律地位	联邦法律	宪法	宪法
立法机构	联邦议会	联邦议会	联邦议会 上院（参议院）发起
纵向/横向	纵向	纵向	横向
总量测定	机动的	公式法	公式法
均等化总量和分配标准	无	有	有
分配	公式法	公式法	公式法
财政能力均等化	有，标准税收	有，标准税收	有，实际收入
财政需求均等化	有	无	有（只依据人口规模和密度）
程序复杂性	高	低	低
是否达成政治共识	否（但不明确）	是（但不明确）	是（但不明确）
提案人	独立机构	政府委员会	团结条约第二章
落日条款（拨款使用期限）	无	有，5年	无
争议的解决	最高法院	最高法院	宪法法院

资料来源：Shah 1994年。

---

① Shah Anwar. The Reform of Intergovernmental Fiscal Relations in Developing and Emerging Market Economies [M]. Washington: World Bank, 1994.

四、项目法

项目法是指根据相关规划、竞争性评审等方式将专项转移支付资金分配到特定项目的方法，涉及国家重大工程、跨地区跨流域的投资项目以及外部性强的重点项目应当以项目法为主。专项转移支付资金分配采取项目法的，应当主要采取竞争性评审的方式，通过发布公告、第三方评审、集体决策等程序择优分配资金，遵循公平、公正、公开的原则。转移支付资金分配要与下级政府提供基本公共服务的成本相衔接，同时充分考虑下级政府努力程度，强化绩效管理，适度体现激励约束。

1. 方法前提

（1）各级政府财政部门和有关部门应当根据国民经济和社会发展规划编制项目计划，建立项目库，并实行项目滚动管理，对拟于下一年度预算中安排的专项转移支付项目，应当于当年审批完毕并纳入项目库。

（2）各级政府要建立健全财政转移支付绩效考评制度，对财政转移支付的实施效果进行考评，并将考评结果作为下一年度分配财政转移支付资金的依据。

2. 申报和审批程序

专项转移支付项目申报和审批程序见表5-8。

表5-8　　　　　　　　　　　专项转移支付项目申报、审批程序

程序	负责部门	备注
制定发布规划、申报通知或年度立项指南	国务院或中央主管部门	1. 国务院制定（如主要污染物减排专项资金）； 2. 中央主管部门制定（如中央地质勘查基金）； 3. 中央主管部门商财政部制定（如优抚事业单位补助）
下达年度预算控制数	财政部	1. 中央主管部门编制预算建议前下达（如主要污染物减排专项资金）； 2. 中央主管部门编制预算建议后下达（如国土资源大调查专项资金）
组织项目单位申报	地方财政部门、主管部门或中央主管部门	
提出项目计划	中央主管部门、财政部	1. 中央主管部门提出（如科技型中小企业技术创新基金项目）； 2. 中央主管部门会同财政部提出（如中小企业发展专项资金项目）
提出经费申请	地方财政部门、主管部门或中央主管部门	1. 地方财政部门、主管部门共同提出（如华侨事业费）； 2. 中央主管部门汇总审核报送相关数据及经费申请（如优抚事业单位补助）
提出资金分配建议	中央主管部门	
确定资金分配方案	财政部、中央主管部门	
下达资金	财政部、中央主管部门	财政部单独下达或联合中央主管部门下达

(1) 企业关闭破产补助资金（企业司）

主要依据：资源枯竭矿山企业关闭破产费用测算办法（财企〔2000〕631号）、非资源枯竭矿山企业关闭破产费用测算办法的通知（财企〔2001〕175号）、财政部关于加强企业关闭破产费用预案审核工作的通知（财企〔2001〕660号）。

管理程序：

①列入全国政策性关闭破产项目计划的企业，按规定编制企业关闭破产费用测算方案，并报送所在地财政专员办审核。

②企业破产准备工作就绪后，报全国企业兼并破产和职工再就业工作领导小组办公室批准进入破产程序。

③省级财政部门对企业编制的测算方案进行初审后报财政部。

④财政部根据企业提供的相关证明材料和专员办出具的审核意见书对企业上报的测算方案进行审核确认，并拨付补助资金。

(2) 科技型中小企业技术创新基金项目（企业司）

主要依据：国务院办公厅转发科技部、财政部《关于科技型中小企业技术创新基金的暂行规定》的通知（国办发〔1999〕47号）。

职责分工：财政部与科技部共同管理。科技部是创新基金的主管部门，负责审议和发布创新基金年度支持重点和工作指南，审议创新基金运作中的重大事项，批准创新基金的年度工作计划，并会同财政部审批创新基金支持项目，向国务院提交年度执行情况报告。中小企业创新基金管理中心负责日常管理工作。财政部是创新基金的监管部门，参与审议年度支持重点和工作指南，对经审定的创新基金项目下达预算资金指标。

具体管理程序：

①省级科技主管部门推荐企业申报项目，出具推荐意见，并征求省级财政部门意见；省级财政部门对推荐项目名单进行备案。

②创新基金管理中心组织专家和评估机构进行评审、评估，根据评估意见提出所要支持的项目和金额建议，报财政部、科技部审批立项；每年分批编制立项项目用款计划，报财政部审批；每年根据项目验收情况分批编制二次拨款计划，报财政部审批。

③财政部对管理中心报送的立项项目用款计划和二次拨款计划审核后，将项目资金指标下达到项目所在地省级财政部门，按照财政国库管理制度的有关规定办理资金支付。

第五节 绩效评价

均衡性转移支付资金制度强调资金分配的科学性和公平性，可以实现地方政府财政能力的均等化，绩效评价制度的构建强化了资金使用的监管和考核，能进一步促进基本公共服务均等化目标的实现。可见，绩效评价体系的构建是对均衡性转移支付制度的完善，均衡性转移支付制度更是构建绩效评价体系的基础。

财政转移支付是指上级政府通过预算安排对下级政府无偿的资金拨付。为了促进经济社会事业协调发展，推动基本公共服务均等化，1994年分税制改革后，在保留改革前结算补助等转移支付项目的同时，作为分税制改革的配套措施，1995年财政部在立足我国国情，并借鉴成熟市场经济国家经验的基础上，制定了规范的转移支付办法，取名为"过渡期转移支付"。2002年国务院决定实施的所得税收入分享改革，明确将因改革集中的收入全部用于对财政困难地区主要是中西部地区的一般性转移支付，一般性转移支付规模稳定增长机制初步建立。同时，过渡期转移支付概念不再使用，改为"一般性转移支付"，原来的一般性转移支付改为"财力性转移支付"。为了进一步规范转移支付制度，自2009年起，原财力性转移支付改称一般性转移支付，原一般性转移支付更名为均衡性转移支付。

2022年《关于进一步推进省以下财政体制改革的指导意见》提出，建立一般性转移支付合理增长机制，结合均衡区域间财力需要，逐步提高一般性转移支付规模，优化转移支付结构，健全省以下转移支付体系。

均衡性转移支付也称无条件拨款，指转移资金的预算主体对所拨出的资金不规定具体用途，受援地方可以自主决定如何使用这些资金。无条件拨款的最主要目的是解决纵向和横向的财政不平衡问题，即保证受援地方作为一个整体能平衡预算，同时缓解地方政府间的财政能力的差异，保证每个地区都能提供基本水准的公共服务，是实现各地区协调发展的主要形式；与无条件拨款相对应的则为有条件拨款，即专项转移支付，即转移资金的预算主体对所拨出的资金规定了使用方向或具体用途，受援地方必须按规定使用资金。该类资金主要服务于中央政府的特定政策目标，解决区域性公共产品的外溢问题和促进特定公共事业的发展。有条件拨款又可分为无限额配套补助、有限额配套补助和无配套补助。其资金规模取决于补助主体和补助对象的财力状况以及补助项目的重要程度与耗资水平。有条件拨款具有与无条件拨款不同的政策效应，无条件拨款有利于实现财政资金分配的社会公平，而有条件拨款则有利于提高财政资金的配置效率。

目前，均衡性转移支付按照公平、公正、循序渐进的原则，主要参照各地标准财政收入和标准财政支出的差额及可用于转移支付的资金规模等客观因素，按统一公式计算确定。10多年来，在不断吸收学术机构的先进理论、广泛吸取地方的经验建议的基础上，均衡性转移支付分配理念日益更新，测算办法日趋完善，逐步形成了规范、科学、公开、透明的测算体系。随着测算体系的不断完善，均衡性转移支付资金规模也不断扩大。

一、必要性

1994年分税制改革以来，均衡性转移支付制度的实施在很大程度上缓解了基层财政困难，保证了基层机关事业单位正常运转，缩小了地区间财政能力的差距。与此同时，均衡性转移支付制度面临的诸多问题也不容忽视，迫使我们探索构建均衡性转移支付绩效评价框架，弥补均衡性转移支付制度体系的缺陷。[①]

---

① 汪戎，常斌. 政府间均衡性转移支付绩效评价体系构建［J］. 学术探索，2015（07）.

（一）服务型政府建设的必然要求

通过四十多年的改革开放，我国经济发展取得了举世瞩目的成就。在我国经济发展的过程中，政府扮演着举足轻重的角色。但随着经济社会的发展，政府主导经济已经显现出了诸多弊端，已无法适应经济的发展。党的十六届六中全会明确提出了"建设服务型政府，强化社会管理和公共服务职能"的要求。党的十八大以来，以习近平同志为核心的党中央从战略和全局出发对服务型政府的建设进行了部署。党的十九大报告强调了"建设人民满意的服务型政府"的改革目标。党的二十大报告强调，扎实推进"依法行政"、对转变政府职能，深化行政执法体制改革、强化行政执法监督机制和能力建设等作出重点部署。在这一改革进程中，我国政府由经济发展型政府向服务型政府转变，并且不断推进法治政府建设。所谓的服务型政府是一个为全社会提供公共产品和服务的政府。提供公共产品和服务，其核心是在公共财政和预算以及财政转移支付的导向上，要真正关注普通老百姓的根本利益所在。建立服务型政府，就是要以公共利益作为公共财政支出和财政转移支付基本方向，切实通过多种方式保证公共财政的正确使用。面对建设服务型政府的要求，财政部门要通过多种方式对财政资金的使用进行监管和控制，以保证有限的财政资金使用到位、达到预期的效果。绩效评价作为事后监督的一种方式，在财政资金使用监督中有着重要的作用。通过绩效评价，我们可以得知财政资金使用的效果如何、判断是否实现了预定目标。为了保证服务型政府的建设，我们有必要对各种财政资金进行绩效评价，以保证财政资金的使用效率。均衡性转移支付是我国财政转移支付中的重要环节，其目的主要是保障地方政府提供公共服务的能力，对其实行绩效评价是建设人民满意的服务型政府的必然要求。

（二）"阳光财政"建设的必然要求

随着我国民主进程的逐渐推进，对政府理财行为的监督和管理提出了更高的要求。为了进一步促进财政监督的社会化，近年来我国政府提出了打造"阳光财政""阳光绩效"的理念。所谓"阳光财政"，就是按照建设社会主义市场经济体制、建设社会主义民主政治和建设公共财政的要求，通过构建公开、民主、监督、考评的政府理财行为规范，实现政府理财活动科学化、民主化、法治化的一种制度。"阳光绩效"则是指对财政的大额支出项目进行绩效评价，并将评价情况向社会公布，促进财政部门合理分配和使用财政资金，提高财政资金的使用效益。阳光财政绩效将社会的监督渗透到权力的运作过程中，从而实现监督的经常性、有效性，以达到防止权力滥用的目的。"阳光财政""阳光绩效"的提出赋予了公民极大的民主权，有利于实现公众利益和社会福利的最大化，同时也对财政资金使用的公开化、透明化提出了更高的要求。均衡性转移支付资金作为政府资金配置的重要内容之一，在"阳光财政"的要求下不仅要实现资金分配过程的公开透明，更重要的是要实现分配结果的公开透明。财政资金分配的公开透明可以通过科学合理的分配公式、公开的分配过程来实现，而要实现分配结果的公开透明，对资金的使用进行绩效评价则是一个必不可少的环节。只有通过绩效评价才能得知资金使用是否达到预期的效果，社会和群众的监督才能有根有据。

（三）均衡性转移支付资金性质要求

均衡性转移支付资金是中央对地方、省对县市，以建立权责清晰、财力协调、区域均衡的中央和地方财政关系和推进基本公共服务均等化为目标，以标准财政收支缺口为依据拨付的财政资金，并没有规定该项资金具体的使用范围和方式。接受均衡性转移支付资金的地方政府可以按照自身的意愿安排这项资金，在其间形成委托—代理关系。具体来看，上级政府作为委托方，委托下级政府实现该地区基本公共服务的均等化；下级政府则为代理方，根据自身发展需要，合理科学地配置财政资金以实现委托方目的。这一过程中，均衡性转移支付则为上级给予下级的报酬。然而，由于均衡性转移支付这种无条件拨款的属性，加之，上下级政府间信息的不对称，尤其在地方政府财政较为困难以及以"经济增长"而非提供基本公共服务作为目标这一不正确的政绩观的驱动下，可以预见，作为理性"经济人"的地方政府必然以满足自身利益最大化而非实现基本公共服务均等化为目标。由此，从委托代理角度看，作为委托人的中央政府必然需要设计一种最优的契约来激励地方政府，这就对均衡性转移支付在进行绩效评价时提出了要求。

（四）弥补财政预算约束软化的要求

均衡性转移支付必须纳入地方政府预算管理，按规定向同级人大或其常委会报告。财政部于每年 10 月 31 日前，提前向省级财政部门下达下一年度均衡性转移支付预计数。省级财政部门收到财政部提前下达均衡性转移支付预计数 30 日内，提前向省以下财政部门下达下一年度均衡性转移支付预计数。同时按照分级管理的财政体制，省以下均衡性转移支付办法由各省制定。各省要根据本地对下财政体制、行政区域内财力分布等实际情况，统筹安排，加强对基层财政部门的指导和监督，加大对财政困难县乡的支持力度，保障县级政府履行职能的基本财力需求。基层财政部门要将上级下达的均衡性转移支付资金，重点用于基本公共服务领域，推进民生改善，促进社会和谐。

二、实施模式

从政策层面上讲，均衡性转移支付的目标是在解决困难地区财政运行中的突出矛盾和保障机关事业单位机构正常运转的基础上，缩小地区间财力差距，逐步实现基本公共服务均等化。因此，均衡性转移支付绩效评价体系设计应遵循西方国家在政府支出绩效评价实践中所总结的 4E 原则，即经济性（Economy）、效率性（Efficiency）、效益性（Effectiveness）和公平性（Equity）。结合我国均衡性转移支付制度实践，经济性原则主要是反映耗费与投入之间的关系，即在一定资金投入水平条件下尽可能降低资源消耗，其目的是消除政府在配置转移支付资金过程中的浪费现象，促进各地政府建立更为有效的均衡性转移支付支出决策机制和优先排序机制；效率性原则主要是反映投入与产出间的关系，即在一定的投入水平条件下实现公共服务产出的最大化，或在一定产出水平条件下保证均衡性转移支付投入最小化，其目的是促进各地优化资源配置，提高均衡性转移支付资金使用的经济和社会效益；效益性原则主要是反映产出与最终目标间的关系，即在保证均衡性转移支付资金具备经济性和效率性的同时，实现基本公共服务均等化的最终目标，其目的是提高产出对实现政策目标的影响程度，并得到社会公众对均衡性转移支付资金使用的认可；公平性原则主要反映的是享受公共服务的群体间的关系，即"接受服务的团体或个人能否都受到公平的待遇，需要特别照顾的弱势群体是否得到了更多的社会照顾"。

根据以上原则，结合国外政府支出绩效评价经验和我国均衡性转移支付资金管理实践，构建均衡性转移支付绩效评价体系要基于无条件拨款的性质，并紧紧围绕基本公共服务均等化目标。如图5-3所示，均衡性转移支付绩效评价体系主要考虑实现模式选择和实施方案设计，通过以上两个方面共同考核与评价均衡性转移支付是否实现基本公共服务均等化目标。在本文中，实施模式指设计均衡性转移支付绩效评价体系的理论导向，一方面是确定绩效评价的实施主体，包括政府或居民对均衡性转移支付实施绩效评价，另一方面是确定绩效评价的实施阶段，包括事前或事后对均衡性转移支付实施绩效评价；实施方案指构建均衡性转移支付绩效评价体系的实践步骤，包括内容手段、判断标准、组织实施和结果应用。

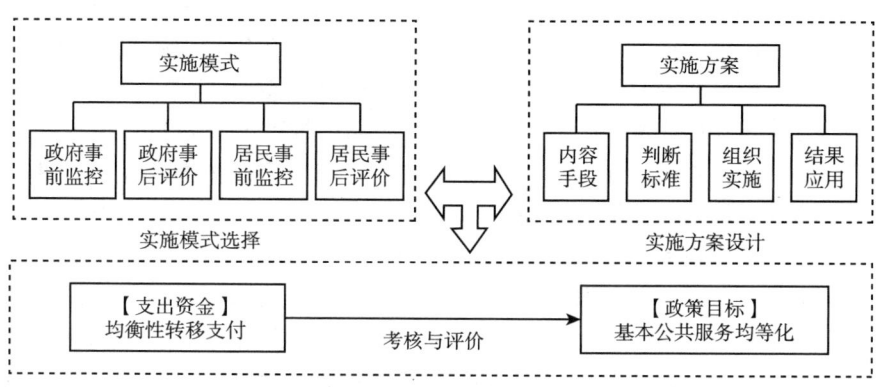

图5-3 均衡性转移支付绩效评价体系框架

根据均衡性转移支付绩效评价工作实施主体和阶段的差异，将均衡性转移支付绩效评价分为四种不同的实施模式：以政府为主体的事后评价模式（A）、以政府为主体的事前监控模式（B）、以居民为主体的事后评价模式（C）、以居民为主体的事前监控模式（D）。

以政府为主体的事后评价模式的实施主体是政府，实施阶段通常在事后进行，即政府以均衡性转移支付的基本公共服务均等化目标为准绳，利用相关统计资料和采取合适的方法，对地方政府已经使用的均衡性转移支付资金专门进行考核和评价。该评价模式可以检查各地方政府在均衡性转移支付资金使用方面，是否按照资金使用规定认真执行，是否存在资金使用的浪费和挪用，以及是否实现基本公共服务水平的提升，属于均衡性转移支付绩效评价最基本的模式。

以政府为主体的事前监控模式的实施主体是政府，实施阶段通常在事前进行，即政府将对均衡性转移支付资金去向和使用行为的合法性、合理性以及合规性进行事前审核，从而保证均衡性转移支付资金纳入预定轨道的支出管理活动。该监控模式主要是将均衡性转移支付纳入财政预算，在预算环节事前了解地方政府如何使用该项资金，具有较强的约束和预防的性质，同时为事后绩效评价提供更为明确的依据。B模式通常要与A模式配合实施，其前提条件是具有较为完善的预算管理制度。

以居民为主体的事后评价模式的实施主体是居民，实施阶段通常在事后进行。均衡性转移支付的使用是否实现基本公共服务的提升，作为基本公共服务最终消费者的居民具有更为直接的发言权，该模式主要是居民通过对基本公共服务的评价，直接对公共服务的供给主体政府进行信息反馈并形成约束力，迫使政府优化财政资金配置，提高基本公共服务的供给效率。C模式的前提条件是具有通畅的居民对政府信息反馈约束路径。

以居民为主体的事前监控模式的实施主体是居民,实施阶段通常在事前进行。由于均衡性转移支付资金没有指定用途,各地方政府原则上应该将资金安排在居民最需要的领域,由此需要居民对所需公共服务进行选择。该模式主要是将居民纳入均衡性转移支付资金的预算环节,由居民事前对均衡性转移支付资金指明方向,从而对政府配置均衡性转移支付资金形成约束,提高资金的配置效率,同时也作为事后评价的依据。C 模式通常需要与 D 模式配合实施,其前提条件是居民能够作为预算的参与者,并且能将信息直接反馈给政府并形成约束。

上述四种实施模式具有明显的层次性,并可以通过组合形成均衡性转移支付绩效评价实施模式。其层级关系大致可以表示为:A→AB→ABC→ABCD,随着层级的提高,所需的外在约束条件不断增强。A 模式条件较弱,只需政府构建一套指标和方法体系,便可以对均衡性转移支付进行绩效考核,对地方政府使用均衡性转移支付资金形成约束,其弱点是缺乏事前资金使用规划,从而会导致事后绩效考核目标存在片面性;AB 模式可以解决 A 模式存在的问题,但其条件是具有完善的预算管理制度,同时以政府为主体进行绩效考核也未能全面反映公共服务的需求和供给质量好坏;ABC 模式则可以避免信息不对称问题,从居民角度更为真实地了解公共服务供给的质量,但其条件是通常居民具有对政府的信息进行反馈和约束的权利,同时该模式的 AB 要素可以逐渐弱化;ABCD 模式在 ABC 模式的基础上增加了居民对公共服务需求的信息反映,随之其条件也要增加居民能够作为预算参与者,同时该模式的 AB 要素可以逐渐弱化。

三、实施方案设计

在绩效评价模式选择的基础上,如何合理设计实施方案将决定均衡性转移支付绩效评价工作的顺利完成。根据绩效评价理论目标和实践经验,我国均衡性转移支付绩效评价方案应包括绩效评价的内容手段、判断标准、组织实施和结果应用四个重要环节。

绩效评价的内容手段主要是指标体系的构建和方法的选取。指标体系构建要紧紧围绕均衡性转移支付的政策目标,根据实现目标的层次、路径,从理论和实践层面选取相应的评价指标体系,所以,指标体系的构建应遵循以下原则:理论与实践相结合,即所选取的指标与实现的目标具有理论层面的关系,同时从实践上要有相应的资料来源,并在实践上要逐步更新和完善;独立与互补相结合,即所选取的指标要尽量避免反映关系的重合,所有指标尽量能够共同实现对目标的衡量;长期与短期相结合,即根据均衡性转移支付的长期和短期目标,分别构建不同层次的指标体系,以此衡量各地区转移支付资金实现目标的程度;过程与结果相结合,即所选取的指标不仅要反映各层次目标的结果,同时也要体现管理过程的规范性。判断方法的选取是根据所建立的指标体系,采用不同的方法对指标进行合成,直观反映均衡性转移支付资金目标实现的情况。通常,绩效评价方法可以分为定量和定性两个大类,定量评价完全是建立在指标数据基础上,采用数据合成的模式比较评价结果的大小,定性评价通常是针对一些难以量化的指标进行判断,同时也可以反映居民对公共服务提升的满意程度等,所以绩效评价的方法要兼顾定性和定量的结合。

判断标准是衡量各地区均衡性转移支付资金使用是否实现公共服务水平提升的参考

值,即存在大于参考值、等于参考值或小于参考值三种类型,因此如何确定公共服务水平提升的参考值是均衡性转移支付绩效评价的关键。按照参考的取值基础可以分为计划参考、经验参考和历史参考,但由于能力、环境、时间等客观条件的差异,难以将以上参考值适用于不同地区,所以只能在相同条件下设定可比参考标准。因此,在均衡性转移支付绩效评价中,判断标准的设定要根据评价样本绩效值的大小进行设定,在相同条件下比较不同地区均衡性转移支付资金使用效率的高低。从实践上看,可以分为定性标准和定量标准,定量标准主要是设定一个数量标签,比较各地区实现的绩效值与该数量标签的差距大小,而定性标准更多是体现作为公共服务消费者居民、作为公共服务供给者政府、作为绩效评价专家的心理参考值,所以均衡性转移支付绩效评价除了从相关数据指标建立判断标准外,还要兼顾公共服务供给、消费和评判相关主体的衡量标准。

组织实施就是指绩效评价工作如何开展。一般来讲组织实施包括确定绩效评价的组织机构、实施机构和评价客体,其中:组织机构的目的是获取均衡性转移支付资金使用情况及效率,以此对资金使用者进行监督和约束,最终促进资金使用者提高资金使用效率,所以组织机构包括上级政府和居民;实施机构的任务只是对均衡性转移支付资金使用进行客观、公正的评价,不涉及资金使用效率高低所带来的利益得失,所以实施机构应该是第三方组织,同时将绩效评价的实施机构与评价机构分离,也能避免同一主体组织实施所带来的寻租行为,更能增强绩效评价的约束力;评价客体是均衡性转移支付资金的使用者,即下级政府使用均衡性转移支付资金的行为和结果。由此,在绩效评价的组织实施中,正确认识组织机构、实施机构和评价客体的职能定位,并厘清三者的关系是开展均衡性转移支付绩效评价的重要保证。

结果应用就是如何将均衡性转移支付绩效评价结果作用于地方政府,促进地方政府提高资金使用效率和公共服务提升水平的动力。该环节的关键是如何定位绩效评价效率的作用价值,如果绩效评价效率的作用价值较小,对地方政府的促动力就较弱;如果绩效评价效率的作用价值较大,对地方政府的促动力就较强,就越能实现均衡性转移支付资金的目标。该环节存在两种情况:一种是以政府为主体的绩效评价,政府主要是通过比较评价效率的高低,来对该政府进行惩罚或者奖励,从而促进各地政府提高资金使用效率和公共服务提升水平;另一种是以居民为主体的绩效评价,居民通过自身公共服务的满意度对当地政府进行选择,通常以政治选票、纳税选择等方式实现。所以,绩效评价效率的应用,将决定该项绩效评价的作用力度,是实现绩效评价目标的关键。

第六节 中国政府间转移支付制度实践

一、中国政府间转移支付制度:现状与评价

1994年分税制改革后,中央对地方财政转移支付成为中西部地区财政收入的主要来

源,并备受中央政府关注。为促进经济社会事业协调发展,推动基本公共服务均等化,在保留改革前结算补助等转移支付项目的同时,中央财政建立并逐步完善了中央对地方转移支付制度(如表5-9所示)。

表5-9　　　　　　　　　中央对转移支付的改革主要内容

年份	政策文件	改革主要内容
1995年	《过渡期转移支付办法》	建立财力均等化为目标的财政转移支付制度。
1999年	《财政部关于下达1999年增加机关事业单位在职职工工资和离退休人员离退休费中央对地方转移支付补助数额的通知》	缓解国内有效需求不足的矛盾,促进国民经济持续发展。
2000年	财政部关于印发《中央对地方专项拨款管理办法》的通知	为进一步加强中央对地方专项转移支付管理,提高财政资金使用的规范性、安全性和有效性,促进经济社会协调发展。充分发挥专项拨款的宏观调控和导向作用,促进地方经济建设和事业的发展,使财政转移支付制度进一步向规范化方向发展。
2002年	《一般性转移支付办法》	缩小地区间财力差距,逐步实现基本公共服务均等化。
2003年	《2003年农村税费改革中央对地方转移支付办法》	确保农民负担得到明显减轻、不反弹,乡镇机构和村级组织正常运转以及农村义务教育经费的正常需要。
2008年	《财政部关于2008年一般性转移支付办法》	缩小地区间财力差距,逐步实现基本公共服务均等化,保障国家出台的主体功能区政策顺利实施,加快形成统一规范透明的一般性转移支付制度。
2009年	财政部关于印发《国家重点生态功能区转移支付(试点)办法》的通知	加快民生工程和生态环境建设,促进扩大内需和经济平稳较快增长,中央财政从国家生态安全、促进生态文明的大局出发。
2014年	《国务院关于改革和完善中央对地方转移支付制度的意见》	平衡地区间财力,稳步推进基本公共服务均等化。
2016年	财政部关于印发《2016年中央对地方均衡性转移支付办法》的通知	为建立现代财政制度,提高地方财政积极性,缩小地区间财力差距,逐步实现基本公共服务均等化。
2016年	财政部关于印发《中央对地方重点生态功能区转移支付办法》的通知(财预〔2016〕117号)	为维护国家生态安全,促进生态文明建设,引导地方政府加强生态环境保护,提高国家重点生态功能区等生态功能重要地区所在地政府的基本公共服务保障能力。
2018年	《中央对地方均衡性转移支付办法》	为建立现代财政制度,提高地方财政积极性,缩小地区间财力差距,逐步实现基本公共服务均等化。
2019年	财政部关于印发《民族地区转移支付办法》的通知	增强少数民族地区的财政保障能力,逐步缩小少数民族地区与其他地区的基本公共服务差距,促进少数民族地区科学发展、社会和谐。

续表

年份	政策文件	改革主要内容
2019 年	财政部关于印发《革命老区转移支付资金管理办法》的通知（财预〔2019〕61 号）	为促进革命老区各项社会事业发展，支持革命老区改善和保障民生，进一步规范革命老区转移支付资金管理，提高资金使用效益。
2019 年	财政部关于印发《边境地区转移支付资金管理办法》的通知（财预〔2019〕62 号）	为规范边境地区转移支付资金管理，提高使用效益，促进相关地区经济和社会事业协调发展。
2019 年	财政部关于印发《中央对地方资源枯竭城市转移支付办法》的通知（财预〔2019〕97 号）	为支持资源枯竭城市和独立工矿区、采煤沉陷区解决社会矛盾，促进转型发展，规范中央对地方资源枯竭城市转移支付资金管理。
2019 年	财政部发布关于印发《中央对地方均衡性转移支付办法》的通知（财预〔2019〕58 号）	为加快建立现代财政制度，建立权责清晰、财力协调、区域均衡的中央和地方财政关系，推进基本公共服务均等化。
2022 年	财政部关于印发《中央对地方重点生态功能区转移支付办法》的通知（财预〔2022〕59 号）	为深化生态保护补偿制度改革，加强重点生态功能区转移支付分配、使用和管理，加快生态文明制度体系建设。
2022 年	财政部关于印发《中央对地方资源枯竭城市转移支付办法》的通知（财预〔2022〕55 号）	为支持资源枯竭城市、独立工矿区和采煤沉陷区等地区解决社会矛盾，促进转型发展，规范中央对地方资源枯竭城市转移支付资金管理。
2023 年	财政部关于印发《农村综合改革转移支付资金管理办法》的通知（财农〔2023〕81 号）	为加强农村综合改革转移支付资金使用管理，提高资金使用效益，根据《农村综合改革转移支付管理办法》（财农〔2021〕36 号）进行修订。

资料来源：1995—2023 年政府政策文件，中央政府门户网站。

财政转移支付是指上级政府对下级政府无偿拨付的资金，包括中央对地方的转移支付和地方上级政府对下级政府的转移支付，主要用于解决地区财政不平衡问题，推进地区间基本公共服务均等化，是政府实现调控目标的重要政策工具。1994 年，我国实施了分税制财政体制改革，相应建立了规范的财政转移支付制度。2014 年修改的预算法规定，财政转移支付应当规范、公平、公开，以推进地区间基本公共服务均等化为主要目标。落实预算法要求，我国转移支付体系随着政策变化不断拓展和调整，逐步构建起"一般性转移支付+专项转移支付"的框架，其中，一般性转移支付以均衡地区间基本财力为目的，由下级政府统筹安排使用；专项转移支付按照法律、行政法规和国务院的规定设立，用于办理特定事项。2019 年，中央财政整合设立共同财政事权转移支付，主要用于履行教育、医疗、养老、就业等基本民生领域的中央财政支出责任，为与预算法规定衔接，编制预算时暂列入一般性转移支付。目前，总体上形成了以财政事权和支出责任划分为依据，以一般性转移支付为主体，共同财政事权转移支付和专项转移支付有效组合、协调配合、结构合理的转移支付体系。2023 年，一般性转移支付资金决算数为 85 036.91 亿元，其中，共同财政事权转移支付 36 794.04 亿元，占一般性转移支付比重为 43%；专项转移支付资金决算数为 8 040.67 亿元；此外，支持基层落实减税降费和重点民生等专项转移支付决算数为 4 758.74 亿元。

(一) 一般性转移支付制度现状与评价

1. 一般性转移支付的结构概念

一般性转移支付，是指上级政府为达到缩小地区间财力差距，实现地区间基本公共服务均等化的目标，对存在财力缺口的地区给予的补助。该项转移支付不规定具体用途，可自主安排使用，所以又称无条件转移支付。一般性转移支付用于均衡区域间基本财力配置，向革命老区、民族地区、边疆地区、欠发达地区，以及担负国家安全、生态保护、粮食和重要农产品生产等职责的重要功能区域倾斜。

一般性转移支付的改革历程如下：

1995 年，中央财政立足国情，并在借鉴成熟国家经验的基础上制定了"过渡期转移支付"办法，即现行的均衡性转移支付；

1998 年，为了落实积极财政政策，刺激消费，中央财政出台了"调整工资转移支付"；

2000 年，为了落实《民族区域自治法》，支持西部大开发，中央设立了"民族地区转移支付"；

2000 年及 2003 年、2004 年，为了推进农村税费改革，出台了"农村税费改革转移支付"；

2005 年，为了缓解县级财政困难，中央财政出台了"县乡奖补转移支付"，引导省级财力下移，县级财政增收、基层撤乡减员，该政策持续三年后，形成现行的"县级基本财力保障机制奖补资金"；

2007 年，为了促进资源枯竭型城市转型，设立"资源枯竭转移支付"；

2008 年，为保障国家生态安全，引导地方政府加大生态环境保护力度，提高国家层面重点生态功能区所在地政府基本公共服务保障能力，促进经济社会可持续发展，在均衡性转移支付项下设立了"国家重点生态功能区转移支付"；

2009 年，将专项转移支付中的"一般公共服务转移支付""公共安全转移支付""教育转移支付""社会保障和就业转移支付""医疗卫生转移支付"等调整为一般性转移支付；

2013 年，党的十八届三中全会提出完善和发展中国特色社会主义制度，赋予了财政"国家治理基础和重要支柱"的定位；

2014 年，新《预算法》首次规定财政转移支付制度，推进基本公共服务均等化。财政转移支付包括中央对地方的转移支付和地方上级政府对下级政府的转移支付，以均衡地区间基本财力、由下级政府统筹安排使用的一般性转移支付为主体；

2019 年，财政部在一般性转移支付和专项转移支付基础上，又设立了共同财政事权转移支付，目前仍列在一般性转移支付之中；

2020 年，修订后的《中华人民共和国预算法实施条例》自 2020 年 10 月 1 日起施行，进一步完善转移支付制度，规范政府间财政关系，新修订的预算法实施条例是我国预算法律制度体系建设的重要立法成果。现行一般性转移支付项目及规模构成如表 5-10 所示。

表 5-10　　　　　　　　　现行一般性转移支付项目及规模构成　　　　　　（单位：亿元）

序号	转移支付项目	资金规模	所占比重
1	均衡性转移支付	23 649.00	27.81%
2	重点生态功能区转移支付	1 091.00	1.28%
3	县级基本财力保障机制奖补资金	4 107.00	4.83%
4	资源枯竭城市转移支付	232.90	0.27%
5	老少边穷地区转移支付	3 517.64	4.14%
6	产粮大县奖励资金	556.14	0.65%
7	生猪（牛羊）调出大县奖励资金	37.00	0.04%
8	共同财政事权转移支付	36 794.04	43.27%
9	税收返还及固定补助	11 309.48	13.30%
10	体制结算补助	3 742.71	4.40%
	合计	85 036.91	100.00%

数据来源：2023 年中央对地方转移支付决算表。

2. 测算方法

（1）均衡性转移支付测算

a. 基本概述

在立足我国国情，并借鉴成熟市场经济国家经验的基础上，财政部于 1995 年制定了规范的转移支付办法，即"过渡期转移支付"。2002 年国务院实施的所得税收入分享改革明确了改革集中收入的一般性转移支付用途，初步建立了一般性转移支付规模稳定增长机制。同时，过渡期转移支付概念不再使用，改为"一般性转移支付"。2009 年起，原一般性转移支付更名为"均衡性转移支付"。紧接着依据《2016 年中央对地方均衡性转移支付办法》，为建立现代财政制度，提高地方财政积极性，缩小地区间财力差距，逐步实现基本公共服务均等化，中央财政根据《中华人民共和国预算法》设立中央对地方均衡性转移支付（不含均衡性转移支付项下单独设立办法分配的项目）。中央对地方均衡性转移支付不规定具体用途，由各省、自治区、直辖市、计划单列市（以下统称省）政府根据本地区实际情况统筹安排。中央财政建立均衡性转移支付规模稳定增长机制，确保均衡性转移支付增幅高于转移支付的总体增幅。对于中央出台增支政策需要纳入均衡性转移支付测算的，中央财政相应额外增加转移支付规模。

b. 规模确定机制

中央所得税改革集中收入，以及中央预算另行安排。

c. 测算办法

均衡性转移支付资金分配选取影响财政收支的客观因素，按照各地标准财政收入和标准财政支出差额及转移支付系数计算确定。其中，标准财政收入反映地方收入能力，根据工业增加值等因素及全国平均有效税率计算确定；标准财政支出旨在衡量地方支出需求，考虑人口规模、人口密度、海拔、温度、少数民族等成本差异计算确定。

各地享受均衡性转移支付用公式表示为：

某地区均衡性转移支付 =（该地区标准财政支出 - 该地区标准财政收入）× 该地区转移支付系数 + 增幅控制调整 + 省对下均等化努力程度奖励资金

① 标准财政收入测算

标准财政收入依据工业增加值等指标测算，旨在衡量各地财政收入能力，反映各地政府的收入努力程度。各地区标准财政收入分省（自治区、直辖市）计算，各省的标准财政收入由地方本级标准财政收入、中央对地方返还及补助收入（扣除地方上解）、计划单列市上解省级收入等构成。

地方本级标准财政收入：根据客观因素测算各税种的标准收入，统一按照"税基"乘以"税率"的公式计算，以及按照实际收入计算。按照"税基"乘以"税率"的公式计算，增值税、企业所得税、个人所得税、耕地占用税、城市维护建设税、契税六项，具体测算如表 5-11 所示。

表 5-11 标准财政收入测算及相关指标来源

收入项目	计算公式	指标名称	指标来源
增值税	（工业、建筑业、批发和零售业、交通运输仓储和邮政业、住宿和餐饮业、金融业、房地产业等行业增加值）× 全国平均有效税率	增值税决算收入	财政决算报表
		增值税分行业收入	国家税务总局提供
		相关行业增加值	《中国统计年鉴》、国家统计局分行业数据
企业所得税（地方分享40%部分）	按行业汇总企业利润 × 全国平均有效税率	建筑业利润总额	《中国统计年鉴》
		工业利润总额	《中国统计年鉴》
		连锁零售业利润总额	《中国统计年鉴》
		外资企业利润总额	《中国外商投资企业财务分析报告》
		三资工业企业利润总额	《中国统计年鉴》
		国有及规模以上工业亏损总额	《中国统计年鉴》
		中央独享企业所得税	国家金库表
		纳入共享范围企业所得税	财政决算报表
个人所得税（地方分享40%部分）	（平均工资 - 免征额）× 职工人数 × 全国平均有效税率 + 个体工商户营业收入 × 全国平均有效税率 + 其他个人所得税和利息所得税财政决算数	职工平均工资	《中国统计年鉴》
		年免征额	国家税务总局提供
		职工人数	《中国统计年鉴》
		城市居民人均可支配收入	《中国统计年鉴》
		个体工商业营业收入	国家市场监督管理总局
		个人所得税决算收入	财政决算报表
		个人所得税分类别收入	国家税务总局提供

续表

收入项目	计算公式	指标名称	指标来源
耕地占用税	耕地占用量×全国平均有效税率	公园绿地	《中国统计年鉴》
		耕地	国家税务总局
		园地	国家税务总局
		草地、苇田	国家税务总局
		牧草地、农田水利用地、养殖水面以及渔业水域滩涂等其他农用地	国家税务总局
城市维护建设税	(消费税实际收入+增值税标准财政收入)×各地实际有效税率	决算收入	财政决算报表
		消费税决算收入	国家金库表
契税	(商品房销售额+实际土地出让收入×全国平均有效税率)	商品房销售额	城乡建设部
		土地出让利润	国土资源部

据实计算收入。税收收入中资源税、房产税、印花税、城镇土地使用税、土地增值税、车船税、烟叶税、环境保护税，非税收入中的罚没收入、专项收入、其他收入按照实际收入计算。非税收入中行政事业性收费收入、国有资本经营收入、国有资源（资产）有偿使用收入、捐赠收入、政府住房基金收入等按实际收入的一定比例计算。

中央对地方转移支付：按照决算数计算。包括一般性转移支付和专项转移支付：一般性转移支付包括：县级基本财力保障机制奖补资金、老少边穷转移支付、生猪（牛羊）调出大县奖励资金、共同财政事权转移支付、税收返还及固定补助、体制结算补助等。专项转移支付中的分部门事业费补助和社会保障转移支付，各地区对中央的体制上解、专项上解等，并扣除了地方上解支出。

计划单列市上解收入：按照计划单列市上解省级收入决算数计算。

②标准财政支出测算[①]

标准财政支出主要用于评估各地支出需求，分省、市、县（含乡镇级。下同）三个行政级次测算。如表5-12所示，按政府收支功能分类分项测算，选取各地总人口、学生数等与该项支出直接相关的指标为主要因素，按照客观因素乘以单位因素平均支出计算，并根据海拔、人口密度、温度、地表状况、运输距离、少数民族、地方病任务等影响财政支出的客观因素确定各地成本差异系数。考虑到各地市辖区、市本级支出责任划分的差异，部分支出项目根据实际情况适当调整市辖区、市本级等人均支出标准。

---

① 财政部. 关于印发《中央对地方均衡性转移支付办法》的通知［EB/OL］（2022-05-07）［2023-06-13］https：//www.gov.cn/zhengce/zhengceku/2022-05/07/content_ 5689025. htm.

表 5-12　　标准财政支出测算及相关指标来源

支出项目	计算公式	成本差异系数测算	数据来源
一般公共服务	$\sum i(\sum j$ 各级次总人口 × 该级次人均支出标准 × 支出成本差异系数) 该级次人均支出标准 = 该级次全国总支出 ÷ 该级次全国总人口 i = 省、地、县级。 j = 0, 1, 2, … 该级次行政单位个数。	支出成本差异系数 = (人口规模系数 × 0.85 + 面积系数 × 0.15) × {艰苦边远系数 × 人员经费占该项支出比重 + 冬季温度系数 × 取暖费占该项支出比重 + 夏季温度系数 × 防暑费占该项支出比重 + 海拔系数 × 运距系数 × 燃油费占该项支出比重 + 路况系数 × 车辆维修费占该项支出比重 + [1 - (人员经费占比 + 取暖费占比 + 防暑费占比 + 燃油费占比 + 车辆维修费占比)]} × 供养率差异系数 × 民族系数 × 直辖差异系数 × 脱贫地区系数	总人口、面积来源于《国家行政区划简册》，海拔、运距来源于国家测绘局，温度来源于国家气象局，路况等来源于《中国统计年鉴》，少数民族人口比重来源于统计局人口普查数据，支出来源于财政决算。
公共安全服务	$\sum i(\sum j$ 各级次总人口 × 该级次人均支出标准 × 支出成本差异系数) 该级次人均支出标准 = 该级次全国总支出 ÷ 该级次全国总人口		
教育	$\sum i(\sum j$ 各级次学生数 × 该级次生均支出标准 × 支出成本差异系数) 该级次生均支出标准 = 该级次全国总支出 ÷ 该级次全国学生数		学生数来源于教育部统计资料
文化旅游体育与传媒	$\sum i(\sum j$ 各级次总人口 × 该级次人均支出标准 × 支出成本差异系数) 该级次人均支出标准 = 该级次全国总支出 ÷ 该级次全国总人口		同基本公共服务
卫生健康	$\sum i(\sum j$ 各级次总人口 × 该级次人均支出标准(不含县级财政对基本医疗保险基金的补助) × 支出成本差异系数) + 县级财政对基本医疗保险基金的补助 该级次人均支出标准 = 该级次卫生健康全国总支出(不含县级财政对基本医疗保险基金的补助) ÷ 该级次全国总人口	支出成本差异系数在基本公共服务成本差异系数算法基础上乘以人均寿命系数和地方病系数，并且比原来少了供养率差异系数	人均寿命来源于《中国统计年鉴》，地方病情况，数据来源于卫生部数据
节能环保	$\sum i[\sum j$ (环境保护实际支出 - 污染防治实际支出 + 单位化学需氧量排放污染防治费用 × 化学需氧量排放 × 该因素占比 + 单位二氧化硫排放污染防治费用 × 二氧化硫排放 × 该因素占比)] 单位化学需氧量排放污染防治费用 = 该级次污染防治费用 ÷ 该级次化学需氧量排放 单位二氧化硫排放污染防治费用 = 该级次污染防治费用 ÷ 该级次二氧化硫排放		化学需氧量、二氧化硫排放数据来源于环境保护部
城乡社区事务	$\sum i\{\sum j$[(单位建成区面积城乡社区支出 × 建成面积 × 该因素占比 + 人均支出标准 × 人口数 × 人口规模系数 × 该因素占比) × 权重 + 实际支出 × 权重]} 单位建成区面积城乡社区支出 = 该级次城乡社区全国总支出 ÷ 该级次全国建成区总面积 因素占比根据实际支出等情况分级确定。 人均支出标准 = 该级次城乡社区全国总支出 ÷ 该级次全国总人口 其中，市本级（省会城市和其他城市）人口数指户籍人口，县市旗和市辖区人口数指城区人口。	暂未考虑成本差异	

续表

支出项目	计算公式	成本差异系数测算	数据来源
农业农村	农业农村标准财政收入 = max[(农村人口×人均农业支出标准×权重+耕地面积×单位面积农业农村支出标准×权重+粮棉油产量×单位产量农业农村支出标准×权重)×干旱系数,实际支出] 人均农业农村支出标准 = 全国农业农村总支出÷全国农村总人口 单位面积农业农村支出标准 = 全国农业农村总支出÷全国耕地面积 单位产量农业农村支出标准 = 全国农业农村总支出÷全国粮棉油总产量 干旱系数根据各省降雨量分档确定。权重根据回归分析确定。	暂未考虑成本差异	农村人口、粮食播种面积、粮油产量来源于《中国县域经济年鉴》
林业和草原	林业和草原标准财政支出 = max{[(林地面积×单位面积林业和草原支出标准)×权重+实际支出×权重]×干旱系数,实际支出} 单位面积林业和草原支出标准 = 全国林业和草原总支出÷(全国林地面积+全国草地面积×折算比例)		林地、草地面积来源于国家测绘局
水利	水利标准财政支出 = 据实计算支出+标准化测算支出 据实计算支出包括水利款下防汛支出、农村水利支出,其余支出项目采用标准化测算。 标准化测算支出 = (堤防长度×单位堤防长度支出标准×权重+已建成水库总库容×单位库容支出标准×权重+有效灌溉面积×单位灌溉支出标准×权重)×干旱系数 单位堤防长度支出标准 = 全国水利支出÷全国堤防长度 单位库容支出标准 = 全国水利支出÷全国已建成水库总库容 有效灌溉面积 = 全国水利支出÷全国有效灌溉面积 干旱系数根据各省降雨量分档确定。权重根据回归分析确定。		堤防长度、建成水库总库容、有效灌溉面积来源于《水利年鉴》
交通运输	交通运输标准财政收入 = (公路里程×每公里交通支出×权重+常住人口×人均交通支出×权重+县个数×县均交通支出×权重+民用汽车拥有量×车均交通支出×权重+面积×单位面积交通支出×权重)×地表起伏度系数。 地表起伏度系数,按照地表起伏度分类,并根据支出情况确定。其中地表起伏度根据海拔、海拔相对高差、地表坡度和地表面积指数合成。		
社会保障和就业	社会保障和就业标准财政支出中城市、农村低保支出采用标准化测算,其余据实计算。 城市低保标准支出 = 城市低保人数×城市人均支出标准 其中:人均支出标准 = 全国城市低保支出÷全国城市低保人数		城市、农村低保人数来源于社会保障部
住房保障	某地住房保障标准财政支出 = 该地住房保障实际支出−廉租住房和公共租赁住房支出−棚户区改造支出+该地保障性租赁住房和公租房任务量×保障性租赁住房和公租房单位支出标准+各类棚户区改造任务量×棚户区改造单位支出标准 保障性租赁住房和公租房单位支出标准 = 地方廉租住房和公共租赁住房支出总额÷地方保障性租赁住房和公租房任务总量		资料来源中华人民共和国住房和城市建设部

续表

支出项目	计算公式	成本差异系数测算	数据来源
人口较少少数民族	人口较少少数民族标准财政收 = 人口较少少数民族人数 × 县级单位人均支出标准 × 折算比例 县级单位人均支出标准 = 县级单位标准支出 ÷ 县级单位总人口	暂未考虑成本差异	人口较少少数民族人数在2020年第七次人口普查数据结果上根据2020—2023年人口增长率推算
特殊支出	根据相关因素或者地方实际支出确定		
外交、国防、科学技术、资源勘探工业信息、商业服务业、粮油物资储备、金融、自然资源、海洋气象、灾害防治及应急管理、债务付息、债务发行费用、援助其他地区、其他支出等	据实计算		财政决算数据

③转移支付系数的确定

转移支付系数参照均衡性转移支付总额、各地区标准财政收支差额以及各地区财政困难程度等因素确定。其中，困难程度系数根据地方基本公共服务必保支出占标准财政收入比重及缺口率计算确定。

某省均衡性转移支付系数 = (均衡性转移支付总额 ÷ 标准收支缺口总额) × 权重 + 某省困难程度系数 × 权重

其中，困难程度系数 = 标准化处理后（地方基本公共服务必保支出 ÷ 地方标准财政收入）× 55% + 标准化处理后（标准收支缺口 ÷ 标准支出）× 45%

标准化处理 = (某指标 - 该指标均值) ÷ 该指标标准差

指标均值为 $\frac{1}{n}\sum x$，指标标准差为 $\sqrt{\frac{n\sum x^2 - (\sum x)^2}{n(n-1)}}$。

（2）老少边穷地区转移支付

为配合西部大开发战略的实施，我国从2000年起，对少数民族地区专门实行民族地区转移支付制度，以解决少数民族地区的特殊困难。财政部于2010年专门制定《中央对地方民族地区转移支付办法》。民族地区转移支付制度的实施，有力地支持了西部大开发，防止了各地财力差距进一步扩大，促进了民族地区经济和社会事业持续稳定协调发展。

2012年，在民族地区转移支付的基础上，又增加了革命老区和边境地区转移支付，改为"革命老区、民族和边境地区转移支付"。2015年，改为"老少边穷地区转移支付"，包括民族地区转移支付、革命老区转移支付和边境地区转移支付。

a. 民族地区转移支付。2010年9月28日，为了支持少数民族地区加快发展，提高少数民族地区财政保障能力，促进各民族共同繁荣，按照《中华人民共和国民族区域自治法》和《国务院实施〈中华人民共和国民族区域自治法〉若干规定》的有关规定，财政部制定了《中央对地方民族地区转移支付办法》。该办法明确了中央对地方民族地区转移支付的目标和原则、转移支付范围、转移支付总额确定、资金分配办法、资金下达和使用等内容。

①民族地区转移支付的目标和原则。中央对地方民族地区转移支付的基本目标是增强少数民族地区的财政保障能力，逐步缩小少数民族地区与其他地区的基本公共服务差距，促进少数民族地区科学发展、社会和谐。

中央对地方民族地区转移支付资金分配遵循以下原则：一是公平规范。资金总额的确定方式规范透明，增强转移支付的稳定性和可预见性；资金分配采用规范的公式化方式，力求办法科学、结果合理。二是适度激励。资金分配既有利于均衡少数民族地区间财力差异，促进基本公共服务均等化，又适当考虑相关地区的财政贡献因素，调动少数民族地区科学发展的积极性。三是注重平稳采用统一规范的方式，保证各地分享的转移支付额不低于以前年度的水平，促进少数民族地区财政平稳运行。

②民族地区转移支付的转移支付范围。

——内蒙古自治区、广西壮族自治区、西藏自治区、宁夏回族自治区、新疆维吾尔自治区，以及财政体制上视同少数民族地区管理的云南省、贵州省、青海省。（以下简称民族省区）。

——吉林延边朝鲜族自治州、湖北恩施土家族苗族自治州、四川阿坝藏族羌族自治州等非民族省区管辖的民族自治州。（以下简称民族自治州）

——重庆市酉阳土家族苗族自治县、黑龙江省杜尔伯特蒙古族自治县等非民族省区及非民族自治州管辖的民族自治县。（以下简称民族自治县）

③民族地区转移支付总额的确定。中央财政按照上一年度下达的民族地区转移支付额，以及前三年全国国内增值税收入平均增长情况，合理确定当年民族地区转移支付总额。

④民族地区转移支付资金的分配办法。各民族自治区县转移支付额在上一年度分配数基础上，统一按照前三年全国国内增值税收入平均增长率确定。用公式表示为：

某民族自治县分配数 = 上一年度分配数 × 当年全国民族地区转移支付增幅

转移支付总额扣除民族自治县分配数后的部分，在民族省份和民族自治州间分配。2019年，80%部分按照因素法分配，20%部分考虑各地前三年中央分享增值税收入增量情况分配，2020年两部分比例调整为90%和10%，2021年开始全部按照因素法分配。用公式表示为：

某民族省区（或民族自治州）分配数 = 按因素法分配数 + 与上划增值税收入增量挂钩的分配数

其中，按因素法分配数参照中央对地方均衡性转移支付办法计算确定。对于按照本办法分配的转移支付额少于上一年度分配数的民族省区或民族自治州，按照上年实际分配数额下达。

⑤民族地区转移支付资金的下达和使用。省级财政要结合本地实际，优化财政支出结

构,积极筹措资金,着力增强财政困难的少数民族地区的财政保障能力。各民族自治区地方政府要将转移支付资金用于保证机构正常运转、保障和改善民生以及偿还到期债务,严禁用于"形象工程"和"政绩工程"等。省级财政要将省对下转移支付办法、分配结果和资金使用情况上报中央财政。

b. 革命老区转移支付资金。2019年4月10日,为促进革命老区各项社会事业发展,支持革命老区改善和保障民生,进一步规范革命老区转移支付资金管理,提高资金使用效益,财政部修订了《革命老区转移支付资金管理办法》。该办法明确,革命老区转移支付资金是指中央财政设立,主要用于加强革命老区专门事务工作和改善革命老区民生的一般性转移支付资金。革命老区转移支付资金分配对象为对中国革命作出重大贡献、经济社会发展相对落后、财政较为困难的革命老区县、自治县、不设区的市、市辖区(以下统称县)。革命老区转移支付资金的管理应当遵循突出重点、公开透明、注重实效、强化监督的原则。该办法还对革命老区转移支付资金的分配和下达、管理和使用、监督检查等相关事项作出安排。

①革命老区转移支付资金的分配和下达。中央财政在年度预算中安排革命老区转移支付资金。省级财政根据本地区实际情况,可在年度预算中安排一定资金,与中央财政补助资金一并使用。革命老区转移支付资金不要求县级财政配套,不得为其他专项资金进行配套。

财政部参考对各地区管理使用转移支付资金的绩效评价和监督检查结果,采用因素法分配革命老区转移支付资金。财政部于每年全国人民代表大会批准预算后30日内,将当年革命老区转移支付下达省级财政部门;10月31日前,提前向省级财政部门下达下一年度革命老区转移支付预计数。

省级财政部门应当根据本地区实际情况,合理确定革命老区转移支付资金的补助范围。省级财政部门分配革命老区转移支付资金时,应当参考对县级财政部门管理使用转移支付资金和项目实施情况的绩效评价和监督检查结果。省级财政部门接到财政部下达的革命老区转移支付资金后,连同自行安排部分,应当在30内,将当年革命老区转移支付下达省以下财政部门;收到财政部提前下达革命老区转移支付预计数30日内,提前向省以下财政部门下达下一年度革命老区转移支付预计数。

地方各级财政部门应当将上级财政部门提前下达的革命老区转移支付预算,全额列入年初预算。

②革命老区转移支付资金的管理和使用。革命老区转移支付资金的使用实行分级管理。省以下各级财政部门的管理职责由省级财政部门确定。省级财政部门负责制定本地区革命老区转移支付政策,审核、批复省以下财政部门申报的年度项目,分配、下达转移支付资金;组织实施对省以下财政部门管理和使用转移支付资金的绩效评价和监督检查。县级财政部门管理、安排和使用本地区革命老区转移支付资金。

革命老区转移支付资金主要用于以下方面:一是革命老区专门事务。包括革命遗址保护、革命纪念场馆的建设和改造、烈士陵园的维护和改造、老红军及军烈属活动场所的建设和维护等。二是革命老区民生事务。主要包括乡村道路、饮水安全等设施的建设维护,以及教育、文化、卫生等社会公益事业的改善。

革命老区转移支付资金不得有偿使用，不得用于行政事业单位人员支出和公用支出，不得用于投资经商办企业，不得用于购置交通工具（专用车船等除外）、通信设备，不得用于能够通过市场化行为筹资的项目以及不符合革命老区转移支付资金使用原则及范围的其他开支。使用革命老区转移支付资金实施的项目，应当设立革命老区转移支付资金项目标志。革命老区转移支付资金项目标志的具体样式由财政部统一制定。

省级财政部门年度补助的革命老区县个数不得少于财政部核定的补助县个数，县均补助额不得少于中央财政县均补助额的一半。

③革命老区转移支付资金的监督检查。财政部根据工作需要，对相关省份管理和使用革命老区转移支付资金情况进行监督检查。省级财政部门负责确定省以下财政部门的监督检查职责，定期对省以下财政部门管理和使用革命老区转移支付资金情况开展监督检查，监督检查有关情况应当及时报告财政部。对革命老区转移支付资金管理和使用中的违法行为，依照《中华人民共和国预算法》《中华人民共和国公务员法》《中华人民共和国监察法》《财政违法行为处罚处分条例》等有关规定追究法律责任。

c. 边境地区转移支付。2019年4月10日，为规范边境地区转移支付资金管理，提高使用效益，促进相关地区经济和社会事业协调发展，财政部修订了《边境地区转移支付资金管理办法》。该办法明确，边境地区转移支付资金是指中央财政设立，支持边境地区用于陆地边境和海洋事务管理、改善边境及沿海地区民生、促进边境贸易发展的一般性转移支付资金。边境地区转移支付资金的管理和使用应当遵循突出重点、公开透明、讲求绩效的原则。该办法还对边境地区转移支付资金的分配和下达、管理和使用等相关事项作出安排。

①边境地区转移支付资金的分配和下达。财政部根据陆地边境和海洋事务管理情况，选取相关因素，分配边境地区转移支付资金。财政部于每年全国人民代表大会批准预算后30日内，将当年边境地区转移支付资金下达省级（含计划单列市，下同）财政部门；10月31日前，提前向省级财政部门下达下一年度边境地区转移支付预计数。省级财政部门可以根据本地区实际情况，从自有财力中另外安排资金加强陆地边境和海洋事务管理，并与财政部下达的转移支付资金一并分配。分配时应重点向边境形势复杂、管理事务繁重、资金使用绩效水平高的地区倾斜。省级财政部门接到财政部下达的边境地区转移支付资金后，连同自行安排部分，应当在30日内下达省以下财政部门；收到财政部提前下达边境地区转移支付预计数30日内，提前向省以下财政部门下达下一年度边境地区转移支付预计数。省级及省以下财政部门要提高预算编制的完整性，将上级财政部门提前下达的边境地区转移支付预算，全额列入年初预算。边境地区转移支付资金不要求县级财政配套。

②边境地区转移支付资金的管理和使用。边境地区转移支付资金用途包括：一是建立边民补助机制。边境省区要按照中央有关要求，统筹中央补助和自有财力，对在边境一线地区居住时间达到半年以上的边民予以补助。到2020年，边境省区一线边民补助标准每人每年不低于2 500元（西藏不低于5 000元）。在确保一线边民补助发放的同时，边境省区可对抵边乡镇居住的非一线边民发放边民补助，标准由边境省区结合实际自行确定。边境省区要运用大数据等信息化手段，建立健全符合本地区特点的边民身份认证制度，实现边民补助精准到人。二是建立护边员补助机制。边境省区要按照中央有关要求，结合本

地实际建立健全护边员制度，合理确定补贴标准，建立起一支人员稳定、专兼结合的护边巡边队伍。三是保障口岸正常运转。用于维持边境一类口岸运转，支持改善通关条件等。四是支持边境贸易发展和边境小额贸易企业能力建设。主要用于支持边贸物流运输、边贸进出口加工业固定资产投资、边境小额贸易企业建设边贸仓储物流设施以及商品市场、互市贸易区、边（跨）合区等边贸产业和贸易载体建设。促进边境小额贸易企业发展以及加强地方政府支持边境小额贸易企业发展能力建设等，资金规模根据边境地区转移支付资金总规模适度增长。五是其他。与边境和海洋事务管理有关的民生等其他支出。省级及省以下财政部门要加强对边境地区转移支付资金管理，做好与中期财政规划要求衔接，加强绩效管理，提高资金使用效益。省级财政部门负责确定省以下财政部门的监督职责，定期对省以下财政部门边境地区转移支付资金管理和绩效等情况开展监督，监督情况应当及时报告财政部。

（3）资源枯竭城市转移支付

a. 基本概述

中央对地方资源枯竭城市转移支付为一般性转移支付资金，主要用于解决本地因资源开发产生的社保欠账、环境保护修复、棚户区搬迁改造、塌陷区治理、矿业权退出和公共基础设施建设等历史遗留问题和化解民生政策欠账，不得用于政府性楼堂馆所等中央明令禁止的项目支出。

为支持资源枯竭城市、独立工矿区和采煤沉陷区解决社会矛盾，加快转型发展，按照《国务院关于促进资源型城市可持续发展的若干意见》（国发〔2007〕38号）的精神，2007—2010年中央财政设立针对资源枯竭城市的财力性转移支付，增强资源枯竭城市基本公共服务保障能力，帮助其逐步化解累积的公共服务和社会管理等方面的历史欠账。2008年中央确定首批12个资源枯竭城市的名单。其中包括资源型城市经济转型试点城市5个：阜新、伊春、辽源、白山、盘锦；西部地区典型资源枯竭城市3个：石嘴山、白银、个旧（县级市）；中部地区典型资源枯竭城市3个：焦作、萍乡、大冶（县级市）；典型资源枯竭地区1个：大兴安岭。2009年中央确定的第二批32个资源枯竭城市，并明确近年暂不再审定新的资源枯竭城市。其中包括地级市9个：山东省枣庄市、湖北省黄石市、安徽省淮北市、安徽省铜陵市、黑龙江省七台河市以及重庆市万盛区（当作地级市对待）、辽宁省抚顺市、陕西省铜川市、江西省景德镇市，县级市17个：贵州省铜仁地区万山区、甘肃省玉门市、湖北省潜江市、河南省灵宝市、广西壮族自治区合山市、湖南省耒阳市、湖南省冷水江市、辽宁省北票市、吉林省舒兰市、四川省华蓥市、吉林省九台市、湖南省资兴市、湖北省钟祥市、山西省孝义市、黑龙江省五大连池市（森工）、内蒙古自治区阿尔山市（森工）、吉林省敦化市（森工），市辖区6个：辽宁省葫芦岛市杨家杖子开发区、河北省承德市鹰手营子矿区、辽宁省葫芦岛市南票区、云南省昆明市东川区、辽宁省辽阳市长岭区、河北省张家口市下花园区。

2008年至2010年，中央对上述资源枯竭城市分别安排财力性转移支付34.8亿元、50亿元和75亿元。财力性转移支付的下达，对这些资源枯竭城市加快解决失业、环境等社会问题，有效应对金融危机冲击，实现全面、协调和可持续发展具有重要意义。

2011年，国家发改委会同财政部、国土资源部对伊春市等12座首批资源枯竭城市上报的转型评估报告进行了评估。国务院根据国家发改委的评估结果批准同意对处于不同发展阶段的城市给予分类支持，建立有进有出的支持机制。对于基本步入可持续发展轨道的盘锦市，不再给予中央财力性转移资金，支持其创建转型示范城市。对于历史遗留问题尚未根本解决、可持续发展能力较弱的伊春、辽源、阜新等11座城市，延长中央财力性转移支付年限至2015年（原定为2007年至2010年）。

2012年，三部委印发了第三批资源枯竭城市名单和参照执行政策县级单位名单，明确有关省级人民政府要按照《国务院关于促进资源型城市可持续发展的若干意见》的要求，切实加强对资源型城市可持续发展工作的领导，加大政策支持力度，完善工作机制，研究出台配套政策措施；要把推进转型工作情况纳入资源枯竭城市人民政府主要领导干部综合考核评价体系。要求各资源枯竭城市要以转型统领经济社会发展全局，转变经济发展方式，编制好转型规划，明确转型战略、思路和重点，建立工作机制，用好中央财力性转移支付资金。第三批确定的城市有河北井陉矿区（石家庄市）；内蒙古乌海市、石拐区（包头市）；吉林二道江区（通化市）、汪清县；黑龙江鹤岗市、双鸭山市；江苏贾汪区（徐州市）；山东新泰市、淄川区（淄博市）；江西新余市、大余县；河南濮阳市；湖北松滋市；湖南涟源市、常宁市；广西平桂管理区（贺州市）；广东韶关市；重庆南川区；海南昌江县；云南易门县；四川泸州市；甘肃红古区（兰州市）；陕西潼关县。至此我国分三批确定了69个资源枯竭型城市。

b. 规模确定机制

2022年4月15日，财政部印发实施新的《中央对地方资源枯竭城市转移支付办法》（以下简称《办法》），以取代2019年实施的原办法，进一步规范中央对地方资源枯竭城市转移支付资金管理，支持资源枯竭城市、独立工矿区和采煤沉陷区等地区解决社会矛盾，促进转型发展。该办法明确了资源枯竭城市转移支付的规模、范围、细则等内容。

c. 范围确定

中央对地方资源枯竭城市转移支付的补助对象为：经国务院批准的各批次资源枯竭城市，以及参照执行资源枯竭城市转移支付政策的城市，表5-13为资源枯竭城市名单。

表5-13 资源枯竭城市名单

所在省（区、市）	首批12座	第二批32座	第三批25座	大小兴安岭林区参照享受政策城市9座
河北		下花园区	井陉矿区	
		鹰手营子矿区		
山西		孝义市	霍州市	
内蒙古		阿尔山市	乌海市	牙克石市
			石拐区	额尔古纳市
				根河市
				鄂伦春旗
				扎兰屯市

续表

所在省（区、市）	首批12座	第二批32座	第三批25座	大小兴安岭林区参照享受政策城市9座
辽宁	阜新市 盘锦市	抚顺市 北票市 弓长岭区 杨家杖子 南票区		
吉林	辽源市 白山市	舒兰市 九台市 敦化市	二道江区 汪清县	
黑龙江	伊春市 大兴安岭地区	七台河市 五大连池市	鹤岗市 双鸭山市	逊克县 爱辉区 嘉荫县 铁力市
江苏			贾汪区	
安徽		淮北市 铜陵市		
江西	萍乡市	景德镇市	新余市 大余县	
山东		枣庄市	新泰市 淄川区	
河南	焦作市	灵宝市	濮阳市	
湖北	大冶市	黄石市 潜江市 钟祥市	松滋市	
湖南		资兴市 冷水江市 耒阳市	涟源市 常宁市	
广东			韶关市	
广西		合山市	平桂区	
海南			昌江县	
重庆		万盛区	南川区	
四川		华蓥市	泸州市	
贵州		万山区		
云南	个旧市	东川区	易门县	
陕西		铜川市	潼关县	

续表

所在省（区、市）	首批12座	第二批32座	第三批25座	大小兴安岭林区参照享受政策城市9座
甘肃	白银市	玉门市	红古区	
宁夏	石嘴山市			

注：按照发改委确定的资源枯竭城市范围。

d. 测算办法

中央对地方资源枯竭城市转移支付选取影响财政收支、社会发展等方面的客观因素分配，下达到省、自治区、直辖市、计划单列市（以下统称省）。具体计算公式：

资源枯竭城市转移支付 = 资源枯竭城市补助 + 独立工矿区和采煤沉陷区补助 + 矿业权退出和环境整治补助 ± 绩效考评奖惩

其中，资源枯竭城市补助选取资源枯竭城市非农业人口（市辖区采用总人口）、人均财力等因素，参考财政困难程度、资源类型系数等进行测算；独立工矿区和采煤沉陷区补助选取独立工矿区和采煤沉陷区面积、个数、人口等因素，参考财政困难程度等进行测算；矿业权退出和环境整治补助根据相关地区矿业权退出补偿资金和环境整治支出需求、地方财力情况等因素，给予阶段性或一次性补助。阶段性补助到期后，结合实际情况予以退坡或取消；绩效考评奖惩是根据资源枯竭城市转型发展、资金使用管理有关工作情况，对转型成果明显、资金使用绩效优秀的地区给予奖励；对工作成效不佳、资金使用效益差的地区，结合实际情况对转移支付资金予以扣减或取消当年补助。财政部于全国人民代表大会批准预算后30日内，将当年资源枯竭城市转移支付预算下达相关省级财政部门；10月31日前，提前下达下一年度资源枯竭城市转移支付预计数，同时抄送财政部有关监管局。省级财政部门收到财政部提前下达资源枯竭城市转移支付预计数30日内，提前向省以下财政部门下达下一年度资源枯竭城市转移支付预计数。相关地区各级财政部门应当将上级财政部门提前下达的资源枯竭城市转移支付预计数，全额列入年初预算。省级财政部门根据本地实际情况，制定省对下转移支付办法，分配总额不得低于中央财政下达的资源枯竭城市转移支付额。具体享受转移支付的地方财政部门要对转移支付资金实行全过程绩效管理，明确绩效目标，实施绩效运行监控；预算执行结束后，及时对绩效目标完成情况开展绩效评价，强化绩效结果应用。各省级财政部门应当加强对辖区内资源枯竭城市转移支付资金监督管理，定期对资金使用和绩效管理情况进行监督考核，年度结果报财政部备案，同时抄送财政部有关监管局。

（4）成品油税费改革转移支付

a. 基本概述

2009年1月1日起，国务院批准实施成品油价格和税费改革。根据《国务院关于实施成品油价格和税费改革的通知》（国发〔2008〕37号）的有关规定，对实施成品油税费改革形成的财政收入，除由中央本级安排的替代性等支出外，其余全部由中央财政通过规范的财政转移支付方式分配给地方。在原公路养路费、公路客货运附加费、公路运输管理费、航道养护费、水运客货运附加费和水路运输管理费（以下简称"六费"）等收费取消后，保证地方政府通过科学规范、公开透明的资金分配获得相应资金，保障交通基础设施养护和建设等需要,推进全国交通均衡发展。

b. 规模确定机制

根据当年因实施成品油税费改革形成的财政收入总额和改革基期年"六费"收入等按占改革相关因素测算的财政收入的比例确定。

成品油税费改革转移支付总额 = 改革新收入 × 对地方转移支付比例

c. 测算办法

各省成品油税费改革转移支付 = 替代性返还 + 增长性补助

①替代性返还

替代地方原有"六费"收入基数给予的返还。即以2007年地方"六费"收入为基础,乘以(1+增长率)确定。对于未形成"六费"实际收入、"六费"项目以外的收费,一律不作为返还基数进行计算。

②增长性补助

某地增长性补助 = 成品油消耗量分配数 + 公路养护和建设分配数 + 航道养护分配数

成品油消耗量分配数 = 全国增长性补助总额 × 60% × (该地上年成品油消耗量 ÷ 全国该地上年成品油消耗量)

公路养护和建设分配数 = 全国增长性补助总额 × 改革基期年公路规费占比 × (20% × 该地当量公路里程/全国当量公路里程 + 该地路网密度因素 × 15% + 该地路况指数因素 × 5%)

航道养护分配数 = 全国增长性补助总额 × 改革基期年公路规费占比 × (40% × 该地当量航道里程/全国当量航道里程)

(5) 重点生态功能区转移支付

a. 基本概述

用于提高重点生态县域等地区基本公共服务保障能力,引导地方政府加强生态环境保护。重点生态功能区转移支付包括重点补助、禁止开发区补助、引导性补助以及考核评价奖惩资金。不规定具体用途,中央财政分配下达到省、自治区、直辖市、计划单列市以及新疆生产建设兵团(以下统称省)省级财政部门,由相关省根据本地区实际情况统筹安排使用。

b. 支持范围

一是重点补助范围:重点生态县域,包括限制开发的国家重点生态功能区所属(含县级市、市辖区、旗等,下同)以及新疆生产建设兵团相关团场;生态功能重要地区,包括未纳入限制开发区的京津冀有关县、海南省有关县、雄安新区和白洋淀周边县;长江经济带地区,包括长江经济带沿线11省;巩固拓展脱贫攻坚成果同乡村振兴衔接地区,包括国家乡村振兴重点帮扶县及原"三区三州"等深度贫困地区。二是禁止开发补助范围:相关省所辖国家级禁止开发区域。三是引导性补助范围:南水北调工程相关地区(东线水源地、工程沿线部分地区和汉江中下游地区)以及其他生态功能重要的县。

c. 测算办法

重点生态功能区转移支付资金选取影响财政收支的客观因素测算。具体计算公式为:

某省转移支付应补助额 = 重点补助 + 禁止开发补助 + 引导性补助 ± 考核评价奖惩资金

测算的转移支付应补助额（不含考核评价奖惩资金）少于该省上一年转移支付预算执行数的，按照上一年转移支付预算执行数安排。

d. 重点补助测算

重点生态县域和生态功能重要地区补助按照标准财政收支缺口并考虑补助系数测算。其中，标准财政收支缺口参照均衡性转移支付办法测算，结合中央与地方生态环境领域财政事权和支出责任划分，将各地生态环境保护方面的减收增支情况作为转移支付测算的重要因素。补助系数根据标准财政收支缺口、生态保护红线、产业发展受限对财力的影响情况等因素测算，并向西藏和四省涉藏州县、南水北调中线工程水源地倾斜。重点生态县域和生态功能重要地区补助参照均衡性转移支付办法设置增幅控制机制。对倾斜支持地区、以前年度补助水平较低的地区，适当放宽增幅控制。长江经济带补助根据生态保护红线、森林面积、人口等因素测算。巩固拓展脱贫攻坚成果同乡村振兴衔接地区补助根据脱贫人口数、标准财政支出水平等因素测算，并结合脱贫人口占比、人均转移支付水平进行适当调节。

（6）县级基本财力保障机制奖补资金

为增强基层政府"保工资、保运转、保基本民生"（以下简称"三保"）的能力，保障基层政府实施公共管理、提供基本公共服务以及落实党中央、国务院各项民生政策的基本财力需要，设立了县级基本财力保障机制奖补资金。其是指中央财政设立，主要用于支持县级政府保障"三保"支出需求，奖励地方改善财力均衡度、加强财政管理提高管理绩效的一般性转移支付资金。

3. 评价

对公共财政体制健全的国家而言，一般性转移支付制度是其财政体制的核心构成部分，其目的是通过中央财政对地方财政的无条件财力性补助，强化国民收入的再分配功能，实现公共服务均等化。同时，这部分财力属于有计划的集中，能够形成科学的分配体系。分税制初期，我国中央财政建立了"过渡期转移支付制度"（现行的一般性转移支付），其政策目标是弥补各地事权范围内的财力缺口，缩小地区间财力差距。然而，我国一般性转移支付的资金并不是从中央集中的财力中按照一般性转移支付的政策目标设计与分配，而是伴随着经济体制改革和社会发展中出现的种种问题，形成的政策补助的"杂烩"。现行构成体系中的民族地区转移支付、县级基本财力保障机制奖补资金、资源枯竭型城市转移支付、成品油税费改革转移支付等，足以证明这一观点。

我国财政制度的设计师将这部分"杂烩"有机地统一起来，通过较为科学的目标定位与技术设计构成了较为科学与规范的现存一般性转移支付制度。其目标定位在"弥补各地事权范围内的财力缺口，缩小地区间财力差距""促进社会经济协调发展，推进基本公共服务均等化"。在资金分配体系上，汲取了发达国家的经验，走向了初步的规范与科学。

作为一般性转移支付的主体构成部分，均衡性转移支付（2022 年占比 25.65%）形成了以"标准财政收支差"为分配依据，公共服务均等化为目标的"因素法"测算体系。考虑到公共支出成本的差异，这一资金分配体系已经同国际接轨。此外，针对特征性因素形成了民族地区转移支付、县级基本财力保障机制奖补资金、资源枯竭型城市转移支付、成品油税费改革转移支付。

规模确定和来源保障：既然有明确的政策目标，就应该有达成目标的预期。我国一般性转移支付的政策目标是平衡财力和推进公共服务均等化，如果我们将均等化定位在公共服务数量与质量差异控制在"可容忍"范围。我们将这一"可容忍"范围直接用数字表示，那么，就应该以此为目标来科学地集中财力。具体来看，1995年过渡期转移支付仅为20.7亿元，到2009年增长到11 320亿元，并且确定将2002年实施中央所得税分享改革集中的财力全部用于均衡性转移支付。2022年《国务院办公厅关于进一步推进省以下财政体制改革工作的指导意见》进一步指出，一般性转移支付应"用于均衡区域间基本财力配置，向革命老区、民族地区、边疆地区、欠发达地区，以及担负国家安全、生态保护、粮食和重要农产品生产等职责的重要功能区域倾斜，不指定具体支出用途"。近20年来，一般性转移支付的功能定位愈发明晰：它用于调节地区间差异，即关注地区间的公平性；同时，又充分考虑了地方间的异质性。从政策演变角度来看，中国一般性转移支付不断向现代化方向改进，但目前仍存在诸多亟待解决的问题，[①] 其增长规模与速度并非按均等化的目标确定，变成是在中央财政规模基础上的"随心所欲"。如果不从科学的角度建立一般性转移支付的规模，现行的制度只能减缓公共服务差距扩大的趋势，并不能使公共服务收敛于均等化目标。因此，未来的改革内容应该定位均等化的内涵及程度，并以此为目标科学测定实现公共服务均等化的资金规模，或阶段性的资金规模，同时建立保障性的资金来源机制。

"维持性"向"发展性"：公共服务均等化的最终目标是要缩小地区间公共服务水平的差距，既包括均衡各地不同的维持性需求，又涵盖地区间差异的历史欠账。然而，现行一般性转移支付资金分配制度在因素选取方面仅仅考虑维持当前发展的相关需求因素，如总人口、地区面积等测算"维持性均衡"的财力部分，即仅从维持每年公共服务供给的角度进行测算，没有考虑既存的公共服务差异水平。如果在资金分配制度设计中，不考虑区域间公共服务差距的历史欠账以及发展过程中各地因自身投入差异所导致的公共服务差距的进一步扩大，公共服务均等化的目标始终遥不可及。因此，必须将现有的"维持性"的财力差距和公共服务现实差距水平纳入测算体系，使现有的测算体系由"维持性均衡"向"发展性均衡"（即不断缩小区域间基本公共服务差异水平）方向转变。

绩效评价和监控机制：从理论与国外的制度实践经验来看，一般性转移支付属于无条件的转移支付范畴，换句话说，获得该项转移支付的各级政府可以自主安排其资金用途。然而，无条件的转移支付要确保政策目标的实现。政策目标的实现必须具备两个基本前提：一是政府职能的准确定位，即其主要职能是提供公共服务；二是有严格的预算约束机制。然而，我国提供公共服务的基层政府状况并不完全满足这两个前提。在中央对地方以及部分省对下一般性转移支付资金分配中均缺乏相应的绩效评价和监控机制，无法保证一般性转移支付既定政策目标的实现。因此，在现行国情下，构建一般性转移支付绩效评价和监控机制是我国转移支付制度改革的重要内容。

协调两级政府测算体系：目前，我国中央对地方一般性转移支付分市、县两级进行测

---

① 崔小勇，赵煦风，闫昱. 公共支出均衡化、外部性与最优一般性转移支付[J]. 经济研究，2023（02）.

算。当资金总量拨付到各省时，各省（自治区、直辖市）又重新制定省对下转移支付分配办法进行再分配。由于省（自治区、直辖市）对下转移支付分配办法种类繁多，对下资金分配规模和执行力度也存在较大差异，从而使中央对一般性转移支付规模测算存在一定的偏差。因此，必须协调统一中央对地方以及省（自治区、直辖市）对下的一般性转移支付的测算体系。一种改进办法是由中央将一般性转移支付资金直接分配到市、县两级政府。这种办法的缺点是：如果中央对地方的测算体系较为粗泛，对提供公共服务的基层政府并不具有较强的指导意义。另一种办法是形成统一、规范的省（市、自治区、直辖市）对下一般性转移支付测算办法。总之，要协调中央对地方以及省（市、自治区、直辖市）对下一般性转移支付的测算体系，完善该体系的范畴。

其他技术层面的拓展空间：就标准收入的测算而言，政府测算体系主要考虑了税收收入，但针对一次性特征较强的非税收入没有形成科学规范的测算办法。另外，政府尤其应该考虑构成地方财政可支配财力的土地出让金新趋势（2023年全国实际缴入国库的土地出让收入为48 699亿元，同比降16.0%，占地方一般预算收入的40.8%）。就标准支出的测算而言，政府测算所选取的因素过度依赖总人口，而具有特征性的行业因素选择较少。就支出成本差异而言，政府测算仅主要考虑了人口规模系数、面积系数、温度系数、海拔系数和路况系数，并人为赋予主观权重。但是，支出成本差异系数应该从自然、社会和经济三个角度广泛地选取多种关键因素，再通过科学规范的办法确定各因素的权重。因此，现行一般性转移支付在标准收入、标准支出、支出成本差异等方面还存在较大的技术拓展空间。

（二）专项转移支付制度现状与评价

1. 结构、概念

专项转移支付，是指上级政府对承担委托事务、共同事务的下级政府给予的具有指定用途的资金补助，以及对应由下级政府承担的事务给予的具有指定用途的奖励或补助。专项转移支付用于办理特定事项、引导下级干事创业等，下级政府要按照上级政府规定的用途安排使用。

2. 测算方法

根据不同情况，现行中央对地方专项转移支付资金采用规范、合理的方法进行分配，主要采用因素法、项目法、因素法和项目法结合法等方法。

（1）因素法

主要根据各类专项转移支付的具体情况，确定因素和权重，设计规范的资金分配计算公式，包括以下几种管理模式：

a. 管理模式

① "中央因素法、地方项目法"模式：中央财政采用因素法确定各省专项资金规模，地方以资金规模为依据进行项目管理。

如：西部地区基层政权建设资金，边境地区专项转移支付资金，中央财政农业综合开发资金，现代农业生产发展资金，化解"普九"债务补助资金，中央财政促进服务业发展专项资金，生猪调出大县鼓励资金，中央补助地方文化教育与传媒事业发展专项资金等。

②"中央因素法,地方因素法"模式:中央和地方均采用因素法层层下拨资金。

如:农资综合直补资金,粮食风险基金中央补助款,国际金融组织和外国政府贷款,赠款项目公证审计专项经费,能繁母猪保险保费补贴,普通本科高校、高等职业学校国家奖学金,优抚对象抚恤补助,新型农村合作医疗补助,中央财政森林生态效益补偿基金。

③"中央因素法,地方自主"模式:中央通过因素法确定各省资金,各省相关部门自行安排。

如:老少边穷地区纪检监察办公办案补助费,质量技术监督专项补助等。

b. 报送和审批程序

①省级财政部门会同省级业务部门向中央主管部门报送相关材料;

②中央主管部门审核后报财政部;

③财政部会同中央主管部门确定资金分配方案并由财政部或财政部联合主管部门下达资金。

(2)项目法

a. 方法前提

①各级政府财政部门和有关部门应当根据国民经济和社会发展规划编制项目计划,建立项目库,并实行项目滚动管理,对拟于下一年度预算中安排的专项转移支付项目,应当于当年审批完毕并纳入项目库。

②各级政府要建立健全财政转移支付绩效考评制度,对财政转移支付的实施效果进行考评,并将考评结果作为下一年度分配财政转移支付资金的依据。

b. 申报和审批程序(见表5-14)

表5-14　　　　　　　专项转移支付项目申报、审批程序

程序	负责部门	备注
制定发布规划、申报通知或年度立项指南	国务院或中央主管部门	1. 国务院制定(如主要污染物减排专项资金); 2. 中央主管部门制定(如中央地质勘查基金); 3. 中央主管部门会同财政部制定(如优抚事业单位补助)
下达年度预算控制数	财政部	1. 中央主管部门编制预算建议前下达(如主要污染物减排专项资金); 2. 中央主管部门编制预算建议后下达(如国土资源大调查专项资金)
组织项目单位申报	地方财政部门、主管部门或中央主管部门	
提出项目计划	中央主管部门、财政部	1. 中央主管部门提出(如科技型中小企业技术创新基金项目); 2. 中央主管部门会同财政部提出(如中小企业发展专项资金项目)
提出经费申请	地方财政部门、主管部门或中央主管部门	1. 地方财政部门、主管部门共同提出(如华侨事业费) 2. 中央主管部门汇总审核报送相关数据及经费申请(如优抚事业单位补助)

续表

程序	负责部门	备注
提出资金分配建议	中央主管部门	
确定资金分配方案	财政部、中央主管部门	
下达资金	财政部、中央主管部门	财政部单独下达或联合中央主管部门下达

3. 评价

分税制国家将专项转移支付定义为为实现特定的宏观政策目标以及上级政府对委托下级政府代理的事务支出。我国现行专项转移支付的功能定位与国外也基本一致。如果将事权划分与支出责任搁置不谈，也就是在不考虑专项转移支付项目规划及附加条件的科学性的情况下，我国专项转移支付的制度创新体现在管理制度的规范化范畴。在涉及教育、卫生、农林水利、公检法、环境保护等所有领域，现行专项转移支付初步形成了以"因素法""项目法"为主的资金决策与分配管理体系。概括地讲，我国精心探索的决策与管理程序已初具雏形。

"因素法"的专项转移支付分配包括"中央因素法、地方项目法"模式（中央财政采用因素法确定各省专项资金规模，地方以资金规模为依据进行项目管理）；"中央因素法，地方因素法"模式（中央和地方均采用因素法层层下拨资金）；"中央因素法，地方自主"模式（中央通过因素法确定各省资金，各省相关部门自行安排）。专项转移支付通过确定因素和权重，设计资金分配公式。其申报与决策程序应当遵循：省级财政部门会同省级业务部门向中央主管部门报送相关材料；中央主管部门审核后报财政部；财政部会同中央主管部门以"因素法"为基础确定资金分配方案，并由财政部或财政部联合主管部门下达资金。

"项目法"专项转移支付的分配前提是编制项目计划、建立项目库、构建绩效评价体系等。其申报与决策程序遵循如下程序：国务院或中央主管部门制定发布规划、申报通知或年度立项指南；财政部下达年度预算控制数；地方财政部门、主管部门或中央主管部门组织项目单位申报；中央主管部门、财政部提出项目计划；地方财政部门、主管部门或中央主管部门，提出经费申请；中央主管部门提出资金分配建议；财政部、中央主管部门确定资金分配方案，并下达资金。

总结国内的职责定位和国外的制度实践，我们认为，清晰的事权划分是专项资金科学、规范管理的前提，只有清晰的事权划分才能奠定税收的分享程度。此时，我国现行体制下"怨声载道"的配套资金问题也就迎刃而解，因为各级政府都明白"谁给谁配套"。综上，厘清事权并以此为依据分税是我国转移支付制度，尤其是专项转移支付制度改革的最为核心的前提。当然，在事权和支出责任模糊的背景下，也可以创新体制，规范和完善专项转移支付管理，这实际上起到了事权划分的作用。

专项转移支付资金的范畴：纵观我国现行专项转移支付支出结构，存在较多专项项目与一般性财力补助资金性质交叉的情况。显然，这与设立专项转移支付的性质定位相矛盾。因此，应该合理确定专项转移支付的范畴，将专项转移支付中明显存在财力性补助性质的资金纳入财力性补助范围。政府可采取的方案具体包括以下两点：一是将按照人均标准计算的专项资金，统一纳入一般性转移支付的资金分配范畴；二是对有明确项目支出方向，没有规定资金具体用途，需要在执行中根据项目申报情况下达的专项资金，统一纳入一般性转移支付资金分配范畴。

部门利益最大化的资金分割：长期以来，我国没有有效推进行政体制改革，存在政府部门设置机构重叠、职能交叉模糊的状况，加之部门既得利益刚性化现象多年来愈发严峻，导致各部门片面追求部门利益的最大化，各自强调项目实施对本部门发展的重要性和必要性，根本不考虑项目设立的重复和分散，切割财政蛋糕。部门利益最大化的资金分割格局导致资金多口下达、多头管理，从而降低专项转移支付资金的效率，甚至形成资源的巨大浪费。当前，在行政体制改革没有取得突破性进展的背景下，专项转移支付资金管理可以采用"中央集中规划、部门分工管理"的模式，有效回避部分利益最大化对专项转移支付资金的分割。

监督机制和绩效评价：虽然人大、监察、财政、审计等机关或部门均对财政专项转移支付资金进行监管，但很多监管只停留于形式。同时，各监管部门间缺乏有效的信息沟通，导致监管信息难以共享、指导作用不强；另外，专项转移支付的成效评价与奖惩机制严重缺失，"监而不管"的局面极其普遍，资金使用效率低下，甚至被截留、挪用，"吃专款"现象极其严重。面对这种局面，建立健全专项转移支付监督管理办法和绩效评价机制，增强资金考核与评价的严肃性、评价结果的激励性，是当前我国专项转移支付管理改革的重点问题。

规范完善的制度安排由制度设计的必要性、内容的科学性和执行的可操作性决定。作为公共财政制度中的核心部分，转移支付制度体系是否具有生命力表现在它能否向全体公民公开透明地展示其本来面目。我们期待着一般性转移支付立法的实现、专项转移支付听证与公示制度的建立，让人民熟知这一过程，让人民评判公共资源配置的公平与公正，只有这样，我国的转移支付制度才能实现真正意义上的科学、规范与透明。

二、中国政府间转移支付制度：改革目标与政策取向

财政是国家治理的基础和重要支柱。如何发挥好财政在国家治理体系中的作用，规范合理的政府间财政关系显得尤为重要。财政转移支付制度是政府间财政关系的重要内容和纽带，是实现事权与财力相匹配的重要财政制度安排。完善财政转移支付制度是深化财税体制改革的重要举措，是建立现代财政制度的关键环节，是健全现代国家治理体系、实现国家长治久安的重要保障。1994年分税制改革后，我国的财政转移支付制度不断完善，在推进基本公共服务均等化、保障和改善民生、推动经济社会发展方面发挥了重要作用。但随着社会经济形势的发展变化，我国的财政转移支付制度也暴露出一些亟待解决的问题，在制度设计、转移支付结构、资金分配、透明度等方面与建设现代财政制度的要求相比仍有不小的差距。针对财政转移支付制度存在的主要问题，需要从优化转移支付结构、完善一般性转移支付制度和专项转移支付制度、强化转移支付预算管理、完善省以下转移支付制度等方面对既有财政转移支付模式进行改革。

（一）当前转移支付面临的困境

财政转移支付也称财政转移支出，本意是财政资金转移或转让。转移支付制度是分级预算体制的重要组成部分。根据分级预算管理体制，上下级预算主体间、同级预算主体间的收支规模不对称，转移支付制度就是均衡各级预算主体间收支规模不对称的预算调节制度。

1. 政府财权、事权划分不明晰

自从我国实行分税制财政体制以来，对财权的划分还比较明确，而对事权的划分界定不清晰。财权与事权的不对称直接导致了各级政府之间对事权和财权支出范围的随意和盲目划分，拨付出去的财政转移支付资金的运用随意性很大，产生上下级政府对同一项公共服务重复提供或对某些地区急需的公共服务因上下级政府推诿责任而无人提供的现象，而且事权划分的模糊和财政支出范围划分的混乱导致很难对地方政府进行绩效审计和考核，很难快速和明确地界定当事人之间的责任分配，由此导致财政支出整体效益的低下。

2. 财政转移支付制度目标定位不准

我国建立财政转移支付制度的最终目标是向全社会提供相对均等化的公共产品和服务，将财政转移支付资金用于最需要的地区，而不是用于能够带来最大经济收益的地区。我国很多地区由于对财政转移支付制度的理解存在着各种偏差，大都认为财政转移支付制度是加大地方投资的重要渠道，总是将财政转移支付所得的款项划分给经济较为繁华的地区，妨碍了公共产品和服务均等化的顺利实现，造成贫困山区和弱势群体的财政转移支持获得很少。

3. 财政转移支付结构不合理

在我国的财政转移支付构成中，用于税收返还及补助的数额偏大，而用于缩小地区差距的数额又偏小。税收返还是以保证地方既得利益为依据的，实际上是对收入能力强的地区倾斜，与公共服务均等化的目标相偏离，致使西部许多地区由于财政均等能力不足，长期无法实现财政平衡。可以说，税收返还延续和固化了原有的不合理的利益分配格局，逐步拉大了地区差距。另外，财政补助由于缺乏科学依据，透明度不高，随意性很大，常常出现上下级政府讨价还价的问题，明显有失公平。专项拨款也由于缺乏完善的法律依据和有效监督，运作不规范，经常成为地方政府平衡地方财政的工具。

4. 地方转移支付难起作用

现行分税制在增加中央宏观调控的同时，减少了省级财政从增量收入中的份额，迫使地方政府缩小转移支付的规模。加之，一些地区甚至将中央的转移支付资金截留在省一级，造成省以下的转移支付制度在调整财力不平衡方面没有发挥应有的作用。在地方法定和专项配套压力增大的情况下，县乡财政困难日益突出，甚至于无法完成各种规定项目，县乡对项目的支持只能够拖着。

5. 转移支付难以在短期内实现地区均衡

我国经济发展在很大程度上存在不平衡的现象，对于沿海地区，经济发展往往比较快速，而内陆地区发展经济的规模由于受到客观原因的局限，财政收入一直处于比较缓慢的发展阶段，需要大量的财政转移支付才能够促进经济的发展。但由于转移支付无法实现地区平衡，导致了内陆地区财政资金无法快速到位的情况经常发生。

6. 财政转移支付制度的预期效果不明显

现存的转移制度不够透明，没有统一的部门管理。预算编制由下而上，加上中央不少体系功能都有转移支付的功能，缺乏协调和配套转移支付的能力，很容易造假。此外，要执行的项目可能由于地方配套资金不到位而落空。综上，难以对财政转移支付制度进行有效的监控和管理。

（二）财政转移支付目标选择的合理性

美国经济学家马斯格雷夫认为财政政策具有以下功能：配置资源；收入分配；稳定经济。实际上这是界定政府与市场关系的问题。我们的经济改革的目标是建立社会主义市场经济。市场经济的主要特征就是市场是配置资源的基础手段。市场失灵的地方才需要政府这只"看得见的手"调节。所以，转移支付制度作为解决市场失灵的重要制度安排，就要发挥它的功能。

从目前对财政转移支付的目标来看，具体体现为弥补财政缺口、均等化、解决辖区间外溢性问题、增强中央政府的政治控制。总体来看，财政转移支付的目标概括为公平目标与效率目标。在任何时候，公平和效率都不能兼得，两个目标之间只可能存在相互兼顾的关系。既然兼顾就有谁为先的选择。但是有一点我们必须坚持，即那些允许经济不平等的社会决策必须是公正的，是促进经济效率的。中国区域经济社会发展不平衡，中西部地区经济社会发展落后，东部地区经济社会发展迅速。我们需要解决的问题是如何使东部地区继续保持当前的发展势头，继续提高效率。这会继续拉大东部与中西部的差距，短期内缩短这种差距较为困难。而对中西部地区主要是解决公平问题，维持不同地区基本公共服务均等化。由于我国在经济发展的起步阶段是不均衡的，这决定了我们的发展过程也是不均衡的。一部分地区优先发展，先富带动后富，最终走共同富裕的道路。因此，我们在发展过程中必须兼顾效率与公平。既然是兼顾，也就必须有谁先谁后。到底谁先谁后取决于经济社会发展的程度。不同的发展阶段我们的目标取向是不同的。中西部地区与东部地区的效率差距如何缩小呢？这是一个动态平衡过程。对发达地区给予支持，目的是增加它的活力，加快它的发展速度，使它成为窗口和开路先锋，为其他地区做楷模，使后人少走弯路；对落后地区的扶植，其中包括对发展潜力较大的不发达地区，要加大扶植力度，加快它的发展速度；而对更为落后的地区，政府的压力更大，任务更艰巨。

（三）政府间转移支付制度的基本政策取向

1. 财政转移支付制度基本模式的选择

根据世界各国的已有经验，财政转移支付制度的基本模式主要有三种：单一的自上而下的纵向财政转移支付模式、单一的横向转移支付和以纵向为主、纵横交错的财政转移支付模式。这三种模式各有利弊：单一模式操作方便，透明度高，缺点是计划性和强制性较明显；纵横交错模式操作复杂，但能体现地区间的互助关系，激励性明显。比较来说，以纵向为主、纵横交错的财政转移支付模式似乎更具优越性。那么，我国究竟应该选择哪一种模式更为合适呢？从我国的现实国情来看，我国地区间发展极不平衡，财力失衡问题严重，所以从长远发展趋势来看，纵向为主、纵横交错的财政转移支付模式更符合我国的现实情况，这一模式不仅可以减轻中央政府的财政压力，还可以通过横向转移支付解决我国地方政府间财力的横向失衡问题。

2. 确立合理适度的转移支付规模

政府间的财力转移并非多多益善，财政转移支付额度也不是越大越好，转移支付的规模和额度应由国家区域经济发展不平衡的程度和国家实施宏观调控的目标决定。由于我国经济发展极不平衡，所以我们应在注重效率和公平原则下，力求从制度设计上控制和确定财政转移支付的规模，结合各级政府的事权财权划分来尽量提高地方财政的自给率，以此保证各地的公共服务水平，进一步实现公共服务均等化目标。

3. 规范财政转移支付制度的具体方案设计

（1）进一步完善纵向转移支付制度

借鉴国际经验，简化转移支付形式，是我国财政体制改革的要求。而且从国际经验看，许多国家并不局限于仅仅使用某一种转移支付形式，而是根据各自的国情综合运用多种转移支付手段来达到既定的政策目标。根据我国财政转移支付的目标和目前的政策取向，将多种财政转移支付形式归并为一般性转移支付和专项转移支付两大类是大势所趋，一般性转移支付主要用来提高地方政府的财政自主化水平以保证公共服务均等化的实现；专项转移支付则主要用于突发性和外部性投入，同时加大对基础设施的投入力度，提高人们的生活水平。近年来，国内学者基于中国的财政分权事实，也开始关注财政纵向失衡对公共支出结构与公共服务供给的影响问题。如闫坤和黄潇（2022）研究发现财政纵向失衡还会通过改变地方基本公共服务支出偏好及供给效率加剧对基本公共服务供给水平的负向作用。[①] 储德银和邵娇（2018）研究了财政纵向失衡对公共财政支出结构的作用机制问题，发现财政纵向失衡不仅显著地影响了地方政府财政支出策略行为的选择，而且随着财政纵向失衡的上升，会加剧公共财政支出结构偏向的程度。辛冲冲（2022）研究发现财政纵向失衡显著地抑制了地区医疗卫生公共服务供给。[②]

（2）规范均衡性转移支付制度

要规范均衡性转移支付，首先是要采用"因素法"作为一般转移支付的分配方法，但这还不足以建立一套科学合理的转移支付计算模式，因为地方财政收支还受一些客观因素的影响，如经济因素、社会因素及自然禀赋等。一套规范的一般性转移支付的分配方法，应按照各影响因素对地方财政收支的影响程度的大小来确定因素法的计算标准，同时公开其分配时使用的计算方法和基础，增强政府工作的透明度和科学性。

适当提高均衡性转移支付的比例、扩大均衡性转移支付的规模、范围的同时，结合中央宏观调控目标适当提高均衡性转移支付的规模与比例，是保证财政转移支付制度得以实施的关键要求。目前，根据我国财政转移支付的目标，应进一步提高均衡性转移支付的比例、扩大均衡性转移支付的规模和范围，例如，将专款清理出的资金或地方上缴的财政收入的增量部分用于均衡性转移支付，适当地对均衡性转移支付的规模和比例加以调整，以此规范财政性转移支付制度的实施。

针对当前地区发展失衡、社会保障资金缺乏等问题，中央政府应做好转移支付预案，

---

① 闫坤，黄潇. 中国式分权、财政纵向失衡与基本公共服务供给研究［J］. 经济学动态，2022（12）.
② 辛冲冲. 纵向财政失衡、FDI竞争与医疗卫生服务供给水平——兼论标尺竞争机制下地区间的策略性行为［J］. 财贸经济，2022（01）.

有步骤、有计划地解决这些问题，促进公共服务均等化的实现；同时，加强转移支付资金的绩效考评，重点考察财政资金的流向和使用效率；综合运用各种手段，如财政资金运用的横向和纵向对比、财政目标的实现率等指标，科学、正确地评价财政转移支付资金的使用效果。

(3) 规范专项转移支付制度

将中央现有转移支付项目进行整合分类处理，将清理资金全部用于财政转移支付，保证财政转移支付目标的实现；严格控制专项转移支付的规模，取消一些不必要的专项转移支付项目、严格审查专项转移支付新增项目，就目前专项转移支付与一般性转移支付的现实情况来看，专项转移支付比例压缩到30%左右较为合适；规范专项转移支付资金的使用方向和范围，对于既有的属于地方政府承担的事务，中央不再新增专款，只针对一些外部溢出效应的事项设立新增款项，对于一些重要的专项转移支付款项应由国家严格控制其使用额度和使用方向，不过具体使用项目可由地方政府确定，以增加地方政府的自主权。

所谓分配标准就是专项转移支付额度的确定，由于专项转移支付类别繁多，因此难以设定一个统一的分配标准，况且专项转移支付资金的分配还涉及利益分配问题，所以要确定一个规范、科学的标准是很难的。虽然设立一个统一的计算公式做不到，但在大方向上可以有一个大体的根据，我们可以根据具体项目的不同来确定转移支付额度，中央政府建立严格的审查体系，对项目的必要性进行严格的审查，认为应予以补助的项目根据客观因素的不同来确定具体的资金分配方案，并将确定依据和相关的数据予以公开，增加专项转移支付分配的透明度。

加强专项转移支付资金的监管需要建立完善的监管体系，主要应从以下三方面入手：一是监管主体，明确专项转移支付资金的监督不只是政府的责任，各级人大、财政部门及审计部门应同政府一起发挥自身的监督作用，强化对专项转移支付资金的监督；同时，各监督部门间应建立信息沟通机制，进一步明确各部门间职责分工，加强协调配合，建立联合监督机制，充实监督力量；二是监督途径，各级科研机构应努力探讨专项转移支付资金的监督途径，通过国库集中支付改革等新方法的应用，增强政府职能的公开化、透明化，保证专项转移支付资金的专款专用；三是监督目标，为确保专项转移支付资金的使用效率，必须明确各级政府及责任人的责任，从资金划拨到使用的每一环节，都要确定具体的责任人，加大资金使用的管理力度。

要建立专项转移支付资金使用的绩效评价制度，一是要确定评价范围。专项转移支付资金主要是用于各类公益性支出，公益性支出有很多种，可尝试在建立一定的绩效评价制度后再逐步扩大评价的范围；二是要关注绩效评价的目标。绩效评价应重点关注投资额度大、社会效益大、对国家有重要影响的投资项目；三是对资金使用绩效评价结果的应用。中央应充分利用绩效评价结果，对专项转移支付资金使用效益较好的地区应进一步划拨转移支付资金并加大资金的投入力度，对使用效益较差的地区则减少专项转移支付资金投入或不给予专项转移支付资金，引导财政专项转移支付资金得到有效的使用。

4. 建立横向转移支付体系

横向转移支付是实现地区间财力均衡、实现公共服务均等化的有效手段，它通过相对富裕地区对贫困地区的财政资金转移来实现国家的财政调节职能。目前，我国尚未形成规范统一的横向转移支付制度，但是，我国区域间发展差距过大，仅依靠纵向转移支付的调节不能从根本上解决我国地区间财力悬殊的矛盾。因此，我国迫切需要在完善现有纵向转移支付制度的基础上建立横向财政转移支付制度，逐步实现公共服务均等化和区域间的协调发展。至于横向转移支付体系的建立，从目前的现实情况来看，应根据地区不同的财力状况和公共服务水平，利用科学方式确定横向转移支付资金的运作方式、转移支付额度的计算方法及依据、转移支付实施的监控机制等，从而使每个公民所享受的政府公共服务水平在质与量上大致均等、区域经济均衡发展。

（1）政府的适当干预

学术界有些观点认为，就目前的现实情况来看，落后地区完全可以依靠自身力量来发展经济和提高公共服务水平，这种观点是错误的。财政预算约束使落后地区无法实现这个目标，因为它们无法征收到足够的税收和筹措到大量借款，也就无法发展当地经济。经济发展水平不高，导致财政收入进一步减少，如此循环往复、恶性循环下去，落后地区永无出头之日。所以，要想改变贫困地区的经济发展和公共服务水平问题就需要政府从一定程度上介入。从国外的实践经验来看，即使在采用水平转移的情况下，也不能免于中央政府的干预。例如，德国虽然采用的是州政府之间的财政调整制度，即从资金充足的区域向资金相对贫乏的地方直接进行资金转移，但是转移的规则还是要由联邦政府决定，并且，州政府之间财政调整制度中的交付金的一部分也是由联邦政府通过联邦补充交付金的方式提供。瑞典的平衡交付金制度也是把地方政府拿出的资金注入中央政府，然后再由中央政府出面按照一定的标准和规则分配给地方政府，用于地方政府行使自身职能。由于该项制度并没有增加国家负担，所以它实质上可以看作是一种水平性转移支付。

（2）横向财政资金的支付结构和运作方式

横向财政转移支付规模和资金支付结构的确定并没有一个通用的标准，应根据区域间财政经济不平衡的程度加以分配，并要与现行的财政体制和宏观调控目标相适应；资金的运作需要由超越各地利益之上的政府（也就是中央政府）来调节，并通过预算的手段加以平衡和规范。根据各个地区财政能力的强弱、收入水平的高低以及公共服务水平的差异情况，从经济发达、财力充裕的地区提取部分财力，分配给欠发达地区，构建一个地区间的横向财政转移支付体系，保证经济条件差、财政能力弱的地区能根据公共服务的目标，提供基本标准的公共服务、发展当地经济、提高当地居民的生活水平。

（3）横向转移支付的计算方法

横向财政转移支付计算方法的确定是一个难点，目前来说，我国采用循序渐进、分期、分步的方法是可行的，通过这种计算方法可以逐步实现地区间财力均衡的目标，又不至于因整体跨度太大带来不利影响。初期均衡目标可将发达地区高于全国人均财力水平以上的部分按比例提取出来，并将提取资金集中至中央政府，然后由中央政府按照一定的标准对落后地区低于人均财力水平的部分按一定比例给予补助。这样既可以缩小地区间的财力差距，实现公共服务均等化的战略目标，又可避免速度过快带来负面效应，从而使横向财政转移支付的实施成为可能。对于提取和补助比例应如何确定，是政府应当思考的重要问题。

（4）横向转移支付体系中区域的划分和转移支付的依据

1817年，李嘉图（David Ricardo）在其著作《政治经济学及赋税原理》中，以劳动价值论为基础，用两个国家、两种产品的模型，提出和阐述了比较成本优势学说。他认为，世界各国劳动成本是不同的，只要各国生产劳动成本相对比较低，即具有比较优势的产品，必然有比较优势产生，然后相互交换，都可以获得国际分工的利益。这便是比较优势理论。长期以来，比较优势理论成为指导国家（区域）分工的基本原则。我国横向转移支付制度的确立可参照国际贸易分工中的比较优势理论：根据各区域的相对优势划分区域范围（或主体功能区）并分配转移支付资金、计算所需资金规模。如果一个区域在本国生产一种产品的机会成本（用其他产品衡量）低于在其他区域生产该种产品的机会成本的话，那么该区域就在生产该产品上拥有优势，国家应制定相应的横向转移支付制度保证该区域生产产品的资金需要。

（5）构建国库集中支付监控体系的操作保障

根据财政管理体制改革中国库管理和国库改革深化的要求，完善用款计划编报管理和综合核查方式，加大对违规行为的处罚力度；完善部门整改程序和方式，建立部门整改跟踪问效机制；通报监控核查情况，建立信息披露机制等，发挥财政国库的"窗口"作用，保障改革顺利推进。国库集中收付制度为横向转移支付制度的建立提供了制度保证，横向转移支付中的资金安全、资金调度和使用都有了专门的账户，这能够增加转移支付资金使用的安全性和透明性，在无形中提高了横向转移支付资金的使用效率和分配效率。

（6）加快立法

我国政府间财政转移支付制度在资金拨付与使用层面没有形成良好的监控体制，使得资金使用过程缺乏必要的事前、事中、事后监督。由于目前财政转移支付制度的监督主要是由地方政府操作的，所以，不可避免存在一些弊端，迫切需要加快财政转移支付制度的法规建设，尽快出台《政府间转移支付法》，为转移支付的顺利实施提供法律保障。横向转移支付制度的建立也是这种情况，要想保证此项制度得以顺利实施，就必须要有相关法律保证其地位，对支付原则、支付规模及范围、支付形式，资金的使用限制和使用程序等一一做出规定，为横向转移支付体系的建立提供法律保障。

除了上述几项措施以外，还可以成立专门机构具体负责管理监督财政转移支付，负责对财政转移支付的最终效果进行调查、追踪、反馈、监督和考评，使其社会效益和经济效益尽可能统一，以保证转移支付资金运用的政策性要求，不断提高财政转移支付资金的使用效率。总之，应建立均等化转移支付模式。所谓均等化转移支付是指以客观、科学的评估收入能力和支出需求为基础，以各地政府能够提供基本均等的公共服务为目标而实行的转移支付。基本上来说，均等化转移支付就是以纵向转移支付为主，横向转移支付为辅的财政转移支付制度。

5. 横向转移支付制度的可行性分析

（1）从我国地方政府的财政转移支付实践来看，尽管我国目前尚没有规范的横向转移支付制度，但具有横向转移支付性质的"对口支援"早在 1979 年就存在了。这说明，我国是完全存在实行横向转移支付制度的理论和实践基础的。此外，各个地区的发展也存在相互扶持和帮助，发达地区不仅在资金和物资上给予欠发达地区无偿的援助，还在技术、人才、教育等方面与欠发达地区进行了广泛合作。从目前对口支援形成的情况来看，既存在同级地方政府间的对口支援也有不同级政府间的对口支援。不同类别对口支援的共同点在于，这些对口支援都是在中央政府的认可、鼓励下进行的，各省区之间不存在明显的权力和财政关系，不存在领导与被领导的关系。因此，出现的这种非公式化、非规范化的转移支付比较自由、具有较大的灵活性，这也是横向转移支付制度具备的特点，在制度化后会变得更加科学和规范。

（2）从各地区政府日益密切的经济联系方面来看，我国改革开放近四十年来，由于政策主导的原因以及地理位置的不同或资源禀赋的差异，导致了我国区域经济发展的不平衡。尽管如此，各地的经济交往还是呈现出越来越密切的趋势。随着沿海地区经济的快速发展，生产要素成本逐渐上升，地区内部商业竞争也越来越激烈，沿海发达地区强劲的经济发展吸引内部地区大量劳动力的同时，资本的逐利性却使得越来越多的企业向中西部地区转移。另外，技术要素、经济信息管理要素以及创新要素等都随着经济的发展在区域间频繁流动，为了适应两地经济交往的趋势，一些相邻的省份共同参与交通基础设施投资建设，生产了一些具有"中间投入品性质"的公共品，如共同治理环境污染、整治社会治安等这类无形公共品，它们不但可以作为最终消费品被公众消费，更重要的是还可以作为一种公共生产要素推动两地的社会和经济发展，无形中推动了两地公众的福利增长。

从这种发展趋势中不难预见，对这些经济交往密切的地区而言，财政能力较强的地方政府出于自身长远利益考虑，迫切希望另一方的公共财政能力提高以提升公共服务的能力，于是就自发地向另一方提供财政支持来谋取双方共赢的发展局面。

（3）从区域间的现实财力来看，我国区域间财力差距十分惊人。目前发达省市的平均财政收入是欠发达的省（市）的平均（算术平均）财政收入的3.33倍。在我们为这样巨大的差距担忧的同时，也应看到这些发达省市相对于不发达的省市拥有的丰厚得多的财政收入，为实施横向转移支付奠定了强有力的资金物质基础。国务院2007年7月26日下发了《国务院关于编制全国主体功能区规划的意见》（以下简称《意见》），其中明确规定了对"四大区"的划分，《意见》中还明确了对各个主体功能区政策实施的指导思想。从中不难看出横向财政转移支付制度的建立对这些东部省市和中西部欠发达省市之间的必要性。目前中西部相当一部分区域是限制开发和禁止开发地区，这些地方也期盼用中央政府的横向转移支付制度来解决其生态补偿问题，减轻其负担的财政压力。

（四）财政转移支付改革目标和政策取向的对策

1. 充分发挥稳定作用

公共财政的主导思想是以社会公平为核心，以公平促进经济社会的进一步发展。因此，公共财政制度下的政府间转移支付制度建设应以保障社会的稳定作为重要目标和行动纲领。公共财政下的政府转移支付制度通过横向和纵向平衡的实现来满足地方政府供给地方性公共物品的基本财力需求；同时通过社会保障制度将财政对社会公众的保障落到实处。既满足了地方公共需求和社会公众的基本保障，又能逐步化解社会经济发展过程中所积累的诸多矛盾，充分保障社会稳定。

2. 进一步深化财政体制改革，提高两个比重

公共财政得以实现的重要前提条件就是中央财力大大得到加强，有充足的资金实施政府间转移支付。因此，进一步深化财政体制改革，提高全国财政收入占国内生产总值的比重和中央财政收入占全国财政收入的比重，成为公共财政得以顺利实施的保障。同时，提

高中央财政的收入比例，将财政收入机制规范化，也是防范财政收入分配不公的必然手段。

3. 合理划分中央政府和地方政府的事权

中央政府和地方政府事权的合理划分关系到政府间转移支付制度的建立和完善。我国是最大的发展中国家，中央和各级地方政府参与经济建设的范围广、程度深，涉及经济社会领域诸多方面。因此，中央和地方政府的事权划分既决定着全部财政收入的划分比例，也决定着各自应承担的责任。从现实条件来看，中央政府在事权上应以中央本级部门的管理和全国性、跨区域性的公共产品供给为主；地方政府应以本级政府部门和地方性公共产品供给为主，相互之间不能越俎代庖。

4. 优化转移支付资金的支出结构，确保公平

目标是实现原有的政府间转移支付制度的设计更多地照顾到各地区的既得利益，其目的是保护各地区发展经济的积极性。但随着经济社会的发展，区域间的差距逐步拉大，当这种差距扩大到一定程度时，必然会阻碍整体的发展。因此，必须充分优化转移支付资金的支出结构，资金要从发达地区流向不发达或欠发达地区，从原先的效率优先转为保障公平优先。这种指导原则的重大转型，表面上看是将原来补助发达地区的资金转移到不发达地区，实质上是一国在长期发展过程中必须支付的、确保公平目标实现的公共成本。

5. 积极引导地方政府有效利用转移支付资金

公共财政条件下的政府间转移支付制度并不是简单地将财政资金以转移支付形式直接分配给不发达或欠发达地区，以及分配给收入水平低的社会弱势群体。公共财政所要实现的社会公平是发展的公平，更是动态的公平。因此，转移支付制度的设计要以引导不发达或欠发达地区地方政府积极投身经济建设，引导社会弱势群体提高自身劳动技能为目的。通过有效的引导，帮助不发达或欠发达地区迎头赶上，从根本上缩小区域间的差距。

三、构建面向未来的转移支付制度体系

（一）财政转移支付是实现公共服务均等化的主要工具

从财政视角看，公共服务均等化首先是地区间财政投入能力的均等化，其次才是供给的均等化。在现有的分税制框架下，公共服务投入均等化目标不可能通过市场形成，需要政府通过转移支付制度来实现。从财政基本理论和国际经验看，通过实施转移支付来推进公共服务均等化主要基于以下三个方面：

1. 政府间财力分配的纵向不均衡

所谓纵向不平衡，是指中央政府在财政收入初次分配中所占比重高于在财政支出中所占的比重，形成财力剩余；而地方政府的收入比重低于支出比重，存在财力缺口。中央政府需要对存在财力缺口的地方政府给予补助。纵向不均衡是必然的。主要原因有两点，一是由税种的属性所决定的。有些税种税基的流动性较强，地区分布不均衡，年度间波动较大，宜由中央来统一征收，还有一些税种的收入再分配或调控功能较强，也应当作为中央收入。经合

组织（OECD）国家中，除美国、德国等少数国家中央或联邦财政收入比重在50%左右外，大部分在60%以上，高的甚至超过90%，如英国就达到了95%。二是国家要统一，民族要团结，市场要合理配置资源，必然要求上级政府动用资源帮助困难的下级政府和相应的地区，否则会导致区域封锁，难以形成统一市场，使得市场配置资源的作用被扭曲。

2. 地区间财力分配的横向不均衡

由于财源分布的不均衡，一些地区可能拥有较多的税源，在税收体系相对统一的情况下，各地方政府的收入能力不尽一致。同时，地区间财政支出成本存在一定的差异，有些地区存在提高费用的因素，如高寒、人口过疏；或较多的费用需求如老人、穷人占总人口的比重较高。综合来看，提供相同水平的公共服务需要不同的财政支出。因此，横向不均衡也是必然的，客观的。这主要是由自然条件与社会发展状况的差异所决定的。在大国经济中，这种差异表现得比较明显，我国的情况更为突出。因此，为了实现公共服务均等化，需要通过转移支付的方式，保证经济发展水平相对较低或支出成本较高地区政府具有为本地居民提供与其他地区相同公共服务的能力。

3. 中央政府特定政策目标

中央政府的特定政策目标也可以通过转移支付加以实施。最为典型的是，一些大型公共开支项目或国民经济主干工程投资较大、外溢性较强，地方政府无力或不愿承担，而从效益角度考虑，中央政府的直接投资又不经济。在此情况下，就需要中央政府对项目建设所需资金给予部分支持，从而形成特殊的转移支付。另外，通过设立激励性转移支付可以引导地方政府行为，进而实现中央统一制定的政策目标；对一些地区因不可控因素如自然灾害等引起的减收增支，上级政府也需要给予扶持性转移支付。

（二）我国财政转移支付制度取得的初步成效

1994年分税制财政管理体制改革以来，随着中央财力的增强、宏观调控能力的提高，我国在立足国情的基础上适当借鉴国际经验，逐步建立并完善中央对地方转移支付制度。目前，中央对地方转移支付由一般性转移支付和专项转移支付构成。一般性转移支付是指地方政府可以作为自有财力自主安排使用的转移支付资金，属于均衡性转移支付范畴；专项转移支付具有专款专用的性质，包括一般预算专项拨款、国债项目补助等。近年来，我国转移支付制度取得了重大成效，主要表现在以下几个方面。

1. 转移支付体系逐步完善，保障了中央政策的落实

1994年，作为分税制改革的配套措施，中央财政根据宏观调控需要设立对地方的转移支付。并根据实际需要，不断丰富转移支付类型，完善转移支付办法。1995年，中央财政在立足我国国情并借鉴成熟市场经济国家经验的基础上制定了规范的转移支付办法，取名为"过渡期转移支付"。2002年，"过渡期转移支付"改名为"一般性转移支付"。其间，1998年，为了落实积极财政政策，刺激消费，中央财政出台了调整工资转移支付。2000年为了落实《民族区域自治法》，支持西部大开发，中央设立了民族地区转移支付。2000年及此后的2003年、2004年，为了推进农村税费改革，出台了农村税费改革转移支付。2005年，为缓解县级财政困难，中央财政出台了县乡奖补转移支付，引导省级财力下移，县级财政增收、基层撤乡减员。2007年，为促进资源枯竭型城市转型，设立资源枯竭转移支付。2008年，为保障国家生态安全，引导地方政府加大生态环境保护力度，提高国家层面重点生态功

能区所在地政府公共服务保障能力,促进经济社会可持续发展,在均衡性转移支付项下设立了国家重点生态功能区转移支付。2009 年,继续完善转移支付体系,调整转移支付项目,变更转移支付名称,原"财力性转移支付"改称为"一般性转移支付","一般性转移支付"更名为"均衡性转移支付"。中央对地方转移支付已经成为财政支持改革和宏观调控的重要手段。2016 年,财政部发布《中央对地方专项转移支付管理办法》,进一步加强中央对地方专项转移支付管理,提高财政资金使用的规范性、安全性和有效性。2016 年至今,国家陆续发布了针对不同领域的转移支付办法,更好地完善财政转移支付体系。

专栏 5-9

我国均衡转移支付制度改革历程[①]

1. 过渡期转移支付阶段(1995—2001 年)

1995 年《过渡期转移支付办法(1995)》中央开始对地方实施过渡期转移支付,在建立规范化转移支付制度方面迈出了第一步。

1999 年《过渡期财政转移支付办法(1999)》详尽地介绍了过渡期财政转移支付的实施办法。

2. 一般性转移支付阶段(2002—2008 年)

2002 年《2002 年一般性转移支付办法》"过渡期转移支付"正式更名为"一般性转移支付"。同时,明确一般性转移支付要以"缩小地区间财力差距,实现基本公共服务均等化"为长期目标;以"缓解落后地区财政困难,维持政府机构运转"为短期目标。

2007 年《2007 年中央对地方一般性转移支付办法》长期目标仍为"缩小地区间财力差距,实现基本公共服务均等化"为长期目标;以"缓解落后地区财政困难,维持政府机构运转"为短期目标。

2008 年《2008 年中央对地方一般性转移支付办法》目标为"缩小地区间财力差距。逐步实现基本公共服务均等化。保障国家出台的主体功能区政策顺利实施,加快形成统一规范透明的一般性转移支付制度"。

3. 均衡性转移支付阶段(2009 年至今)

2009 年"一般性转移支付"更名为"均衡性转移支付"。

2011 年《2011 年中央对地方均衡性转移支付办法》目标为"缩小地区间财力差距。逐步实现基本公共服务均等化,推动科学发展,促进社会和谐"。

2012 年《2012 年中央对地方均衡性转移支付办法》与 2011 年目标一致。

2016 年《2016 年中央对地方均衡性转移支付办法》目标为"建立现代财政制度,提高地方财政积极性,缩小地区间财力差距。逐步实现基本公共服务均等化"。

2017 年《2017 年中央对地方均衡性转移支付办法》与 2016 年目标一致。

[①] 资料来源:1994—2022 年中国政府,中华人民共和国财政部。

2019年《中央对地方均衡性转移支付办法》目标为"加快建立现代财政制度，建立权责清晰，财力协调、区域均衡的中央和地方财政关系，推进基本公共服务均等化"。

2022年，为进一步规范中央对地方均衡性转移支付分配、使用和管理，推进基本公共服务均等化，修订了《中央对地方均衡性转移支付办法》。

总体来看，中央财政已经逐步建立起"均衡为主、适当激励、重点扶持、促进转型"的点面结合的转移支付体系。从科学规范的角度讲，我国现行转移支付体系略显庞杂，但从历史发展的角度看，受特殊国情和渐进式改革的约束，现行转移支付体系的建立总体坚持了正确的方向，推动了经济社会改革的进程，为维护社会稳定和民族团结发挥了重要作用。

2. 转移支付规模明显提升

中国在1994年开始实行分税制度改革，并于1995年出台了一般性转移支付制度。随着中央财政收入不断增长，中央财政转移支付总额和人均财政转移支付不断提升。图5-4为中央财政转移支付总额和人均转移支付情况。中央财政收入从1995年的0.33万亿元增加到2023年的9.95万亿元，增长29.15倍；财政转移规模从1995年的0.25万亿元，增加到2023年的10.28万亿元，增长40.12倍；人均转移支付规模从1995年的204.92元，增加到2023年的7 295.06元，增长34.60倍。

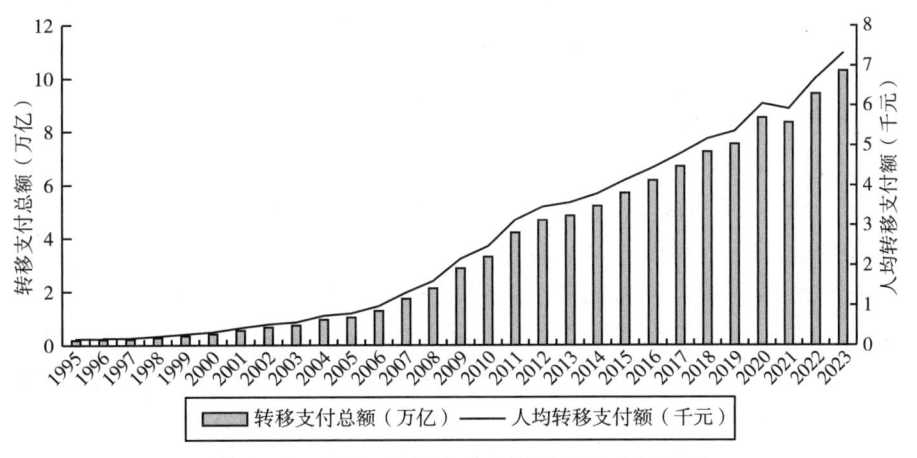

图5-4 1995—2023年中央财政转移支付规模

3. 转移支付地方平衡性不断增强

随着中央财政转移支付的规模不断扩大，其促进地区均衡发展的能力逐渐攀升。从转移支付去向来看，一是转移支付向中西部倾斜态势明显，中央对地方的转移支付主要集中在中西部地区，占比接近80%，并呈现上升趋势。二是转移支付向欠发达省份倾斜，人均财政转移支付与人均GDP呈现反比，2023年北京、上海人均转移支付占人均GDP的3.47%和2.57%，而青海、甘肃等地人均转移支付占人均GDP的44.85%和28.65%。三是一般性转移支付占转移支付总量比例明显提升。2009年之后，中央对地方的转移支付类别分为一般性转移支付和专项转移支付,从转移支付类别角度来看,我国转移支付类别由注重专项转移支付逐渐转变为以一般转移支付为主(见图5-5)。2009年一般性转移支付1.13万亿元,专项转移支付1.24万亿元;2023年一般性转移支付8.50万亿元,专项转移支付0.80万亿元,一般性转移支付从占转移支付总量的47.81%提升到占91.36%,而专项转移支付从占转移支付总量的52.19%下降到占8.64%。相比于专项转移支付,一般性转移支付对资金用途不设限制,提高一般性转移支付,有利于优化地区财政支出结构,促进地区均衡发展。四是转移支付资金利用效率进一步提高。除了纵向转移支付外,我国还实施和完善了具有中国特色的横向转移支付,主要形式表现为较发达地区对较不发达地区进行资金、人才、技术等集于一体的多层次援助,不仅实现"输血"功能,还起到提升转移支付资金利用效率功能,有效提高欠发达地区的生产效率。

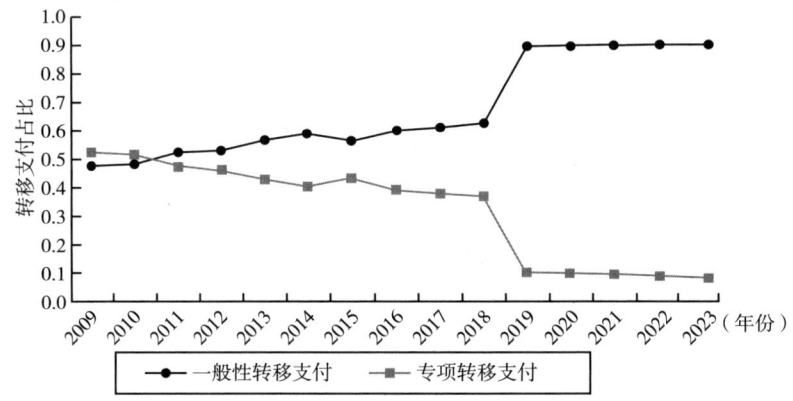

图5-5 2009—2023年中国一般转移支付和专项转移支付比重

4. 转移支付分配方法更加科学,推动了财政科学精细管理

1995年出台的过渡期转移支付,引入标准财政收支概念。根据工业增加值、企业利润等指标测算各地的标准财政收入;按照总人口、可居住面积、人口密度等客观因素测算各地的标准财政供养人员,并参照寒冷程度、海拔等测算各地的标准财政支出需求,对存在财政收支缺口的地区考虑财政困难程度给予补助,首次建立了公式化分配的制度。改变了一对一谈判、讨价还价的理财方式,树立了规范、公正、透明的理财观念。此后,每年中央财政都根据实际情况对均衡性转移支付办法有所更新。就其技术方法的科学性而言,基本比照了澳大利亚的均衡拨款、日本的地方交付税等做法。其他一般性转移支付也都根据客观因素进行公式化分配。应当说,近些年来中央对地方转移支付资金分配的规范性、科学性逐步提高,转移支付分配的合理性不断增强。

(三) 完善财政转移支付制度的配套措施

1. 按照市场经济的要求,进一步转变政府职能。在市场经济条件下,政府职能主要是弥补市场在资源配置、收入分配和稳定经济等方面存在的缺陷。对于市场能够有效发挥作用的领域,政府一般不介入。目前我国政府职能虽然比计划经济体制下政府大包大揽的做法有了一定改变,但是还存在许多和市场经济不相适应的地方,具体表现为政府经济职能的"越位"和"缺位"。在处理政府与国有企业的关系上,应该以理顺产权关系为契机,转换企业经营机制,切断政府与国有企业的亲缘关系,以盈利为目的的生产建设,可以通过市场机制的作用让企业或个人去完成,政府则主要提供公共产品。从财政自身讲,就是要退出盈利性、竞争性的投资领域,减少生产性经营补贴,而在提供公共服务和社会保障等方面发挥作用。

2. 进一步完善分税制财政体制,明确中央政府和地方政府的事权和支出范围,按照社会主义市场经济发展的要求,将一些本不属于政府的职能下放给企业和市场,凡是企业和市场能够办好的事情,政府就不再进行过多的干预,在划清中央政府与地方政府职责的基础上,进一步划清中央财政和地方财政的支出范围和项目,做到事权和财权相统一。中央核定地方财政收支水平可以考虑用"因素法"取代"基数法",这样做既可以纠正多年来因为基数核定不科学造成的"受益地区长期受益,吃亏地区长期吃亏"的格局,也可以进一步加强财政收支管理,提高资金使用效益。

3. 财政预算管理逐步走向法制化、规范化、科学化,逐步形成一套预算有定额、支出有标准、执行有依据、决算有考核,整个财政运行有监督的公开、公平、透明的财政运行制度和公共预算制度。同时加强对这项资金的专项调查,集中解决中央补助地方资金不公开、不透明的问题,促进转移支付预算编制的细化、完整,使之具有相对的科学依据和相对公平,以利于地方政府、人大加强管理和监督,为建立规范化转移支付制度奠定基础。

(四) 完善激励型财政转移支付制度体系

目前,我国各地省以下政府间财政转移支付体系中都比较强调激励机制的作用,除了在测算收支情况方面得以体现外,直接设置激励性转移支付的地区也较多。必须以发展作为第一要务,在发展中逐步缩小差距,因此仍要依靠加快发展来解决发展中碰到的问题,发挥激励型财政转移支付的积极作用,拉动县域经济发展,缩小区域发展差距。根据二十大报告的要求,健全现代预算制度,优化税制结构,完善财政转移支付体系,同时加大税收、社会保障、转移支付等的调节力度。服务型政府要求尽可能多地提供公共服务,而对于规范的政府转移支付制度的终极目标来说,也是要在提高财政收支效率的基础上,使各地公共服务水平大体相等,更好地推动社会经济发展。激励型财政体制应该以基数确保公共服务水平均衡化,以增量激励市县经济财政加快发展。

1. 按公共财政的要求,科学合理地确定一般性转移支付标准

目前,我国对市县补助的支出可谓巨大,但用于财力均等化的一般性转移支出数额则较少,也就是说,大部分补助是非均等化的专项转移支付、税收返还和体制补助形式。我们认为:一般性转移支付的数额确实偏低,但更为关键的是没有制定出科学合理的一般性转移支付标准。如果只是一味要求省财政补助数额加大,一方面是加重省级财政负担,另一方面恐怕会造成新的平均主义。基本公共服务的对象是人,一个行政区域内需要的公共财政资金数量必须考虑人的因素。所以一般性财政转移支付在保证政府运作之后,必须保障各级政府至少提供最低标准的公共服务,能够给予各个地方生活的居民大致相同的服务标准。也就是一般性转移支付要以行政辖区内所服务的人口数量(以常住人口为主,适当考虑户籍人口,流动人口)作为基本依据,不同地区可以根据生活成本适当调整,据此就可以推算出一个地区提供基本公共服务所需的人均财力,科学地计算出一般转移支付

的规模。"综合增长率"作为激励型财政转移支付制度现在使用的基本指标，不能很好地反映出人民群众的需求和公共财政重点在于支出的本质，重新确定激励型财政体制的转移支付标准后可以有效解决下列问题。

（1）可以更好地解决基本民生问题。"缩小区域发展差距，必须注重实现基本公共服务均等化，引导生产要素跨区域合理流动"。按人口数确定一般性转移支付标准，能够使生活在不同地方的人享受基本相同的公共服务，而不至于使人们为了能够得到更好的公共服务，过度聚集在发达地区和少数大城市中，能使环境的总体承载能力提高，促进各地方可持续发展。

（2）可以提高财政资金使用效率。以人口数作为转移支付标准，将所需财力与地方自身财力的差额作为一般转移支付资金数量，是可行的，也比较规范、统一，可比性较强，资金使用目的明确，容易衡量绩效，利于充分发挥资金效率，指标体系中的人为控制因素较少，也降低了不同财级之间对资金分配的谈判成本。

（3）可以减轻省财政负担。对于发达地区来说，由于自身财力充足，可能没有一般转移支付，因其财政基础好，甚至在省市共享"四税"中可以比欠发达地区承担更大的分成比例，那么省财政可以不用负担这些地区的公共服务开支，大大减轻了省财政的压力，也有利于集中更多的资金用于落后地区的专项转移支付，解决区域差异问题。

（4）可以更好地为企业经济组织和社会组织提供公共服务。由于一般转移支付能够解决好辖区内生活人口的基本公共服务问题，地方政府就可以更加集中向企业提供更高效优质的公共服务，优化投资环境。在统一的公共服务水平下，各地方投资环境中的非经济因素更少，有利于企业根据实际需要和环境条件，选择真正适合企业发展的落户地区，充分发挥市场的资源配置作用，实现地方经济的有序发展。

（5）可以更好地发挥省级财政的调配和导向功能。我国部分发达地区已经进入了后工业化社会，产业升级和调整的压力相当大。而欠发达地区的基础设施条件相对落后，对产业对接和承载转移都造成了阻滞。要求省委省政府加强宏观指引，科学规划全省的产业布局，按照地区产业规划，将专项转移支付资金优先投向产业结构调整中迫切需要解决的交通设施、职业教育、科技研发、能源开发等问题上，带动地方财政和社会资金进入这些领域。遵循市场经济规律，突破行政区划界限，形成若干带动力强、联系紧密的经济圈和经济带，实现各省各地区整体进步发展。

2. 在公共财政的框架下重构激励性转移支付制度

（1）延续激励型财政的最初思路，继续抓好县域经济的发展，努力缩小地区发展差距。将激励型转移支付作为各地专项补助的标准，但比例要适当降低，可以将原有的比例倒过来，新增一般性转移支付的60%用于确保市县财力增长，40%用于各种奖励，充分调动各地的积极性，实现县域经济的自我发展、良性发展。要确保激励政策能够调动最大范围的人民群众一起投身于社会经济发展，充分发挥全社会的力量，而对于确实做出了突出贡献的单位和个人，也要给予适当的鼓励，让他们继续发挥带动作用。

（2）对专项补助要做到实时监管，在放权给市县自主决定使用的同时强调资金的使用效率。对确实能够发挥财政资金效力，经专项补助后，达到或超过预定目标的地方，可以加大专项补助的力度，对于补助效果不明显或政府理财能力较差的地方，则可以考虑交由社会力量进行资金使用管理。在专项补助资金的具体使用上，避免下发资金时"戴帽子"，限制资金的投向，但鼓励地方政府尽可能用于关系到地区长远和全局发展的一些项目上，比如可以规定在投资地区间共享基础设施、涉及地区间利益的大型项目建设时，就能够比那些只能服务本地区的项目和设施获得更大比例的补助，确保在欠发达地区实施重点突破战略。

第六章 Chapter 6
广义政府间财政关系与地区公共服务

> 地方政府的存在基于两个原则：一是地方政府更了解本地居民的需求；二是不同地区有权自主决定公共服务的种类和数量。
>
> ——乔治·施蒂格勒

《"十四五"公共服务规划》涵盖了持续推进基本公共服务均等化，着力扩大普惠性非基本公共服务供给，丰富多层次多样化生活服务供给等内容。公共服务包括基本公共服务、普惠性非基本公共服务两大类；两者的区分主要是政府在其中担负的供给责任不同。而多层次多样化生活服务则是公共服务体系的有益补充，政府对其并不承担供给责任。

【思政案例】

浙江海盐：以基本公共服务均等化推进城乡一体化发展

作为浙江省基本公共服务均等化改革试点县之一，近年来海盐县以"城乡一体化"为载体，致力推进城乡均衡发展，积极在基本民生性服务、公共事业性服务等领域开展探索实践，构建了覆盖城乡、可持续发展的基本公共服务体系，城乡之间、群体之间、区域之间的差距显著缩小，有效助推了经济社会协调发展，率先在全省实现"七个率先"和"九个全覆盖"。即：率先实施城乡一体化失业保险制度；率先探索发展农村劳务合作社；率先建立基层首诊、分级诊疗和双向转诊制度；率先出台《关于在社会救助领域开展社会工作的实施办法》；率先实现文化"两员"全覆盖；率先研发和应用"县镇村"三级公共文化服务绩效评估系统；率先实现文化礼堂全覆盖。九个全覆盖包含村级劳务合作社全覆盖；镇（街道）级特殊教育资源教室全覆盖；村（社区）级居家养老服务照料中心全覆盖；镇（街道）级食用农产品安全快速检测室全覆盖；公共交通站点服务半径500米全覆盖；街道公共自行车全覆盖；镇（街道）级环保站所全覆盖；村级生活污水入网排放全覆盖；行政村广播数字电视全覆盖。2023年，全县城乡居民人均可支配收入分别为78 591元和50 641元，城乡居民收入比例缩小至1.55∶1，在城乡均衡发展方面持续走在前列。

案例解析： 嘉兴市海盐县积极在基本民生服务、公共事业服务领域推进城乡均衡发展，形成了一系列改革亮点。一是以标准化体系引领基本公共服务均等化，建立"一张清单""一套标准""一套评价指标"，把基本公共服务项目的对象、标准、责任落实落细。二是完善社会多元参与机制，鼓励社会组织、社会资本参与卫生、教育、养老等公共服务，既增加服务供给，又带动这些组织的发展。三是通过支援协作、资源共享等方式，使农村老百姓在村里就能享受到城市优质服务。这些做法符合国家政策导向。

思考讨论： 在浙江各个县（市、区），海盐经济体量处于中游水平，是如何做到合理分配有限的财力、"把蛋糕切好"？

第一节 广义政府间财政关系的内涵

政府间财政关系是指在财政体制上划分中央政府和地方政府以及地方各级政府之间财政管理权限的一项根本制度。政府间财政关系在任何多层次政府架构的国家都是一种客观存在，与国家的整体结构有着内在联系。

政府间财政关系问题，通常也称为财政体制问题或财政管理体制问题。为什么会产生财政体制问题？世界上多数国家的政府级别是多层的，不同级别政府之间的财政关系就形成了财政体制问题。不同时期不同国家的财政体制问题是不同的，但其核心问题是一样的，即如何处理财政的中央集权和地方分权问题。集权和分权程度的不同界定，因而就形成了不同的财政体制。中央政府掌握较多财权的财政体制，就是中央集权的财政体制；反之，则称为地方分权的财政体制。一般说来，单一制国家中央集权程度较高，联邦制国家地方财政拥有更多的财权。各国历史传统的差异，决定了即使同是单一制国家或联邦制国家，集权和分权程度也有差别。

一、政府间财政关系的主要内容

政府间财政关系安排事关中央和地方各级政府的财政汲取能力和财政服务能力，是现代化国家治理制度构建的必要要求。[①] 此外，现代国家治理制度的构建要求公平享有公共品是公民的一项基本权利，而政府间财政关系安排是否合理将直接影响各级政府的公共供给水平、结构与质量，从而使政府间财政关系具有权利政治的重要政治意涵。政府间财政关系的这种"一体多面"的特征决定了政府间财政关系改革是一项与国民经济发展、国家治理制度构建、民主政治、法制建设等相连接的"顶层设计"，因此应把政府间财政关系改革提升到制度、体制与机制建设的层面，进行全面设计，统筹规划。总体而言，政府间财政关系包括理论层面上对财政分权、分级财政与财政级次问题的研究与探讨。

---

① 财政部干部教育中心. 现代政府间财政关系研究 [M]. 北京：经济科学出版社，2017.

当今世界，财政分权与集权思想一同构成了各国政府间财政关系的重要维度，其中，财政分权作为从理论和实践两个层面上共同指导一个国家财政体制安排与改革的重要思想[①]，其理论演进与改革措施已经得到了越来越多不同经济发展水平和体制转轨国家的认同。财政分权的思想与原则直接影响到多级政府国家分级财政体制的构建，并为分级财政体制的不断完善提供制度创新的理论指引与改革路径。同时，在财政分权理论指导下建立起来的分级财政体制也将对财政层级或级次的设定提出具体要求，使其最大限度地匹配分级财政体制在事权、支出责任、财权、财力等方面作出的规范性安排，从而将公共财政资源的效用发挥到最大。

具体而言，所谓财政分权是指中央政府给予地方政府一定的税收和支出责任范围的基础上，允许地方政府自主决定其预算支出规模和结构，其预期结果是地方政府能够更有效率地提供当地居民所需要的地方性公共物品或服务。换句话说，从政府间关系的角度而言，财政分权是指通过法律等规范化的形式，界定中央和地方各级政府间的财政收支范围，并赋予地方政府相应的预算管理权限，其核心是地方政府具有一定程度的财政自主权。通常采用地方财政收入、地方财政支出、省级政府预算收入中平均留成比例、子级政府支出与中央政府支出之比、预算收入的边际分成率、自治权指标和垂直不平衡度等指标来衡量财政分权的程度。

分级财政是指在相应政府行政级次划分与财政分权思想的框架下，一国政府依据相关财政预算法规具体设计的以多层次财政预算管理权限划分为特点的分级财政体制安排。

由于地方政府在了解当地居民偏好信息方面处于更好的位置，分级财政体制能够使地方公共决策最大限度地吻合地方居民的意愿与需求，提高公共服务的效率。分级财政体制也有助于地方居民更好地监督地方政府，进而有助于加强地方政府的责任性。此外，与集权财政体制相比，分级财政体制更有利于激发地方的创新精神和改革积极性。当然分级财政体制的上述优势并不会自动产生，它需要具备一系列前提条件。概括地说，一个是财政责任，另一个是财政能力。只有当地方政府与官员在事权和支出责任的划分中具备强大的责任机制，同时在财权与财力的划分中具备较强的财政能力时，分级财政体制才会逐步走向成熟。实践证明，没有责任的分权是不符合需要的分权，没有能力的分权是没有意义的分权。除了责任与能力外，分级财政体制还应包括建立强有力的财政约束框架（如财政赤字约束和债务约束等），这一框架能够约束分权财政体制下的地方财政行为，而不至于破坏中央稳定宏观经济和促进财政可持续性的努力。

财政级次作为分级财政体制与多级次政府行政体制的具体财政管理机构的设置安排，有可能采取"一级政府，一级财政"的模式，也有可能采用跨行政级次设置财政级次的模式。从世界范围来看，以国家政权级次设置相应财政级次的情况较为普遍，即每个级次的财政对本级次的政府行政部门负责，从事本级次的相对独立的财政收支活动。如美国是一个联邦制国家，其政权大体上由联邦政府、州政府和地方政府组成，与之相适应，财政级次也由联邦财政、州财政和地方财政三个级次构成。日本是单一制国家，政府机构分为中央、都道府县和市町村三级，相应地，其财政级次由中央、都道府县和市町村三级财政

[①] 靳继东. 世界主要国家政府间财政关系立法概论 [M]. 北京：科学出版社，2020.

组成。然而，对于政府纵向级次相对较多的国家，为了有效提高财政资金的往来和使用效率，减少资金的流转成本和不当损失，以上这种政府级次与财政级次完全一一对应的情况也可能被跨行政级次设置的财政级次模式所打破，如我国一些地方实行的"省管县"和"乡财县管"的财政级次安排。

二、政府间财政关系的维度

从现实中政府级次与组织结构的普遍安排上看，政府间财政关系包括纵向、横向两个重要的维度。

首先，政府间财政关系的纵向维度是指上下级政府间的财政关系，包括中央与地方，以及地方各级政府间的财政关系。在以上关系中依据财政分权、公共财政、公共产品等理论，结合具体国情与体制传统，设定各级政府间事权与财政支出责任划分的原则，并以法律法规的形式明确各级政府的具体事权与财政支出责任是最为重要的内容，也是政府间收入划分、分级财政与财政级次安排的核心依据和前提。

其次，政府间财政关系的横向维度主要包括两个方面：一是政府内部部门之间的财政关系；二是同级政府之间的财政关系。政府内部部门之间的财政关系主要包括财政部门与税务机关、商务部门、投资审批部门、海关，以及其他涉及财政政策制定与执行、财政收入与支出分配权限的政府机关之间的财政联系，这种关联还可能延伸到财政部门与立法机关之间在财税问题上的彼此立场。同级政府之间的财政关系是指不具有隶属关系、主体地位平等的政府之间的财政关系，包括省级政府之间、市级政府之间、县级政府之间和乡级政府之间的财政关系。在这一横向关系中，同级政府间既有合作也有竞争，其中，对地方政府间不当竞争的疏导、调节与约束也是优化政府间财政关系需要重点考虑的方面。当然，除了纵向与横向的政府间财政关系外，在一些特殊历史条件和时空背景下，还有可能出现跨越不同隶属关系、不同层级的辖区政府或职能部门之间的特殊财政关系，如灾后重建、贫困地区的扶贫开发、生态环境保护等。

三、构建政府间财政关系的必要性

现代财政制度是国家治理现代化的重要基础，深化财税体制改革、建立现代财政制度，既是对现行政府间财政关系的继承、发展与创新，又是适应国家治理现代化新形势，对财税体制等基础制度的系统性重构。现代财政制度要求在体系上建立全面规范、公开透明的预算制度，公平统一、调节有力的税收制度，中央和地方事权与支出责任相适应的财政管理制度。因此，政府间财政关系的科学、有效、及时调整，既是遵循财税体制改革与政府职能转变的客观要求，也是为现代财政制度的构建提供体制保障，最终实现公共财政体制与现代财政制度的相互支撑、协同发展。

1. 现代社会正确处理政府与市场关系的客观需要

现代社会实现各种资源的科学、有效利用，经济平稳增长，财富合理分配的重点与核心问题，是处理好政府与市场的关系，使市场在资源配置中起决定性作用和更好地定位与发挥政府作用。从发达市场经济国家现代化的过程来看，总的原则是尽可能依靠市场，必要时依靠政府，由市场发挥决定性作用，政府主要是弥补市场缺陷。财政作为政府履行基本职能的经济基础，政府治理和宏观调控首要运用的是财政工具，通过法定、科学、制度化的政府间财政关系执行各项财政政策、配置公共资源，使政府在市场监管、社会保障、公共服务等方面承担责任，保证市场和社会主体在公平的平台上竞争发展。

正确认识政府与市场关系下的政府间财政关系构建，一方面有助于推进要素自由流动，为市场创造公平竞争的环境，促进市场发育和成长，另一方面，政府的事权范围主要集中在加强市场监管、维护市场秩序、弥补市场失灵、推动可持续发展，在此基础上加强和优化公共服务，促进社会公正和共同富裕。这对于政府职能转变、公共管理效率提升和妥善处理政府与市场关系具有举足轻重的作用。

2. 切实提升国家治理水平的体制保障

财政是国家治理的基础和重要支柱，是国家政权活动的重要组成部分，既是经济范畴，也是政治范畴，政府间财政关系及相应的财税体制在治国安邦中始终发挥着基础性、制度性、保障性作用。政府间财政关系的确立与调整体现并承载着政府与市场、政府与社会、中央与地方等方面的基本关系，在国家治理体系中处于基础位置，深刻影响着经济、政治、文化、社会、生态文明、国家安全等领域。由于财政功能日益彰显，不论是发展中国家还是发达国家都在致力于推动政府间财政关系的不断优化，以及相应财政制度的现代化改造。

首先，科学合理的政府间财政关系是国家治理的重要体制基础。财政是政府与市场、政府与社会、中央政府与地方政府之间联系的纽带，而且在任何的经济形态和社会发展阶段，财政都是政府治理和履行职能的基础。其次，法制化、制度化的政府间财政关系是国家治理的重要体制支柱。从现代社会的发展角度来看，政府间财政关系涉及的领域已经扩张到政治、经济、社会、文化、生态等国家治理体系的方方面面。例如，就实现基本公共服务均等化、平衡地区间经济发展水平来讲，就需要在既定政府间财权与财力配置的基础上，制定高效、有力的纵向与横向转移支付制度；就不断提升财政支出绩效与人民满意程度，打造权责一致的责任政府而言，就需要建立具有坚实理论基础、明确法律规范的政府间事权与支出责任相适应的财政支出体制。

3. 有效履行政府公共财政职能的重要基石

公共财政职能是与市场经济体制相适应的政府经济职能，也是应对市场失灵的国家治理逻辑的延伸。通常与市场失灵的主要表现相对应，公共财政具有资源配置、收入分配和稳定与增长三大职能，而政府间财政关系的具体安排将极大地影响这三大职能的履行效果。

首先，科学合理的政府间财政关系为资源的充分利用和最优配置奠定体制基础。政府间财政关系的首要内容就是事权在政府与市场间的划分以及各级政府间的法定支出责任安排，只有首先明确了政府的事权范围，划清了其与市场间的边界，公共财政在弥补市场资源配置失效领域的职能作用才能得到准确、充分的发挥。同时，各级政府间如何科学、务实，以绩效结果为导向划分公共财政的资源配置职能，更是政府间事权与支出责任相适应的体制安排的重要依据。

其次，政府间财政关系在财权与财力上的划分将直接影响公共财政收入分配职能的发挥。公共财政的收入分配职能是为了达到收入公平合理分配的政策目标，政府对参与收入分配的各主体利益关系的调节。实现社会公平是公共财政收入分配职能的主要目的，即将社会收入差距维持在现阶段社会各阶层居民所能接受的合理范围内。税收是调节收入分配的主要手段，而不同的税种有其不同的税收属性和特征，政府间的财权划分应充分遵循这一点，否则公共财政收入分配职能的作用及政策执行将大打折扣。此外，从社会保障的角度来看，由于各级政府间事权与支出责任、财权与财力非对称现象的客观存在，制定有效的政府间纵向与横向财力保障制度，也是实现社会保障制度发挥公共财政收入分配职能的重要体制保障。

最后，健康有序的政府间财政关系是实现公共财政稳定与促进经济增长职能有效履行的重要体制载体。通过财政政策的制定、实施与调整，使整个社会保持较高的就业率，实现物价稳定、国际收支平衡以及经济持续增长等政策目标是公共财政稳定与促进经济增长职能的主要内容。一方面，科学的政府间财政关系在财权与财力的安排上，将竭力避免地方政府不合理的财政竞争，维护全国统一市场与国家对外经济政策的一致性，从而促进宏观经济的稳定与资源配置的高效。另一方面，中央政府将会通过各种财政转移支付引导或抑制地方政府的经济行为，从而将地方政府的公共财政职能履行有效地纳入全国统一的宏观经济政策中来，保证宏观经济政策从中央到地方的贯彻执行。

4. 增强各级政府履行职责的能动性与积极性

无论是单一制国家还是联邦制国家，只要多级政府的政权组织形式存在，按照现代财政制度的要求，正确处理好政府间的多重财政关系，是确保中央和地方两个权力主体积极主动地履行政府职责的重要体制保障。一方面，法律约束明确、原则务实、权责清晰的政府间财政关系将首先保障中央政府宏观调控、实施重大改革、推进基本公共服务均等化、协调区域发展能力、维护主权等方面的事权和支出责任的履行，通过财权、财力的科学配置，转移支付制度的不断完善，促使地方政府树立全国统一市场的施政理念，从有效提升国家治理能力，实现国家长治久安的角度主动配合、贯彻落实中央政府的改革措施与方针政策，最大限度地提升中央政府职责的履行效果。

另一方面，财政分权思想与改革措施不断优化的核心目标，就是要在适宜的范围内，明确地方政府的自治权力，充分发挥地方政府财政在资源配置与民生服务职能方面的积极性，从而为健康稳定的政府间财政关系构建注入可持续的正能量。在单一制宪政制度下，地方政府自治是一种纵向分权的模式，依照宪法规定将公权力从中央分割一部分归地方行使。在联邦制宪政制度下，地方自治的权力不是从上而下地授予，而是自下而上地对中央权力的限制，这种意义上的地方政府自治旨在防止中央权力对地方事务的干涉，有利于消除地方区域的公民对强大的中央国家权力的担心。然而，无论何种国体，从宪政制度设定看，地方政府与财政不仅是构成国家的基本单位，也是一个独立存在的权力主体。其与中央的权力划分是在宪法框架下进行分权实现的，与中央也不是一种简单的直接领导与被领导的关系。在这种体制下，强调地方政府及其财政的事权、支出责任、财权、财力的划定源自强调包括集体自治在内的公民的固有权利，由于权利具有先验的正当性和不可剥夺性，因此这种政府间财政关系的构建理念更有利于保护地方政府财政自治权的行使，提高其政府职能履行的能动性和积极性。

此外，在政府间具体财政关系的设定上，中央政府也应尽量避免"一刀切"，让地方有权利行使和改革探索的施展空间，更好地发挥其信息获取优势，鼓励基层的首创精神，合理维护地方利益，调动和发挥地方政府财政管理改革的主动性和创造性。例如，在事权和税收体系进行调整后，如何弥补地方财力可能出现的缺口，中央政府要做好细致的测算工作。地方政府既得利益有所保证或提高，有利于调动和发挥地方改革发展的积极性、主动性和创造性，有利于增强地方经济社会活力。总之，构建科学合理的政府间财政关系，对于统筹兼顾，发挥好中央和地方的两个积极性，有效提升各级政府职能履行的能动性和积极性意义重大。

第二节 基本公共服务的内涵

一、公共服务的概念

公共服务概念及内涵的演变是一个历史、社会、经济和政治的范畴，是在一定经济社会背景下国家和政府职能的反映。本书主要在梳理公共服务理论发展线索的基础上，界定公共服务的基本概念及我国公共服务的内涵。

公共服务是指政府为满足社会公共需要而提供物品和服务的行为，按照竞争性和排他性关系分为纯公共服务和准公共服务。纯公共服务是指同时具有非排他性和非竞争性的产品和服务，如国防、有效率的政府或制度、环境保护、基础科学等；准公共服务又分为俱乐部产品和共同资源，前者是消费上具有非竞争性，但又具有排他性的服务，如：公共桥梁、公共游泳池及公共电影院等，后者是消费上具有非竞争性，却无法有效排他的服务，如：公共渔场、牧场等。

关于公共服务构成体系还未形成权威性的结论，但是理论界和政府相关部门从不同角度的论述基本涵盖了公共服务的核心内容。目前，其构成体系可以概括为以下三个方面。

第一，按照政府职能，公共服务可以分为维持性公共服务、经济性公共服务、社会性公共服务。其中：维持性公共服务是指维持国家安全、行政管理运转的公共服务，如国防、外交、公共行政服务等；经济性公共服务是指政府为促进经济发展而直接进行各种经济投资的服务，如投资经营国有企业与公共事业、投资公共基础设施建设、对企业经营活动进行补贴等；社会性公共服务是指政府通过转移支付和财政支持对教育、社会保障、公共医疗卫生、科技补贴、环境保护等社会发展项目所提供的公共服务。

第二，按照涵盖范围，公共服务可以分为广义公共服务和狭义公共服务。其中：广义公共服务包括市场经济中政府的所有职能，如宏观经济管理、政府管制、反垄断、再分配及国防、外交、义务教育、公共卫生、基础设施等；狭义公共服务是指能够直接为公民提供安全和社会福利水平的产品，如国防、外交、义务教育、公共卫生、基础设施等。

第三，按照地域范围，公共服务可以分为国家公共服务、地方公共服务和区域公共服务；按照责任可以将公共服务分为中央政府提供的公共服务、地方政府提供的公共服务、中央和地方政府联合提供的公共服务。

二、基本公共服务的内涵界定

在公共服务概念的基础上，更多是强调基本公共服务，在国外也称为核心公共服务或核心政府服务。从基本公共服务的概念看，其表现出明显的"公共性""兜底性""福利性""发展性"等基本特征。国家发展改革委等21个部门发布的《国家基本公共服务标准（2023年版）》从"幼有所育、学有所教、劳有所得、病有所医、老有所养、住有所居、弱有所扶、优军服务保障、文体服务保障"等方面明确了国家基本公共服务的具体要求，该标准强调了基本公共服务的福利兜底功能，目的在于保障广大人民群众可以享有一定水平的基本生活保障。但从更广义的角度看，基本公共服务的范畴远远不仅于此，市政道路、地下管廊、公共场馆、通信网络、环保绿化等关乎人民群众生活质量和地方经济社会发展的基本保障条件，也都应属于基本公共服务的范畴。美国重点强调"义务教育、公共卫生和养老保险"；加拿大的基本公共服务包括"教育、医疗卫生和社会福利"等。可见，基本公共服务的"基本"不是绝对的，不同的国家、同一国家的不同发展阶段都会呈现出不同的内涵。近年来，我国基本公共服务标准体系建设取得明显成效，涵盖国家、行业、地方和基层服务机构的基本公共服务标准制度框架已搭建完成，80项基本公共服务项目已经基本落实到位，为保障和改善民生发挥了积极作用。

本书主张将从我国公共服务失衡状况及其紧迫性出发，确定我国公共服务基本内涵，具体包括三个原则。

第一，传统理论界定的"纯属性原则"。该原则强调的公共服务是在市场经济条件难以有效供给时，由政府提供的无差别地满足全体公民的物品和劳务。该类公共服务涵盖的物品和服务具有严格的"非竞争性"和"非排他性"，也可以理解为"纯公共服务"的范畴，它具有永恒的不变性。具体包括维护国家安全和利益的国防、外交；维护上层建筑和市场经济秩序的行政管理、公检法司和宏观经济管理；维护国民生存与发展的公共安全、公共卫生、义务教育和就业培训。

第二，政府职能演变的"混合属性原则"。该原则指除了一般社会经济发展模式下政府职能拓展出的"纯属性原则"范畴，还应该体现不同国家，或者同一国家不同发展阶段政府职能的差异所应该提供的公共服务。值得注意的是，后者具有较强的单一国家特征，例如，对于一个从计划经济向市场经济转型、市场机制不健全、区域发展失衡、国民收入差距不断扩大、同时具有社会主义意识形态特征的中国，其政府提供公共服务的职能不可能同其他奉行市场经济的国家完全相同。同样，我国在改革开放初期、现在以及未来，政府提供公共服务的职能也不可能相同。总之，该类公共服务属于只具备"纯属性原则"中的某种属性特征，遵循的是"混合属性原则"，它随着政府职能的演变而变化。就我国目前的情况而言，它包括教育（义务教育除外）、医疗卫生、文体传媒、社会保障、生态环境、住房保障、科学技术、农林水事务、交通运输等。

第三,具有战略性和民族性的"特定国情原则"。该类公共服务既不遵循传统理论界定的"纯属性原则",也不遵循政府职能演变的"混合属性原则",它着眼国家长期发展战略性利益和维护民族团结的国家利益。就我国国情而言,包括促进边疆民族地区稳定与发展的范畴等。

专栏 6-1

公共服务理论的演进

公共服务理论研究大体经过了三个历史发展阶段,分别是社会政策学派与公法研究阶段、公共经济学研究阶段和新公共管理研究阶段。最早提出公共服务概念的学者是19世纪后半叶的德国社会政策学派和20世纪初期的法国公法学者;后来,随着公共经济学者于1954年明确提出"公共产品"定义,公共产品的研究成为经济学和财政学重要的概念;1978年以来,公共行政学的研究受到公共经济学研究的重大影响,经济学分析方法成为公共行政学研究的重要方法,公共服务成为当代公共管理研究的重要内容。

一、社会政策学派与公法研究阶段:明确提出"公共服务"概念

早期国家理论认为,公法(主要指宪法和行政法)的主要作用在于明确界定和保护个人权利,以个人权利来制约和抗衡国家的公共权力。因而,国家只负责履行主权方面的职能,如司法、警察、国防、税收等。后来,国家的使命逐渐扩大到教育、公共工程、卫生、就业、城市规划等方面。在这种背景下,作为法国行政法基础的公共权力的观念被公共服务的观念所替代。1912年,法国公法学者莱昂·狄骥明确提出"公共服务"概念并将其作为现代公法制度的基本概念。他指出:现代公法制度背后所隐含的原则,可以用这样一个命题来加以概括:即,那些事实上掌握着权力的人并不享有行使公共权力的某种主观权利,而恰恰相反,他们负有使用其手中的权力来组织公共服务,并保障和支配公共服务进行的义务。国家再也不是一种发布命令的独立权力;而是某个由那些掌握着强制力的个人——他们必须要使用这些强制力来创设和管理公共服务所组成的集团。公共服务的概念也就因此成为了现代公法的基本概念。狄骥这样来定义公共服务:"对一项公共服务可以给出如下定义:任何因其与社会团结的实现与促进不可分割、而必须由政府来加以规范和控制的活动,就是一项公共服务,只要它具有除非通过政府干预,否则便不能得到保障的特征。"

二、公共经济学研究阶段:明确提出"公共产品"概念

凯恩斯在1929年资本主义世界经济大危机的背景下,撰写了惊世之作《就业、利息和货币通论》,改变了传统西方经济学对于政府职能的看法。他批判了萨伊理的"供给自动创造需求"的观点和新古典主义据此提出的资本主义经济可以通过自由竞争而自动保持均衡的理论,旗帜鲜明地提出了政府干预论,强调通过政府干预

"提高消费倾向和引诱投资"，使有效需求与充分就业水平相适应。同时，他还提出了总量视角的宏观经济概念。对以后世界各国的经济实践产生了深远影响。凯恩斯之后，长期占据西方经济学主流地位的是以萨缪尔森为代表的新古典综合学派。1954年，萨缪尔森在11月号的《经济学和统计学评论》上发表了《公共支出的纯理论》一文，首次提出了"公共产品"的明确定义。20世纪50年代末，马斯格雷夫出版了被奉为经典著作的《财政学原理：公共经济学研究》，首次引入公共经济概念。公共经济学的研究对象就是着眼于更好地满足社会成员的需要，怎样合理界定公共产品与私人产品的边界，稀缺的社会资源如何在公共产品和私人产品生产之间恰当配置，公共权力机构如何最有效地提供公共产品等问题。公共经济学认为，现代西方经济是市场与政府共同作用、私人部门与公共部门并行互补的混合经济，为了实现资源配置的帕累托最优，从而达到国民福利最大化目标，必须努力将私人部门和公共部门限制在各自合理的范围内，尽可能做到使市场与政府在作用领域上各得其所。

三、新公共管理研究阶段："公共服务"成为公共管理的核心内容

新公共管理理论是20世纪80年代以来在英国、美国等国家出现的行政改革的指导理论，它是对当代西方行政改革实践经验的基本总结。新公共管理理论不再将公共管理活动仅仅看作是政府的行政管理职能，也不是仅仅将公共管理活动等同于公共部门的管理活动，而是将公共管理看成是在公共产品与公共服务供给过程中，由多元主体共同组成的复杂网络的治理，是由公共部门、准公共部门及部分参与公共服务提供的私人部门共同对公共事务的处理。这是新公共管理的最基本的特征。新公共管理理论认为，政府应该起掌舵而不是划桨的作用，政府可以通过民主程序设定社会需要的优先目标，与此同时，又利用非政府组织和私人部门的力量来提供公共服务，政府不是高高在上，自我服务的官僚机构，政府公务人员应该是负有责任的"公共企业经理和管理人员"，社会公众是向政府提供税收的纳税人和享受政府服务的"顾客"或"客户"，政府服务应以顾客为导向，应增强对社会公众需要的回应力，公共部门管理应从重视工作过程与投入转向注重结果与产出，应该明确规定公共机构应达到的公共服务目标，并对其最终工作结果进行绩效评估，对达到或超额完成预期目标的机构与人员进行奖励。

第三节　国家治理与基本公共服务均等化

中国共产党第二十届中央委员会第三次全体会议中提出：全面深化改革的总目标是继续完善和发展中国特色社会主义制度，推进国家治理体系和治理能力现代化，到2035年

要基本实现国家治理体系和治理能力现代化。"十四五"规划对推进基本公共服务均等化工作作出了新的部署，其中明确提出，到"十四五"末基本公共服务均等化水平要明显提高；到2035年基本公共服务要实现均等化。推进基本公共服务均等化意义重大，不仅有利于保障和改善民生，还有利于推动国家治理体系和治理能力现代化，明确基本公共服务的底线标准，是国家向人民群众作出的庄严承诺，是健全完善国家基本公共服务体系的基础性工作，有利于推动统筹城乡的民生保障制度完善，有利于推进国家治理体系和治理能力现代化。[①]

一、均等化及我国公共服务均等化的实现要求

理解我国实现公共服务均等化的现实要求，其前提是明确均等化的基本概念，通过梳理中国古代理想主义均等化观、自由放任思想的机会均等观、政府干预的结果均等观以及马克思主义的系统均等观，深入理解均等化的基本内涵，结合我国公共服务均等化实际现状与目标，界定我国实现公共服务均等化的核心内容和度量标准，具有非常重要的现实意义。

（一）均等化概念的理解

均等（Equality）代表一种追求的目标状态，均等化（Equalization）则是为了实现这一目标而需要采取的手段。同时，均等（Equality）与公正、正义（Justice）、公平（Fairness or Equity）相联系，均等化也因此是一个与公正和正义密切相关的概念。

首先，均等化存在"起点均等""过程均等"和"结果均等"三种衡量视角，不同视角具有不同的特征及实现原则。"起点均等"强调基础条件的大体相当；"过程均等"则重在制度的公平，在市场经济条件下，主要还是坚持机会平等、过程公平的竞争，体现生产要素报酬的效率性；"结果均等"反映最终水平的基本相当，强调政府再分配的公平与正义。

其次，均等化是一个"相对"概念，从制度实践的结果看，"绝对的"均等化所表现的"平均主义"将会损害经济社会发展的效率性。

最后，实现公平或均等化是一个过程，是追逐既定理想目标的过程，并不完全意味着既定目标的实现。

（二）我国公共服务均等化的核心内容

基于我国公共服务的内涵界定及均等化概念的理解，我国公共服务均等化的核心内容应从范畴、目标和能力三个角度理解：

第一，公共服务均等化的范畴：具有区域差异的公共服务。如前所述，我国均等化的公共服务首先是根据具有"非竞争性"和"非排他性"特征，即根据"纯属性原则"界定的"纯公共服务"的内容，包括国防、外交、行政管理、公检法司、宏观经济管理、

[①] 发展改革委，中央宣传部，教育部，公安部，民政部，司法部，人力资源社会保障部，住房城乡建设部，农业农村部，文化和旅游部，卫生健康委，退役军人部，国资委，广电总局，体育总局，统计局，医保局，中医药局，全国妇联，中国残联. 关于印发《"十四五"公共服务规划》的通知. [EB/OL] (2022-01-10) [2023-05-14] https://www.gov.cn/zhengce/zhengceku/2022-01/10/content5667482.htm.

公共安全、公共卫生、义务教育和就业培训；在"混合属性原则"界定的公共服务基础上，根据社会对这些公共产品的共识和政府供给效率，将该部分公共服务纳入公共服务的范畴，包括国民基本医疗保障、城镇农村最低生活保障、五保、城镇公共租赁住房保障、文化体育、生态环境、农林水事务；将"特定国情原则"确定的内容纳入公共服务的范畴，包括计划生育事务、促进边疆民族地区稳定与发展事务。

应该指出的是，"公共服务均等化"是特指具有"区域差异"特征的那部分公共服务。一方面，由于地方经济发展水平差异导致地方政府提供公共服务的能力存在差异，中央政府通过一定的方式和手段促使这部分公共服务"均等"；另一方面，完全由中央政府直接行使的公共服务并不存在"均等化"的问题。

第二，公共服务均等化的目标：维持或缩小可容忍的差距。首先，遵循效率原则就不可能实现结果均等。无论是以美国为代表奉行自由资本主义模式的国家、以日本为代表强化政府干预模式的资本主义国家，还是选择高福利制度的欧洲国家，公共服务都不可能实现绝对的均等，否则将走向平均主义的道路而损害效率原则，高福利国家奉行福利政策所导致的高失业率就是一个很好的例证。纵观成熟市场经济国家、新型工业化国家的经验，他们所倡导的核心公共服务，尽管侧重机会的均等，但更注重保持效率原则，根据《中共中央关于制定国民经济和社会发展第十四个五年规划和二〇三五年远景目标的建议》中要求，"十四五"时期基本公共服务均等化水平明显提高，在促进基本公共服务均等化过程中推进区域协调发展战略，促进市场一体化发展，完善转移支付制度，深化户籍制度改革，加快农业转移人口市民化，强化基本公共服务财政保障，扎实推动共同富裕，促进人的全面发展和社会全面进步。到 2035 年，"人均国内生产总值达到中等发达国家水平，中等收入群体显著扩大，基本公共服务实现均等化，城乡区域发展差距和居民生活水平差距显著缩小"。城乡公共服务均等化可以吸引更多农村居民向城市流动，推动城市化进程。这有助于优化人口结构，提高城市和农村的人力资源利用效率，推动城市可持续发展。[①] 因此，公共服务"均等化"只是一个目标。其次，政府实现的公共服务"均等"只能维持或缩小公共服务的差距，只是一种"保底"的均等，所谓"保底"是指一定社会经济发展阶段民众可以容忍、政府可以实现的最低目标，它是一个"相对概念"，是将公共服务的差距控制在社会"可容忍"范围内。因此，我国公共服务均等化的目标是在保持效率原则的基础上，通过财力的集中和有效的资源配置模式，促使公共服务控制在一定的差距水平，并逐步缩小公共服务结果的差距。

第三，公共服务均等化的能力：财力集中规模与配置的均等。政府实现公共服务均等化，主要取决于政府集中财力的规模、合理配置财政的方法以及资金使用监督约束的机制这三个方面。首先，以均等化为基础确定财力规模。从中央政府集中财力来看，财力规模的集中强度取决于当前公共服务实际差距、潜在差距及政府希望控制的"可容忍"差距，以此体现公共服务均等化思想；其次，以均等化为目标的财力配置。从中央政府配置财政资金来看，要以缩小公共服务差距为目标，根据公共服务范围及确定的均等化程度标准，

---

① 姜晓萍，郭宁. 我国基本公共服务均等化的政策目标与演化规律——基于党的十八大以来中央政策的文本分析[J]. 公共管理与政策评论，2020（06）.

按照"因素法"测算各地提供相当程度公共服务的资金配置方法，重点考虑公共服务的需求因素、供给成本、管理制度等方面的差异，并结合各地标准财政收入水平配置财政资源，实现各地提供公共服务的财政能力均等化；最后，必须建立公共服务水平提升和均等化实现的监督考核机制，否则会导致结果与政策目标的分离。

（三）我国公共服务均等化水平的度量

政府提供各地区居民的公共服务主要由两个部分构成：一是由中央政府提供的全国性公共服务，理论上不会产生较大的地区差别；二是各地方政府提供的地方性公共服务，其供给水平主要受地方政府财力水平影响。因此，地区间公共服务的均等化可以采用财政均等化程度来表示，但公共服务均等并不完全等同于财力均等化，其理由是：

首先，政府通过财力均等实现公共服务均等化更加强调结果均等，主要是地方政府财力作用的结果，值得注意的是：财力的均等必须将提供公共服务的成本差异考虑在内，所以包括成本差异的财力均等是实现公共服务均等化的必要条件。

其次，公共服务机会或结果的产出，除了受到财力作用外，还受到政府职能定位、管理制度及效率性等因素的影响，只有在政府职能定位清晰、管理制度及效率性等因素相同的地区，公共服务均等化才等同于财力均等。

最后，管理制度及效率性等因素难以衡量，政府职能定位不清或者其他目标的追逐都影响公共服务的供给，但这些因素可以通过制度设计中的约束条件来弥补，所以，公共服务均等化可以采用财力的均等化来度量。

从现实情况看，通过财力均等化实现公共服务均等，主要解决两类地区间公共服务差距：一是"存量差距"，即由历史因素导致的区域间公共服务的差距；二是"现实差距"，即在各地区经济发展水平和财政能力基础上，公共服务投入上的差距。针对"现实差距"，可以通过中央对地方的一般性转移支付在短期内就能够解决，而"存量差距"由于积累的历史较长，表现出的差距程度较大，地区间需求偏好的重点也不尽相同，因此，可以采用均衡性转移支付中的独立测算或者专项转移支付在长期内解决。

本书主张公共服务均等化可以采用财力均等化来度量，并可以采用两种互补性的转移支付形式交替进行：一是在测定公共服务需求的基础上，通过一般性转移支付的财力性均衡缩小地区间公共服务的"现实差距"，换言之，在公共服务投入上实现"维持与发展"的均等化，财力性均衡可以定位在人员经费与事业发展的基本财力保障等领域，确保公共服务的差距不会进一步扩大；二是在科学测算区域间公共服务实际水平差距的基础上，通过均衡性转移支付的单独测算部分或者专项转移支付缩小地区间公共服务水平的"存量差距"，该部分差距的缩小可以定位在缩小公共服务水平的资本性支出领域。两种转移支付形式有机结合，均衡地区间财力水平，最终实现公共服务均等化目标。

二、我国公共服务均等化的演进与成效

（一）我国公共服务均等化的演进

1. 改革开放以前的公共服务均等化特征

第一，公共服务追求平均化。在平均主义分配思想的影响下，改革开放之前的公共服

务均等化可以视为公共服务平均化。在国家层面,这种绝对平均的公共服务主要通过建立高度集中的计划经济体制和统收统支的财政体制,对积累和消费进行集中安排,保证资金投向的平均化。

第二,城乡公共服务体系分割。城市主要以企业办社会为基本模式,城市职工享有生、老、病、死、残等各方面的福利待遇,并且享有国家财政投入的保障;农村则以集体力量为担保,形成了集体范围内的服务均等,国家基本上不对农民提供生活补贴、社会保障和福利。相比较而言,农民在享受公共服务的水平上与城市存在较大差距。

第三,公共服务事项少,覆盖范围广、水平低。公共服务范围主要是义务教育、公共卫生、社会救济等一些最为基本的公共服务。由于事项少,所以能够覆盖全国各地,并且在城市和农村之间相差不大,同时受当时经济发展程度制约,人均享受到的公共服务水平较低。

2. 改革开放到1994年公共服务均等化特征

第一,逐步开始重视公共服务。首先是公共服务事项增加,由原来的社会保障和社会福利,逐步拓展到养老、医疗、就业等公共服务方面。财政在支出职能中越来越重视公共产品、公共服务的提供,对养老、医疗、就业等公共服务的改革,从资金上予以支持和保障,并大力加强教科文卫等社会事业方面的投入力度。

第二,改革仅限于增量改革,没有弥补经济发展和城乡割据形成的公共服务提供差距。在20世纪90年代以前主要是"增量"改革,通过"放权让利""承包"制使整个经济发展,增加了国有企事业单位职工的工资,原来国有企业职工享受的医疗、住房、交通等福利和就业保障依然维持,同时城市居民在教育、医疗、交通、食品等方面享受的国家财政补贴也继续维持。

第三,地区间公共服务差异开始逐步拉大。受财政体制改革及国有企业改革的影响,地区间提供公共服务的能力出现了差异,在公共服务提供的数量和质量上也逐步拉开了差距。这一段时期,主要形成了东中西部公共品供给差异,优质的公共资源日益趋向东部发达地区集中。

3. 分税制改革到2002年公共服务均等化特征

第一,政府公共服务职能日益增强。1998年12月的全国财政工作会议,明确提出了我国建立公共财政基本框架的思路及相关原则,包括以下四个要点:一是调节市场资源配置;二是保证公共支出;三是促进公平分配;四是做好宏观调控和转移支付工作。2003年十六届三中全会要求"健全公共财政体制",并最终将其明确写入了中央全会的文件和国家发展规划。这一时期,财政支出重点加大了农业投入,支持农村税费改革;积极支持企业职工养老保障改革、支持逐步建立失业保障和促进就业、探索建立城乡低收入人群基本生活保障制度;支持住房制度改革;大幅增加环境保护和生态建设投入。

第二,开始探索提出统筹城乡公共服务。根据十六届三中全会精神,政府改革了过去计划经济时期在食品、住房、医疗、教育等方面的国家补贴或包下来的制度,取消了国家对城市粮、油及副食的补贴;逐步停止了福利分房,实行住房商品化;积极推行医疗保险、"大病统筹"来替代过去的"公费医疗";取消了教育基本由国家"包下来"的做法,允许教育,特别是高等教育收费。通过深化国有企事业单位改革,改变了过去"职工吃企业大锅饭,企业吃国家大锅饭"的不合理体制。这实际上也是统筹城乡发展,对城乡公共服务进行存量调整的一种探索与尝试。

4. 2003—2011年公共服务均等化特征

第一,尝试进行中央和地方之间的公共服务权责划分。2006年3月,《国民经济和社会发展第十一个五年规划纲要》提出,要"合理划分中央与地方及地方各级政府间在经济调节、市场监管、社会管理和公共服务方面的权责"。同年10月,《中共中央关于构建社会主义和谐社会若干重大问题的决定》又提出,要"进一步明确中央与地方的事权,健全财力与事权相匹配的财税体制。完善中央和地方共享税分成办法,加大财政转移支付力度,促进转移支付规范化、法制化",充分表明了我国中央与地方关系调整改革的方向和思路,为各级政府有效提供公共服务奠定基础。

第二,公共服务事项进一步增加,公共服务事项进一步明确。从2003年党的十六届三中全会要求"健全公共财政体制",再到党的十七大提出"完善公共财政体系",建立和完善公共财政成为党、政府和广大人民的共识。我国以促进社会经济各项事业发展和保持社会稳定为主要政策取向,公共服务事项进一步延伸到农村基础设施建设、农村社会事业、新农村建设、教育、社会保障、医疗卫生、科技创新、节能减排、环境保护等方面,公共服务的覆盖范围进一步扩大,尤其是教育、社会保障、医疗等成为群众最关心的民生问题,也是公共服务应解决的事项。

第三,公共财政对公共服务均等化的保障能力逐步增强。在公共财政体系设置上,明确了通过提供公共产品来满足人民的需求并逐步使其均等化的目标,同时使财政体制更加公平、公开、透明;在支出方面,用于提供公共服务和公益事业的越来越多,转移支付规模和结构不断适应均等化的需要;在预算体系方面,开始试编国有资本经营预算,朝着建立包括经常性预算、国有资本经营预算和社会保障预算的复式预算方向迈进。

5. 2012年至今公共服务均等化特征

第一,构建基本公共服务体系(2012—2016年)。2012年5月国务院颁布了首部以基本公共服务为主题的规划——《国家基本公共服务体系"十二五"规划》,其侧重点是建立健全基本公共服务体系,确定了基本公共服务的服务范围、服务对象、保障标准、支出责任和覆盖水平等内容,把基本公共服务均等化从基本理念具体化为可操作的政策措施。紧接着党的十八大报告提出:"到2020年,基本公共服务均等化基本实现","加快形成政府主导、覆盖城乡、可持续的基本公共服务体系",首次明确了实现基本公共服务均等化的时间点,并强调了基本公共服务体系的发展方向。

第二,全面推进基本公共服务均等化(2017—2020年)。经过"十二五"时期的努力,我国初步建立了较为完善的基本公共服务体系,但是仍存在发展不平衡不充分的突出短板。为此,2017年1月国务院发布了《"十三五"推进基本公共服务均等化规划》,该规划紧扣"到2020年基本公共服务均等化总体实现",将"十三五"基本公共服务建设的任务聚焦为推进均等化。党的十九大进一步提出"2035年基本公共服务均等化基本实现"的政策目标。随着均等化范围、重点任务、目标等不断明确,完善标准化体系被摆到了第一位。2018年1月国务院印发了《基本公共服务领域中央与地方共同财政事权和支出责任划分改革方案》,科学界定了中央与地方权责,确定了基本公共服务领域共同财政事权范围，规范了中央与地方支出责任分担方式；7月中共中央办公厅、国务院办公厅印发了《关于建立健全基本公共服务标准体系的指导意见》，提出建立健全基本公共服务标准体系，以标准化促进基本公共服务均等化、普惠化、便捷化。针对前期实践中存在"重数量，轻质量"的现象，2018年中共中央、国务院印发了《关于全面实施预算绩效管理的意见》，提出"全面实施预算绩效管理就是提升公共服务质量的重大举措"；2019年18部委联合印发了《加大力度推动社会领域公共服务补短板强弱项提质量，促进形成强大国内市场的行动方案》，直接把补齐社会领域基本公共服务短板、增强非基本公共服务弱项以及提升公共服务质量和水平作为下一步工作的重点。根据经济社会发展的变化，2020年10月召开的十九届五中全会在描绘2035年基本实现社会主义现代化远景目标时提出"基本公共服务实现均等化"，比十九大"基本实现"的目标要求更高。

第三，不断增强基本公共服务均衡性和可及性（2020年至今）。习近平总书记在党的二十大报告中指出："着力解决好人民群众急难愁盼问题，健全基本公共服务体系，提高公共服务水平，增强均衡性和可及性，扎实推进共同富裕。"中国共产党第二十届中央委员会第三次全体会议中提出：在发展中保障和改善民生是中国式现代化的重大任务。必须坚持尽力而为、量力而行，完善基本公共服务制度体系，加强普惠性、基础性、兜底性民生建设，解决好人民最关心最直接最现实的利益问题，不断满足人民对美好生活的向往。我国人口众多、发展很不平衡，应优先考虑制度覆盖城乡全体居民，满足基本需求，再随经济社会发展逐步提升统筹层次和保障水平。在未来五年和更长一个时期，我国要大幅度提升公共服务水平，增强公共服务的均衡性和可及性，关键是把基本公共服务和普惠性非基本公共服务作为提高公共服务水平的"车之两轮""鸟之两翼"。一方面，坚持尽力而为，持续推进基本公共服务均等化，实现基本公共服务公平，兜牢基本民生保障底线；另一方面，坚持量力而行，着力扩大普惠性非基本公共服务供给，满足多层次多样性公共服务需求，让人民群众的生活更加丰富多彩。推进基本公共服务均等化，增强基本公共服务均衡性和可及性，就是由政府承担保障基本公共服务供给的主要责任，实现基本公共服务目标人群全覆盖、服务全达标、投入有保障，地区、城乡、人群间的基本公共服务供给差距明显缩小，在全社会实现幼有所育、学有所教、劳有所得、病有所医、老有所养、住有所居、弱有所扶。享有基本公共服务是公民的基本权利，保障人人享有基本公共服务是政府的重要职责。国家发展改革委等部门联合印发《国家基本公共服务标准（2023年版）》，这是自2021年国家基本公共服务标准发布实施以来的首次调整。这一动态调整，涉及48项服务事项，占总项目数的60%，将对今后一段时期的政府职责、群众生活产生广泛而实际的影响。例如，"农村义务教育学生营养膳食补助""农村危房改造"等服务项目的调整，体现了推动公共服务向农村延伸、社会事业向农村覆盖的政策导向，既有利于织密筑牢民生网底，又增强了基本公共服务的均衡性。

(二) 实现公共服务均等化的转移支付制度

转移支付与均等化的相互关系，本质上是基本公共品在地区间的财政再分配问题。公共财政体制健全的国家，一般性转移支付制度都是其重要的核心构成部分，其目的是通过中央财政对地方财政的一种无条件的财力性补助，强化国民收入的再分配功能，实现公服务均等化。

在中国亦是如此,分税制改革初期,中央财政建立了"过渡期转移支付制度",旨在通过弥补各地区事权范围内的财力缺口,缩小地区间财力差距。随后,以提升地方财力水平和弥补政策减少为目的,逐渐丰富了一般性转移支付的内容体系,具体为:1998年,为应对亚洲金融危机,刺激消费,中央出台了"调整工资转移支付";2000年,为了落实《民族区域自治法》,支持西部大开发,中央设立了"民族地区转移支付";2000年、2003年和2004年,为了推进农村税费改革,出台了"农村税费改革转移支付";2005年,为了缓解县级财政困难,中央财政出台了"县乡奖补转移支付";2007年,为了促进资源枯竭型城市转型,设立"资源枯竭转移支付";2008年,为了提高国家重点生态功能区所在地政府基本公共服务保障能力,在均衡性转移支付项下设立了"国家重点生态功能区转移支付";2009年,将专项转移支付中的"一般公共服务转移支付""公共安全转移支付""教育转移支付""社会保障和就业转移支付""医疗卫生转移支付"等调整为一般性转移支付。通过不断完善和改进,形成了现行的一般性转移支付制度体系,旨在实现公共服务均等化。2014年修改的预算法规定,财政转移支付应当规范、公平、公开,以推进地区间基本公共服务均等化为主要目标。落实预算法要求,我国转移支付体系随着政策变化不断拓展和调整,逐步构建起"一般性转移支付+专项转移支付"的框架,其中,一般性转移支付以均衡地区间基本财力为目的,由下级政府统筹安排使用;专项转移支付按照法律、行政法规和国务院的规定设立,用于办理特定事项。2019年,中央财政整合设立共同财政事权转移支付,主要用于履行教育、医疗、养老、就业等基本民生领域的中央财政支出责任,为与预算法规定衔接,编制预算时暂列入一般性转移支付。目前,总体上形成了以财政事权和支出责任划分为依据,以一般性转移支付为主体,共同财政事权转移支付和专项转移支付有效组合、协调配合、结构合理的转移支付体系。近年来,中央财政在财力紧张的情况下,通过优化支出结构,加大对地方转移支付力度。从资金规模上看,2023年,中央对地方转移支付规模达到10.06万亿元。从支出结构上看,为增强地方财政统筹能力,不断增加一般性转移支付规模,提高一般性转移支付占比。

三、国家治理与基本公共服务均等化

城乡之间、区域之间、不同群体间基本公共服务非均等化,一方面反映出地方政府的财力资源配置与基本公共服务事权之间的不匹配,另一方面则反映出地方政府的基本公共服务职能没有确立。更重要的是,财政能力增强并不意味着基本公共服务能力增强,财政均等并不必然意味着基本公共服务均等,主要还在于地方政府行为偏好。而且,基本公共服务的政府供给与民众实际需求之间的脱节从根本上反映出基于"国家中心论"的基本公共服务均等化发展模式面临着不可承受之重。总之,基本公共服务非均等化表明:既反映了传统国家治理体系缺乏基本公共服务均等化的完善制度保障,也反映了基本公共服务均等化单一治理机制的缺陷。在现行国家治理体系下,分税制改革所导致的"财力不断往上集中,事权不断往下释放"的责任与财力失衡在相当程度上弱化了地方政府尤其是基层政府的基本公共服务能力，地区间财力的客观差异也波及区域基本公共服务均等化，而"不以财力均等化为目标的财政转移支付自然无法促进基本公共服务均等化"。更为关键的是，由于政府职能转变不到位，战略规划层面的公共服务型政府建设始终难以从根本上取代实践上不断自我强化的"经济增长型政府"，必然导致地方政府热衷于投资诸如基础设施等短、平、快且易出政绩的"民生项目"和继续坚持"偏向城市"以及"偏爱发达地区"的发展战略。最终，在现行国家治理体系下，既缺乏对基本公共服务供给的约束机制，又缺乏促进基本公共服务均等化的激励机制，公众尤其是弱势群体的基本公共服务诉求不仅难以表达也无法真正影响政府的公共政策过程，基本公共服务供给不仅总量不足而且结构失衡。

20世纪80年代以来，正是基于传统国家治理体系难以承受巨量公共事务挑战的压力，通过重新配置公共权力、向社会组织和私营部门开放权力以提高国家治理韧性与弹性的国家治理体系现代化浪潮逐渐遍及全球。从历史发展来看，现行国家治理体系在成就改革年代中国经济持续高速增长、社会稳定、政治和谐与文化繁荣的同时，随着中国改革进入深水区和社会矛盾集中凸显期，其所导致的基本公共服务非均等化不仅不利于实现经济社会可持续发展与转变经济发展方式，更违背了社会公平与公正原则而危及现行社会秩序与安定。这表明：为应对经济社会发展不断提出的新挑战，现行国家治理体系必须重构。因此，必须以国家治理体系现代化来推进基本公共服务均等化。

国家治理作为一种公共性实践，其主要促进经济社会的可持续发展、推动改善人民的基本民生、提高整体社会的福利水平，总的来说，国家治理具有重要的价值实现功能。一条有效而可行的发展道路将建立在"良好治理、经济增长和社会团结的基础之上，而良好治理被认为是国家迎接挑战、解决误区并保证其可持续发展的极其重要的因素"。国家治理体系现代化涉及国家权力配置理性化、公共决策民主化、治理权威法治化，建立有效问责机制，提高行政效率等。具体包括：（1）政府治理制度化。一方面是建立高效率政府以实现政府治理的有效性，另一方面是建立民主和法治政府以实现政府治理的合法性。（2）政府、市场与社会的协同治理。在现代社会发展中，随着市场化的不断深入，现代公共治理的三个参与者，政府、市场与社会之间的互动变得格外重要，没有任何一个单独的公共治理主体具备足够的知识与能力来主导整个公共治理过程。只有通过良性的公共参与，以及不同公共治理主体之间的协作性互动，才能够产生"善治"局面。基于此，应以国家治理体系现代化推进基本公共服务均等化，具体包括以下方面。

（一）加强信息化建设，强化政府服务职能

新数字时代为实现基本公共服务均等化提供了坚实的技术保障，加强政府信息化建设是提高政府提供基本公共服务能力的重要路径。同时，信息化背景下，公民与政府间信息不透明程度下降，为公民参与到政府公共服务供给提供了更多的选择途径，切实保障弱势群体的参与权利以实现基本公共服务的利益保障。另外，对不能有效履行职责、疏于推进基本公共服务均等化的地方政府，要严格问责。构建全流程、立体式、信息化的问责机制，将基本公共服务均等化的基本公共政策过程都纳入问责范围，使行政系统内部问责、国家立法机构与司法机构的横向问责以及参政机构和社会舆论的纵向问责有机结合起来。

(二) 理顺政府间关系，减少政府间矛盾

一方面，从现行体制来看，基本公共服务均等化在纵向政府间面临着四重矛盾：一是基本公共服务的事权与财权不对称；二是转移支付制度设计与地方实际需求不对称；三是区域经济发展非均衡导致的地区间基本公共服务能力非均衡；四是中央与地方在促进基本公共服务均等化中的目标定位分工不明。为此，首先，根据国家基本公共服务范围和标准，在义务教育、医疗卫生等领域，明确界定各级政府的支出责任，并以此进行财权配置，以保障基本公共服务支出责任的财力；其次，改革财政转移支付制度，发挥财政转移支付在调整各级政府财力分配、平衡不同地区财政能力中的积极作用，推进各级政府财政能力合理配置，切实增强基层政府公共服务能力，为实现公共服务均等化奠定公共财政基础；最后，明确地方政府立足于个体公平发展，而中央政府落脚在城乡和地区公平发展的责任分工。另一方面，基本公共服务均等化也面临地方政府间横向关系的挑战。改革以来，中国形成了地方政府间"为增长而竞争"的发展态势。在"为增长而竞争"中，地方政府基于自主安排财政支出的权力，更重视将有限的财政资源投资于能够直接推动经济增长并有助于吸引外来资本的领域（如基础设施）和地区（如城市和发达地区），却远远没有承担起在基础教育、公共医疗等方面的责任。因此，应该把建立总体实现基本公共服务均等化作为衡量各级政府绩效的一个约束性指标，并积极引入外部评估机制等重塑激励约束机制，促使地方政府间转向"为基本公共服务均等化而竞争"。

(三) 实现政府、市场与社会在基本公共服务均等化中的协同治理

基于基本公共服务均等化中政府、市场与社会都有着自身难以克服的局限性，因此在当代公共管理实践中，逐渐衍生出通过构建协同治理机制以同时利用政府、市场与社会之优点而避免其缺点的理念。其实质是通过协作治理，形成合力，以共同应对日益复杂的基本公共服务均等化难题。一方面，建立政府、市场、社会协同治理的公共服务供给模式，既有利于弥补基本公共服务财政资金短缺之不足，又可以灵活采取授权、特许、外包、购买服务等多种模式提供基本公共服务以提高基本公共服务生产与供给效益。另一方面，放权于社会使社会组织成长壮大，充分发挥各类社会组织在基本公共服务均等化需求表达、基本公共服务生产与供给以及监督政府等方面的积极作用，以购买服务等方式吸引社会参与基本公共服务均等化，以弥补市场资本化倾向，促进基本公共服务均等化的公益性。

(四) 全面推进基本公共服务均等化的法治化

作为国家治理体系现代化的基石，法治既是基本公共服务均等化的重要内容和内在目标，又是实现基本公共服务均等化的制度动力和根本保障。首先，要以《宪法》对公民基本权利的规定为依据，围绕教育、公共卫生与基本医疗等领域确立不分城乡、地域和身份的公民都能享受基本公共服务的基本原则和框架，形成较完善的基本公共服务均等化法治体系。其次，要在明确政府履行基本公共服务首责义务和兜底责任的基础上，清晰划分纵向政府间基本公共服务均等化权责和供给的财政支持结构。再次，要实现基本公共服务生产与供给公共政策全流程的程序化、透明化和民主化。最后，要完善基本公共服务均等化的多元监管体系，建立监管绩效考核问责制度。

第四节
基本公共服务均等化实现路径

推进公共服务均等化是一个漫长的历史过程，伴随着经济社会的发展，公共服务均等化也将不断被赋予新的内涵。新中国成立七十余年以来，人民群众物质生活水平逐渐提高，对公共服务的需求也在不断增长，逐步实现公共服务均等化已经成为维护社会公平、促进社会和谐的重要内容，更是我国在经济转轨、社会转型的关键时期做出的具有重大意义的战略决策。为此，分析当前我国实现公共服务均等化的战略意义，以此提出推进公共服务均等化的战略路径选择，势在必行。

一、推进公共服务均等化的重要意义

我国作为一个转型期的国家，改革开放四十多年以来，经济社会创造和积累了大量财富，但同时也出现了社会财富分配不均、城乡矛盾突出、区域经济失衡、群体间差异显著等一系列严峻问题，解决上述问题的一个重要措施，就是建立一套完备的公共服务均等化制度体系。推进公共服务均等化既体现了构建和谐社会中有关"公平正义"的发展理念，同时又有利于实现以科学发展为主题、以转变经济发展方式为主线的目标。

（一）构建社会主义和谐社会的核心内容

经过四十多年的改革开放，我国发展已经步入一个新的关键时期，正努力实现从计划经济向市场经济的历史性跨越。国际经验表明，这一时期既是"黄金机遇期"，又是"矛盾凸显期"。这就要求我们在把握机遇加快发展的同时，重视各种容易诱发社会矛盾冲突的不和谐因素，促进人与自然、社会经济的协调发展，加快社会主义和谐社会的建设进程。和谐社会应该是"民主法制、公平正义、诚信友爱、充满活力、安定有序、人与自然和谐相处"的社会，所要达到的目标是实现人与人、人与自然、人与社会的和谐发展，这就要求我们必须遵循公平和公正的核心价值取向，最终形成一种大体均衡的利益格局。

公共服务均等化是公共财政的核心组成部分，它符合社会主义的本质要求及和谐社会的发展目标。公共服务均等化体现的是一种公平正义的发展理念，能够推进和谐社会的构建，其本身既是缓解因发展不平衡所引发的群体间、地区间矛盾，实现和谐均衡发展的重要途径，又是维护社会公平、促进社会和谐的核心内容。

（二）保障公民权利的重要体现

正如上文所强调的，实现基本公共服务均等化、建构基本公共服务体系的关键在于如何理解"基本"一词的含义。如果过于狭隘地理解"基本"，就会给公共服务主要供给者——政府留出无所事事、规避作为的空间；如果过于宽泛地理解"基本"，又会使政府陷入入不敷出、捉襟见肘的境地。界定"基本"的范畴不仅要尊重人们生存发展的基本需要，也要符合一国既存的基本国情。中国虽然已经成为世界第二大经济体，可人均

GDP 只居世界中游，并且在地区间、城乡间、行业间存在较大差距，这表明中国基本公共服务体系的标准线应当"就低不就高"，否则就可能因为"眼高手低、嘴大肚小"而导致整个基本公共服务体系难以为继。但是，基本公共服务体系的建构者也不能将公民的合理需要定义为"奢求"。中国经济的"蛋糕"已经越做越大，这种辉煌需要照耀在每一个中国公民的生活之中，这种增长应该改善每一个中国公民的生活，否则经济发展对于人民而言就仅仅是符号游戏，而不具有任何实际意义。首先就要以解决人民群众最关心、最直接、最现实的利益问题为重点，大力发展社会事业，创造共享保障、平等发展的社会环境，努力实现公共服务均等化。现阶段，在维护人民群众根本利益的基础上，尤其应该注重对公共服务短板的补缺，切实解决好就业、社会保障、收入分配、教育、医疗、住房、生态环境、安全生产、社会治安等关系群众切身利益的民生问题，为社会成员提供大致均等的公共服务，保障其生存权和发展权。政府有责任通过对公共资源的合理配置，使各类社会弱势群体的基本生活得到保障和改善，让他们分享经济发展的成果，抵御生产生活中的各种困难和风险。中国共产党第二十届中央委员会第三次全体会议中也提到：要完善收入分配制度，完善就业优先政策，健全社会保障体系，深化医药卫生体制改革，健全人口发展支持和服务体系。解决好人民最关心最直接最现实的利益问题，不断满足人民对美好生活的向往。

（三）维护社会公正和稳定的有力手段

任何社会都存在不同程度的不平等，但是，如果不公平超过一定限度，就会带来社会政治风险。由市场决定的个人分配不公平是如此，由政府提供的公共物品分配不均等也同样如此。在我国经济快速发展的同时，社会经济的深层次矛盾也逐渐显现，如：城乡差距、居民收入差距扩大、就业和社会保障压力增加等等。上述问题若不能得到妥善处理，就可能引发新的不安定因素。英国、前南斯拉夫等许多国家经验均表明，一旦落后地区长期得不到上级政府强有力的财政援助，难以改善经济与公共服务状况，会使得这些地区产生离心倾向。因此，通过财政援助推进地区间公共服务的均等化，有利于增强政府间的凝聚力，促进各地的均衡发展，维护社会公正和稳定。

（四）深化公共财政职能的客观要求

公共服务均等化是公共财政资源配置、收入分配和宏观经济稳定与发展三大职能的深化，对于保障经济稳定、健康、快速发展具有重要意义。要实现公共服务均等化的目标，政府必须着眼于所有市场活动主体，提供一视同仁的服务，这与市场经济的本质要求相适应，同时也是公共财政职能的客观要求。一方面，公共服务均等化有利于公平竞争和统一市场的形成，能促使生产要素按照市场规则在地区间合理流动，提高市场资源配置效率；另一方面，公共服务均等化也有利于提高总体的财政资源使用效率，实现社会福利的最大化。根据边际效用递减规律，向财政资源不足地区转移财力，增加公共物品供给，所产生的效用要大于投向财力充裕地区。长期来看，按照公共物品"投资增加→促进经济增长→改善公共服务能力"的逻辑推演，通过提高即期财力薄弱地区的公共物品供应能力也会减轻发达地区的远期负担。

（五）转变经济发展方式的合理选择

长期以来，我国的经济增长方式主要是通过粗放型的生产方式降低生产成本，来换取广阔的海外市场，这是改革开放以来推动我国经济增长的原动力。当外部市场冲击打破了这一高增长循环后，过剩的生产能力难以被国内市场所吸收时，经济开始面临"低增长、低通胀"的压力，这是我国内需不足的显著体现。而要改变这一现状，扩大国内需求，必须消除我国居民的后顾之忧并为国民全面发展提供良好的外部环境。为此需要提高我国居民教育、卫生、社会保障等公共服务水平，推进公共服务在地区间、城乡间的均等化。这样才能切实促进国内消费，转变我国当前主要依靠外需拉动经济发展方式，实现经济的科学、可持续发展。

二、推进公共服务均等化的路径选择

（一）人口自由流动的实现路径：前提条件的欠缺

人口自由流动实现公共服务均等化，其实质是在人口自由流动的前提下，居民通过选择满足自身偏好的地方政府进行纳税和享受公共服务，促进地方政府有效提高公共服务供给质量和水平，在竞争的条件下实现区域间公共服务供给的均衡，在人口流动实现公共服务均等化的路径中，发挥重要作用的是"自由选择"模式下的"竞争"机制。

就我国而言，受现行户籍制度以及文化传统等因素的制约，人口自由流动存在较大的难度。另外，即便可以在区域间自由流动，居民也无法享受到与当地户籍居民同等的公共服务。同时，由于我国是一个人口众多的国家，区域、城乡差异明显，如果废除现行的户籍管理制度，实现人口的自由流动，必将对我国的国家管理和社会稳定产生较大的不利影响。

可见，根据"用脚投票"理论，人口在自由流动的条件下，居民可以通过选择不同的地区纳税和享受公共服务，促进地区政府间的竞争，以此促进公共服务水平的提高，最终实现区域间公共服务的均衡。但是，由于我国存在户籍制度、传统文化等因素的制约，还不具备人口自由流动的前提条件。另外，即使人口实现在区域间大规模的流动，绝大多数流动人口也无法享受到与当地户籍居民同等的公共服务。

（二）生产要素配置的实现路径：发展环境的制约

经济发展是社会发展的前提和基础，加大财政支出则是提高公共服务水平的根本保证，因此，以政府为主导合理配置生产要素和生产力布局，强化区域统筹和协调发展，能有效提高落后地区财政增收能力，从源头上保证公共服务的供给，最终能逐步实现区域间公共服务均等化。

但是，受区位条件和国家经济发展战略的影响，我国区域间要素禀赋差异较大，在此背景下，通过生产要素配置和生产力布局实现公共服务均等化，重点需要以政府为主导合理配置生产要素。这样虽然能够促进区域间协调发展，有效保障落后地区提供公共服务的能力，促进区域间公共服务供给的均衡。但由于当前我国实施的是市场经济体制，生产要素的自由流动是市场经济的基本要求，如果政府过多干预生产要素配置，虽然能实现公共服务的均等化，但见效慢。同时，如果政府过度干预资源配置，必然会违背市场经济的原则，降低经济发展的效率。所以，当前以生产力要素配置和生产力布局来实现公共服务均等化，在我国受到市场经济发展环境的制约。

（三）区域规划和集中开发的实现路径：效率性和均等化目标不可预见

区域规划和集中开发是国家根据经济社会发展的总体战略方向和目标，根据区域特点对一定地区范围内的社会经济发展和建设进行总体部署，无论是国家层面的区际规划还是地区层面的区内规划，其目的都是解决区域间发展不平衡和分工协作问题。通过政府的区域规划和集中开发，可以根据各地具备的区位、资源和技术等发展优势，有目的地进行经济发展，协调区域间存在的失衡状况，在此基础上缩小政府提供公共服务的经济能力差距，逐步实现公共服务均等化。

在实施区域规划和集中开发的区域经济发展过程中，无论采取的是均衡发展战略和非均衡发展战略，其最终目标都是追求区域协调发展。从历史发展和实践经验看，转型国家和发展中国家在发展的过程中，普遍存在地区差距不断扩大，地区产业结构趋同现象严重、产业分工不合理和地区间缺乏有效合作等区域经济问题，在解决区域经济问题方面，基本都是制定经济发展战略，采取不同的区域政策来推动和协调各地区社会经济发展，实现区域经济协调和资源优化配置，如日本北海道的振兴计划、意大利的南部开发计划等。

我国不断推进区域规划和集中开发，通过带动效应和示范效应拉动中国经济快速增长，但同时也带来了我国必须经历的区域发展不平等局面。按照邓小平提出的"让一部分人，一部分地区先富起来，然后实现共同富裕"，我国以区域规划和集中开发为模式的非均衡发展战略也是分两步走，即随着社会经济实现快速发展，非均衡发展要逐渐向均衡发展转型，实现我国非均衡发展战略的初衷。因此，只有真正走完第二步发展战略后，实施区域规划和集中开发的政策，才有可能实现区域的协调发展和公共服务均等化，但该战略过程是一个长期的过程，在短期内见效缓慢。因此，通过实施区域规划和集中开发实现公共服务均等化是一项长期发展的过程，在短期内难以达到预期目标。

专栏 6-2

我国主体功能区分类

一、优化开发区域

优化开发区域是指经济比较发达、人口比较集中、开发强度较高、资源环境问题更加突出的区域。这类区域要改变依靠大量占用土地、大量消耗资源和大量排放污染实现经济较快增长的模式，把提高增长质量和效益放在首位，提升参与全球分工与竞争的层次，继续成为带动全国经济社会发展的龙头和我国参与经济全球化的主体区域。

优化开发区一般是开发适宜度较高，但受到资源环境容量限制的地区。总体来看，各层次的优化开发区都是全国或各地区发展水平最高、发展基础最好、竞争力最强的地区。这些地区经过几十年的较快发展，已经成为全国或地区经济社会发展的先发和龙头地区，在参与国际产业分工体系、技术创新和高新技术产业发展、市场化建设、人口和经济集聚等方面发挥着主导作用。不论是在国家层面，还是在地区层面，都存在范围不等的一批具备优化开发区特征的区域，这些区域在各地区经济社会发展和人口及各种生产要素集聚和经济社会发展中仍然处于重要地位，但更多地需要依靠结构优化来实现发展。特别需要说明的是，和国外的同类型区域相比，不论是经济社会发展中的地位，还是人口和要素的集聚程度，我国的优化开发区域还没有达到理想的区域开发状态，集聚人口和经济活动的潜力仍然较大，关键是要通过技术和制度创新，通过产业结构升级和转变增长方式，来进一步降低环境资源的压力，释放资源环境容量，协调经济社会发展与资源环境之间的矛盾。

二、重点开发区域

重点开发区域是指有一定经济基础、环境承载能力较强、发展潜力较大、集聚经济和人口条件较好的区域。这类区域要充实基础设施，改善投资创业环境，促进产业集群发展，壮大经济规模，加快工业化和城镇化，承接优化开发区域的产业转移，承接限制开发区域和禁止开发区域的人口转移逐步成为支撑全国经济发展和人口集聚的重要载体。

重点开发区一般是开发适宜度高，资源环境容量大的地区。总体来看，各层级的重点开发区都是全国或各地区发展条件比较好，具有一定的发展基础，发展水平相对滞后和发展潜力巨大的地区。这些地区不论是其土地和水资源的保障能力、区位条件、交通可达性，还是对周边地区的辐射带动能力，以及在空间系统中的地位等，都具有一定的优势，可以进一步集中人口和经济要素。具备推进工业化和城市化、发展新兴产业、形成新的增长极和带动周边地区发展的能力，特别是能够成为承接优化开发区产业转移和限制开发区、禁止开发区人口转移的重要区域。在《习近平关于城市工作论述摘编》中，习近平总书记强调，要按照推进主体功能区的要求，着力构建与我国国情相符合的城市空间格局。对城镇化总体布局做了安排，提出了"两横三纵"的城镇化战略格局，这是全局、大局，要一张蓝图干到底，不要"翻烧饼"。各地区要坚定不移实施主体功能区制度，严格按照主体功能区定位推动发展和推进城镇化。与此同时，李强总理在全国新型工业化推进大会上指出要以主体功能区战略引导产业合理布局，用好国内国际两个市场两种资源，不断增强推进新型工业化的动力与活力。这充分说明在其工业化和城镇化过程中，必须适应新的发展理念和发展阶段的要求，借鉴和汲取先发地区的经验教训，注重人口、经济和资源环境的协调，重视发挥自身的综合优势，通过妥善处理好经济社会发展与资源有效利用和生态环境保护的关系，有选择地承接发达地区的产业转移，加强新兴产业的发展和运用高新技术改造传统产业，培育和提高技术创新能力，合理布局空间结构，防止土地城镇化和人口城镇化之间的不协调，加强市场经济体系建设，进一步提高资源配置效率，走新型工业化和城镇化道路。

三、限制开发区域

限制开发区域是指关系国家农产品供给和生态安全，不适宜大规模、高强度工业化和城镇化开发的区域。这类区域要坚持保护优先，适度开发，点状发展，因地制宜发展资源环境可承载的特色产业，加强生态修复和环境保护，引导超载人口逐步有序转移，逐步成为全国或区域性的重要生态功能区。

限制开发区域类型多样，主要涉及五大类地区：草原湿地功能区、荒漠化防治区、森林生态功能区、水土严重流失地区和其他特殊功能区域（比如水源补给生态功能区、蓄滞洪区、自然灾害频发地区、水资源严重短缺地区等）。这类区域大多地处偏远和交通不便地区，人口分布相对分散、经济发展相对落后、基础设施条件差，除森林和部分条件较好的草原湿地生态功能区外，其他区域大多自然条件恶劣、生态脆弱、环境承载能力较弱，不适合大规模集聚人口和进行开发。同时，不少区域由于长期存在不合理的经济社会活动和对资源的过度开发，区域开发强度超过了资源环境承载能力，导致生产诸如森林减少、草场退化、物种减少、荒漠化和水土流失严重、水系紊乱、干旱缺水、沙尘暴肆虐、自然灾害不断等一系列问题，致使局部地区自然生态系统功能退化，并危及其他区域的生态安全。因此，限制开发区域是我国生态环境最为脆弱、人与自然矛盾最为突出的地区。为解决这类地区问题，相关部门近年来采取了一系列有针对性的措施，比如1998年制定和实施《全国生态环境建设规划》以来，通过一批综合整治重大工程的实施，成效较为明显，使局部地区的生态环境状况得到了极大的改善。但还有不少地区亟待加强规划、保护和建设。同时，也迫切需要对这类地区通过明确以生态保障为主体功能，按照主体功能区建设和管理的思路加强综合治理，修复生态，缓解资源环境压力。同时，由于限制开发区域地域面积广，涉及人口数量巨大，要协调好生态环境保护与居民生产生活条件的改善，面临很多困难，任务十分艰巨。需要妥善解决支持和引导人口有序外迁与在资源环境可承载能力的范围内进行适度和有序开发的问题。

四、禁止开发区域

禁止开发区域是指依法设立的各级、各类自然文化保护区域。这类区域要依据法律法规规定和相关规划实行强制保护，控制人为因素对自然生态的干扰，严禁不符合主体功能区定位的开发活动。

禁止开发区主要包括自然保护区、世界文化自然遗产、重点风景名胜区、森林公园、地质公园等，这类区域基本上是自然生态系统、珍稀濒危野生物种、自然景观、人文景观集中分布区，具有重要的自然生态功能和人文价值功能。与前三种主体功能区不同，禁止开发区域的设立、规定和管理体系相对成熟。在国家层面上专门的法律法规包括：《自然保护区管理条例》（1994）、《保护世界文化和自然遗产公约》（1985年加入）、《风景名胜区管理条例》（2006）、《森林公园管理办法》（1994）和《国家地质公园管理办法》（制定中）。很多地方政府特别是省级政府也制定了部分类型区域的管理条例和办法。这些法律法规对相关区域的概念、功能、范围、建设、管理、实施主体和法律责任等都作出了规定，对禁止开发区域的保护起到了积极作用。但保护中依然面临许多困难，特别是保护区内有大量的人口存在，使得保护与发展之间面临着尖锐的矛盾。据统计，目前全国900多个自然保护区大部分分布在中西部地区，其中约1/4的自然保护区位于国家贫困县，有相当部分区域属于贫困问题最集中、贫困程度最严重、脱贫难度最大的区域。由于这类区域内禁止相关的开发活动，对居民传统的生产生活方式和脱贫造成较大影响，使得许多

> 保护区处于环境保护与贫困的夹击之中，这种处境导致了一些保护区内经常发生居民迫于生计进行的违反相关保护规定的开发活动。同时，在一些适于进行保护性开发的区域又程度不同地存在过度开发问题。另外，由于实行了多部门分头管理的体制，还存在各类保护区重叠设置等问题，也影响了保护和管理的效果。

（四）政府间财政体制设计的实现路径：我国国情的较优选择

在我国社会主义市场经济条件下，生产要素的自由流动和以价格为导向的资源配置必然导致经济发展的失衡，如果政府不加以控制，我国城乡间、区域间和群体间公共服务供给的差距会逐渐拉大。在此背景下，要实现公共服务均等化，其关键是形成均等的地方财政能力，以此保障各地均等的公共服务支出需求。可见，通过政府间财政体制的设计来实现公共服务均等化，是当前适合我国国情的较优路径选择。

政府间财政管理体制的实质是正确处理国家在财政资金分配上的集权和分权，主要包括财政管理权责的划分、财政收支的划分、政府间财政转移支付制度。从发达国家的经验来看，无论是通过政府间财政体制的纵向调整还是横向调整来实现公共服务均等，其前提都是建立在明确划分政府间事权基础上，界定各级政府的支出责任，划分财政收入，再通过财政转移支付等手段调节政府的财力余缺，补足地方政府履行事权存在的财力缺口，以此合理调节地方政府公共服务的财政能力，实现公共服务均等。但就我国情况而言，在现行分税制框架下，中央和地方政府间事权划分不清晰，缺乏划分财政收入和支出责任的基础依据。所以，在此背景下，通过政府间财政体制设计来实现公共服务均等的核心问题就是合理设计财政转移支付制度。

第七章 Chapter 7
政府间财政竞争与风险分担

居安思危，思则有备，有备无患。

——左丘明

省以下财政体制是政府间财政关系制度的组成部分，对于建立健全科学的财税体制、优化资源配置、维护市场统一、促进社会公平、实现国家长治久安具有重要作用。但是现阶段，地方省、市、县、乡四级政府存在着不同程度的财政风险，影响当前及今后社会经济的稳定和健康发展，其风险特征明显，表现形式多样，为保持社会经济健康发展，确有必要从科学发展观角度，认真研究其风险表现，系统分析风险成因，以实现防范与化解风险目标。

【思政案例】

广州南沙：积极税收优惠政策，有助于增强区域的竞争力

2022年6月14日，国务院发布关于印发《广州南沙深化面向世界的粤港澳全面合作总体方案》（以下简称《南沙方案》），该方案是为加快推动广州南沙深化粤港澳全面合作，打造成为立足湾区、协同港澳、面向世界的重大战略性平台。

税收规则精准对接，贴近还原港澳税负。作为粤港澳合作三大平台之一的广州南沙提出对先行启动区鼓励类产业企业减按15%税率征收企业所得税，并按程序制定优惠产业目录，对在南沙工作的港澳居民，免征其个人所得税税负超过港澳税负的部分，切实惠及在南沙生活工作的港澳居民。为充分释放《南沙方案》赋予港澳居民的税惠红利，广州税务部门以"最大程度贴近还原港澳居民实际税负"为原则，推出港澳居民税惠快享"规则转换桥"机制，将南沙个税与香港薪俸税、利得税以及澳门职业税、所得补充税等税收规则精准对接，在广东省电子税务局增设港澳税负测算模块，联合南沙区政府开发港澳居民个税测算系统，将港澳与内地税制规则转换、税额计算等复杂事项转换为"自动算、智能办、便捷享"的服务方式。而企税优惠政策则为南沙营造了粤港澳优质营商环

境，让企业切身感受到了税务部门"真金白银"为企业减负的诚意。

此外，《南沙方案》还明确提出"集聚发展香港专业服务业""进一步降低香港专业服务业在内地提供服务的准入门槛"，广州税务协同市财政、南沙区政府等部门，积极打造粤港澳大湾区（南沙）财税专业服务集聚区，便捷港澳涉税专业人士到南沙执业。

案例解析：《南沙方案》的发布，多重税收优惠政策的实施，有助于增强南沙的竞争力，将引导南沙产业向高端发展，对企业和人才有更强的吸引力。除了税收优惠以外，方案提出到2025年，南沙粤港澳联合科技创新体制机制更加完善，产业合作不断深化，区域创新和产业转化体系初步构建；青年创业就业合作水平进一步提升，教育、医疗等优质公共资源加速集聚，成为港澳青年安居乐业的新家园。

思考讨论：结合案例与财政的本质，谈谈你对财政竞争利弊的理解。

第一节 政府间财政竞争的产生原因

一、博弈论与委托代理框架

（一）地方政府竞争行为类型的界定

集权的政治体制和分权的经济体制产生了特殊的政府结构，政治绩效的考察依赖于经济绩效的表现，后者迫使地方政府追求经济资源的扩张。在资源有限的条件下，地方政府之间必然产生竞争行为，这种竞争行为类似于企业之间的竞争，但存在本质的区别。这是因为，在企业看来，终极压力来自消费者的货币选票，而消费者的货币选票在竞争市场上是完全流动的；对政府来说，终极压力来自当地居民，而当地居民的流动性是不完全的，除了行政法规上的限制外，流动性成本和习惯等的约束会弱化居民的流动性，从而增强政府对信息的垄断力。由于政府处于一定程度的垄断地位，导致其行为不仅和当地居民以及中央政府的压力有关，而且也和自身的企业家素质有关。从竞争的角度讲，地方政府对经济资源的争夺就相当于行使企业家职能，企业家职能的运行效率取决于企业家本身的知识结构和个人素质。在这种情况下，资源禀赋的初始差异并不是最关键的。

当地居民和中央政府的压力可看作是环境因素，而企业家本身的知识结构和个人素质等可看作是政府企业家的人力资本，那么两者就会决定当地政府的生产率，从而影响到经济增长。当地政府的生产率可以从当地政府的竞争行为上表现出来，如果一种竞争行为能够为当地政府和居民创造价值，那么可以认为这种政府是"进取型政府"，也就是说这种竞争行为是一种进取行为；如果一种竞争行为仅仅在于维护当地的财富价值，那么这可看作是一种"保护行为"；如果一种竞争行为在毁损当地的价值，那么这就是一种"掠夺型政府"。很明显，根据生产函数的定义，要创造价值，就需要通过引进资本和人力等生产要素，同时通过技术和制度创新来提高生产率，来提高产出水平，并获得高于要素成本的增加值；而保护行为则要求通过各种政策措施来吸引资源，至少保证当地的资源不流出，并通过适当的制度创新和技术创新来提高生产率，这样至少不会降低当地的价值；在掠夺型政府的管理下，缺乏技术和制度上的创新，当地政府无法通过吸引外来资源来创造价值，也无法通过合理利用当地资源来创造价值，而只能利用手中的垄断权来挤占当地居民的剩余财富，把居民的财富转移到政府，这类似于对资源的掠夺性开采。

从经验上看，一个政府可能在不同的阶段和不同的方面表现为不同的行为，就产出角度讲，则可能存在一个主导行为。例如，从统计数据上看，在财政收入中，发达省份的行政管理费比重普遍低于不发达省份，比如该比重江苏省是1.08%，浙江省是1.55%；而安徽省是10.03%，江西省是8.07%，河南省是5.87%；全国平均是4.46%。大样本数据不足以反映出地方政府行为差异的原因，但至少可以说明差异的一些特征。从数据看，如果以人均财政收入和支出来衡量政府可控制的经济规模，那么发达省份比不发达省份要大得多；不发达省份的行政性收费的相对比重大大高于发达省份，说明不发达地区更多地依赖各种管理费收入。一些小样本调查资料也从不同侧面支持上述结论。例如，江苏省发达城市和不发达城市之间的科技投入比重差距明显，这说明发达地区比不发达地区更重视技术创新；吸引内资和外资的差异除了可以反映出一个地区的区位优势外，也可以反映一个地区的软环境质量，苏南一带由于具备较高质量的软环境，使得这些地区在吸引外资方面具有很大优势，而不发达地区由于软环境质量不高，即使出台了相应的优惠政策，也很少能吸引到内外资。而在另一些地区，则出现地方政府仅仅追求本位利益，通过各种行政性收费来掠夺当地企业和居民的剩余，导致当地税源枯竭。例如，新华社记者对湖北省赤壁市的报道就反映了这种情况。在赤壁市，各项行政收费标准达2500项，只要企业一开张，收费部门就一哄而上，导致当地企业萎缩。这些费用主要用于臃肿的政府机构，据称，当地很多职能部门超编10倍左右。

从上述分析可以看出，中国的地方政府行为在竞争层面上大致呈现出以下三类主导行为态势。

第一，进取型地方政府。这类地方政府行为的特征是主要依靠制度创新和技术创新，通过地方软环境的建设来吸引资源，从而扩大当地的税基。浙江省和江苏省的很多地区就是如此。

第二，保护型地方政府。这类地方政府进行一定的制度创新和技术创新，但创新程度有限，不足以吸收资源。为了保证一定水平的税基，这类地方政府常常采取地方保护主义，依靠政府保护来创造当地企业的产品市场。河南省和安徽省的一些地区可以归入此类。

第三，掠夺型地方政府。这类地方政府基本上不创造税源，为了维持政府日常开支，通过各种手段增加税费，由于对当地居民和企业进行剩余掠夺，导致当地经济发展失去了根基。湖北省赤壁市可以归入此类。[①]

（二）不同竞争行为模式的经济后果分析

如果把地方政府的竞争行为模式简化为以上三种模型，那么就可以讨论各种竞争行为

---

① 周业安. 地方政府竞争与经济增长 [J]. 中国人民大学学报，2003（01）.

的后果。但是,在进行经济后果的分析时,单纯地讨论某一个政府的行为可能毫无意义,因为资源的总量是给定的,地方政府围绕资源展开的竞争必然会涉及相互的反应,这就意味着必须在充分考虑竞争对手的前提下讨论某个地方政府的行为。如果我们假设在一个经济体中仅仅存在两个政府——甲和乙,它们可以采取三种战略:进取型策略、保护型策略或掠夺型策略;经济资源的总量给定,并且两个政府的资源禀赋不同;政府获得资源的能力依赖其自身的企业家能力,这种能力是内生的,取决于官员本身的知识集和个人素质、当地居民的知识集、传统、市场的发育程度等,为了简化分析,假定企业家能力给定,并且分布不均匀,即每一种策略的实施效果反映了企业家能力的差别,显然,进取型策略对企业家能力要求最高,保护型策略次之,掠夺型策略最低。由于政府拥有国有资源,就可以把资源的未来现金流分摊到无限期,这意味着政府利用国有资源创新的成本趋近于零。下面通过一个简单的博弈矩阵来分别讨论每种策略组合的可能后果。由于篇幅所限,我们忽略计算过程,表7-1中数据仅仅是代表性的,反映了我们对可能结果的粗略看法。

表7-1 两个政府可能的博弈结果

策略	进取	保护	掠夺
进取	20,20	18,10	18,5
保护	10,18	10,10	10,5
掠夺	5,18	5,10	5,5

上述博弈的构造来自以下思路:由于经济资源给定,所以经济体的产出受到限制。政府的初始资源禀赋不同,不等于产出水平一定就有差别,如果两个政府在各自资源基础上进行专业化运营,则可以获得同样的收益水平。显然,在进取型策略下,政府根据资源特点进行制度创新和技术创新,形成各自的专业化优势,从而达到最大产出水平。如果政府采取保护型策略,从表面上看,似乎并不改变当地的资源结果,但资源是流动的,贸易保护增加交易成本,也就增加了地区间的套利机会,导致资源流向生产率更高的地区,结果保护型策略降低了收益水平;同时,保护型策略使地方企业缺乏竞争,无法在生产可能性边界上生产,产生低效率;由于交易成本的增加,两个地区的企业的市场空间都缩小了,导致两个地区的企业生产率都受到负向冲击。如果政府采取掠夺型策略,不仅具备保护型政府的特征,而且通过对当地居民和资源的掠夺型开采,严重危及当地企业的生产率。

假设两个政府都采取进取型策略,专业化优势可以同时使二者受益,每个政府的GDP为20单位;如果一个政府采取进取型策略,而另一个政府采取保护型策略,则进取型政府获得18单位收益,保护型政府获得10单位收益;如果一个政府采取进取型策略,另一个政府采取掠夺型策略,则进取型政府仍能获得18单位收益,而掠夺型政府仅获得5单位收益;如果两个政府都采取保护型策略,则两个政府都获得10单位收益;如果一个政府采取保护型策略,另一个政府采取掠夺型策略,则前者获10单位收益,后者获5单位收益;如果两个政府都采取掠夺型策略,则二者都仅获得5单位收益。

从这个博弈矩阵看,存在一个纳什均衡(20,20),也就是说,从理论上看,两个政府都选择进取型策略是最好的。问题是,为什么现实中很多政府并不选择这个均衡结果?

这里涉及两个方面的原因:

第一,支付矩阵中的收益数据是地方的总体经济收益,并不完全反映政府官员的收益。一方面,如果引入地方政府官员寻租的因素,那么支付矩阵就会变得很复杂,这是因为官员寻租的空间并不和当地经济发展水平成正比,或者说不发达地区的官员获得的租金并不一定比发达地区少。假设一个代表性政府官员通过掠夺型策略可获得的租金为 10 单位,而从进取型策略中仅仅能够分享 8 单位的租金,那么该官员就可能采取掠夺型策略。结果,明知进取型策略对当地更有利,官员也不会选择它。另一方面,政治体制中特定的考核机制也降低了官员寻租的成本。这是因为层层提拔的干部选拔制度不仅建立了从上到下的官员关系网络,而且垂直的考核方式受到信息显示机制的制约,比如地方经济发展缓慢,地方官员很容易从资源禀赋等客观条件上找到合适的解释,更何况经济指标本身并不能说明公共管理的质量。在这些条件下,地方官员寻租面临的中央政府的约束就很弱。因此,地方政府从寻租的角度出发,可能并不把地方经济绩效作为决策的标准,而是寻求官员自身利益的最大化。这就导致(进取,进取)策略不被选择,反而(保护,保护)或(掠夺,掠夺)等策略组合被选择。

第二,地方政府官员的企业家能力也会制约均衡的达成。地方政府如果采取进取型策略,必须具备相应的知识条件,如果这些知识条件得不到满足,那么就相应地减少了政府的策略空间。政府官员的企业家能力从两个方面影响着策略决策:一方面,官员的创新能力决定了当地政府的制度创新和技术创新的空间,而这又影响到当地软环境的质量,如果创新能力较差,地方政府制度的建设和技术的引进很缓慢,那么当地的软环境质量就会很低,也就无法吸引资源的流入,也无法阻止资源的流出。另一方面,官员的企业家能力也反映在对发达地区的模仿能力上,企业家能力越强,模仿能力就越好,也就越有可能快速提高当地的软环境质量;企业家能力越弱,视野越狭窄,模仿能力也就越差。模仿能力的好坏直接关系到当地的经济建设和软环境建设,因为模仿能力越差,官员无法鉴别项目的质量,就越有可能在地方出现低水平的重复建设;模仿能力也影响到制度创新和技术创新,模仿能力越差,鉴别制度和技术的能力也就越差,无法理解好的制度和技术的实施所依赖的条件,也就不能真正在当地建立起类似发达地区的制度平台和技术平台。所以,从地方政府企业家能力的角度看,(进取,进取)策略还是可能被抛弃,而其他策略有可能被选择。

二、财政分权框架

(一) 财政分权影响地方政府预算外收入行为的理论分析

预算外资金是指根据国家财政制度和财务制度的规定,不纳入国家预算,由地方各部门、各企事业单位自收自支的资金。世界上绝大多数国家都允许预算外资金的存在,2011年我国预算管理制度改革,全面取消预算外资金,将所有政府性收入纳入预算管理。但是,在 1978—2011 年间,预算外资金却是地方政府财政收入最为重要的来源,原因有很多,本书认为我国预算外资金收入的问题是自财政体制改革以来才逐渐显露出来的。因此,从中央和地方之间财政关系变化的角度去分析预算外资金大量产生的原因将是一个重要方面。

首先，财政分权是中央和地方关系的重要内容，自从改革开放以来，特别是分税制改革对地方政府的经济行为产生了深远的影响。中国经济改革的核心内容是在经济上实行分权制度，在政治上实行垂直的管理制度。与其他转型经济体相比，中国的改革是在政治体制不变的条件下，中央为了调动地方发展经济的积极性而不断调整中央和地方政府之间的财政关系的过程。鉴于计划经济时期中央高度集权的种种弊端，中央政府在20世纪70年代、80年代和90年代分别实行了放权让利、财政包干以及分税制的经济改革。20世纪70年代实行放权让利的改革使地方政府的财权和事权得到进一步的放大，强调了地方政府自身的利益，调动了各级地方政府发展经济、当家理财的积极性和主动性，在一定程度上发展了地方经济活动，成为经济利益的重要主体。80年代主要实行的是"分灶吃饭"的管理体制，即将总收入划分为中央和地方固定收入、中央和地方分成收入，在支出方面，按照中央和地方各自所承担的责任不同来划分，同时根据各省市上一年的财政收支状况来确定下一年的收入和支出基数，中央单独与各省市进行协商，以便更好地确定各省市收入和支出的分成和留存比例。这一市场化的改革使得财政体制逐渐由中央集权制转变为相对分权化的体制，地方政府开始成为责、权、利相结合的相对独立的预算主体。但是，这个体制中一个明显的特征是中央财政收入占GDP的比重以及中央财政收入占总财政收入的比重均在下降。其中，前者比重由1979年的28.4%下降到1993年的12.6%，后者比重由1979年的46.8%下降到1993年的31.6%，与此同时，中央财政支出占总财政支出的比重始终大于收入比重。① 因此，中央政府在"分灶吃饭"管理体制下的财政收入不能随着国民经济和物价指数的上涨而增长，这在一定程度上削弱了中央政府管理宏观经济的能力，无法发挥在具有地区收入差异的各省市之间实行转移支付的功能。于是中央为了缓解自身财力逐渐变弱的困境，进行了分税制改革。1994年我国实行了更加规范的财政体制，即分税制。这一改革大体遵循财政分权的基本原则，重新划分了中央和地方的财权和事权，使财政格局发生了巨大的转变。主要是将税种统一划分为中央税、地方税和中央地方共享税。将大税种、主要的税种、收入高的税种划归中央，将那些零散、收入细小以及难以征收和不稳定的税种都划归地方。自此，中央财政收入占全国财政收入的比重从1993年的22%上升到1994年的57%，此后略有波动，但一直稳定在50%左右；与此同时，财政支出格局却没有发生相应变化，中央财政支出占全国财政支出比重稳定在30%左右。

其次，分税制使地方财政的收入和支出缺口明显加大，地方财政的预算压力空前增加，地方政府在财政体制上对中央政府产生了高度的依赖性，在财政的独立性、完整性、主动性上都受到很大程度的压制，特别是县乡一级财政基本上是一种无财可控的局面。中央政府一方面加大了向上集中财政权力的力度，另一方面不断地向地方政府下放了越来越多的事权。在无法满足中央规定应提供的公共产品和公共服务所需资金时，一些地方政府将预算外收入作为应付这种财政压力最有效的方式，促使地方政府更加积极地寻求更多预算外资金的自主权。由于国家转移支付制度的不完善性，有的地方政府只能负债运营，分析美国1970年税收改革未能成功地降低州和地方政府的支出可以得出结论：地方政府在缺乏开征税收和安排支出的权利时，总是会导致地方预

---

① 吴群，李永乐. 财政分权、地方政府竞争与土地财政 [J]. 财贸经济，2010 (07).

算外支出的增加，以及出现大量的借债。由此可见，地方政府大量债务的存在和快速增长的事实与现行的分税制有着重要的联系。

（二）财政分权下的晋升激励强化地方利益和竞争，不断加重地方债务负担

在财政分权的角度下，由于中国高度集中的政治管理体制的存在，中央政府对地方政府官员的考核机制对地方政府官员的经济行为产生了十分重要的影响。在财政分权的激励下，地方政府的经济行为也必然考虑到自己的政绩，即财政激励和政治激励共同决定了地方政府官员的各种行为，而各级地方政府之间表现为强烈的竞争行为。地方政府的这种行为严重扭曲了支出结构，比如地方政府重基础设施建设轻公共产品的提供等。

从微观角度解释地方政府官员突破预算约束追求超越其财政支付能力的发展目标，而建立短期政绩的行为。人们的行为会因他们所面临的环境和追求目标的变化而改变，地方政府官员最为关心的是自己的职业生涯和利益，而在个人职业生涯中最关键的要素就是在自己任职期间的短期业绩。在财政分权的条件下，中央政府制定的各种考核标准突出反映在选拔官员时主要看经济增长指标，如GDP增长率、招商引资的力度、城市发展水平等，各种以GDP增长为核心的经济考核指标便是地方政府官员的晋升标准。此外，在根据经济增长的绩效选拔官员时，为了加大激励效果，上级普遍采用的是相对于邻近省份和前任官员的绩效评估方式。而这种激励机制对地方政府官员行为产生的影响可以通过管理学中"委托—代理"的理论来解释。假设把中央政府看作委托方，各级地方政府看作代理方，在现实中，这两方的信息严重不对称，如地方政府对自己工作中的困难和业绩等方面都比中央政府拥有更多的信息，中央政府对地方政府的各种行为也很难有较为准确的了解。这使得地方政府的行为产生一种倾向，即倾向于通过各种方式把自己的能力、业绩等有利信号发给中央政府，以便解决信息不对称所产生的政绩考核的困难。我国官员晋升制度中典型的特征是"淘汰制"，即在竞争中采用优者取胜的相对标准，在晋升过程中早期成功非常重要，可以有助于自己进入更快的晋升渠道，如果在某一个阶段滞留就会对将来的晋升道路产生不利影响，且晋升的标准中对年龄的要求也很严格，当官员超过年龄标准也就丧失了进一步晋升的机会。因此，如果一个官员在规定的年龄标准里没有晋升到某一个级别，这将会造成他以后晋升道路的滞留。这种晋升规则促使更多的地方政府官员只注重追求短期政绩目标。我国政府机构官员任期大体上为3—5年，在这个较短的时间里做出突出的业绩，地方政府在位官员就必须尽最大能力掌握较多的地方资源进行业绩工程的建设。大部分地方政府官员都偏好于以资源密集型为主的政绩工程，即那些投入高、回收期长的项目，因为这些项目可以很好地用指标衡量。

这些使得我国地方政府的经济行为在财政分权的管理体制下越来越呈现商业化倾向，地方政府具有很强的动机对本地区的金融资源进行剥夺。地方政府往往又具有企业家的角色，或者是将更多的精力投向于经营营利性企业中，导致有些地方政府官员为了能在自己任职期间有足够多的政治资本，就会不顾一切地大规模融资举债进行各种城市建设和开发区发展的经济活动。由于这些工程项目的还款期限都远远长于自己的在任时间，这进一步助长了这些地方官员的短视行为，因为即使这些项目在日后出现还款困难的情况，但由于自己已经调离原来的工作岗位，这些债务则成了下一任官员的问题。这种情况周而复始，最终会造成地方政府债务的不断加重，以至于出现较大的金融风险。

在中央和地方的委托—代理关系中，地方政府除了更好地完成中央政府的各种考核指标外，还会最大化自己的各种非货币收入，因此还会最大化其预算支出。因为地方政府在代理中央政府的委托时，在业绩显著的条件下获得的奖励除了自己的升迁机会外，还有大部分隐形的货币收入或者非货币收入，而这些隐形收入会加大地方政府的支出预算，因为越大的预算支出越能满足地方政府官员的权力欲望，地方政府越倾向于建立豪华的办公大楼和置办奢侈的办公设施来提高自己的非货币收入。在预算支出大的同时，地方政府官员也就拥有了较大的资金量，从而就具有更多的寻租机会，为自己谋取更多的隐性收入。这些都说明在中央和地方的委托—代理关系中，中央政府掌握着升迁的大权，偏好于以地方经济规模和增长速度为目标的考核指标体系，这又会造成地方政府不顾自身的预算约束大规模地进行举债投资活动，而这些债务在无形中就会被一代代的官员无限扩张和放大，达到危险的边缘。

在宏观层面上地方政府官员为了追求各自的晋升机会展开了各种直接的地区竞争，以期待在较短的时间里以最有效的手段取得竞争中的优势地位。各个省、市、县的地方政府都有着这种"大见成效"的迫切想法，使得地方政府直接参与的地区竞争成为20多年来我国经济发展的显著特点之一。这些竞争表现在各个地区的地方政府利用所掌握的投资自主权进行投资竞争，呈现出一种无边际的投资冲动。这种积极投资在一定程度上提高了资源的配置效率，但也存在一些现实问题，即地方政府之间的过度竞争，地区发展中的市场分割、重复建设投资、恶性竞争等问题。另外，由于各级地方政府融资行为较为分散，各个省、市、县甚至是地方政府的各个部门都有举债的行为。而地方政府对这些债务融资活动又缺乏统一的管理和监督，这加速了地方政府债务规模的上涨，而大部分债务问题也在日常的经济活动中逐渐凸显。[1]

三、区域性问题/资源禀赋问题

改革开放以来，我国深入实施西部开发、东北振兴、中部崛起、东部率先的区域发展总体战略。这些年来，以习近平同志为核心的党中央统筹内外、着眼全局，提出"一带一路"建设和京津冀协同发展、长江经济带发展、粤港澳大湾区建设等重大战略，推动形成东西南北纵横联动发展新格局。这不仅大大缩小了地区之间的发展差距，而且培育了一批像北部湾经济区、成渝经济区、长株潭城市群、武汉城市圈、中原城市群等中西部地区增长极，为我国经济持续健康发展作出了重要贡献。但是从统计部门提供的数字看，也出现了一些新的情况。比较突出的是，区域分化态势颇为明显，在东西南北四大板块之间、板块内部之间、省区内部之间均出现不同程度的分化。比如，中部地区已取代西部地区成为经济较快增长的第一方阵；再如，在西部地区整体发展取得历史性进步的同时，西部地区内部的发展也逐渐呈现出新特征，特别是西北地区的增速普遍低于西南地区增速，资源依赖性强的地区经济增长普遍比产业转移早的地区更乏力。[2]

---

[1] 冯根富，崔海雷. 建立更有效的区域协调发展机制［J］. 公安研究，2020（03）.
[2] 李永友，张帆. 垂直财政不平衡的形成机制与激励效应［J］. 管理世界，2019（07）.

四、地方官员的晋升锦标赛

(一) 晋升锦标赛模式实施前提

晋升锦标赛作为一种行政治理的模式，是指上级政府对多个下级政府部门的行政长官设计的一种晋升竞赛，竞赛优胜者将获得晋升，而竞赛标准由上级政府决定，它可以是GDP增长率，也可以是其他可度量的指标。这里涉及的地方官员主要是各级地方政府的行政首长。晋升锦标赛作为一种激励和治理手段绝非改革开放以来的发明，在改革前的毛泽东时代就常被使用，如"大跃进"时期各省市竞相就粮食产量大放"卫星"，也可以看作一种晋升锦标赛的现象。改革开放以来晋升锦标赛的最实质性的变化是考核标准的变化，地方首长在任期内的经济绩效取代了过去一味强调的政治挂帅。[①]

晋升锦标赛不是在任何一种政治体制下都可以发挥效力的，它至少需要以下几个技术前提。第一，上级政府的人事权力必须是集中的，它可以决定一定的晋升和提拔的标准，并根据下级政府官员的绩效决定升迁。第二，存在一种从委托人和代理人的角度看都可衡量的、客观的竞赛指标，如GDP增长率、财政收入、出口创汇量。如果委托人基于一些模糊和主观的标准决定参赛人的晋升，参赛人就会无所适从，最后胜负的决定也难以让参赛人心服口服。也就是说，竞赛指标越模糊、越主观，晋升锦标赛模式的激励效果就会越差。第三，各参赛主体即政府官员的"竞赛成绩"是相对可分离和可比较的。如果大家像是一个团队内的成员，彼此高度分工协作，个人的绩效无法单独衡量，那竞赛就失去了可以比较的基础。第四，参赛的政府官员能够在相当程度上控制和影响最终考核的绩效，这主要涉及被考核的指标与参赛人的努力之间是否存在足够大的关联，如果关联度太弱，激励效果将会很小。[②] 最后，参与人之间不容易形成合谋。如果所有参赛人通过私下合约使所有人的绩效都保持相同（如大家都偷懒），那大家就都成了胜者，平分最高奖，或以相同的概率得到晋升，这肯定有损于委托人的利益。集体偷懒主要发生在锦标赛的优胜者与非优胜者的奖励差异不大的场合。当两者差异足够大时，单个参与人会产生偏离合谋的激励，因为当其他人遵守合谋的情况下，一个人的努力工作将很容易脱颖而出，独得优胜奖。

晋升锦标赛有效实施的现实威胁主要来自两方面：第一，晋升锦标赛不能公平、公正和公开地推行，地方官员的晋升与经济绩效无关，而是其他一些人为因素决定，如"跑官买官"，"关系"胜于"政绩"，使得锦标赛变得形同虚设。这类似于足球比赛中的"黑哨"，比赛的胜负取决于一些赛场之外的因素，运动员的激励完全被扭曲了。近年来黑龙江和辽宁的一些地区出现了大面积的"买官卖官"现象，导致这些地区经济长期不振，正是锦标赛规则被扭曲走形的例子。第二，地方官员失去参与竞赛的兴趣和热情，看淡晋升利益，只求保住位子。这种情况的发生，通常是利益关系人给予的经济贿赂超过了

[①] 吕冰洋，陈怡心. 财政激励制与晋升锦标赛：增长动力的制度之辩 [J]. 财贸经济，2022 (06).

[②] 余绪鹏. 官员晋升锦标赛：经济增长的政治逻辑——基于相关文献的梳理与分析 [J]. 华东经济管理，2016 (06).

政治晋升的"诱惑"所致。从上级政府的角度来看,政府官员与地方利益相关人结成联盟,被外部的机会和利益所吸引而"主动"放弃比赛,是推行晋升锦标赛最大的一种威胁。因此,如何满足地方官员的参与约束对于锦标赛设计来说至关重要。

(二) 晋升锦标赛下政府官员的激励扭曲

1. 偏好替代

晋升锦标赛治理最大的问题是缺乏辖区居民的偏好显示,以 GDP 指标代替居民的偏好。在经济发展和市场转型的早期,这种偏好替代有一定的合理性:当绝大多数人的温饱问题没有解决时,经济发展和收入提高是绝大多数人的最大需求。随着人们收入大幅增加、生活条件不断改善,人们的偏好和需求趋于多样化,此时 GDP 增长甚至绿色 GDP 增长已不能准确代表辖区内居民高度多样化的偏好结构,这些多样化偏好最后如何传导为政府的公共服务内容就成为中国地方行政治理最大的挑战之一。最重要的问题是,直接承受地方政府治理后果的居民和企业无法直接影响地方官员的仕途,具有任免权的机构在上级政府,所以目前的官员任命机制无法保证地方官员对居民和企业的多样化偏好做出足够和有效的反应。因此,未来改革方向是如何让辖区的公众的满意度以恰当方式进入地方官员的政绩,成为左右官员仕途升迁的重要因素。

2. 多任务下的激励扭曲

这主要表现在晋升激励下的地方官员只关注那些能够被考核的指标,而对那些不在考核范围或者不易测度的后果不予重视。GDP 竞争会导致一些地区的政府官员热衷于搞政绩工程,劳民伤财,甚至编造经济增长数据,这种情况在缺乏经济资源和机会的落后地区尤为明显。一些地区因经济基础差,按实际增长难以和较发达的临近地区进行竞争,给上级政府创造一个良好印象,这可能导致一些急于晋升的地方官员"穷则思变",采取"铤而走险"的竞争策略,搞一些华而不实的工程项目,并对下级政府层层加码,下达达标任务。这方面的例子特别多,比如在河南省 20 世纪 90 年代初以来一度流行的所谓的"富民工程",一些县乡政府官员在考察了江浙一带的发展经验之后认识到乡镇企业的重要性,于是强行让乡村两级兴办企业,最后大多以失败告终。在中国多级同构性的行政体制下,省级政府的晋升激励会一级一级地转化为地区(市)、县和乡(甚至村)的增长激励。如果它在上层是扭曲性的激励,就会在下面多级行政治理中放大。另外,高速经济增长同时带来了严重的环境污染和高昂的能源消耗问题,这也是晋升锦标赛导致数量扩张冲动的后果之一。晋升锦标赛使得政府官员只关心自己任期内所在地区的短期经济增长,而容易忽略经济增长的长期影响,尤其是那些不易被列入考核范围的影响。有些官员为了在晋升竞争中获胜甚至不惜造假,操纵统计数据,致使民间有"数字出官,官出数字"之说。

除了上述扭曲之外,晋升锦标赛还使得政府官员同时在经济上和政治上竞争,经济竞争由于受到以零和博弈为特征的行政竞争的支配而出现了资源配置扭曲的现象,如我国区域发展中的政府非合作倾向,包括我国长期存在的地方保护主义和重复建设问题。

3. 晋升博弈下的软预算约束问题

在晋升锦标赛下,地方政府的预算软约束问题有可能会恶化,而企业的软预算约束问题则会以新的形式出现。首先,为了在经济竞争中获得有利地位以增进政治晋升的机会,地方官员会动用一切政策手段（包括财政和金融工具）支持企业和其他商业扩张，这种只重数量而非质量的扩张很容易形成企业经营绩效低下和政府的财政赤字和负债。因为我们无法看到中央或上级政府让地方政府陷于财政破产的境地，这种预期又进一步助长地方政府粗放型的财政支出行为。目前在县乡一级面临的严重的政府债务问题在一定程度上是这种预算软约束的反映。其次，在晋升锦标赛下，不仅国有企业，甚至一些民营企业的预算约束有可能软化。常州铁本事件是一个很好的例子。常州市政府为了实现经济赶超的目标，"强行"将一个中等规模的民营钢铁厂短时间里变成一个超大型企业，为此提供了一系列政策优惠，包括政府信贷担保。一个企业，不管其所有制性质，一旦变成地方政府实现其经济赶超的工具，就不可能在软预算约束下经营。过去唯有国有企业存在预算软约束问题，现在民营企业也出现此问题，原因就在于晋升锦标赛改变了地方官员对民营企业的态度。

第二节 政府间财政竞争的主要形式

一、政府间财政竞争的手段

财政竞争是指地方政府通过财政手段争夺有利于本地社会经济发展的稀缺资源或者逃避某些成本的竞争行为，是地方政府之间竞争的一种方式。其主体是地方政府，执行者是地方财政部门，最终目的是提高本地区居民的福利水平，但可能以损害全社会福利为代价。其具体手段主要分为税收竞争和财政支出竞争。

（一）政府间税收竞争

1. 税收竞争的概述

政府间税收竞争指的是不同国家或地区之间通过调整税收政策来吸引资本和人才流入自己地区的现象。随着全球化的进程加快以及经济的发展，税收竞争成为各国政府争夺经济利益的一种手段。在财政分权体制下，省以下地方政府作为一级独立的财政主体，税收立法权和自由裁量权相对缺失，而与此同时要承担相应的事权与支出责任。在这样的背景下，省以下地方政府为了争取更多的诸如资本、企业、技术、人才和信息等有形或无形的流动性要素资源，不断利用有限的财政能力并且以财政和税收为主要手段进行相互竞争，以促进本地区经济社会的发展，改善本地区公共服务水平和发展环境的自主性行为。

税收竞争，特别是处于经济发展初级阶段的税收竞争，主要表现为对有关企业的税收竞争，如企业所得税的竞争，企业各种消费税、营业税的竞争，增值税的竞争等。税收竞争的目的是减轻企业的税收负担，降低企业的生产成本，最终降低产品价格，扩大产品的销售量，最大限度地获取利润。这种竞争的实质是价格竞争，竞争的结果是降低私人产品的价格，以产品的低价来获得竞争优势。价格的竞争在经济发展的初级阶段是主要的竞争形式，它与满足人们较低层次的需求相适应。

2. 进行税收竞争的原因

（1）经济利益的追求

各国政府都希望吸引更多的资金和人才流入自己地区，以促进经济的发展和创造更多的就业机会。税收政策是吸引资金和人才的重要手段之一。通过降低税收，可以降低企业成本和个人负担，增加投资和消费活动，从而带动经济的发展。

（2）税收逃避和避税行为

税收竞争也与税收逃避和避税行为有关。一些企业和个人可能通过各种手段来减少纳税，例如将利润转移至低税率地区或者寻找税收优惠政策较好的地区。为了避免资金和人才的外流，其他国家或地区可能会采取类似的措施来抵抗税收逃避和避税行为。

（3）国际竞争的压力

全球化的进程加速了各国之间的经济竞争。为了吸引外国企业和投资者，各国政府往往会通过调整税收政策来提供更好的投资环境。通过降低税收，可以降低企业的运营成本和风险，提升自身在国际竞争中的竞争力。

3. 税收竞争的影响

（1）经济影响

税收竞争可以促进经济发展和就业增长。通过降低税收，可以减少企业和个人的税负，激发投资和消费活动，刺激经济增长。同时，税收竞争也可能导致财政收入减少，影响政府的财政状况。

（2）财政影响

税收竞争可能导致财政收入的减少。政府降低税收导致减少的财政收入可能需要通过其他途径来弥补，例如增加其他税种的税收或者削减政府开支。此外，税收竞争也可能导致财政收入不稳定，给政府的财政管理带来一定的挑战。

（3）社会影响

税收竞争可能导致社会资源分配失衡。由于税收优惠政策的存在，一些地区可能会吸引更多的资金和人才流入，而其他地区则可能因此而受到一定的冲击。这种资源分配失衡可能导致地区之间的差距扩大，不利于社会的稳定和可持续发展。

（4）国际关系影响

税收竞争也可能对国际关系产生影响。一些国家可能会通过调整税收政策来抵制其他国家的税收竞争措施，甚至可能引发贸易争端和经济纠纷。税收竞争还可能加剧各国之间的竞争和矛盾，影响国际合作和稳定。

税收竞争作为各国政府争夺经济利益的一种手段，在全球化经济中发挥着重要的作用。税收竞争可以促进经济发展和吸引资金和人才流入，但也可能产生一系列的问题，如财政收入减少、资源分配失衡和国际关系紧张等。因此，各国政府在进行税收竞争时需要权衡各种因素，采取合适的政策措施，促进经济的可持续发展和国际合作。

（二）政府间支出竞争

1. 支出竞争的概述

地方政府财政支出竞争，是指各地政府通过转变财政支出的结构和方向，改善地区的外部环境以吸引资金或人口的流入,以达到促进经济发展的目的。它涉及地方政府各个方面的支出,如基础设施建设支出、医疗支出、教育支出、公共福利支出等。

这种竞争通常表现为地方政府为了吸引外来资源、扩大税基而提供优质公共产品和公共服务。在我国,随着积极财政政策的推行,财政支出在地方政府财政竞争中占到了主导地位,但也存在一些问题,如缺乏真正有效的管理制度和办法,资金使用中的浪费现象比较普遍。

财政支出竞争意味着需要更多的财政收入,而与财政支出竞争相辅相成的税收竞争又会使得财政收入的渠道变窄,造成了地方政府面临的财政压力逐年增大。迫于这种压力,地方政府只能通过负债的方式继续参与财政支出竞争,其后果是地方政府的债务规模不断扩大。此外,财政支出竞争还可能继续扩大区域发展的不平衡性,例如东部地区由于地理位置优越、经济发展起步较早,拥有更加完善的基础设施,这为东部地区的经济发展奠定了良好的基础。

2. 进行支出竞争的原因

财政支出竞争的存在有三种可能原因:第一,地方政府官员的晋升激励,考虑到经济增长和财政收入作为两项最主要的政府考核指标,扩大财政支出能够促进一个地区的经济增长,因此晋升激励引致了地方政府间的财政支出攀比(竞争)。第二,GDP 增长、投资水平和财政收入等经济指标成为中央政府评估地方政府绩效的主要依据,这驱使地方政府"为增长而竞争"。[①] 一方面,一些发达的地方政府需要通过财政支出的扩张来体现本地区的政治地位;另一方面,对于地方官员来说,扩大财政支出可以带来更多的经济收入来源、管理职能和财政处置权。第三,从执政党"为人民服务"的根本宗旨和构建服务型政府的要求出发,地方官员具有增加社会性支出和提高公共服务水平的激励,以得到更好的政绩和更广泛的群众基础。

3. 支出竞争的影响

(1) 支出竞争促进经济发展

一个区域经济发展所需要的资本,往往不能完全依靠自有资金,需要有外部资本的补充。地方政府要通过财政支出来改善区域内的经济环境,完善基础建设,吸引更多的企业落户在这个区域,所以说财政支出竞争保障了区域经济发展所需的资本。为了引进资本,地方政府会自发地去完善外资的引进政策,认真地规范企业的筹资制度,以促进区域产业经济的完善化。西方宏观经济学表明,积极的财政政策就是增加财政支出,从而直接作用于社会总需求,使社会总需求扩大。地方政府行使公共财政的购买力作用,直接增加社会基本需求,利用乘数效应,提高经济发展水平。

(2) 财政支出竞争有利于提高人力资源水平

财政支出竞争有利于提高人力资源水平高效的竞争,有利于改善投资环境,投资者在吸引下纷纷进行不同规模的投资,优秀的人才也选择加入,各个地区的经济发展状况呈现出良好的势头。政府对人力资源投入的重视,具有长远的意义,集中表现在对科教文卫等领域的财政支出。总之,提高劳动者综合素质和劳动生产率,有利于长期保障经济发展水

---

① 刘伟,陈春润. 锦标赛下的默契:地方政府竞争动力的生成机制[J]. 江苏行政学院学报,2024(03).

平的稳步提高。

(3) 导致地方政府债务压力增大

统计数据表明，我国的地方政府近几年财政支出远大于财政收入，这一定程度上是政府财政支出竞争导致的。地方政府要通过支出竞争来使经济增长，就必须直接参与这个区域的投资活动。随着经济的发展，维持这些投资的成本就会越来越高，而税收竞争同时使得财政收入渠道变小，地方政府面临的财政压力就会逐年增加。当地方政府自身的财政收入和拥有的资源不足以承受压力时，地方政府就只能以负债的形式来继续参与到竞争当中。为了发展经济，开发新项目、兴建各种建设、甚至于建设形象工程，地方政府常常以政府的名义作为担保，以此来筹借政府所需资金。当该地方政府的或有负债不断上升时，其财政风险也随之膨胀。

(4) 导致财政支出结构不合理

地方政府财政支出的规模受到来源、结构和上级政策等诸多方面的限制，这就意味着政府的财政支出资源是极为有限，不可能在每一个领域都投入大量的资源。政府在进行财政支出竞争的时候，更倾向于把资源投入能够直接引起经济增长的领域，也就是生产性支出的领域，而在科教文卫和社会福利方面的投入就必然减少。如果地方政府在进行财政支出竞争的时候，只注意经济增长，就会使得区域内居民的实际福利下降。在长期看来可能会造成严重的后果。

总之，地方政府支出竞争需要合理的规范和引导，以促进地方经济和社会的发展。同时，需要建立健全相关制度，加强对地方政府支出的监管和管理，避免浪费和不必要的支出。

二、政府间财政竞争的主要形式

(一) 政府间纵向竞争

政府间纵向竞争主要体现在中央政府和地方政府之间在财政资源和政治权力分配上的争夺。中央政府和地方政府在制度创新的目标、方式、路径上也可能出现博弈。此外，地方政府和中央政府还可能展开制度博弈，以推动制度创新，促进区域经济的发展。

从理论上讲，中央政府获取财政资源，要提供全国性公共产品，地方政府获取财政资源，要提供地方性公共产品。中央和地方政府的管辖范围不同，其行为必然有差异。在中央政府和地方政府的纵向竞争中，地方政府会基于自身利益做出有利于扩张自身所控制资源的行为。

然而在我国财政税收改革过程中，虽然随着中央政府与地方政府的分权，地方政府在与中央政府"讨价还价"过程中有了一定的实力。不过，不可否认的是，目前中央政府在这种"讨价还价"中还是占有主导地位的。特别是在中央政府对地方政府主要领导人选有决定权的情况下，地方政府的"讨价还价"是非常有限的。在这种不对等情况的纵向竞争中地方政府还是处于明显的劣势。

地方政府行为对中国经济的发展影响深刻，在全面推进中国式现代化的过程中，仍需发挥地方政府的作用。① 好在地方政府在与中央政府的纵向竞争中会利用自身的信息优势，做出有利于增加自身财政资源的行动。比如，地方政府对属于自己的税收，加强征管，使其收入大幅度上升；在对转移支付的争夺中，与相关中央部门拉关系，争取更多专项转移支付；地方政府把预算内资金转到预算外，逃避监管，增加自身可控的财政资源；地方政府大力发展辖区内归自己所管辖的企业，增加税源，这可以部分解释20世纪80年代我国乡镇企业的蓬勃发展。同时，对于那些归自己所管的亏损企业，则"甩包袱"进行民营化，减轻自身负担，这可以部分解释我国国有企业的民营化。尽管地方政府利用自身信息优势，拓展了自身可以控制的财政资源，但是很多地方基层政府还是"收不抵支"，难以维持自身运转，为了保证基层地方政府的"吃饭"和运转，同时也为了"出政绩"和升迁，各种各样的地方政府债务开始涌现，地方政府开始靠出让土地以获取资金以此获取资源维持自身运转。

（二）政府间横向竞争

政府间横向竞争是指同一层级的政府之间，为了吸引投资、提高经济发展水平等目标，而展开的各种形式的竞争。这种竞争通常表现为政策竞争、税收竞争、公共投资竞争等形式。

在政策竞争方面，政府会制定各种有利于吸引投资、人才和技术的政策，例如税收优惠、土地供应、融资支持等。这些政策的制定和实施，旨在提高本地区的投资环境和竞争力。

在税收竞争方面，政府通过降低企业所得税、个人所得税等方式，吸引企业和个人到本地区投资、定居，以增加税收收入和促进经济发展。

在公共投资竞争方面，政府通过对基础设施、公共服务设施等进行大规模投资，提高本地区的公共服务水平和生活质量，从而吸引更多的居民和企业。

政府间横向竞争在一定程度上促进了地区经济的发展和公共服务水平的提高。然而，过度的竞争也可能导致资源浪费、市场分割、环境破坏等问题。政府间横向竞争需要适度、合理，并需要在国家宏观调控下进行。因此中央政府应在地方政府横向竞争中扮演重要的"调控者"角色。中央政府必须协调政府间横向竞争，建立政府间横向竞争的公正规则，惩罚违背竞争规则进行无序竞争的地方政府。这样才能使地方间政府竞争成为良性竞争，充分发挥竞争对地方政府的有效制约作用，提升地方政府的治理效率。

三、政府间竞争的结果

（一）政府间竞争的有效性

1. 对经济增长的影响：对生产要素流动的影响

财政支出的竞争对经济增长的影响，是通过对生产要素的流动来传递的。作为最基本的两项生产要素，劳动力和资本总是选择流向高回报的地区。所谓的高回报，其影响因素包含两方面：一方面是由市场决定的要素收益，对于劳动力来说表现为工资薪金，对于资

---

① 刘振，曾津. 地方政府竞争、财政分权与产业高质量发展 [J]. 经济问题探索，2023（07）.

本来说表现为利息;另一方面也包括一些无法用经济指标衡量的因素,包括安全的社会治安环境、良好的人文素养、优越的自然环境、高效廉洁的政府行政等。

随着分税制体制改革后税收制度的日益完善,以往投资者以税收的优惠程度作为决策变量来选择投资领域、区域的做法已经渐渐变得不能适应变化。现在投资者的投资策略更多考虑该地区的交通、水电、环境指标、地方政府的服务水平等,因为这些会直接或间接影响投资企业的运营成本、从而影响投资收益率。

首先,交通便利与否将会影响投资企业的运输成本,运输成本的高低又会影响产品的价格,而产品价格很大程度决定该产品的市场竞争力;其次,投资地区政府的行政效率,会直接影响投资企业申请、注册、投入运营的效率,从而影响该投资企业能否迅速投入生产,产品能否迅速抢占市场。

对于劳动力所有者,劳动力在各地区之间的流动具有外在性,将会改变原有的劳动力地区分布,影响各地区劳动力的资源总量。对于劳动力资源充裕的地区来说,劳动力的流出将会缓解就业压力;而对于劳动力资源贫乏的地区来说,劳动力的流入将会弥补其不足。与此同时,劳动力的流动还伴随着技术和知识的流动。社区越小,性质越相近,地方公共品符合当地所有居民需求的可能性越大。由地方公共品提供水平造成的就业、生活环境,教育工资薪酬水平差异,进而影响到了劳动力的"用脚投票"。

因此,从总体来看,地方政府加大本地区财政支出以改善本地区公共产品的供给,必然能使资本和劳动力等要素从公共品供给水平较低的地区流向较高的地区。通过改善本地区的交通、水电、自然环境、政府行政效率等方面的条件,以降低投资企业的运营成本,促使更多的资本流入本地,而投资的增多相应地创造了就业的机会,无疑也会对劳动力的流入产生吸引的效应。特别是在各地区普遍存在一般技能的劳动力过剩和高级专门人才极度不足的情况下,地方政府对劳动力资源的竞争将进一步加剧。这种竞争表现为地方政府加大财政支持力度、鼓励和组织输出劳工、出台一系列优惠政策建立"人才引进计划",吸引高级专门人才以及限制本地区人才的外流等诸多方面。此外,地方政府间支出竞争引起的劳动力流动又促进了各地方政府更加重视教育、重视人才的培养和使用。

2. 生产要素的配置对经济增长的推动

首先,支出竞争引起资本、劳动力的跨地区流动。对某一地区来说,资本、劳动力的流入意味着投资的增长,而投资的增长会促进地区经济增长。地方性公共投资对本地经济具有促进作用,同时通过地区间贸易对其他地区产生正的溢出效应;且该溢出效应会随着地区间财政竞争程度的加深而显著加强,因此财政竞争为地方性投资政策提供了重要的传导机制。[1]

其次,为了在竞争中获胜,地方政府加大教育、科技方面的投入。根据内生经济增长理论,教育是外溢性很强的公共品,教育投入是对知识的积累。知识的非竞争性决定了一个人对知识的运用并不妨碍其他人对这种知识的运用,而且这种运用的成本相对较低,即知识具有外溢效应。这种外溢效应和知识产生的递增生产力不仅使知识自身形成递增收

---

[1] 朱军,许志伟. 财政分权、地区间竞争与中国经济波动[J]. 经济研究,2018(01).

益,而且使资本、劳动等其他要素也具有递增收益,从而会导致无约束的长期经济增长;地方政府加大科技投入会促进本地区的技术创新,从而通过本地区微观经济主体的经济活动,这种投资最终促进本地区的经济增长。和资本、劳动力一样,技术进步也是经济增长的内在动力。

3. 加快政府的制度创新

地方政府间的竞争性决定了其创设的制度之间的竞争性,制度竞争既是地方政府竞争的核心内容,也是地方政府制度创新和制度变革的主要方式之一。[①] 以我国改革开放以来的发展历程而言,从改革开放初期的深圳等经济特区的建立,到改革攻坚阶段的综合配套改革试验区,在改革遵循空间渐进的思路下,地方政府间进行着"政策实验—扩散"的模式,当某一地区通过采取一定的财政竞争策略而取得优势时,其他地区就会进行经验学习、仿效,并结合地区自身的特点创新性地发展出适合自己的发展道路。在这个过程中,也许并不是所有的地方政府都具有创新精神,或者是主动创新的意识,但是由于部分地区竞争策略的成功而带来的地区经济腾飞和相关官员升迁的激励,迫使地方政府的官员不得不加入创新的行列中。而制度的不断创新带来的是对旧有体制的变革甚至抛弃,从而促进了更好的体制的产生。

(二) 财政竞争的无效性

1. 地方政府之间的差距越来越大

在经济发达地区,财政资金较充裕,用在教科文卫、基础设施、社会保障等支出项目上的资金相对较多,使得这些地区的无论是道路、环境卫生等基础设施,还是政府官员的行政效率、地区形象等投资软环境都处于很高的水平。因此,相比经济欠发达地区,这些地区无论是对资本还是劳动力都具有较强的吸引力,成为资源和要素的主要流入地。但是,资本的跨地区流动会形成这样的问题:富的越富,穷的越穷的两极分化现象。越是富裕的地方政府,就越是能够提供更多或更优质的地方公共品,就越能吸引资本和高素质的劳动力的流入。当一个地方拥有雄厚的资本和优秀人才储备后,增加税基,使得地方政府获得更多的财政收入,这样使得地方政府又有充足的资金改善本辖区公共品供给水平,这样就形成了经济发展的良性循环;相比,贫穷的地方政府易形成经济发展的恶性循环。这对于地方与中央经济协调发展来说是不利的,也不利于社会的稳定。

2. 地方基础设施重复建设和产业趋同

在单纯追求辖区预算收入最大化时,各个地方竞相进入同一行业或一拥而上从事某个国家重点项目,从而导致各地区严重的重复建设。这主要表现在产业重复建设和基础设施重复建设两个方面。迄今为止,我国产业重复建设大致经历了三个阶段。

第一个阶段开始于20世纪80年代,全国各地大上彩电、冰箱等生产线,10年间,全国共出现彩电生产企业超过百家,彩电业总投资达280亿元。

第二个阶段是从20世纪90年代开始,全国各地纷纷投资汽车、水泥、钢铁等行业,形成新的重复建设浪潮。

第三个阶段是21世纪以来,全国各地大上电子信息、新材料、生物医药工程等为代

[①] 靳文辉. 制度竞争、制度互补和制度学习: 地方政府制度创新路径 [J]. 中国行政管理, 2017 (05).

表的"高新"项目,结果导致高科技领域的低水平重复建设和低层次恶性竞争加剧。

基础设施重复建设,本来是属于多余和不必要的建设。但由于我国地方政府存在着强烈的政绩激励,因而很多地方政府是在脱离本地经济社会发展水平和财政的基础上,过分超前地上马建设基础设施,由此造成资源的严重浪费。此外,在决定项目的时候常常缺乏科学的区位优势判断和决策,不注重研究区位比较优势,从而做到扬长避短。而是盲目发展一些"热门"但非本地优势产业。这不但导致了财政资金的低效率使用,也导致该行业生产能力过剩,更不利于区域之间的规模经济和范围经济的发挥。

重复建设或产业趋同导致资源消耗和浪费极大、环境破坏严重、竞争力弱化、技术水平低下,甚至会导致企业的破产或产业重组,最终阻碍产业升级和经济增长方式的转变。无论从微观上还是宏观上都严重影响了社会资源的优化配置。

3. 地方保护主义思想的影响

地方政府为实现财政支出竞争的目的,选择有利于本地区经济利益的保护性制度和政策,加之在目前的体制下,地方人大作为地方最高权力机关,其制度安排也是以地方利益最大化为目标。这样,地方政府也会以地方性法规的形式,为实施地方保护主义提供法律支持。一方面,其结果虽然是地方政府封锁本地市场,保护本地的企业与产品,但同时也使得本地企业缺乏竞争力和危机感,久而久之将丧失创新的动力,最终走向没落;另一方面,地方市场分割导致经济运行机制扭曲,市场信号失真,干扰宏观经济平衡,使社会资源无法实现最优配置,严重妨碍国内统一市场体系的形成,造成国民的福利损失。

4. 财政支出的资金负担的分析

地方政府间财政竞争发展到支出竞争的高级阶段,是通过公共产品和服务的提供来对地方的经济社会多方面产生影响的。公共产品的享用是需要支付一定的价格作为成本补偿的,而补偿的主要来源就是纳税人所支付的税金和其他费用。当然,地方政府在开展财政支出竞争的时候,面对庞大的资金需要,税费收入常常不能满足,通常的情况是政府利用自身的信誉来进行融资,相应的政府作为举债方产生了政府债务负担。

5. 财政支出效率低下和支出结构异化

分税制改革后,地方政府获得了更多自主的权利,同时地方政府承担的责任也增加了,地方财政支出占全国财政支出的比重大大增加。在财政支出竞争提高了公共品和公共服务的数量的同时,财政支出的效率低下问题也愈发突出。在当前,我国的地方政府财政支出往往是由地方官员的个人意志决定的,缺乏对财政支出效益的衡量方法,支出政策可能无法反映公众的真实偏好,造成财政支出的效率低下。

四、小结

对于大国的治理,无论是联邦制也好,还是单一制也好,都必然存在多级的政府管理体制。不同层级的政府,管辖不同范围的居民,有着不同的财政来源,相互之间发生着各种各样的联系,这种联系通过政府间的博弈和竞争体现出来。博弈和竞争的形式多样,然而政府间多样的财政竞争形式既可能相互促进,也可能使得双方利益受损。是良性竞争还是恶性竞争都需要双方权衡,而不能为了暂时的胜利破坏长远的利益,这就需要中央政府进行良好的监管，避免恶性竞争，营造良好的政府间财政竞争氛围。

第三节 政府间财政风险分担问题

财政运行过程中存在着各种系统性和非系统性的不确定性，这种不确定性会导致财政风险的产生和累积，因此，对财政风险进行管理是一个成熟的财政主体所必备的权利要件和责任要件。在多级政府框架下，构建财政风险在政府间分担的框架体系应该是财政体制的应有之义。一方面，财政风险分担机制的构建能提高财政效率。在政府履行相同的职能下，财政风险越小的政府，其财政管理越具有效率。另一方面，财政风险分担机制的构建符合公平的要求。分税制下，各级政府用各自的财政收入履行各自的支出责任，承担各自的财政风险，符合责权利险相一致的基本准则。

近年来，风险分担机制研究已引起学界和业界的关注，但现有研究存在两个方面的问题：一是立足于个别领域的风险分担研究、缺乏对政府间财政风险分担机制的整体设计。二是沿用传统视角对财政风险进行研究、忽视政府间财政风险分担机制的作用。但在政策建议方面，仍强调加大中央政府对不发达地区的转移支付规模、进一步调整中央政府和地方政府财权与事权的划分这样的传统手段，较少有从财政风险分担的视角提出建议。[1]

一、政府间风险分担机制的内涵

财政工具的一大职能，即风险分担。一个处于转轨时期的国家可能会在社会经济发展过程中出现了一些问题形成了一些令人关注的风险，包括未来经济比上收入增长的不确定性和社会分配结构不合理所引发的一些风险问题等。总体来讲，处理风险问题的最合适方式是通过风险分担将风险分散化，在市场机制能力不足的时候，财政工具将是建设全社会风险分担机制的重要手段。

中国共产党第二十届中央委员会第三次全体会议中指出，要统筹好发展和安全，落实好防范化解重点领域风险的各项举措，织密社会安全风险防控网，切实维护社会稳定。社会经济风险分担理论上可以由市场自身完成，如在金融市场上提供保险。由于市场不完全竞争和非对称信息问题，通常市场不会对可能的风险提供完全的消化控制机制。市场不能对风险提供完全分担和保险的时候，政府介入并进行社会风险分担是必要的选择，这是风险厌恶的居民/选民的要求，也是财政的职能。政府作为社会风险分担者，可以采用财政政策与货币政策工具，同时政府之间的分权还可形成不同的风险分担主体。当政府进行风险分担时，社会风险转移了一部分给政府，形成了政府财政风险的一部分。政府在使用风险分担手段的时候，对参与各方产生合适激励的机制设计非常重要。在各个风险承担主体

---

[1] 王蕴波，景宏军. 分配正义视阈下我国政府间财政风险分担机制研究［J］. 财会研究，2020（05）.

之间存在多个委托—代理关系，如果风险机制设计不合理，扭曲了分担主体的行为，那么社会风险分担机制本身有可能不仅不能控制所分担的风险，反而可能放大风险，典型的问题是风险分担机制下主体产生道德风险问题。

(一) 政府间风险分担机制理论

1. 理论原则与财政风险分担效率

政府间财政关系理论的三个主要原则是问责原则、从低原则和自主原则。这三个原则的实现程度对于政府风险分担的效率具有不可忽视的影响。[①]

问责原则要求政府间财政关系体制提高政府对居民的负责程度。具体操作上可问责性要求政府与之间的委托—代理关系简化。在多层级政府的环境下，如果上级政府与居民之间是通过委托下级政府建立联系的，那么在居民和上级政府之间的委托—代理关系被扩张成了上级政府和下级政府之间的新的委托—代理关系，这时上级政府更多地扮演了管理者的角色。当政府层级增加时，这种多重委托—代理的关系可能显得更加复杂化，从而削弱政府的可问责性。

复杂化的委托—代理关系会造成对政府激励的扭曲，从而损害风险分担效率。委托—代理关系中，委托人与代理人之间有不同的激励，由于参与个体负责的方向与实际政策的执行对象背离，代理者会利用信息不对称的情况获得信息租金。在多重委托—代理关系下，由于层级增加，对某一代理设计的激励机制由于代理者的新委托关系可能变得不再可行，即激励机制被扭曲，从而影响效率。对于风险分担而言，如果居民委托中央政府通过财政制度对居民风险进行分担，而中央政府再委托地方政府完成风险分担任务，那么由于地方政府并不是向居民直接负责，居民对于中央政府的激励机制将很可能不会有效激励地方政府，从而降低风险分担的效率。更为糟糕的情况是，在扭曲的激励下，为获得更多利益，地方政府可能利用其信息优势，创造"风险"，要求中央政府承担更多风险分担责任。

从低原则要求只要是适合地方政府承担的财政责任都应尽量由地方政府来承担，从而改进公共服务提供效率。这里的效率提高主要体现为信息不对称性的改善，一般认为地方政府更加了解地方居民的偏好，从而使整体公共服务更加有效地满足差异化的公共需要。此外，从低提供服务的要求也能引入地方政府间的竞争，从而提高政府效率。

在财政风险分担过程中，从低原则的实现能够有效地削弱信息不对称问题。信息不对称是委托—代理关系中效率损失的来源。作为一种委托—代理关系，财政风险分担实现效率需要减少信息不对称。从低原则削弱信息不对称，促进效率提高体现在两个方面。一方面，作为服务直接提供者，地方政府比上级政府更能有效地区分居民风险分担需要的真实水平，更有针对性地提供服务。在医疗保险制度设计上，通常各国都会要求地方政府分担一部分服务提供责任，正是因为在收集相对复杂的医疗信息上地方政府具有比较优势。另一方面，与问责原则一致，从低原则简化了多重委托—代理关系，使居民到实际服务提供政府的信息传递简化，信息扭曲削弱，因此能更有效地加强激励机制和问责机制设计，从而提高风险分担效率。

---

① 乔宝云，刘乐峥. 公共财政研究报告——中国政府间财政关系与财政风险分担职能 [M]. 北京：中国财政经济出版社，2013.

自主原则要求给予地方相应的财政自主权来行使其相应的财政责任。财政自主性加强意味着地方政府能够自主决定对公共物品和公共服务的提供，保证地方政府有能力针对自身环境采用合适的政策，以满足地方公共需求。这一原则在保证公共服务提供数量和质量的基础上，还硬化了财政预算约束。

就风险分担机制设计而言，自主原则给予了地方政府相应的权利，保证地方政府能够根据地方居民的风险分担需要完成相应的服务提供。对于中央政府而言，这样的原则能够硬化财政预算约束，避免地方政府利用风险分担任务要求更多的转移支付。反过来，当地方政府权力不足以支撑委托的风险分担职能时，要么出现地方政府不能保证有效的风险分担，要么出现地方政府过度分担风险，同时要求中央政府给予补助，转嫁服务成本，两种情况均造成经济效率损失。

以上的分析可以形成财政风险分担效率的一些基本判断。政府间财政关系对各级政府激励扭曲程度越高，财政风险分担效率越低；政府间财政关系中信息越不对称，风险分担效率越低；政府间财政关系中，上级政府财政集权程度越高，风险分担效率越低。应该说，问责原则、从低原则和自主原则对于财政风险分担效率的影响是相辅相成的，制度建设上应满足三个原则，缺一不可。

2. 不同财政制度下的风险分担效率

财政制度，特别是政府间财政关系，设计的合理性将直接影响财政风险分担的效率。风险分担的过程中必然产生共同基金性质的"公共池塘"，在相应制度设计激励不相容的情况下，"公共池塘"效应将引发风险分担主体夸大风险，转移支出成本的"道德风险"。在多层级财政框架下，财政对于风险的分担，主要的实施工具是转移支付制度，这也是财政风险分担体制的"公共池塘"，而风险分担主体——地方政府——在不合适的制度激励下会产生"道德风险"，损害财政风险分担职能的效率。可以预见的是，不同的财政制度体系可能对风险分担效率产生不同的效应。

财政制度的安排可以区分为三种不同的模式。

第一种情况是当存在社会风险冲击时，地方政府和中央政府各自通过对个人的财政政策完成风险分担，这是美国式的水平型财政分权安排。这种财政制度安排下地方政府具有高度的地方财政自治，同时联邦政府承担了许多财政职能，包括进行很多专项转移支付，形成财政风险分担。此外，这种政府间财政关系具有高度的财政预算硬约束。由于联邦政府与地方政府各自进行征税管理，并各自针对个人进行转移支付，在财政预算体系上实现了征税、财政职能的相互独立，因此，地方政府和联邦政府之间不存在救援预期，地方政府也无法直接利用财政或货币政策向联邦政府转移风险。此外，在金融市场上，美国中央和地方政府通过债券形式与投资者形成风险分担，由于其中央政府对地方政府行为不予救援，金融市场通过投资回报利率对于财政风险的控制是相对有效的，因此金融市场约束也是相对强硬的。硬化的预算约束使各级政府在风险分担过程中道德风险的问题降低。

第二种情况是不存在强有力的中央政府，但存在统一货币体系，风险主要由地方政府承担的情况。在这种情况下，由于没有财政政策作为缓冲，地方政府的风险可通过货币政策直接传递到其他地方政府，因此，财政能力弱势的地方政府存在强烈的道德风险动机。在统一的货币体系下，受到标尺竞争和税收竞争的压力，财政能力弱的地方政府会扩大财政赤字，冲击货币体系，导致其风险扩散到其他地方政府辖区，由于存在通货膨胀的威胁和维护统一货币体系的压力，其他财政能力强的地方政府将不得不对财政能力弱的地方政府进行救助。预期到救援的情况，财政能力弱的地方政府的道德风险进一步加强。第二种情况事实上体现了欧盟的财政制度安排。与美国对比，欧盟地方财政完全自治，但财政上缺乏强有力的中央政府，仅依赖于欧盟条约进行弱化的约束，其货币政策虽然是统一的，但与各国中央财政政策不协调。欧盟各国的多数投票者不希望由于救援他国产生财政负担，并希望通过统一货币体系转移自身的财政负担给其他国家。因此，欧盟议会的协商制度由于各国政府不配合，形成的均衡并不能对各国财政真正起到约束作用，各国实际上在财政预算约束上存在将风险向其他国家转移的道德风险动机，这个动机可导致欧盟国家政府膨胀，产生持续不可控的财政风险。此外，欧盟国家内部金融市场由于存在大量国有化区域银行，对于地方政府行为的约束也是不足的。

要更好地解释欧盟纵向财政不平衡程度较低但债务危机频繁的现象，需要考虑欧盟存在欧元区这样货币政策与财政政策分离的现实。在欧元区国家，成员国家仍然承担了经济风险波动的分担责任（或平抑经济波动的责任）。在这种情况下，由于没有财政政策作为缓冲，统一货币体系可能成为引发成员国家"救援预期"的根源，即使欧元区并不存在庞大的转移支付制度。引发欧盟国家财政风险问题的关键在于欧元区国家财政由于财政政策与货币政策相分离，在此条件下，统一货币政策使各个国家具有向其他国家转移其公共支出成本的道德风险刺激。换句话说，货币发行统一取代转移支付体系成为欧元区国家作为地方政府转移财政压力的驱动性渠道，刺激了地方政府的道德风险行为，这样的风险分担渠道是一种"隐性分担"的形式。在货币政策统一下的统一利率会限制市场对于过度举债的约束，而过度的财政赤字会冲击中央银行，造成通货膨胀的压力。为防止这样的压力过度导致统一货币体系崩溃，信贷名誉受到伤害，形成全面风险，就需要共同分担风险，通过免除债务、直接援助等方式救援。这样形成的"救援预期"，虽然现实中事前并无直接的转移支付引发，但同样导致地方政府的道德风险，使其政府财政风险扩张。

第三种情况是当存在社会风险冲击时，地方政府分担一部分风险，同时中央政府通过政府间转移支付分担一部分风险。从实际情况来看，这样的制度安排与中国有类似之处。由于中央政府需要确认地方政府的风险分担情况来确定其风险分担的程度，产生了信息不对称的情况，预算约束变软。此情况下，地方政府有通过转移支付渠道将风险转移给中央政府的动机，因此，中央政府承担的风险会加大。但是，中央政府可通过对地方政府税率的控制和通过通货膨胀的威胁控制地方政府行为。如果从中国的情况来看，我国政府间财政关系从约束上来说是软化的，而金融市场的约束也是不足的，并可能存在很强的救援预期，但我国具有强有力的中央政府和协调的货币政策。因此，我国地方政府存在膨胀的道德风险动机，但是很多风险问题被中央财政所承担，使财政风险短时间内可能不会引发问题。

中国的情况事实上体现了集权的思想，但仅体现了收入的集权。在收入集权的情况下，中央政府通过降低地方政府财政自治能力，使用收入权力控制地方政府行为，这能够通过税收威胁抑制地方政府的道德风险。但是，由于支出责任仍未区分明确，降低地方财政自治能力加强了地方政府的道德风险动机，地方政府仍可利用转移支付的财政政策向中央转嫁风险，但是不能通过冲击货币体系，使其他地区产生通胀担忧而分担风险。这样的结果是：中央政府在这个体系中承担风险较大，起到了隔离地方政府风险和货币体系风险的缓冲作用。因此，避免地方政府在财政风险分担过程中的"道德风险"问题也是我们强调需要加强地方政府"财政自主权"的重要原因之一。当然，更为根本的解决方案是我国应该按照前述提到的3个重要原则在事权、收入划分上进行更加科学合理的政府间财政关系设计。

（二）政府间风险分担机制分类

为了实现政府间财政分配向正义化转变，多级政府间要构建完整的财政体制框架，这套框架既要包括利益分享机制，也要包括风险分担机制，其中：利益分享机制能够为各主体提供足够的激励，风险分担机制能够形成应有的约束，从而使得各主体保持足够的理性。在改革过程中，由于利益分享机制一直被作为改革的重点，而风险分担机制却长期被忽略，因此，在财政体制框架构建过程中，为实现财政自身及经济的公平分配，当务之急应当是构建健全的风险分担机制。具体包括风险分配机制和风险承担机制两个方面，其基本情况如表7-2所示。

表7-2　　　　　　　　　政府间财政风险分担机制情况表

风险分担机制内容		风险分担机制类型	目标	手段措施	特征
风险分配		分险机制	有险可守	制度立约	权责与风险一致
风险承担	意愿	守险机制	有险必守	主体重约意识	风险意识完备
	能力	御险机制	有险能守	主体履约能力	防控风险分工合作有序

二、政府间财政风险分担机制缺失的历史现状与影响

（一）政府间财政风险分担机制缺失的历史现状

我国没有专门的财政风险分担体制机制，对于政府间财政风险分担的规定依托于财政体制。从1980年至今，我国大体上实施了两种财政体制：大包干财政体制和分税制财政体制。

1. 大包干财政体制（1980—1993年）

从1980年起，为了提高地方政府参与改革的积极性，我国在政府间财政分担关系方面采用了"划分收支，分级包干"的体制，以此提高地方政府在改革中的获得感。这一体制的要点包括：一是明确划分中央与地方的收支范围。以1979年各地方的财政收支数为基础，核定地方收支包干的基数。对收入基数大于支出基数的地区，规定收入按一定比例上缴；对支出基数大于收入基数的地区，将工商税按一定比例留给地方，作为调节收入。二是对于工商税全部留用后仍收不抵支的地方政府，再由中央给予定额补助。另外，收入分成比例或补助支出数额确定后，五年不变。地方多收可以多支，少收只能少支，中央不再增加补助，地方财政必须自求平衡。这种体制把地方政府的收入与支出结合起来，改变了吃"大锅饭"的现象，所以又被称为"分灶吃饭"的财政体制。从1989年起，又调整基数，实行"划分税种，核定收支，分级包干"的体制，使得财政包干制度更加完善。

从体制的实际运行状况来看，由于中央对收入基数进行了固定限制，因此，在增量分配中，地方政府享有了更多的份额，财政收入增长较快，地方政府占有大部分的改革成果，而中央政府的财政增长缓慢。可以说，在体制设计方面，这一体制虽然提出了收入的分配方式，但没有提出如果收入不足以支撑支出时的解决办法，也就是未涉及风险问题，而在体制实际运行中，中央政府作为风险的最后承担者，事实上承担了更多的风险。

2. 分税制（1994年至今）

分税制改革是在财政大包干基础上引入的一种新型财政体制，其要点包括：一是分税分享。将税种按照归属划分为中央税、地方税、中央与地方共享税，中央税的税款收入缴入中央国库，供中央政府的财政支出，地方政府不参与分成；地方税的税款缴入地方国库，以供地方政府的财政支出，中央政府不参与分成；共享税按照一定的分配原则和分配比例分别缴入中央国库和地方国库。二是分征分管。分别建立了国家税务局和地方税务局体系，国家税务局负责中央税和共享税的征收，地方税务局负责地方税的征收。两套体系相互分工，各自履行征收、管理、稽查等工作。另外，分税制还对中央与地方事权和支出责任进行了划分，辅以转移支付制度平衡收支不对称问题，在财政风险方面只涉及对地方政府风险的控制，但是，分税制仍然没有涉及政府间财政风险的分担问题。

（二）政府间财政风险分担机制缺失的影响

在过往的经济研究中主要考虑公平和效率两个原则，随着经济和道德不断混合，正义要素在经济研究被引入产生了经济分配正义问题。为了实现经济分配正义，可以将财政体制改革的目标确定为政府间财政分配正义。一方面，能够优化政府间现有的分配格局，实现政府间分配效率的提升，促进经济分配正义的实现。另一方面，能够通过财政体制的示范效应，带动整个社会经济分配公平的实现，促进社会主要矛盾的解决。长期以来，我国财政体制中政府间风险分担机制的缺失是不符合财政分担正义理念的，这种缺失产生了以下影响。

1. 非合作博弈的政府间关系导致无法形成风险防控合力

由于风险与收益之间分配的非均衡状态，各级政府之间仅仅对收入这一"利益"进行分配，而对风险这一"成本"却不进行分担，分配的不全面性导致各主体在争取利益的时候不需要对风险进行考量，不需进行风险、收益的综合平衡。出现只重追求利益分配，不顾风险的畸形分配格局，各级政府之间为了实现自身收益的最大化而进行着各种零和博弈，彼此之间的主动合作态势没有形成。在风险防控方面不会进行有效合作，即：地方政府在无风险的假定下运行，中央政府独自承担可能带来的各种风险，形成"中央担险，地方旁观"的格局，彼此之间没有合作。

为了保证地方政府决策的理性，中央政府会依靠自身在政治、经济、人事和财政管理等方面的优势地位，对地方政府进行全面的监督。出于自身利益的考量，地方政府的非理性行为会很多，中央政府的监督成本会异常升高，而且监督效果还不一定尽如人意，出现"道高一尺，魔高一丈"的局面，进入"监督与反监督、制衡与反制衡"的恶性循环，直接增加了中央政府的财政支出。

2. 分配关系造成对中央政府事实上的非正义

中央政府承担着事实上的全部风险，却只分享着部分的资金，成为风险的最终兜底者；而地方政府虽然分享的资金不多，却承担着近乎为零的风险。这种"资金分享、风险不分担"的格局对中央政府来讲是一种体制设计上的非正义。另外，一旦地方政府不理性的决策行为导致财政风险出现，中央政府是不能坐视不管的。对发生风险的地方政府进行救助，是中央政府不可推卸的责任。对于中央政府来讲，这是一种事实上非正义。这种体制及其运行既是对中央政府的不公平，同时也不利于地方政府的成熟。

3. 固化了地方政府的非理性决策模式

短期的现实影响是不涉及风险的畸形分配导致地方政府非理性决策。在不需要地方政府进行风险分担的情况下，地方政府进行决策的影响因素体系中就只有收益这一项，也就是说地方政府只会考虑项目的收益而忽视决策的成本与风险，从而按照收益的高低来进行单维决策。这种单维的决策方式不符合成本收益决策的理念，会使很多收益高、成本同样高或者更高的项目被纳入决策，这些非理性的决策将给地方政府带来更多的、长期的、潜在的风险。

长期的体制影响不利于地方财政体系的建立与完善。政府间财政分配正义的缺失，表面上看起来地方政府不需要承担风险，而只享受收益，但长此以往，将不利于地方政府财政权力的健全。一方面，由于在财政体制分配过程中，对于风险的分担问题一直没有涉及，因此，地方政府对于风险管理存在着天然的盲区和抵触情绪，不顾风险地进行决策和零风险地实施政策是其长期以来习惯的做法。地方政府的身份是风险传递者而不是风险承担者和风险管理者，其决策模式是风险规避模式而不是风险承担模式，习惯于单维决策——只考虑收益，而不是二维决策——同时考虑成本与收益。这种畸形的思维和决策会养成地方政府对于成本的忽视，既不考虑经济成本，也不会考虑社会成本和环境成本，造成高成本下的增长，甚至是高成本下的负增长。

三、政府间财政分担风险机制的构建

(一) 通过制度"立约"打造权责与风险一致的合理风险机制

1. 在制度构建层面，突出财政风险分担中"正义"导向的作用。在财政体制现有的公平效率原则的基础上，突出正义的作用，以财政分配正义为目标指引，构建不同政府在风险管理方面合理的责权分担机制；以财政分配正义作为保障，形成合理、稳定的风险分担机制，构建风险管理框架，使各主体明确各自的职责权限和分工界限；以财政分配正义为衡量标准，对制度框架的合理性、效率性进行评价。

2. 中央政府要渐进分险、分阶段分险。由于中央政府实施上承担了全部的财政风险，因此，在构建分险机制的过程中，中央政府是作为"立约"的分险主体、成为授险方，地方政府是承险方。一方面，风险分配是将中央政府承担的多余的财政风险向地方政府分配，而不是将所有的风险都分配给地方政府，如果风险全部转移给地方政府，将会造成新的非正义局面；另一方面，中央政府要掌握风险分配的节奏与进程，不能一次性分险，要按照地方政府财政成熟度、风险承担能力进行渐进分险，通过分险促进地方政府成熟，在地方政府逐步成熟基础上，进一步向地方政府分险。

3. 要差别性分险。要通过科学论证，根据性质将风险分成不同的类别，构建多层次

的财政风险体系，如系统性风险与非系统性风险、体制风险与管理风险、局部风险和整体风险等，分别赋予不同的政府承担，具体如表7-3所示。

表7-3　　　　　　　　　　财政风险分类基本情况表

划分标准	风险类型	风险承担者
风险性质	系统性风险	中央政府
	非系统性风险	地方政府
风险成因	体制性风险	中央政府
	管理性风险	地方政府
风险影响面	整体性风险	中央政府
	局部性风险	地方政府

4. 风险分担要通过立约分险。在风险分配方面，要坚持法治化的路径，不能朝令夕改、因人而变，要积极稳妥、突出法治；通过稳定的立法、全面的守法和执法，促进风险分担法治化的实现。

（二）通过主体"重约"搭建风险意识完备的主动守险机制

风险意味着损失，各级政府都是风险的厌恶者和回避者。长期以来，地方政府处于风险管理的零意识状态，不愿进行风险管理、不会进行风险管理、不能进行风险管理。因此，要保证地方政府在风险管理中履行职责，就要首先端正地方政府风险意识，提升地方政府守险观念和守险意识。

1. 风险是财政管理工作中的客观存在，而非新生事物；是内生变量而非外生事物。风险是财政管理中的必要组成部分（不应以风险是否发生作为判断风险是否存在的依据），是财政体制的应有之义。风险管理既是各级政府的权利，更是其应尽的义务。分税制不仅是分税，还要分险。管理风险就像管理收入和支出一样，属于财政工作的重要组成部分。

2. 守险是每个财政主体的应尽之责。既然风险是客观存在的，地方政府就要正确对待，每个财政主体都要树立"守险有责"和"不守担责"的责任意识。面对各种可能和现实的风险，地方政府是第一承担者。要提高地方政府的风险承担意识和能力，但是从整体来讲，不仅要实现风险分担，更要实现有序分担，即：通过制度规定，划分好各级各类政府的风险界限，确定好承担方式，实现有序承担。

3. 地方政府要积极守险。地方政府要变风险传递者的身份为风险主动承担者和积极管理者的身份。未发生风险时，要积极谋划应对策略预防风险；发生风险时，不应回避，要积极应对，控制风险、治理风险。风险过后，要全面总结，积累经验。

4. 通过主体"履约"构建分合有序的科学御险机制。构建风险分担主体体系，突出地方政府在风险管理中的权力、责任与地位。

（1）赋予地方政府充分的风险管控权力，让地方政府能够根据财政状况独立做出风险判断，进行风险识别，选择管理方式。各级政府，尤其是地方政府作为一级独立的财政主体，在财政分配正义目标的实现中扮演着重要的角色、承担着重要的使命，因此，构建能力体系就要赋予地方政府健全的财政管理权力，突出并保证地方政府在风险管理体系中的主体地位，要让地方财政有能力进行管理，赋予地方政府在风险管理中的必要权力和手段，在风险预警、风险控制等方面将必要的手段下放，确保地方政府能够有险能御。

（2）构建"非系统性风险自担"的熔断机制。风险分担机制构建的根本目的在于通过风险的分散管理，实现风险管理由事后管理转向事前管理、由集中管理转向分散管理、由风险共担转向风险自担。在这个过程中，要构建并实施严格的风险熔断机制，将非系统性风险控制在各个主体范围之内，避免风险在上下级政府之间的无序、无原则流动与传递。

（3）构建系统性风险的共担机制。风险分担不是仅仅将风险分配给各个主体就够了，风险承担是一种分配制度，但不是只分工不合作，也不是要形成各自为政的独立担险的格局，而是要在科学分工、有序分工的基础上，进行有效协作，通过协作，形成合力，以应对系统性财政风险，从而构建"分工明确、各司其职、相互补充，整体御险"的模式。因此，对于系统性体制风险，政府间的协作机制就很重要，这一协作机制既不是走回到"只分税不分险"的老路，也不是走"共同担险即无人担险"的旧路，而是要在各级政府之间合理分工、充分履责的基础上，对于系统性风险所采取的救济措施，这一措施包括以下要点：一是共担的前提是分担。先分担非系统性风险，后共担系统性体制风险，界定彼此的应有职责是合作与共担的前提，分担是基础，共担是保障。二是共担的范围是系统性的体制风险。对于非系统性风险要由各个主体自担，只有系统性体制风险才可以共担。三是共担的机制是协作。共担是协作，而不是简单的合作，共担要体现协助，发挥 $1+1>2$ 的整合优势。

第四节
政府间财政竞争的影响与协调机制

一、政府间财政竞争的影响

（一）积极影响

1. 激励地方政府

改革开放以来，随着分权改革的实施，地方政府获得了独立的经济利益和经济自主权。同时，以市场为导向的经济体制改革，为实现要素的跨区域流动提供了条件。由此，地方政府财政竞争基本条件逐渐具备，在各级地方政府及其官员的积极参与和推动下，地方政府财政竞争迅速展开。在地方经济发展的过程中，地方政府获得了较大的经济利益与政治利益，这一结果更加激发了地方政府通过财政竞争推动地方经济发展的动力。

2. 约束地方政府行为

在我国的分权体制下，由于地方政府掌握着大量的生产性资源，以及具有较强的自主决策能力,在地方经济发展的过程中,决定地方政府采取何种行为的关键,在于外部环境对其所施加的约束条件和激励。在中国式财政分权体制下,中央政府向地方政府下放了经济决策权,以此来激励地方的财政和经济发展,中央政府会定期或者不定期地对各个地区的经济增长情况进行评估,并依据 GDP 和财政收入增量按比例进行奖惩,财政经济增速越快,增量越大,通过增量分成获得的财力就越多。地方政府追求经济效益的动机,推动了地方财政、经济的高速发展,并由此产生了对 GDP 增长的经济激励机制。此外,中央政府将地方官员的政治升迁与当地经济增长绩效挂钩,根据经济增长绩效提拔官员,并且在绩效考核时采用相对于邻近省份和前任官员的绩效评估方式,以加大激励效果。在这样一种政绩评价体系下,当地政府不但要确保年度 GDP 的高速增长,而且还要根据 GDP 等指标排名竞争政绩大小。追逐政绩的动机构成了地方政府官员竞争 GDP 增长率的强大激励,而地方政府之间则形成了围绕 GDP 增长而进行的"晋升锦标赛"。

3. 优化资源配置

区域间、行业间以及各经济主体间的要素合理分配,是国民经济健康增长的基本要求。改革开放后,地方政府作为市场竞争中一个特殊的经济主体,地方政府财政竞争的形成和发展,对于资源要素的优化配置也有诸多的积极贡献。地方政府之间的财政竞争对于优化资源要素的配置的积极意义主要体现在以下两个方面:一是通过多元化的财政竞争方式,为提高资源要素的选择流动提供了更大的空间。地方政府财政竞争手段的差异和多样化,是我国市场化改革深化的表现,也是地方政府基于本地区经济发展条件所做出的理性选择。客观上,地方政府财政竞争手段的多样化也为资源要素流动提供了更多的选择性。二是地方政府财政竞争对产权改革的积极推动也起到了优化资源配置的作用。地方政府间的财力竞争对于我国的产权制度改革具有积极的意义,表现在其对民营化进程的推动作用。首先,地方政府财政竞争对民营化的推动作用体现在对非国有经济主体的扶持上。在中国式分权框架下,中央给予地方对国有经济的动作空间有限,为培育新的财政来源,地方政府从改革伊始就采取了一套直接投资、组织或扶持非国有产权主体的方式,从而使中国原有单一的国有产权制度向多元产权制度过渡。

(二) 消极影响

1. 导致公共服务供给结构性失衡

在新的时代背景下,我国社会的主要矛盾出现了变化,这使得基本公共服务领域面临发展不均衡和不充分的问题。由于基本公共服务的资金来源于财政,政府对基本公共服务的财政投入在很大程度上决定了基本公共服务的供给情况。因此,地方政府的财政行为会对基本公共服务绩效产生影响。一方面,在基于 GDP 增长的考核机制和官员晋升的"标尺竞争"机制的激励下,地方政府将有限的财政收入绝大多数用于在较短的时期内经济效益见效明显的基础设施建设上,而对辖区居民具有重要意义但长期来看经济效应才明显的教育、医疗卫生、社会保障以及环境保护等社会公共服务方面的支出却很少,这种财政资源配置的倾向明显导致了地方政府在公共服务支出上的资金短缺,从而可能降低地方公共服务的供给效率,影响地方公共服务总体供给水平的提升。

2. 不利于缩小区域收入差距

政府财政竞争的决策往往基于短期考量,短期内过度的政府财政竞争对区域经济发展可能带来正面影响,有助于缩小区域收入差距。然而,长期来看,这种竞争可能产生负面影响。过度的政府财政竞争可能导致经济不发达地区偏离其比较优势,盲目效仿经济发达地区的产业结构,造成产业同构或趋同。这使得区域产品陷入红海市场,失去了自身的竞争优势。在财政支出方面,过度的政府财政竞争可能导致地方政府过于注重生产性财政支出的增加,甚至可能挤占保障性财政支出。这导致分配到人才培养、环境治理等方面的经费不足,甚至可能引发地方社会问题。因此,政府在财政竞争中的决策需要更加注重长期效应,避免过度竞争对区域经济的可持续发展造成负面影响。

3. 引发地方保护主义与重复建设、恶性竞争现象

在我国,地方保护经常与重复建设紧密相连。在地区间存在大量重复、低效的投资项目,甚至有些是无效或负效的投资,导致社会资源被极大浪费,并引发严重的产能过剩和宏观经济结构失调问题。在地方政府财政竞争中,地区间的重复建设问题在非竞争性领域和竞争性领域都有所体现。具体来说,在非竞争性领域,如机场、港口等大型公用基础设施,地区间存在大量的重复建设。作为项目的决策和投资主体,地方政府不顾中央政府对基本建设投资规模的控制政策,在类似的基础设施上重复投资,导致大量资源被闲置和浪费。在竞争性领域,地方政府经常在一些高价、高税收的项目上进行重复投资,或者出台保护性政策来支持某些营利性行业。各种高税收的项目和产业对地区财政收入和 GDP 的贡献巨大。因此,无论竞争对手是否已经开展相关项目,也不考虑当地是否具备竞争优势和市场前景,地方政府都会以极大的热情将这些项目引入本地。然而,这种重复建设导致了地区间产业同质化现象的普遍存在,使得各地基于本地优势产业的差异化竞争变得困难,从而引发了地区间的恶性竞争。

二、相关启示与政策

(一) 相关启示

1. 我国地方政府财政竞争是改革开放政策的必然结果

在市场经济中,竞争是本质属性,而分权是形成市场竞争的必要条件。这是因为分权能够满足市场竞争主体在交换过程中的分散决策需求。因此,在高度中央集权的计划经济体制下,地方政府财政竞争是不可能产生的。然而,自 1978 年以来,中央向地方进行了持续性的分权改革,并推行了一系列旨在建立全国统一市场的市场化改革。这些改革使得地方政府成为拥有相对独立的经济利益和竞争决策能力的市场主体,从而引发了地方政府间的财政竞争。

2. 我国地方政府财政竞争存在正负两方面的效应

规范的市场竞争应该满足两个基本标准:一是竞争主体拥有法定的对等权利与责任;二是竞争结果有利于增进社会的整体福利。以此标准来衡量中国地方政府财政竞争,会发现存在正负两方面的效应。地方政府财政竞争行为实际上就是地方政府在给定激励约束条件下所展开的策略博弈活动,表现为地方政府之间的经济竞争。这种竞争行为既有积极的一面,也有消极的一面。然而,这些正负效应经常是相互交缠在一起,难以区分。也就是说,中国经济的高增长和社会矛盾的产生都与地方政府的财政竞争密不可分。因此,优化

地方政府财政竞争对中国改革发展进程具有重要的推动意义。

（二）政策建议及措施

1. 正确理顺地方财政竞争、官员政治竞争与地区经济发展的关系

要通过机制创新，进一步理顺地方财政竞争、官员政治竞争与地区经济发展的关系。由于我国中央政府长期以来以 GDP 增长为主要指标来考核和升迁官员，导致各级地方政府财政存在着重基础设施建设而轻科学、教育、医疗卫生和社会保障等公共服务的支出偏差，从而使得地方公共服务总体供给水平偏低。要改变这一现状，我们不能简单地杜绝地方政府之间的竞争，而是需要改善政府间竞争所处的制度环境。首先，我们需要改革地方政府官员的任命和晋升激励机制，进一步完善地方政府绩效评价体系。中央政府应该借鉴以往促进经济增长的激励模式，为地方政府确立有利于提高地方居民福利水平的激励目标。在保证经济社会持续稳定发展的前提下，不能再以 GDP 增长率排名作为地方政府官员任命和晋升的主要考核指标，而应当将对发展地方经济具有长期效应的相关影响因素纳入政府官员的绩效考核体系中。

同时，还需要强化地方官员异地交流互动机制，不断推动经济发展领先地区的优良经验在地区间的传播与落地，从而利用"学习效应"与"示范效应"带动整体经济增长质量的全面提升。通过这些措施，有助于改善地方财政竞争、官员政治竞争与地区经济发展之间的关系，促进经济的持续健康发展。

2. 正确处理财力与事权不匹配的矛盾

地方政府之间产生竞争的原因之一是地方政府财力与事权的不匹配，要改善这一局面，中央政府应进一步深化财政分权改革，不断完善央地政府间财政事权与支出责任划分的法律依据。此外，需要构建科学的纵向财政体制，并从制度层面出发，健全约束地方政府支出行为的激励体系。由于支出责任划分不明确和晋升动力的刺激，地方政府官员倾向于过度支出。这不仅会导致政府支出挤占私人投资、抑制微观经济主体的发展积极性，还会导致市场上过多资金迅速聚集于政府支持的特定行业，从而引发地方产业结构失衡和产能过剩的危机。一方面，需要加快中央和地方政府间财政事权与支出责任划分进程，减少中央和地方在基本公共服务领域的职责重叠，避免地方政府过度依赖中央财政在共同事权领域的支持。同时，需要构建完善的政府间财政关系调节相关法律体系，细化政府间职能划分依据，为进一步推行省以下财政事权与支出责任划分奠定制度基础。另一方面，应在合理划分央地政府财政职能的基础上明确地方政府支出重点领域，提高民生性支出在考核体系中的比重，由此通过优化支出结构提升经济增长质量。

3. 加快构建现代化财税体制，明确各级政府职能定位

财政支出是政府干预经济的有力手段，其结构和规模体现了政府职能的履行方向。在规范地方政府支出行为时，应充分考虑地方政府不同职能间的差异，明确各级政府职能定位，以弥补市场失灵为限。在保证政府支出以弥补市场失灵为限的前提下，促进地方政府支出结构的优化和规模的控制，避免对本地经济运行的过度干预。我国长期重视经济建设支出的模式确实带来了可观的经济发展绩效，但增长质量低下的问题却未得到足够重视。地方政府因信息优势能发挥财政支出对地方投资的引导与规范效应，但在政府与市场职能边界不清和自上而下官员考核机制的刺激下，地方政府往往倾向于过度支出。因此，必须

保证地方政府支出以弥补地方市场失灵为限,引导更多财政资金转向民生领域。这不仅能从加快新型央地政府间财政关系构建的角度缓解地方政府过高的财政压力,还能激励地方政府优化支出结构,提升地方政府支出对经济增长质量的促进效应。

4. 科学设计财政转移支付制度,降低非对称性收支分权的负面影响

科学设计财政转移支付制度,尽可能地降低中国式非对称性收支分权体制对地方政府财力的负面影响和扭曲效应。作为财政分权体制的重要补偿机制,转移支付制度在均衡地区间公共服务水平和校正财政纵向失衡方面起到至关重要的作用。因此,在纵向失衡体制和晋升激励导致的地方政府间横向竞争不断升级背景下,转移支付体制需要从结构和规模两个方面持续优化,以充分发挥其纠偏效应。具体而言:一是要明确各级政府职能定位,优化转移支付体制,增强其对地区间财力与基本公共服务差距的均衡效应,降低地方政府对财政转移支付资金的过度依赖。二是要合理控制转移支付资金整体规模,适度降低专项转移支付与税收返还资金规模,并严格控制资金使用用途。同时,考虑调整税收返还的计算规则,将均衡性转移支付分配的规则应用于税收返还计算中,利用地区人口、经济发展等因素对其进行调整,以降低税收返还的马太效应。三是要注重地区间发展的客观差异,因地制宜地分配转移支付资金。由于地区间资源禀赋与经济发展水平差异,不同地区地方政府的职能目标排序也不同。因此,转移支付结构应该适应这一差异,在设定一般性财力转移支付比重时避免"一刀切",尽可能做到因地制宜,以适应地区间差异化发展需求。

第八章 Chapter 8
我国政府间财政关系的历史考察

郡县治，天下安。

——荀悦

中国的政府管理思想及政府间财政关系经历了中国古代、民国时期和新中国成立后等几个阶段。改革开放以来，伴随着经济体制改革的部分，中国开始改革传统的中央全面集权体制。我们有必要借鉴历史上政府治理府际关系的经验，构建新的中央选择性集权体制。

【思政案例】

郡县制下央地关系治理

顾炎武："封建之失，其专在下；郡县之失，其专在上。"郡县制是一种自上而下的管理制度，人事任免权和决策权集中在中央政府手中，行政执行权根据情况下放到各级地方政府手中，中间辅以监察和考核机制来保证中央对地方的控制。到明末清初时，一些汉族思想家如黄宗羲、王夫之、顾炎武在痛惜明朝灭亡之余，反思偌大的明朝为何会灭于区区满族，他们不约而同指向郡县制进而提出了一些改革意见。但是清朝建立后，并没有采纳他们的建议，在核心统治区域仍是采用郡县制，并且，随着清朝的征服与扩张，郡县制通过"改土归流"等措施推向边远地区。所谓"改土归流"就是废除边疆或少数民族地区的土司世袭统治权，将其领地重新划分，设置新的府、州、县，由中央政府任命流官管理。雍正时期，清政府在云南、贵州、广西、四川、湖广等省开展大规模的"改土归流"。在清朝中期，郡县制不论是从管理范围还是管理手段上看，都达到了历史高峰。[1]

案例解析：郡县制是一种处理央地关系的行政体制，它既会影响地方政府的行为，也

---

[1] 吕冰洋. 央地关系寓活力于秩序 [M]. 北京：商务印书馆，2022.

会影响中央政府的行为，中央与地方政府行为的综合体现为政府治理水平。郡县制传统历时数千年，它对历史与现实的央地关系产生了根本性的影响。

思考讨论：财政体制改革如何调动地方积极性？

第一节 秦汉时期的政府间财政关系

一、秦汉时期的政府治理结构

中国是具有中央集权传统的单一制国家。自秦始皇凭借武力，统一中国后，创立了皇帝制度，实行一人独治天下，皇帝挟天命以制臣民，将自己的统治意志和治理措施均诿称为上天的旨意。在这一制度下，皇帝凌驾于一切国家机构之上，行政、军事、立法、司法、财政和文教等一切大权，均由皇帝亲自掌握使用。在全国"不立尺土之封，分天下为郡县"，它结束了长期存在的多元政治局面，形成了中央高度集权的君主专制体制。

在中央，规定皇帝为至高无上的统治者，皇帝之下设三公九卿，组成中央政府。其中，三公即丞相、太尉、御史大夫，是直属皇帝的高级咨询、决策，以及执行班子，构成中央行政枢机或称宰辅机构。三公之下是九卿，即指奉常、郎中令、卫尉、太仆、廷尉、典客、宗正、治粟内史、少府。与宰辅机构兼有立法功能不同，九卿是次一级的中央政府机关，其职能主要是根据行政枢机的指令执行贯彻，主要从事事务性工作，协助宰辅机构决定国家政策，指挥监督下级执行中枢指令等。

在地方，秦始皇采取了李斯的建议，废分封制，推行郡县制，形成郡、县、乡、亭体制。每郡由朝廷任命郡守、郡尉、郡监各一人，分别掌管政务、军务和监察。万户以上的县由皇帝任命为县令，万户以下的县由皇帝任命为县长。县下设乡，设乡官。乡下设亭，设亭长。这样从中央到地方，形成权力高度集中的政府管理体系。

汉承秦制，又有所改进。刘邦得天下后也设丞相，但是只设一个丞相，数年后更名为相国。秦汉时期，丞相与君主的关系表现为授权和制衡两个原则。在这两个原则的基础上，君权与相权的关系较为适中。但是，至汉武帝时，丞相制度逐渐被改变，在丞相和皇帝中插入一新机构——尚书机构，其权势不断增长。秦汉时作为中央行政中枢骨干的九卿机构职权分明，且均为首长负责制，各卿都有属下官员和办事机构，是实实在在的行政执行机关。东汉光武帝刘秀把宰相机构的三公闲置，并加强中朝机构——尚书机构，作为中央行政中枢机构。汉地方行政体制因袭秦制设郡、县、乡、亭、里。汉代从中央到地方均有一套监督的机构，汉代监察御史的地位与丞相的行政机构互为表里，对丞相的权力起监督和制约的作用。

二、秦朝的政府间财政关系

(一) 秦朝的中央与地方财政关系

秦朝实行的郡县制改变了其统一前的分封制下诸侯与天子之间的财政分配关系，诸侯从独立的城邦转为天子分设各地的地方政府，财权也由诸侯手中收归天子，即中央政府。

在郡县制下，王朝中央政府制定一切有关税收征管的制度、政策并在全国范围内加以实施，郡县仅作为中央派出机构将中央的政策贯彻落实。在支出管理上，郡县仅限于在规定的范围内开支，其余收入均上交中央，就算贮存在郡县的钱粮，也仅作为暂时保管的钱物而不得动用，听从中央支配。不仅如此，中央还要求郡县长官每年按要求进行上计，即接受中央的审查。地方官将赋税收入的预算写在木"卷"上，送交朝廷。年终时，地方官必须将有关情况如实上报，而中央则根据上计的有关内容，一方面掌握各地情况；另一方面则据以考核地方官吏的政绩。

(二) 秦王朝中央集权的财政措施

为了防止六国地方势力的复苏，秦统一中国以后，将这些贵族富豪进行迁徙，除了在政治上对其进行打击之外，还在经济上削弱其势力，使其不至于有能力作乱。在中央集权政治体制下，秦始皇将财权高度集中于中央王朝。财政制度的确立、财政政策的制定、财政法令的颁布、赋税征收减免，全由中央决定。在全国范围内统收统支，全国的物力财权大量集中于中央，"自天子以外，无尺寸之权"，"天下之事无小大皆决于上"。

为了足额获取所需的财政收入，秦始皇在全国设立了统一的财政管理机构，使征赋管理系统及征纳网络相配合。在中央，设治粟内史，掌管全国租税收入及财政开支事务；在地方，则由郡守掌管本地理财事宜。而具体征税事宜，则由更基层的乡啬夫实施。郡县两级地方政府必须将其所征收到的租税收入全部上缴国库，由中央统一支配，形成了一个由中央到地方，比较完整的征管系统。

(三) 中央对地方的制衡机制

秦朝中央政府为制衡地方在地方经济事务中的违规操作，通过上计制度、设置郡监御史等方式对地方财经状况进行审核、监察。

在上计方面，设置御史大夫主持全国每年的上计工作，同时负责审计上计报告，考课财政收支状况。年终上计的内容很多，主要是关于人口、税收及钱粮出入等。最终的审理结果上奏皇上，以便皇上掌握全国的财政收支情况并决定奖惩。

除了要求地方上计之外，为了掌控地方财经情况，秦朝还设置了郡监，掌管监察郡治，对郡县进行监察。监御史对郡治考察的一个重要内容就是赋税的征收。对经济情况的把握及监管赋税的征收是保证秦朝获得稳定充足财政收入的重要措施。

三、汉朝的政府间财政关系

(一) 汉朝的中央与地方财政关系

有秦朝的前车之鉴，西汉建国初期对实行郡县制还是封建制进行了商讨，最后选择郡国并存的制度，取代了秦时的郡县制。

1. 封国与中央的财政关系

由于封国的存在，汉王朝在集权之中存在着一定的分权。汉朝早期封国具有独立的行政权，王国的官制与中央相称，有太傅、相国以及下百官之置，诸侯可以自置二千石以下吏，只有太傅、丞相是由朝廷派出。封国还可自行决定赋税的征收政策和享受山川园池的收入，且封地征收的这些租税收入成为封王的收入，不纳入中央国库。

诸侯王与汉王朝的财政关系主要以贡献为主。贡献分三种：一是献费；二是聘币；三是酎金。① 汉初贡献并没有定制，在高祖时期规定每年十月朝献，所献定额，"各以其人口数率，人岁六十三钱，以给献费"。即按各封邑人口计算，每人每年六十三钱。聘币，原为苍璧，价值不过数千，武帝改为以皮币荐璧，价值四十万。酎金即为祭祀时诸侯助祭所献之钱物。酎金也是以诸侯王管辖人口多少为标准，每千口纳金四两，不满千口而在五百口以上，也为四两。除了这些贡献之外，封国对中央财政再无责任。

2. 郡县制下的中央与地方财政关系

在中央直辖下的郡县，收取的租税一般上缴中央，归中央统一调配，并有上计责任，接受中央的考核，这充分体现了中央集权的特征。财权由中央统管，地方政府仅作为中央的派出机构，无任何自由支配收支的权利，只能在中央规定的标准与范围内支出。

与秦相似，汉王朝在中央设"治粟内史"主管田租和各种钱物的收支，所有涉及农田、水利、农业行政以及粟帛贮运、各地区之间收支不平衡时调剂余缺等均由其兼管。王朝的中央政府有着收入征收权、收支管理监督权与收入使用分配权；在支出管理上，中央政府规定相应的支出范围与支出标准。收支使用分配权同样掌握在大司农手中，大司农根据各地的收支情况在全国范围内调剂余缺。

在每一郡县，均由郡县守令总管该地区的民政财政，负责赋税的征收事宜。收入除中央规定留用或调拨其他郡县外，其余均上缴中央，由中央统一支配。除了征收租税外，郡守还可以征发劳役，这大概是郡县最能体现其征收权力的一种赋税。郡守在支出方面的权限有很大的限制。除了中央规定的在俸禄里开支的办公经费外，支出范围十分有限。许多本应由政府进行的开支，大多数却没有相应的收入来源而由郡守自行解决。另外，汉朝实行了轻徭薄赋政策，使农业生产得到恢复和振兴，为汉朝提供了坚实的经济基础。就算在郡县制的中央集权过程中，地方政府也还有相应的财力为吏治建设提供基础，这也是汉朝地方治理比较有效的原因之一。

(二) 汉朝中央集权的财政措施

在汉武帝之前，汉朝中央与地方关系处于集权中的分权，而历经文、景二帝直至武帝一系列的行政、法律和经济上的措施后，终于达到了削弱地方势力、加强中央集权的目的，形成了典型的中央集权。在财政上加强中央集权的措施主要有以下几点：

首先，收回诸侯的征税权。开始由中央派遣的郡守县令征收，诸侯本人不可以治理封国财力，只能从政府手中分配到一定的财物。

其次，取消了诸侯经营盐铁的权力。朝廷实行了盐铁专卖制，对铲除地方隐患，强化

---

① 孙翊刚. 中国财政史 [M]. 北京：中国社会科学出版社，2003.

中央集权统治有着积极意义。同时，这一收入列入国家财政收入之内，对保证当时的战争供给和各项支出发挥了重要作用。

最后，禁止王国铸造钱币。汉初，为了获得政治上的支持，刘邦以出让国家的铸币发行权来笼络地方势力。武帝时将铸币权收归朝廷，禁止地方郡国私自铸钱，实现了货币的统一，稳定了经济混乱的局面。

（三）中央对地方的制衡机制

汉承秦制，在对地方的制衡机制上也是如此，主要通过上计制度和财政监察制度加强对地方的监管。然而，与秦朝的财政监察也有不同之处，汉代加强了对地方的财政监察工作，由监御史以及常驻地方的刺史等官吏共同对地方进行监察，加大了地方的监察审计工作力度。

汉朝在对地方制衡机制的设计上，除了财政监察外，中央政府还通过考课使地方政府向中央政府的目标行进。

第二节 隋唐至明清时期的政府间财政关系

一、隋唐时期的政府间财政关系

自公元589年隋灭陈开始，中国经历了400多年分裂动荡后重归一统。但是，相比起秦的第一次统一。中国在政治、经济、文化方面都有了新的发展，相应的政府间财政关系也有了新的变化。虽然隋朝享国仅37载，但隋朝在中国历史上占有重要的地位。它在中国封建社会进行了很多的制度创新，比如中央设三省六部；废除九品中正而改行科举。这为唐朝的兴盛奠定了基础，也对中国封建社会的发展产生了深远的影响。

（一）租庸调制度下的政府间财政关系

唐朝的前期注重经济发展和社会稳定。沿袭了租庸调制的财赋制度，这是一种由中央统收统支的财政体制，财赋大权完全由中央掌握，户部、司农寺、太府寺分管全国财赋事宜。具体分工是：户部负责制定政策和征收事宜，司农寺和太府寺则按户部制定的验收标准负责验收，最后由刑部中的比部稽查核算的误差。由于古代社会缺乏明确的政府职能分工，因而中央与地方政府的事权划分不是很明确。中央政府在税收征管权、财政收支管理权等方面都表现得相当集权。

1. 税收征管权

为了明确税基、税源以作为租庸调征收的基础，户部通过丈量土地并划分质量等级，和户籍管理核算丁口，以此确定征收赋税的标准。在均田制的基础上，户部制定的标准是："每丁租二石；调绢二丈，绵三两；布输二丈五尺，麻三斤；丁役二十日。"所有的租役征纳标准都是全国统一的，都是由中央下达地方执行的。

2. 收支管理权限

收入完全上缴中央政府,就算留在地方仓储的钱粮也只能在中央规定的范围与标准内开支,地方没有任意支用的权利。因此,地方政府不仅没有相应的征税权,在财政支出上也没有自主的权限。其财权由中央户部度支司统一节制,由户部规定支出标准,并由比部进行钩稽。有时中央还根据收入情况对地方支出加以削减或克扣。

3. 制衡机制

唐朝中央政府实行较为集权的财政管理体制。中央为了加强对地方的控制,确保自身的政令在全国各级政府间得到贯彻,采取了一系列制衡机制。

(1) 实行上计制度。规定在国家的财政收支活动中,均要形成报告文字,依制上报中央,有日报、旬报、月报、季报与年报等不同时段的上记制度。对于在京的机关,一个月要报送一次账目以供审核;两千里内的,每季报送一次,两千里外的,两季报送一次,五千里外的,一年报送一次。账目送交京城,主要由比部来审核批复,即钩稽。

(2) 除了坐镇京城的监督外,为了更清楚地知晓地方财政活动的情况,中央在派出监察御史出巡各地时,也会对地方政府的账目进行审核。这是对日常钩稽的补充,是一种不定期的特殊监察。

(3) 将赋税增减作为考核目标。通过考课制度加强对财政经济的管理。如《通典》记载:"诸州县官人抚育有方,户口增益者,各准见户为十分论,每加一分,刺史县令各进考一等……其劝课农田能使半殖者,亦准见地为十分论,加二分各进考一等,其有不加劝课,以致减损者,每损一分降考一等。"

唐朝对地方的制衡机制较之秦汉时力度更大,目标更明确,中央增加了巡察官员的财政监察职能,而在考课设计上明确指出了升降标准,执行起来更加方便可行。①

(二) 两税法实施后唐朝的政府间财政关系

唐朝从安史之乱后由盛转衰,战争使农田破坏,人口锐减,经济倒退。更重要的是中央与地方关系的天平开始向地方倾斜,为了平叛,唐玄宗赋予了地方节度使各项职权,如军权下移。相应地,财权也下移了。财政关系已经从高度集权走向了地方分权。为了适应这种经济社会环境下的变化,宰相杨炎提出两税法,有其存在的合理性。

两税法具体是指先确定全国下一年应支出总额,然后再"令黜陟使各量风土所宜、人户多少,均定其赋"。中央与地方财政关系通过两税三分法加以实现,即分天下的财政收入为三:以州为单位,将其收入一部分上供中央,一部分送使,一部分留州。② 其中送使是没有节度使的州(支州)在扣除自用外,还要将部分收入送往有节度使的州(会府州),相当于中央对这些州的财政转移支付。

在两税法下,中央政府仍然享有较大的财权,主要是确定全国的财政支出定额,并将其摊派到各州。通过定额管理,确保中央财政支出需要。但地方政府比租庸调制度时,拥有了更多财政管理权限。

1. 地方支出权限加大。地方实行支出包干制,其结余可以自行留用。对于一些应急

---

① 朱红琼. 中央与地方财政关系及其变迁史 [M]. 北京: 经济科学出版社, 2008.
② 朱红琼. 唐朝财政制度演变对国家治理能力的影响 [J]. 地方财政研究, 2021 (07).

需要，地方政府能够比以往做出更快的反应。

2. 地方制税权限扩大。代表地方的刺史参与了两税税额的制定，这与租庸调下仅由中央户部确定地方支出定额相比，地方政府在制税方面的税权限加大了。

3. 地方征税权限增大。由于地方政府具体承办两税的配税、派税等事宜。州县长官拥有检括户口和垦田、评定户等高低、将两税钱粮预算定额分摊给纳税户、自行确定折兑等权力。

唐朝实施两税法后，除中央原有的对地方的制衡措施外，地方对中央有了一定的制衡权限。主要表现在定税时，各道的观察使、刺史也能参与两税的制定。

（三）唐朝财政制度

唐朝廷将一部分官田设为赐田（供贵族、官吏、功臣）、公廨田（供官署）、驿田（供驿站）、屯田（供军政），而剩余田地实行均田制分配于众。均田令规定政府依户籍授田，所授田地分公私两田区，是一种公私折中的制度。人口三岁或以下为黄，四岁或以上为小，十六岁或以上为中，廿一岁或以上为丁，六十岁或以上为老。丁男和十八岁以上的中男授田一顷（公田八十亩、私田二十亩），老男和残障人授田四十亩。寡妻妾授田卅亩。和尚道士每人授田卅亩，尼姑女冠则有廿亩。奴婢、妇人及耕牛不受田地。贵族、官吏和勋官则分别按其戚亲近远、品级高低、功勋大小分配适当的私田。相较隋朝，唐朝对土地的买卖宽松了许多，但仍有严格的限制。均田制不仅有助于确保朝廷财政收入和满足上层贵族官僚对地产的需求，同时它也对唐初生产力的复苏起到了关键性的作用。

唐朝课役分徭役、正役两种。正役只征收丁男，而徭役亦征中男。徭役有杂徭、色役两种。杂徭多为地方的临时补修建筑工作。色役多为各类工匠艺活。正役包括税役和兵役。税役又有按照租庸调制收纳的正税与地税和户税两种辅助税。租庸调法是与均田制配套实行的赋役制度。租庸调按丁征收。每丁每年缴纳粟二石，称为"租"。根据各地的不同生产，每年缴纳绢二丈，锦三两，或布二丈五尺，麻三斤，称为"调"。每丁每年要服徭役廿日，闰月加两日。如果不想服徭役，每天折纳绢三尺或布三尺七寸五分，称为"庸"。如果政府额外加役，十五日，免调；卅日，租调全免。额外加役最多不可超过卅日，这种制度精神在于政府为民置产，其因其产而缴税，即没有重征累民的问题，又可以防止兼并之风，自然是一种良制，但实行这种制度，必须满足特殊条件，社会秩序须要稳定、人口不能大幅流动、户籍与田籍又须非常清楚。户税税额根据户内丁男多寡分成九等。唐朝前半叶，户税逐年上升，高宗朝约收户税十五万余贯，至玄宗朝已高达二百多万贯。因其税收分量之重，逃税情况普遍存在。唐从隋制，在全国各地建造义仓，每年每亩收纳地税粟（或麦、稻）二升，以备紧急。至天宝年间，户地二税已占据唐朝税收的很大部分。①

武周末年均田制开始形同虚设，政治渐不以往，加上突厥、契丹连年入侵，人民逃避徭役，逃亡者渐增，大庄园制经济日益发展。安史之乱后，庄园制的形成导致土地兼并严重，越来越多的自耕农成为地主的佃户。这种情况导致税收人口紧缺。据统计，肃宗上元元年（公元760年）国家控制的人口一千六百九十九万零三百八十六，其中纳税人口只

---

① 李治安. 中国五千年中央与地方关系 [M]. 北京：人民出版社，2010.

有两百三十七万零七百九十九，户口逃匿者越多，旧有的户口名籍，则不敷使用。唐朝的财政陷入崩溃；租庸调制度便无法继续实行。为解决财政困难，刘晏开始实行赋税制度改革，采用"疾足"来汇报各地经济情况，以便稳定物价，优化税收。取得了很好的成效。德宗建中元年（公元780年），唐朝的财政制度由租庸调法改为两税法。两税法沿袭过去地税和户税的形式，按田亩的多少收地税，按户等的高低抽户税，以征收实物为主，缗钱为次，且以实物价值折算得额。另外因为简便而且公平，后代各朝持续沿用。但是，两税法有诸如钱重物轻等弊病，只能暂时缓解唐朝的财政收入，无法解决根本问题。官僚、地主、大商人仍利用特权手段减税、免税、逃税。唐后期随着物价上升，两税制度对平民的剥削越来越严重。唐朝后期，为解决财政拮据的局面，实行盐铁专卖制度。政府设立盐铁使管理各地的专卖情况。结果导致物价飞涨，民怨四起，民间贩卖私盐者不在少数。而盐铁专卖制度也是黄巢之乱的直接原因之一。

二、宋朝的政府间财政关系

宋朝结束了唐朝后期延至五代近200年的藩镇割据，将天下重归一统。在很多人看来，内敛的宋朝与扩张的汉唐相比显得黯淡，但汉唐的发展往往注重粗线条的勾勒，宋朝则更加注重细化的描绘。宋朝的很多制度和惯例的开创，如"不杀士"的传统，商品经济的发展和纸币的出现，以及各种科技的发明（火药、活字印刷、指南针均产生于宋朝），都使宋朝成为封建社会中最接近现代国家的朝代。

（一）宋朝商税制度

宋代作为中国封建社会发展历程中在经济发展与制度变迁上均有重大发展的历史时期，商税制度的确立无疑是一个重要内容。宋以前的商税在国家整个税收中所占比例较小，加上重农抑商的思想影响，对商业征税一直没有引起统治者的足够重视。北宋时期，城市工商业兴旺发达，商品货币关系蓬勃发展，商业在整个国家经济中所处的位置不断提高，在相当程度上冲击了原来封闭的经济结构，改变了政府统治的物质基础，迫使国家的商业政策作出相应调整。

宋代统治者在建国之初就确立了征商制度，在各地交通要道、关津渡口及城镇交易市场对民间私商经营贩运的货物征收商税。《宋史·食货志》明确记载："凡州县皆置务，关镇亦或有之，大则专置官监临，小则令、佐兼领，诸州仍令都监、监押同掌。行者赍货，谓之'过税'，每千钱算二十；居者市鬻，谓之'住税'，每千钱算三十。"这里可以看出，从中央到地方层层建立起完备、严密的商税网和专职商税机构，并制定了统一、规范的征商则例和税率。此外，早在宋太祖建隆元年（公元960年）就下诏"榜商税则例于务门"，宋太宗淳化五年（公元994年）的一道诏书中，则更是明令："自今除商旅货币外，其贩夫贩妇细碎交易，并不得收其算。当算之物，令有司件析，颁行天下，揭于板榜，置官宇之屋壁，以遵守焉。"这两道诏令把商税征收作为一项制度性的政策固定下来，使商税制度成为宋王朝历代皇帝遵循的明确纲领和祖宗之制。这说明，北宋商税管理体系日臻成熟，商税的征收已经成为一项制度性的政策措施，成为一种系统、完善的制度。商税的征收，是国家对私营商业利润的强行分割。另外，商税的制度化也表明了这一时期国家从法律形式上明确了对民营商业的承认和保护。这和中国封建社会前期所实行的以国家行政干预为中心的商业政策是截然不同的。

（二）北宋时期以转运使为枢纽的中央与地方财政关系

宋朝的行政体制由中央、府州、县（军）组成。值得注意的是，在中央和府州之间存在一个叫"路"的虚级行政单位，它作为中央的派出机构，设置上不规范，管辖区域也不固定。因此，路不成为一级政府，但路却有经办财政收入的财权，这就是转运使的职能。东南各路设发运使，也是一样的职能。转运使和发运使直接向中央负责，地方不得干预。路级财政是宋朝财政管理体制的特殊创新，在中央和地方财政之间起到承上启下的桥梁作用。

宋朝的统治者鉴于唐朝覆亡的教训，在强化专制中央集权的同时，对财政也实行高度集权制。主要表现为皇帝亲掌财权和中央政府强化对地方财政的控制（见图8-1）。中央设三司系统，负责全国财政收入支出的一切事务（神宗元丰后，罢三司，改为户部执掌）。

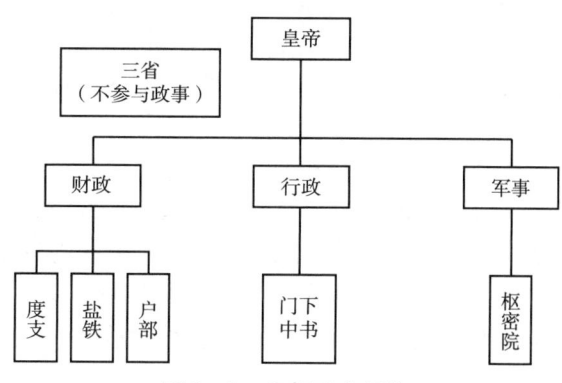

图8-1 宋朝政府架构

宋朝的财政收入划分实行"上供、送使、留州"的制度，虽然与唐朝类似，但不同点在于遣使并不是如唐朝那样小州支持大州。而是由转运使在各州之间调剂，以备非常之需。并且由于政治上的集权，除了中央规定的各种额定支出外，地方收入的"遣使和留州"部分也必须送交中央。

宋朝中央对地方的约束机制大体沿袭了唐朝，分为中央的钩稽和外派监察使的监督。

（三）南宋时期的政府间财政关系

靖康之变后，宋室退守半壁河山。南宋建立了四大"总领所"总领军马钱粮，从而形成了一种特殊时期的军事财政。

1. 四大总领所与中央政府之间的关系

四大总领所分别是淮东总领所，淮西总领所，湖广总领所，四川总领所。总领所的设立，完全是为了应付军事上的需要，因为四大总领所的钱物，主要用于军费开支，不纳入朝廷日常开支的范围。从整个中央财政看，四大总领所收入（即用于军费的开支）占八成，而其他日常开支只有两成。就如高宗所言"天下财赋，十分之八耗于养兵"。而这两成的日常开支，却是通过新征各种苛捐杂税、多方盘剥得来的。

2. 从调剂余缺功能看中央与地方的财政关系

由于各路之间、各路内部、各州县之间的财赋禀赋不一，那么中央政府也必须担负起转移支付、调剂盈亏的责任。但南宋在这方面却不太成功。

北宋初期是先留足地方经费再谈上供,此时变成了先应付上供,有剩余才供地方支用。从中央角度来看,其财政的最大支出主要是军费,为保持军费开支必然加强对地方的征调。从地方政府出发,对于上供朝廷尚且自顾不暇,愁于应付,更无法周济他人。另外,由于中央只关注对地方的征调,对各州县的年度收支实际情况已经无法全面掌握。在这种情况下,要想让中央在各州郡之间调剂余缺几乎是天方夜谭。

三、元朝的政府间财政关系

元朝是由蒙古族建立的大一统王朝,元朝的财政制度在各地有很大差别,即使是同一地区,差别也比较显著。造成这种情况的原因无非有两点:第一,元朝幅员辽阔,多种经济形态并存,社会经济发展极不平衡,因此,只能因地立法,不能强求统一。第二,财政赋税的差别,元朝统治者对各民族各地区人民实行分而治之,带有强烈的民族压迫和种族歧视的色彩,这是野蛮民族企图控制奴役其他民族的政治伎俩。

在政治上,忽必烈逐渐废除了推举制和分封制,建立了以皇帝为绝对权威的中央集权制。在中央,设立了以中书省为首的全国最高行政机构;在地方,创立了行省制度,行省即行中书省或行尚书省(见图 8-2)。顾名思义,行省是朝廷的派出机构,是中央在地方的代理人。另外,从其在地方管辖的事务来看,涉及"钱粮、兵甲、屯种、漕运",几乎无所不领。足以见得其作为地方最高官府的地位。这种两重性,在处理中央与地方财政关系时表现得尤其明显。

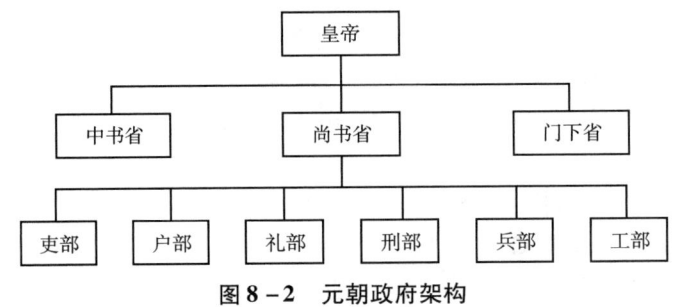

图 8-2 元朝政府架构

(一) 收入方面

元中期及以后,农业、手工业、商业贸易日益繁荣,经济得到恢复与发展,从而为巩固统治者的地位提供了物质基础。[①] 元朝的中央政府是财政立法权的主要掌握者。户部负责制定税率、征税范围和纳税钱物等。但在各行省的赋税总额、征收方式的决定方面,则赋予了行省长官一定的参与权。中央下达各行省赋税总额,然后各行省按本省实际情况,参与议定各路府州县所掌的税额、征收方式,行省有义务综领、督办税款。

---

① 孙翊刚,王素文. 中国财政史 [M]. 北京:中国社会科学出版社,2007.

（二）支出方面

在支出标准的确定上，中央制定各项支出的定额标准，而行省在财政支出上有一定的决定权以应付不时之需，但支出有一定的限额，行省自行动用仅限于1 000锭以下，否则需要向朝廷报批。

（三）中央对行省以及行省对地方的制衡机制

中央通过钩考或理算，对中央各部门和地方各行省的财政事宜进行财政管理。这仍然沿袭了唐宋的旧制。此外，元朝的行省随时对所辖区域的财赋情况进行检查，即不定期的钩考理算。每年对其账簿进行检校。检校官查出问题，必须上报幕府审议决定。当然，检校主要审核是否符合法律规定，还有召集各路上计官吏，对上计内容的虚实进行"稽考"。完毕后行省将上计稽考情况上报中央。

四、明朝政府间财政关系

明朝是中国封建社会的第三次中央集权高峰的开始，朱元璋彻底废除了宰相制度，六部成为由皇帝直接统领的机构。在地方上，设立三司，即都指挥使司、承宣布政使司、提刑按察使司（见图8-3）。其中布政使司管理地方的财政活动。

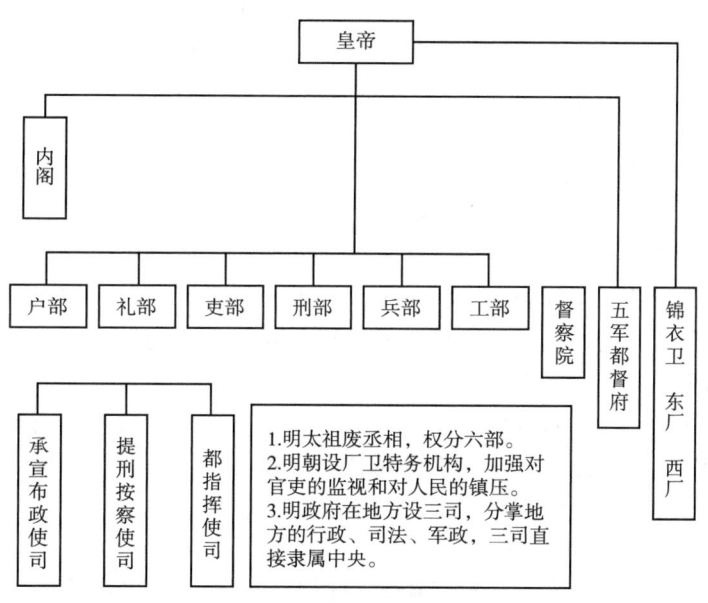

图8-3 明朝政府架构

在中央，仍旧由户部掌管天下户口、田赋、征役、盐政、钱谷等事宜，户部下设十三清吏司，分管明朝十三省的财政工作，兼领所分两京、直隶贡赋，及诸司、卫所俸禄，边镇粮饷，并对省的赋税、起运、存留等情况进行审查。户部还设派出机构对一些特殊税种进行管理，如都转运盐使司、盐课提举司等，主要负责盐课、茶课等权利收入。兵部、工部、礼部、刑部和吏部也涉足财政收支管理。

（一）明代前期的经济措施

1. 移民垦荒

元末的战争和自然灾害导致灾区人口流亡，土地荒芜，特别是受战争破坏严重的山东、河南等地，多为无人之区。为恢复被破坏了的经济，必须重新配置劳动力。朱元璋采取的第一步就是组织移民垦荒。在明初的 40 多年时间里，移民大小数十次，移民垦荒的结果是令人满意的，实现了流民归农，荒地得到开垦，人民生活改善，社会稳定。特别是截至洪武二十六年，全国垦田总数已达 850 万顷，为洪武元年的 5 倍。国家赋税也随此而增加。

2. 组织屯田

明代屯田包括军屯和民屯两种形式。明初规定，驻防在边境的守军，三分戍守，七分屯种；驻扎内地的军队，二分戍守，八分屯种，所获的农耕产品供作军需。民屯是政府组织、招募无田民及部分降民和囚犯到宽乡屯垦；其屯田收入，凡使用官府的耕牛、种子者，以其收入的一半交给官府；凡自备耕牛、种子的，以其收入的 1/3 交官。此外还有商屯，以粮换盐引。同移民垦荒一样，屯田政策也达到了积极的效果。

3. 兴励农耕，减轻民负

朱元璋下达兴开垦土地、减轻赋役负担、禁止强占他人土地等多项政策，规定：农民归耕，可免除三年徭役或赋税；二十七年，又宣布"额外垦荒，永不起科"，并把大量奴婢释放为民，以增加农业劳动力。由于政令有利于农业、农民，从而有力地促进了农业的发展。

4. 兴修水利

水是农业生产的重要保证。面对元末水利失修，河流泛滥成灾的情况，明初，在全国范围内大力兴修水利、发展灌溉事业。据洪武二十八年（公元 1395 年）统计，共疏浚河道、修筑渠堤岸等农田水利灌溉工程多达 4 万余处。一些在历史上起过重大作用而年久失修的灌溪渠网，如宁夏的汉延渠、广西的灵渠、四川的都江堰、安徽的铜城渠等，都先后得到整修疏浚，这对明代农业生产的恢复和发展，起了重要的保障作用。

5. 扶持工商业

工商业是农业生产发展的推动力，也是活跃城乡经济的桥梁。明初统治者对扶持工商业发展做了许多有效的工作，首先提倡种植经济作物，为工商业生产提供充足的原料。其次，在工商税收政策上给予照顾。

（二）中央与地方的财权分配

明朝中央政府掌握着税收立法权，确定税源与税基，规定各种赋税制度，确定税率和各项支出的标准及范围，对赋税收支情况进行检查，对地方官吏实行严格的"考满"及"考成"制度，派出监察使对科差赋役、田地荒芜开垦、户口增减、修桥筑坝、仓库储存等方面进行监督，保证赋税征纳。

十三承宣布政司分掌各地财政，布政使负责本省的户口管理、土地增减、官吏经费开支、军队支出需求等。布政司在中央规定的范围内，在不改变赋税总额的前提下，对征税可进行一定程度的调整，对其所辖诸州县进行财政开支监督，赋税的征管任务具体由县一级政府分管实施。

明朝中央与地方财政关系集中体现在起运与存留上。起运是指各司、府、州、县等按中央的规定定期定额地将赋税运至中央及九边的仓库。存留是指地方将一部分赋税留下,用作常规支出,这些钱粮分别储存于司、府、州、县、卫所仓库。① 起运与存留主要涉及夏税、秋粮、马草、盐课、商税等。从财政收入分配看,起运明显多于存留。存留支出主要用于地方官吏俸粮、赈灾、军费等。起运的主要部分上缴钱粮至中央,存放于太仓、御用库、运河沿岸的仓库等,以备中央不时之需。

(三) 中央对地方的约束机制

1. 加强财政监察,掌握财政收支情况

中央不仅要制定税赋政策,还要对其收支进行检查。户部按规定的格式,发给各分司样本,相当于今天的预算收支表格,分门类地按完成数、欠缴数、解运数、实批数等填写,以报户部审查。户部由此掌握各地税赋收支、起运存留情况。各地均有赋税征收指标,指标由户部规定。各级政府国库的储备,除存留给当地卫所的款项和官兵三年的饷银外,均须每年上报支出情况。

2. 实行"考满",② 保证税赋征纳

为保证中央的财政收入,明朝对地方官吏实行严格的"考满"或"考成"制度,将其作为政绩的重要指标。官员的升、降、调或留任等,均依赖于税粮征收完成情况。

除了"考满"之外,明朝还时常派出监察使出巡,对地方各项财政工作进行监督,涵盖的内容有科差赋役、田地垦殖、户口损益、桥梁水利的建设、仓储等方面。

五、清朝政府间财政关系

清朝是我国历史上最后一个封建王朝,因其社会性质的变化,故把清军入关、统一全国,到1840年鸦片战争爆发,称为清朝前期,属封建社会;自1840年后到辛亥革命推翻清王朝统治,称为清朝后期,属半殖民地半封建社会。

(一) 概况

明末清初战乱给社会造成了严重的破坏。清朝前期,历代皇帝采取了一系列的政治经济措施,其中康熙年间的"摊丁入地"的税制改革和"火耗归公"的财政管理制度改革,意义最为重大。所谓摊丁入地,即将全部丁银摊入田亩征收,并规定自康熙五十年后"滋生人丁,永不加赋"。清初,土地所有权集中在官僚贵族手中,人民的赋役繁重,纳税人之间的税负严重不均,直接影响着朝廷的财政收入和社会稳定。摊丁入地的改革经历了三个阶段:第一阶段是局部改革;第二阶段是康熙皇帝在全国固定丁银的改革;第三阶段是从康熙开始,经雍正到乾隆,在全国各省逐步推行摊丁入地。所谓火耗,是指碎银熔成锭银中的耗损。而火耗归公改革,既是一次财政管理制度的改革,又是一次吏治的整

---

① 管汉晖. 秦汉以来我国中央与地方的财政关系——财政分权的历史渊源回溯 [J]. 经济科学,2017 (04).
② 考满制度:就一个官员而言,在任职三年、六年、九年的阶段,进行考察。考满三年叫作初考,六年叫作再考,九年叫作通考。考察的等级根据工作表现,根据所承担任务的繁重程度,定称职、平常、不称职。资料来源:齐海鹏,孙文学,张军. 中国财政史. (第3版) [M]. 大连:东北财经大学出版社,2015.

顿，对当时乃至以后都产生了重大影响。

清朝后期，鸦片战争的失败，使中国社会和财政的性质发生了变化，成为半殖民地半封建的社会和财政，中国的财政权益流入侵略者之手，突出表现为海关受控、以税款为赔款和外债担保。西方列强的入侵激起了中国人的反抗和清廷改良派的自救，但遭到腐朽的封建势力和入侵者的打击。内忧外患使清廷财政负担严重，收支规模增长快，先后出现过财权下移和中央收权的变革，但主要都是为了应付日益严重的财政危机。

（二）清朝的财政收入、财政改革和财政管理

清朝前期的财政收入主要是地丁收入，即田赋，其次是盐税和关税，其他税占的比重很小。这表明清前期是以农业为主体的结构。清朝前期，以乾隆中期的财政收入为最高，嘉庆、道光时期已下降，但税外浮收增加。由于清初战争频繁，军费开支巨大，加重了农民税负。火耗归公后，加征合法化，又加重负担。乾嘉以后吏治败坏，税负再次加重。不过摊丁入地对无地贫农的负担有所减轻；而清朝后期的财政收入，有了一些变化，主要有三个特点：第一，增长幅度大。清王朝加重旧赋，开征新税，岁入增加多倍。据《清史稿》记载，"乾隆六年（1791年）岁入四千三百五十九万两，道光二十二年为三千七百十四万两。到宣统二年试办宣统三年预算，岁入有八项，即田赋、盐茶税、洋关税、常关税、杂税、厘捐、官业收入、其他收入及附列捐输，公债二项，合计为二万九千六百九十六万余两"，相当于道光时的8倍。第二，收入结构发生了变化。就税收而言，工商税的比重增加了，厘金、关税成了大宗的财政收入，此外，还增加了公债收入。第三，财政收入具有半封建半殖民地性质。西方列强的入侵，引起财政支出的增加和经济结构的变化。这不仅使中国人民的财政负担异常沉重，而且列强造成的财税制度歧视给中国人民精神上带来了严重的创伤。

专栏 8-1

地丁银制度

1. 地丁银制度实施的内容

康熙五十一年（1712年）二月，玄烨谕廷臣："海宇承平已久，户口日素，若按见在人丁加征钱粮，实有不可。人丁虽增，地亩并未加广，应令直省督抚，将见今钱粮册内有名丁数，勿增勿减，永为定额。其自后所生人丁，不必征收钱粮，编审时止将增出实数察明，另造清册题报。"（《清圣祖实录》卷二百四十九，"康熙五十一年二月壬午"条）后廷臣会议讨论决定："（康熙）五十年以后，谓之盛世滋生人丁，永不加赋。仍五岁一编审。"此后户部又具体规定："缺额人丁，以本户新添者抵补，不足，以亲戚丁多者补之又不足，以同甲粮之丁补之。"（《清史稿》卷一百二十一，〈食货〉之"赋役仓库"条）这样，清政府以康熙五十年丁册所载人丁数定为常额（24 621 324丁），丁银固定在335万余两。这就为实施地丁银制度创造了有利条件。

在此基础上，康熙五十五年（1716年），首先在广东、四川两省率先试行地丁银

制度。雍正元年后，改革则全面铺开。各省摊丁入地的时间和丁银摊入地亩的分配办法很不一致。最早者，如广东，远在康熙五十五年即已实行；最晚者，直至乾隆四十二年（1777年）才实行。但大多数省份都集中在雍正二年至七年（1723—1729年）推行，就是说，六年的时间里全国基本上实行了地丁银制度。

地丁银制度的具体实施办法主要有两种。一种是按每一两田赋银（地税）摊入一定数额的丁银，即摊丁入地，如直隶、福建等省，每田赋银一两，摊丁银2—3钱；另一种是按每亩田摊入一定数额的丁银，也叫摊丁入亩，如江苏每亩摊0.011—0.629钱，贵州每亩摊0.054钱。各地所摊的标准不同，与各地的经济条件、历史因素有关，由于各地原有的地、丁原额有多少之别，所以分摊的标准也就有高低之差。清朝的赋役大抵形成了西北役重而赋轻、东南赋重而役轻的格局，故摊丁入地之时，北方摊入的丁银标准重于南方。

地丁银制度是明朝一条鞭法的延续与发展，也是中国封建社会赋役改革的重要阶段。其共同点是将丁银（丁役）并入地税（田赋），不同的是，地丁银制度较一条鞭法实施的范围更大，推行到全国。再者，地丁银制度在赋役合一程度上，较一条鞭法更彻底。

2. 地丁银制度的意义与局限

地丁银制度作为我国赋役史上一次重大改革，它的进步意义在于：（1）完成了我国历史上赋役合并过程，无地的农民和工商业者不再负担丁银，相对减轻了瑶役的困扰，有利于工商业的发展。（2）丁银并入田亩以后，使税负与负担能力挂钩，田多则赋多，田少则赋少，赋役负担较以前更为均平。（3）纳地丁银的人，名义上不再服徭役，封建国家对劳动人民的人身束缚相对削弱了，有利于资本主义的萌芽和发展。（4）将丁银固定摊入地亩，既有利于封建国家财政收入的稳定，又使征收手续简便。（5）宣布"盛世滋生人丁永不加赋"，有利于人口的增长、人民的安居、生产的发展。史载，"保甲无减匿，里户不逃亡，贫农免敲扑"（《熙朝纪政》卷三，《纪丁随地起》）。据《清实录》统计，顺治十八年（1661年）全国人丁数为1 913万，到康熙五十年（1711年）增为2 462万。乾隆以后，全国人口（男女老幼）数，乾隆六年（1741年）为14 003余万，乾隆五十五年（1790年）又增加到30 001余万，道光二十年（1840年）更增长到41 200余万。人口的迅速增长，摊丁入地是主要原因之一。

然而，地丁银制度也不可避免地存在着阶级局限性和欺骗性，具体表现在：（1）摊丁入地是出自统治者的利益需要而推行的。当时认为"天下有贫丁无贫地"，因"恐民力不齐，贫户丁钱不能时输"，才"稍均于地"（《装铺通志》之"户口"条）。可见，清廷实行摊丁入地并不是一种德政，只是为了财政收入的稳定，改变一下征收方式而已。（2）"永不加赋"只是名义，实则负担不断加重。摊丁入地时，不少地区丁银的实摊额超过了原额，比如直隶原额为420 800余两，实摊421 223两，溢额400多两。一省如此，全国溢额总数就可观了。摊丁入地后，地税随耕地的扩大而增加，丁银也随之增加。（3）无地贫民的负担也没真正减轻。摊丁入地没有改变封建剥削关系，无地贫民租种地主的土地，要交占产量50%左右的地租，还要负担地主转嫁而来的各种赋役。清政府对地主向佃农转嫁地丁负担的行为，采取怂恿的态度，公开称"租无所出，赋从何来"？（《秋雨庵随笔》卷七）有的地方政府甚至明令，佃户输租时，"每亩米加二升，银加二分，以助产主完丁之费"（《雍正浙江通志》卷七十一，"户口"条）。

随着时间的推移、摊丁入地逐渐失去其进步作用，而成为统治者肆意剥削人民的工具。据《清史稿》载："顺治季年，岁征银二千一百五十余万两，粮六百四十余万石；康熙中，岁征银二千四百四十余万两，粮四百三十余万石；雍正初，岁征银二千六百三十余万两，粮四百七十余万石；高宗末年，岁征银二千九百九十余万两，粮八百二十余万石。"（《清史稿》卷一百二十一，《食货》之"赋役仓库"条）由每年所征银、粮不断增加的情况看，也可以说明"永不加赋"的虚伪性。

清前期的财政支出中，绝大部分用于贵族官僚的生活享受和用于维护巩固封建统治。清前期战争频繁，军费开支为大宗。一般情况下，皇室与官俸支出为大宗。在军政费用中，从公共安全出发而支出的较少，大部分是满足皇室宗族、官僚的特权需要。在财政支出中，与人民利益相关的有水利、赈济支出。水利等支出由官员操纵，贪污浪费较大，只是在吏治较好的时期，财政支出的效益才受到重视并有所提高。而到了清后期，财政支出有了很大的变化，财政支出的特征主要表现在：第一，支出规模持续增长。从1841年到1911年，清廷在这70年中，财政支出规模增长了9倍多。其增长速度远远超过经济增长的速度。支出的剧增不仅意味着清王朝财政困难，更主要地表现为人民的财政负担异常沉重。第二，支出项目繁多。据《清史稿》载，清后期财政支出的项目有："陵寝供应、交进银、祭祀、仪宪、俸食、科场、饷干、驿站、廪膳、河工、采办、办漕、织造、公廉、杂费等十几项为常例开支。以营勇饷需、关局、洋款、还借息款等为新增开支。"第三，财政支出为封建统治者和外国入侵者服务。财政支出项目虽多，主要是服务于皇室消费、官僚、对外赔款和借款的还本付息。军事支出和洋务方面的开支都是从巩固清王朝统治出发，主要是用于镇压人民，发展经济和抵御外敌是第二位的目标。与人民利益、公共需要相关的项目很少。

清朝前期的财政管理体制沿袭明朝，分为国家财政和皇室财政。但清廷没有设明代的内阁。雍正时设过军机处，乾隆以后沿而不改。军机大臣无定额，一般是三四人至五六人，多从各部院长官选派兼任，每日晋见皇帝共同议政。这就是说，皇帝通过军机处直接指挥各部，同明代相比，皇权更加集中（见图8-4）。无论国家财政还是皇室财政，直接向皇帝负责，实行的是高度集权的财政管理体制。清代前期的财政收支管理权、监察权都高度集中在中央，是典型的封建帝王专制的财政体制。由于统治者只注重集权，忽视了权力的相互制约。或者说根本不愿意受到制约，这就难免产生腐败。乾隆的穷奢极欲、和珅的巨额贪占，反映了封建财政管理只严于律下，而优待官僚贵族的特点。这种服务于上层统治阶级需要，忽视人民利益的财政管理，是造成中国落后的重要原因之一。清后期与前期相比，财政管理上的变化较多，主要有三处：第一，由封建性质的财政管理变为半封建半殖民地财政管理。最明显的是海关行政管理权落入西方列强之手，财政权益流失。第二，地方在财政管理中的地位加强。此前地方财政不仅开征了厘金等地方税，而且地方在预算收支中的比重也大大提高。第三，财政管理制度有较大发展，除形势变化要求改革外，还有吸收西方制度的一面。如强调预算的公开性、民主性、中央与地方划分收支等。

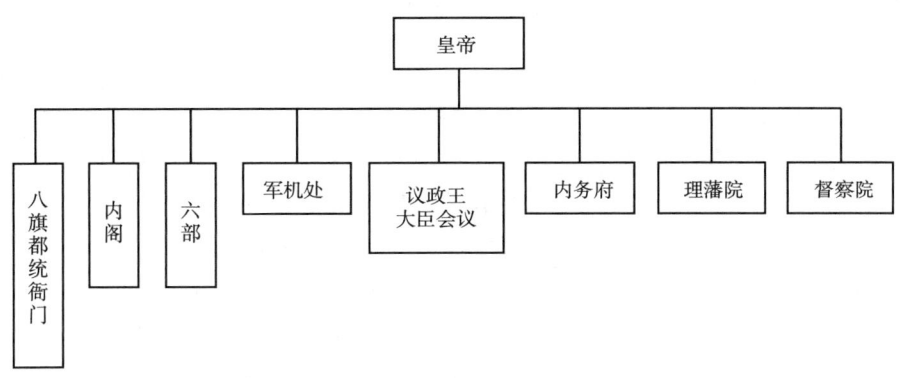

图 8-4 清朝政府架构

第三节 中华民国时期政府间财政关系

中华民国存在的 38 年，无论是政治、经济、文化、社会哪个方面都表现出多元混乱的局面。但总体上看，它又是中华民族争取独立和解放的 38 年，是中国人民从沉沦中崛起的 38 年，是中华民族从分裂走向统一的 38 年。从财政史的角度看，它的重要在于它在财政税收制度方面的突出表现：整顿田赋、革除工商恶税、实行新型税收制度、争取关税主权、划分中央和地方财政体系、创设财政预决算程序、创建财政监督体系以及救亡图存的战时财政和国家信用制度的尝试等，都为中国财政体制的现代化与科学化提供了可贵的经验与借鉴。[1]

一、概况

民国时期以 1937 年初为界，前后分为两个性质不同的阶段。这两个阶段的共性是自始至终都充斥着战争。1912 年 1 月 1 日，孙中山在南京建立了中华民国，此后，袁世凯凭借帝国主义的强力支持及北洋军阀的实力，迫使孙中山让出了临时大总统的职位。接着，1916 年，袁世凯复辟帝制失败，同时西方列强各自扶植地方军阀，相互混战，加紧

---

[1] 张德勇，孙琳. 新中国财政体制 70 年 [M]. 北京：中国财政经济出版社，2020.

了对中国的侵略和争夺。在苏联和共产国际的帮助下，实现了国共第一次合作。然而1927年4月，就在北伐战争即将取得全面胜利时，以蒋介石和汪精卫为首的国民党右派先后背叛了革命，挑起了国共两党长期的残酷斗争。1937年7月7日，日本发动卢沟桥事变，中华全民族抗战爆发，国共实现第二次合作。1945年8月15日，日本宣布无条件投降，中国抗日战争取得全面彻底的胜利。1946年6月，全面内战爆发，到1949年4月22日，中国人民解放军占领南京，南京国民政府灭亡。同年10月1日，中华人民共和国成立。

鉴于清末以来中央财政的严重匮乏状态以及与此紧密相关的中央行政权力的削弱，国民政府进行的财税制度改革中采用了中央集权的体制安排，先后采取了划分国家和地方财税收支、建立预决算制度、收回关盐两税主权、裁撤厘金、废除苛捐杂税、建立地方税收体系、进行币制改革等一系列财政金融措施，至抗战前夕，基本建立了以关税、盐税、统税等商品流转税为主干的国家税收体系和以田赋、营业税等收益税为主干的地方税收体系。在南京政府的国、地收支体系的划分中，无论是三级财政还是二级财政体系，省级和县级的财权要么得到加强，要么受到削弱，而中央的财政收入一直是得到确实的保证的。到国民政府后期，中央不仅得到大宗税源，而且原来是地方税的田赋也改为中央与地方共享，省与县的财权相对弱化。中央通过对省与地方的补贴，进一步加强了对地方的控制。

专栏 8-2

厘金

北洋政府时期的厘金包括坐厘、行厘、货厘、统捐、税捐、铁路捐、货物捐、产销捐、落地税、统税等名目，其中不少名目名为厘金，实则逐渐向货物税、统税、产销税过渡，属于过渡性质。据1924年财政部统计，全国设有厘卡税局784处，分局卡2 500多处。厘金的弊害是人所共知的，由于全国没有统一的制度，结果是水陆皆有卡，无物不抽厘，害了百姓，坑了国家，肥了贪官。因此，民众要求整顿和撤裁厘金的呼声一直不断，北洋政府迫于压力也对厘金进行了一定程度的整顿，并着手裁厘加税。

二、南京国民政府中央和地方收支划分

南京国民政府统治时期中央与地方收支划分为以下四个方面。

国家收入。具体包括盐税、海关税、内地税、常关税、烟酒税、卷烟税、煤油税、厘金及一切类似厘金之通过税、邮包税、印花税、交易所得税、公司及商标注册税、沿海渔业税、国有财产收入、国有事业收入、国家行政收入、国有营业纯益、协款收入、借款收入、其他收入。此外，还有路政收入、电政收入、航业收入、农业收入、矿业收入、工业收入、商业收入、其他收入等。

国家支出。具体包括中央党务费、中央立法费、中央监察费、中央内务费、中央财务

费、中央教育文化费、中央司法费、中央农矿工商费、中央交通行政费、蒙藏事业费、中央侨务费、中央移民费、总理陵墓费、中央官业经营费、中央工程费、中央年金费、中央内外各债偿还费等项。此外还有国有营业资本支出、补助费、债务费、路政支出、电政支出、邮政支出、航业支出、农业支出、矿业支出、工业支出、工业支出、商业支出等。

地方收入。具体包括田赋、契税、牙税、当税、屠宰税、内地渔业税、房捐、船捐、地方财产收入、地方事业收入、地方行政收入、地方营业纯益、补助款收入、借款收入、其他收入。此外还有地方的路政收入、电政收入、航业收入、农业收入、矿业收入、工业收入、商业收入、其他收入等。

地方支出。具体包括地方党务费、地方立法费、地方行政费、地方司法费、公安费、地方财务费、地方教育文化费、地方农矿工商费、公有事业费、地方工程费、地方卫生费、地方救恤费、地方债款偿还费等项。此外还有地方路政支出、电政支出、行业支出、农业支出、矿业支出、工业支出、商业支出、其他支出等。

通过中央、地方收支标准的划分，理顺了过去财政体制管理中的混乱关系，奠定了统一财政的基础。

三、民国财政收入与财政支出

民国财政收入主要有传统税捐、新生税捐、公债收入、公营经济收益、货币发行收入等。民国建立后的财政收入基本上承袭清代后期税制，虽然数任财政总长也曾提出过一些理想化的改革措施，但由于军阀专权割据，难以付诸实施，因此如清末期的田赋、关盐两税、厘捐等都得以延续，被称为"传统税捐"；面对沉重的外债与赔款负担，加之国内政局动荡、军费开支剧增，中央财政陷入困境，历任财政总长先后提出了一系列治理方针，其内容主要涉及两个方面：整顿旧税与创设新税。如直接税，包括：所得税、遗产税和印花税等。间接税，包括：烟酒税、统税、货物税、营业税等。这些被称为"新生税捐"；北洋政府时期和国民政府时期，都发行了大量且名目繁多的公债，可以说借债度日成为这一时期自始至终的财政现象；此外，公营经济和货币发行也是北洋政府和国民政府取得财政收入的重要手段。

民国财政支出主要有军事支出、行政支出、经济建设支出、科教文卫及其他支出等。民国财政支出的一个突出特点就是军用战费浩繁，其支出一直占据本期财政支出之首，从而使本时期财政支出表现为典型的战时财政。在财政混乱、财源枯竭的年代，当军用战费耗去财政大半之后，其他财政需要就主要靠借债来维持。借款必须还本付息，所以债务费支出亦成为国家财政的沉重负担。另外，必要的维持财政机构的日常开支也是当时财政支出的大项。北洋政府时期财政支出表现出反人民性和反社会性。北洋政府时期，军阀连年混战，财政支出主要用于军事开支及债务费用上，为了满足当时巨额的军费开支，北洋政府不断地盘剥、压榨广大劳动人民，加深了人民的苦难，显露出反人民性的特点；同时，由于该时期战争不断，造成了整个社会的混乱与倒退，也暴露其强烈的反社会的特点。国民政府时期的财政支出则表现出多重性，即一方面，在抗日战争时期，国民政府在对日作战方面做出过较大的贡献，其在此期间的财政支出以正义性一面为主；同时，国民政府在经济建设方面也取得一定成绩,如进行大量公共设施建设,对于推进当时社会发展与摆脱帝国主义欺凌起到了一定的积极作用,但在另一方面,却仍不乏为资产阶级服务的成分和内容。

第四节 新中国政府间财政关系的回顾与总结

中华人民共和国成立以来,中国社会经济发生了天翻地覆的变化,在经济建设和社会发展历程中,中国从贫困落后、百废待兴的构架迅速成为世界经济大国。国家财政对社会主义生产关系的发展和社会主义经济建设做出了巨大的贡献。

一、国民经济恢复时期的财政(1949—1952 年)

从 1949 年到 1952 年,是国民经济恢复时期。新中国成立之初,腐朽反动的国民党政权在经济方面给我们留下了一个民不聊生、百业凋敝、物价飞涨、千疮百孔的烂摊子。另外,在我们肃清残敌的枪声未静之下,又爆发了抗美援朝战争。这样,新中国成立伊始便面临着国内战争留下的废墟、一穷二白的经济和与强敌对抗的朝鲜战争,财政面临的状况极其严峻,主要表现在以下几个方面:军费开支庞大;财政收入增加缓慢,满足不了财政支出的需要;财政收支之间存在脱节现象,不利于财力集中;财政赤字过大,导致通货膨胀,物价上涨。

为了尽快恢复长期凋敝的国民经济和争取朝鲜战争的胜利,国家实行了一系列促使社会经济发展和稳定大局的财税政策及措施,如:集中财力物力,打击投机资本,平抑物价;编制概算,发行公债,开源节流,弥补赤字;调整工商关系,扩大需求,促进生产发展等。

国家在运用财税政策恢复国民经济的同时,逐步建立和调整了国家财政体制。1949年底,确立了统一财经工作的方针,基本内容有三项:统一财政收支管理;统一全国物资管理;统一全国现金管理。1950 年年中,朝鲜战争爆发。美国打着联合国的旗号派出军队干涉朝鲜内政,并到中国鸭绿江边挑衅中国。为了援助朝鲜人民抗美救国,保卫刚刚诞生的新中国,1950 年 10 月,中国人民志愿军雄赳赳气昂昂,跨过鸭绿江,赴朝与朝鲜人民军一同作战,抗美援朝、保家卫国,这无疑需要有力的财政支持。国家为了支持抗美援朝战争,基于国家财政情况,提出"边抗,边稳,边建"的财经方针,即兼顾恢复经济、支持战争、稳定市场。在这"三边"财经方针指导下,国家财政采取了增加收入、冻结存款、统购统销等措施。抗美援朝期间,我国用于抗美援朝战争的资金高达 62 亿元人民币,约等于 1950 年中国财政的总收入。同时,我国经济也得到了恢复。1952 年年底,全国工农业总产值比 1949 年增长 75.5%,达到历史最高水平,其中,农业总产值增长将近 50%,工业总产值增长 145%。新建和修复铁路通车里程 2.4 万多公里,新建和修复公路约 12.7 万公里。我国财政状况实现好转，经济恢复时期财政总支出约为 362.19 亿元人民币，总收入约为 361.07 亿元人民币，收支几乎达到平衡。至此在抗美援朝战争的形势下，为了保证"三边"（边抗、边稳、边建）方针的实施，并使财政工作适应生产力发展的要求，人民政府调整了财政管理体制，对已经建立的财政制度又做了调整和健全工作。如 1951 年 3 月，政务院发布了《关于一九五一年度财政收支系统的决定》，这个决定的基本精神是：以统一领导、分级负责为方针，将全国财政划分为中央、大行政区和省三级财政，并明确划分了中央与地方的财政支出范围。新的财政管理体制是对原有财政管理体制的重大发展，成为我国由统一财政管理体制向分级财政管理体制过渡的开端。

总之，国民经济恢复时期，在中国共产党的正确领导下，全国人民齐心协力，使国民政权留下的一个民不聊生、百业凋敝的经济烂摊子，迅速改变面貌。统一财经工作、平衡财政收支、稳定金融物价等政策措施，使国家摆脱了多年通货膨胀的困扰，人民生活基本上得到了保障，国民经济走上了正常运行的轨道，从而实现了国民经济的快速恢复和人民政权的巩固，也为其后的经济发展和社会主义改造提供了条件。

二、奠定社会主义经济基础时期的财政（1953—1957 年）

从 1953 年起，我国进入发展国民经济的第一个五年计划时期，开始了有计划的大规模社会主义经济建设和生产关系方面的社会主义改造。实践证明，第一个五年计划时期，不仅是我国奠定社会主义工业化基础的重要时期，而且是奠定社会主义经济体制的重要时期。

在国民经济恢复时期的最后一年，工农业生产虽然已达到并超过了解放前的最高水平，但是由于解放前的生产水平非常低下，我国当时的国民经济仍然是相当落后的，基础十分薄弱。而要在我国建立社会主义，就必须在实行生产关系的社会主义改造的同时，改变经济落后的状况，逐步实现社会主义工业化，建立一个独立的、比较完整的工业体系，把我国的国民经济从落后的技术基础转移到现代化的技术基础上，使现代化工业在工农业总产值中占绝对优势，从而奠定社会主义制度的物质基础。1953 年开始了第一个五年计划，在此期间，国家财政通过自力更生发展生产、厉行节约等措施，为工业化筹集资金达 1 241.75 亿元，有力地保证了"一五"计划的顺利完成。

"一五"时期，随着国民经济的发展和社会主义改造的顺利进行，国家财税管理体制也进一步得到调整和改善。1953 年的财政体制改革实施了一年，在实际工作中又出现了一些比较严重的问题。主要表现在：一是因为没有经验，1953 年把财政上年结余全部列入了预算，并安排了支出，预算底子打大了。邓小平指出："有些同志不晓得预算底子打大了的问题的严重性。底子大了是上了马，而且是一匹烈马，上马必然还要下马，下马必须削减预算，问题很严重，所以预算底子打大了，是个政治问题。"二是 1953 年预算在 2 月通过，3 月总预备费已经用光，就出现赤字，到 7 月底赤字累计达 20 多亿元。此后经过全党和全国人民的努力，才实现了收支平衡。邓小平同志指出包干的目的就是控制预算不被突破。三是 1953 年以前国家计划委员会还没有成立，发展国民经济的五年计划还没制定出来，因此，当时国家预算的分配实际上起着制定国民经济计划的作用。邓小平同志指出，过去财政部管得严，管得细，反而挨了骂，成了斗争的焦点，主要是不懂得数字中有政策归口，就是在国家预算范围内，分清事情的轻重缓急，哪些该办，哪些不办，由各口为主去决定。财政部不代替各部门决定政策。归口以后，财政工作就主动了。1954年，邓小平同志对财政工作提出了著名的"六条方针"。即：预算归口管理；支出包干使用；自留预备费、结余留用不上缴；严格控制人员编制；动用总预备费须经中央批准；加强财政监察。1954年和1955年的财政工作，做到了收支平衡，略有结余，这同正确贯彻六条方针是密切联系、不可分割的。六条方针的全面贯彻，把国家财政放在了经常的、稳固的、可靠的基础之上，财政的后备力量也增强了。

三、从"大跃进"到"文化大革命"时期的财政（1958—1976年）

1958年至1960年的三年"大跃进"时期，受"左倾"错误思想的支配，经济工作急于求成，脱离实际，"高指标、瞎指挥"，违背了客观经济规律，造成国民经济比例关系严重失调。财政方面主要表现为虚收实支和开支太大。在改革体制的探索中，财权的下放过头，监督不严，形成了支出大于收入的局面。为了摆脱困境，中共中央于1961年1月中共八届九中全会上正式批准了"调整、巩固、充实、提高"的八字方针，即：调整各个部门已经变化了的相互关系，巩固生产力和生产关系在发展和变革中获得的成果，充实新发展起来的一些事业内容，提高那些需要进一步改善的新事物的质量。这一时期，财政工作的主要任务是：坚决执行"八字方针"，保证国民经济调整中对资金的合理需要，适当增加农业投资，促进农业恢复与发展；进一步缩短基本建设战线，调整工业投资结构；增收节支，消灭财政赤字；改进财政管理体制，加强集中统一。到1965年，我国国民经济已步入正常发展轨道，但1966年开始的"文化大革命"，却又将经济推入"劫难"之中。

在"大跃进"时期，国家财政体制进行了改革上的探索。1958年以前，在中央与地方的财政关系上，实行的是"以支定收，一年一变"的体制，即先确定地方的财政支出，然后再按支出划给一定的收入，并每年核定一次。从1958年1月起，按国务院颁布的《关于改进财政管理体制的规定》确定地方财政的收支范围、收入项目、分成比例，基本上三年不变。后来，基于地方的建议，为了与"二五"计划相配合，同年4月，决定把三年不变改为五年不变，以便中央和地方都能按照"二五"计划的要求安排经济建设。因此，1958年改进以后，就变成了"以收定支，五年不变"。这次改进，主旨是扩大地方财权，使地方的财政收入同财政支出密切结合，以调动地方的理财积极性。但是由于"大跃进"，当年国民经济发展速度大大加快，违背客观规律急于求成的指导思想带来了一系列问题，原来已明确的"以收定支，五年不变"的财政体制执行不到一年，便难以为继，中央很快又决定对各省实行"总额分成，以收定支"的财政管理体制。1958年9月，国务院通过《关于进一步改进财政管理体制和改进银行信贷管理体制的几项规定》，决定从1959年起，实行"收支下放，计划包干，地区调剂，总额分成，一年一变"的财政管理体制，简称"总额分成，一年一变"。

1961年至1966年是国民经济调整时期。国家财政紧紧围绕党中央提出的"调整、巩固、充实、提高"八字方针开展工作。在财政管理体制方面，首先，财政管理指挥体系被削弱。1967 年初，国家财政大权曾经被"财政部造反司令部"夺去，同年 7 月 1 日中共中央、国务院发出《关于对财政部实行军事管制的决定》，在李先念的领导下，全国财政工作得以有效运行，但财政金融工作还是存在巨大的困难。地方各级财政、税务、银行变动很大，削弱了财政管理的职能。其次，"革命大批判"造成了财政管理思想的混乱。财政工作被诬蔑为执行的是"一套修正主义的纲领"。合乎马克思主义分配原理的社会主义积累，被称为"利润挂帅"。1961 年 1 月 1 日中共中央批准了财政部《关于改进财政体制加强财政管理的报告》，同年 4 月 20 日，中共中央发布了《关于调整管理体制的若干规定》。这两个文件重点强调集中统一。同时，为了促进国民经济的恢复和发展，国家财政不仅在制度设置方面，而且在财税政策方面也采取了一系列的措施。如，在农业方面，大力支持农业的恢复和发展，尽可能地优先安排农业方面的资金需求，减轻农民负担，减少粮食征购，提高农副产品收购价格，正确处理平调退赔。

从 1966 年起，历时十年的"文化大革命"又一次将中国的社会和经济推到了崩溃的边缘，在"文化大革命"期间，我国财政管理体制变动的整体特征为：在"综合平衡"思想的指导下，为应对不断增加的财政压力，财政管理体制变动很频繁，创造了历史纪录，也反映了集权与地方分权之间的矛盾和冲突。1967 年和 1968 年连续两年工农业总产值下降和国民收入下滑，财政收入也连续两年锐减。在这段天灾人祸、动荡不安的年代里，我国的财政经历了严峻的考验，并且在困境中竭力支撑维系了各方面的建设与社会事业的发展。

四、从计划经济走向市场经济的财政（1978—1990 年代）

从 1978 年到 20 世纪 90 年代初，是中国在尚未确立市场经济目标模式的情况下向市场经济的转变时期。1978 年以后，随着改革开放的推进，在农村，政社合一的人民公社解体，农民及乡镇企业摆脱了政府的直接计划管理，获得了经营自主权；在城市，随着个体经济、私营经济和"三资"企业的迅速发展，以及国有企业的"简政放权"，政府放松对市场的控制，缩小指令计划范围，使越来越多的企业经营活动脱离了政府的直接干预，市场调节的范围越来越大。到 1992 年中共十四大正式提出市场经济改革目标、强调市场调节基础作用以后，不仅非国有经济依靠市场调节，而且国有经济也进入新的适应市场经济的改革阶段。与此相呼应，财政体制也过渡到适应市场经济的新时期。

1980—1993 年，我国财政包干体制的演变一共经历了三个阶段。第一阶段为 1980—1984 年的"划分收支、分级包干"财政管理体制，也就是通常所称的"分灶吃饭"体制。在这种体制下，中央根据各种财政收入性质和企业、事业单位的隶属关系，将财政收入划分为中央固定收入、地方固定收入和中央与地方调剂分成收入；按企业、事业单位的隶属关系划分，由中央直接管理的，列中央财政预算支出，由地方管理的，在地方财政预算中列支，中央再专项设置一部分资金用于解决特殊问题；以 1979 年为基数确定地方的收入、支出基数，五年不变。第二阶段为 1985—1988 年的"划分税种、核定收支、分级包干"财政管理体制。在这种体制下中央基本上按第二步"利改税"后设置的税种，将财政收入划分为中央财政固定收入、地方财政固定收入和中央与地方共享收入；原则上按行政、企业、事业单位的隶属关系，划分中央与地方财政支出；以1983年为基数确定地方收支基数，五年不变；实际执行中将地方固定收入与共享收入加在一起，确定一个中央与地方的分成比例，实行总额分成。第三阶段为1988—1993年多种形式的包干制财政管理体制，包括收入递增包干、总额分成办法、总额分成加增长分成办法、上解额递增包干办法、定额上解、定额补助等制度安排。前两个阶段的财政管理体制改革强调的是中央、地方财政的分成；第三阶段的财政管理体制改革更加突出财政收入的增量变化。

改革开放以前，中国财政是与高度集中的计划经济体制相适应的，典型的"统收统支"财政体制演变到1960年之后相对分级的"总额分成、一年一定"体制，可支配财力仍主要集中在中央；支出基本上是按照行政隶属关系划分，即属于哪一级的企业、事业和行政单位，由哪一级负责。地方政府的重大基本建设投资和灾荒救济等项目支出，由中央专项拨款，实行集中管理。在这种体制下，地区间的财力差异较为平均。但因地方政府财政缺乏自主权力，影响了其积极性的发挥，进而阻碍了地区经济的发展和居民福利水平的提高，分权化改革成为中国财政改革的逻辑起点。从1980年起，除北京、天津、上海三大市以外，国家对各省、市、自治区实行了各种"分灶吃饭"的预算管理体制。与原财政体制比较，新的财政体制有以下几个特点：（1）由"一灶吃饭"改为"分灶吃饭"；（2）财力的分配，由"条条"为主改为"块块"为主；（3）分成比例和补助数额，由一年一定改为五年一定；（4）事权和财权统一，权力与责任统一。实践证明，在新的财政体制下，不仅扩大了地方的财权，同时也加强了地方的经济责任，促使地方各级领导大大加强他们对财政工作的指导；它使地方有了发展本地区生产建设事业的内在经济动力和能力，促使他们努力挖掘本地区的生产、物资和资金的能力，合理地、节约地、有重点地安排和使用资金，提高资金的使用效果，不断增加财政收入；由于节约归己，促使地方在狠抓增产增收的同时，十分注意节约支出，反对浪费，精打细算，严格财经纪律，许多地区还改变了乱点头、乱批条子的做法，实行了"一支笔"审批开支；由于"分灶吃饭"，自己过自己的日子，促使地方加快了国民经济结构调整的步伐。

随着以两步"利改税"为中心内容的税制改革的实行，中央、地方、部门和企业的分配关系发生了很大变化。为了适应新形势的需要。根据党的十二届三中全会《关于经济体制改革的决定》精神，国务院决定，从1985年起，对各省、自治区、直辖市一律实行"划分税种、核定收支、分级包干"的新的预算管理体制。其基本原则是：在总结前几年预算管理体制经验的基础上，存利去弊。扬长避短，继续坚持"统一领导，分级管理"的原则，进一步明确各级财政的权力和责任，做到权责结合，充分发挥中央和地方两个积极性。

五、社会主义市场经济体制下的财政（20世纪90年代至今）

1993年12月15日，国务院发布了《关于实行分税制财政管理体制的决定》，新体制从1994年1月1日开始实行。此次财税体制改革是按照市场经济的要求进行的从"行政性分权"转为"经济性分权"的体制改革设计。这次改革的着力点集中在解决改革开放前15年在"条块分割"行政隶属关系控制体系内由于"放权""让利"所导致的财政实力过弱、财政体制关系紊乱、中央财政调控能力严重不足等问题,关键内容是构建分税分级财政体制来正确处理政府与企业、中央与地方两大基本经济关系,为适应市场经济客观要求,实现财政职能的转轨和正确处理政府与市场的关系奠定基础。

1994年分税制财政体制主要由三个方面的内容构成,即中央与地方税收的划分、中央与地方事权和支出的划分、中央对地方税收返还数额的确定。

(一) 中央财政与地方财政税收划分

中央财政固定税收收入有:关税,进口环节增值税和消费税,出口货物退增值税和消费税,国内消费税,铁道部门、各银行总行、各保险公司总公司等集中缴纳的城市维护建设税,增值税50%部分,纳入共享范围的企业所得税60%部分,未纳入共享范围的中央企业所得税、中央企业上交的利润,个人所得税60%部分,车辆购置税,船舶吨税,证券交易印花税,海洋石油资源税。

地方财政固定税收收入有:城市维护建设税(不含铁道部门、各银行总行、各保险公司总公司集中缴纳的部分),房产税,城镇土地使用税,土地增值税,车船税,耕地占用税,契税,烟叶税,印花税(不含证券交易印花税),增值税50%部分,纳入共享范围的企业所得税40%部分,个人所得税40%部分,海洋石油资源税以外的其他资源税。

中央与地方共享税收有:增值税(不含进口环节由海关代征的部分)(中央政府分享50%,地方政府分享50%),企业所得税(中国铁路总公司(原铁道部)各银行总行及海洋石油企业缴纳的部分归中央政府,其余部分中央与地方政府按60%与40%的比例分享),个人所得税(中央与地方政府按60%与40%的比例分享),资源税(海洋石油企业缴纳的部分归中央政府,其余部分归地方政府),城市维护建设税(中国铁路总公司、各银行总行、各保险总公司集中缴纳的部分归中央政府,其余部分归地方政府),印花税(证券交易印花税归中央政府,其他印花税收入归地方政府)。

(二) 中央财政与地方财政支出划分

根据财权与事权相统一的原则,在划分税收的同时,又划分了中央财政与地方财政的支出范围。

中央财政支出有:国防费,武警经费,外交和援外支出,中央级行政管理费,中央统管的基本建设投资,中央直属企业技术改造和新产品试制费,地质勘探费,由中央财政安排的支农支出,由中央负担的国内外债务的还本付息支出,以及中央本级负担的公检法支出和文化、教育、卫生、科技等各项事业支出。

地方财政支出有:地方行政管理费,公检法支出,部分武警经费,民兵事业费,地方统筹的基本建设投资,地方企业技术改造和新产品试制费,支农支出,城市维护建设费,地方文化、教育、卫生等各项事业费,价格补贴支出以及其他支出。

(三) 中央财政对地方税收返还额的确定

实行分税制财政体制时,为了保持地方的既得利益而逐步实现改革目标,一方面按照国务院《关于分税制财政管理体制的决定》,实行中央和地方的税种划分、支出划分,使分税制如期实施,另一方面对原包干体制下的分配格局暂时不做变动,原体制下中央对地方的补助继续按规定补办。原体制下地方上解收入仍按不同体制类型执行：实行递增上解的地区，继续递增上解；实行总额分成的地区和原分税制试点的地区，暂按递增上解办法，即按 1993 年实际上解数和核定递增率，每年递增上解。1994 年 8 月，根据各方面的意见和要求，为了更充分地调动各地区组织中央收入的积极性，将税收返还的递增率改为按各地区分别缴入中央金库的"两税"增长率的 1：0.3 系数确定。即各地区"两税"每增长 1%，中央财政对该地区的税收返还增长 0.3%。① 通过这种办法过渡一段时间再逐步规范化。2016 年起，国务院决定调整中央对地方原体制增值税返还办法，以 2015 年为基数实行定额返还，对增值税增长或下降地区不再实行增量返还或扣减。这一调整是为进一步完善分税制财政体制，落实全面推开营改增试点后调整中央与地方增值税收入划分过渡方案。

1998 年 12 月召开的全国财政工作会议上，时任财政部长项怀诚明确提出，要力争在本届政府任期内建立起与社会主义市场经济基本适应的、相对规范的包括政府公共预算、国有资产经营预算和社会保障在内的预算管理体系，建立公共财政是我国财政改革的目标和方向。2013 年，在全面深化改革的大背景下，党的十八届三中全会明确提出"建立现代财政制度"，我国财税体制改革的方向开始从建立公共财政体制转向建立现代财政制度。同时，全会提出一个重要论断——财政是国家治理的基础和重要支柱。这是对财政新的认识、新的定义和新的定位，强调了从国家治理的角度来认识财政、理解财政，为推进新时代财政理论建设提供了理论前提。

第五节 结论及历史经验

中国是一个具有五千年历史的文明古国，在人类社会发展的长河中，中国的财政经济于 16 世纪以前曾长期处于领先的地位。康乾盛世之时，中国的 GDP 占据全球总量的 40% 左右。但其后，却很快落入百年积弱、列强欺辱、被动挨打、苦难深重的境地。20 世纪发生了辛亥革命、中华人民共和国成立和中国改革开放三件大事。江山留胜迹，旧貌换新颜。随着四十余年改革开放不断深入和国民经济高速稳步的发展，中国重新为世界所瞩目，中国的社会和财政经济，正在市场化、工业化、城镇化、信息化的大潮中，经历起飞，走向现代化，迎接伟大的民族复兴。财政，是庶政之母，治国之宗，求强之命脉，复兴之大计。苏辙有言："财者，为国之命而万事之本。国之所以存亡，事之所以成败，常必由之"。我国数千年来，有关财政的产生、发展和变革、财政体制的演化、财政管理的经验、财政思想的阐发与总结记忆、财政政策的调整等大量的、丰富的记载和相关材料，都是我们极为宝贵的历史遗产。习近平同志说过："历史是最好的教科书，也是最好的清醒剂。"通过对我国财政史的简要学习，我们可以得到以下几点历史经验。

第一，土地改革。在中国古代，财政调控经济的手段之一是运用土地制度与政策。土

---

① 李萍. 财政体制简明图解［M］. 北京：中国财政经济出版社，2015.

地所有制是奴隶社会和封建社会经济关系的基础，它决定着地租的形态，决定着财政收入和分配。在奴隶社会井田制度下只能产生劳役地租，在封建社会的土地私有制下就必须实行实物地租。关于土地制度与财政收入的关系，古人多有论述。早在西周时，卿士召虎（穆公）就在治国方略中提出："民之有口也，犹土之有山川也，财用于是乎出"。进入封建社会后，人们对土地与财政的关系更加重视。《大学》中指出："有土此有财，有财此有用"。在封建社会，由于统治阶层对于土地制度与财政的关系有所认识，进而运用土地制度和政策对赋税的形态和轻重加以调控。直至改革开放的今天，我们仍然面临着这一重大问题，需要进行深入研讨。

第二，赋税政策。赋税是中国古代国家宏观管理经济的重要手段，是统治者为维护国家机器运转而强制征收的。赋税制度是随土地制度或状况的变化而变化的。中国封建社会的赋税制度含义很广泛，一般包括：以人丁为依据的人头税，即丁税；以户为依据的财产税，即调；以田亩为依据的土地税，即田租；以成年男子为依据的徭役和兵役；其他苛捐杂税。现代中国的赋税制度逐步与国际接轨，并在"统一税法，公平赋税，简化税制，合理分权"的税制思想指导下规范了税种，形成了五大类十八个税种的较为合理的税制体系。

古代赋税制度包括田赋和其他税收两大部分，田赋主要来自农业收入，税收除农业方面以外主要包括工商业及其他方面。在中国封建社会，除公田收入（如屯田、营田）和官营工商业收入（如官营盐铁、官营造船）以外，国家财政收入主要来自田赋和税收，田赋在国家财政中的地位非常重要。正因如此，赋税政策在中国古代社会的宏观调控诸政策中具有突出的地位。历代统治者都对赋税制度不断进行调整完善，其中的成败得失值得后人总结。

第三，专卖政策。专卖政策又称禁榷政策，它是指国家凭借对资源的占有权和政治权力对关系国计民生的一些盐、铁、茶、酒、漆等重要资源的开发、生产、销售实行垄断性的政策。专卖既是国家财政的一项重要收入来源，又是国家一项重要的调控政策。我国的盐铁专卖起源于春秋战国时期，管仲首先提出"官山海"的主张，以增加国家财政收入，减轻农民的赋税负担。商鞅在财政改革中也提出"专山泽之利，管山林之饶"，以此杜绝富商大贾牟取暴利的门路，使利归于国，民归于农。西汉中期，桑弘羊对当时诸侯王尽据盐铁之利危害中央财政的弊端，提出"塞天财，禁关市"，不仅严厉打击了盐铁商人，而且铲除了诸侯王割据一方的物质基础。西汉末年，王莽明确提出对盐、铁等自然资源，如果国家不实行专卖，就会使富商大贾操纵国民经济。关于国家对垄断性行业调控的问题，西方经济学直到近代才做出明确说明，而中国人在两千多年前能达到上述的认识水平，确实是难能可贵的。唐中叶的理财家刘晏采用了盐铁专卖制度，既发挥了国家财政宏观调控作用，又鼓励了盐户和商人的积极性，达到了"官获其利而民不乏盐"的良好效果。可见，专卖政策在我国古代的经济调控中起着积极的作用，我们有必要结合今天的现实情况借鉴古人的经验。

第四，平准政策。平准政策主要用于国家调节市场供求和平抑物价。在我国，平准思想于战国后期就已经产生，《管子》的作者就把着重点专门放在流通领域的价格调控上，主张把粮食和货币这两种从"万物"中单列出来，国家用此调节其他商品价格的涨落。将此理论付诸实践的是西汉的桑弘羊，他在长安创立平准机构来吞吐重要物资平抑物价，"贵则卖之，贱则买之"。使国家掌握了关系国计民生的主要商品，起到了"平万物而便百姓"以及增加财政收入的作用。唐代继续实行这一政策,使"天下无甚贵贱之忧"。北宋推行市易法,对活跃市场、便利商品供应、限制大商人垄断行为、稳定物价等起到了积极的作用。平准政策作为历代宏观调控的一项重要措施,与古代西方利用行政、法律手段的限价措施相比,更体现了经济手段和价值规律。所以,这一政策遗产,对于当前在建立社会主义市场经济新体制过程中调节市场供求、保持物价稳定,仍有重要的借鉴意义。

第五,财政信用。财政信用是以国家为主体运用信用手段进行财政调控的特殊形式。我国西周时就有专门从事财政信用的官方机构——"泉府"。《管子》一书中建议国家设立一种"环乘之币",贷给耕种优等土地的农民,作为预购谷物之款,待农作物收获后,国家以低价收购粮食,抵还贷款。对于贫苦农民,国家则采用实物信贷方法,贷给其种子、器械等,以便他们维持正常生产。然而比较成功地运用财政信贷政策为生产服务的改革家当推王莽,他规定凡是想贷款从事生产的均应批准,并放长期限,年息不得超过生产者所得利润的 10%。如果说王莽是从发展生产的角度来运用财政信用的话,那么北宋王安石则主要是从打击高利贷来实施这一政策的。国家每年在青黄不接时,由州县拨款贷给农户,随夏秋税归还。起到了"广蓄积,平物价,使农人有以赴时趋事,而兼并不得乘其急"的效果。不难看出,我国古代的财政信用是国家对经济与社会生活进行调控的重要政策手段,它对发展生产和打击私人高利贷等方面起的作用不可低估,非常值得今人总结借鉴。

最后谈一下中国古代、民国时期和新中国成立后等几个阶段的政府管理思想及政府间财政关系。秦朝建立了以郡县制为基础的中央集权财政体制,汉朝加强了财政监察体制。南北朝到隋唐时期的政府间财政关系,由分到合,又由合到分。唐朝前期,实行租庸调制,在安史之乱后中央给予了地方一定的财权,实施两税三分法。在以后的宋朝、元朝、明朝和清朝,每个朝代都有改革创新的制度,并对历史上的制度进行继承和发展。北宋时期中央与地方财政关系以转运使为枢纽;元朝实施了行省制;明朝中央与地方财政关系则集中体现在起运与存留上;清朝沿袭明朝的财政管理体制,分为国家财政和皇室财政,并实施地丁银制度等。总的来看,古代普遍都保持着高度集权的财政体制,中央和地方的地位是严重不平等的。中华民国时期在财政税收制度方面有许多突出表现,如实行新型税收制、划分中央和地方财政体系等,为后续的改革提供了可贵的经验与借鉴。

中华人民共和国成立以来,新中国的财税关系经历了以下时期:1949 年到 1952 年的国民经济恢复时期,1953—1957 年的社会主义经济基础时期;1958—1977 年的"大跃进"到"文化大革命"时期;1978—1990 年代的计划经济走向市场经济时期;1990 年代至今的社会主义市场经济时期。在这期间,我国不断总结经验,进一步明确各级财政的权力和责任。1994 年分税制财政体制从中央与地方税收的划分、中央与地方事权和支出的划分和中央对地方税收返还数额的确定方面进行改革。1998 年,我国进入构建公共财政体制框架时期。2003 年,党的十六届三中全会基于公共财政体制框架已经初步建立的判断,提出了进一步健全和完善公共财政体制的战略目标。随着中国特色社会主义进入新时代,财政不仅要作为政府活动的经济基础而发挥作用,而且要进入国家治理的全过程和各领域。于是,在初步实现公共财政体制的基础上,聚焦于实现国家治理现代化,以建立与国家治理现代化相匹配的现代财政制度为目标取向,新中国财政开启了一系列适应新时代的变革。

第九章 Chapter 9
政府间财政关系的国际比较

在我们这个时代，无论是在政治科学中还是在实际政治中，争论最多的一个问题都是，政府的职能和作用的适当界限在哪里。

——约翰·穆勒

在世界历史长河波澜壮阔的翻滚和激荡之下，诞生并演绎出无数个文明起源，世界各国财政制度的改革与创新也具有重要意义，这些不同于我国的财政制度是人类文明进步、时代发展的缩影与结晶。学习各国财政制度的不同，研究、对比、分析我国与其他国家政府间财政关系，通过理论与实践并举，概述与辨析同重，更能师其所长，用其所适。

【思政案例】

2014年德国接受OECD的外部国别预算支出审查，其审查报告虽然高度评价德国自上而下的预算编制体制，但严厉批评德国预算支出效率，要求其更加注重支出效果导向。德国经过谨慎观察和长期准备后，于2015年正式引入预算支出审查，并在吸取其他国家经验教训的基础上，积极推动支出结构改革，取得了良好效果，获得欧盟和OECD高度认可。德国预算支出审查分为三个阶段，自上而下包括总理牵头的预算支出审查工作会议、副部长级预算支出审查指导委员会、预算支出审查工作组，三个组织层次之间分工明确、密切配合。在审查进行期间，内阁还需向国会中负责被审查领域事务的专门委员会及时通报相关进展情况。2018年默克尔率领的联盟党与社会民主党联合组阁，更加重视改善以绩效为导向的预算，突出了预算支出审查的重要性。这体现了德国政府体系历来强调快速落实上级决策的执行力，财政预算形成了侧重投入、忽视绩效产出的传统。

案例解析： 预算体现党和国家的意志，服务保障党和国家的重大方针、重大方略、重大决策、重大工作。经过党的十八大以来的改革，我国现代预算制度基本确立。党的二十大要求健全现代预算制度，这是党中央立足国情、着眼全局、面向未来的重大部署。随着我国经济进入新常态、外部经贸环境不确定性增加、财政收入增速放缓以及地方财政可持续性运行面临挑战，进一步凸显改革财政支出结构、提高支出效率的必要性和紧迫性。我国应当在总结国际经验和结合国内实际情况的基础上，积极创造条件建立预算支出审查机制，在国家预算支出审查领导小组框架下，建立财政部牵头、支出部门参与的部际联席会议协调机制，将支出结构改革任务分解为可操作领域任务板块，确定优先顺序，循序渐进，由浅入深，先中央后地方，逐步扎实调整优化各领域支出结构，改善实际可用财力，增强财政可持续性。

思考讨论：结合案例，谈谈我国财政体制改革应借鉴的国际经验。

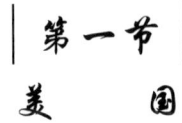

第一节 美 国

一、行政体制概况

联邦制国家历史上多由原来相互独立的国家或地区集合而成，基层政府是先于中央政府成立的，主要代表国家有美国、加拿大、德国和澳大利亚等。以美国为例，其政府体系可以简单地分为联邦、州、地方政府三级。美国的州政府不属于地方政府，而是构成联邦的成员政府，州以下的县、市、乡、镇和特别区才是地方政府。在美国的50个州政府之下，有8万多个地方政府，其组织形式和管辖权限极为复杂，大致可以分为县、市、镇、特别区和学区这五大类。美国中央与地方的政治关系较为松散，因此联邦、州及市、县、镇各自在财政税收方面的独立性很强，财政和税收上下之间互不隶属，也没有业务指导关系。

二、各级政府的事权与支出责任划分

（一）联邦与州

在联邦制国家中，美国州政府的自主权较大。宪法与法律明文规定了分别授予联邦中央与各州的权力。州政府在自己的职权范围内可独立行使职权，不受联邦政府的任何干预。联邦与州的分权依据联邦宪法第十修正案规定："宪法未授予合众国，也未禁止各州行使的权力，由各州各自保留，或由人民保留。"因此州政府从严格意义上说，不属于地方政府。

但从历史发展看，100多年来，联邦的职权逐渐扩大，州的权力相对缩小。尤其是罗斯福为推行"新"政，加强国家干预经济，19世纪30年代最高法院放宽了对宪法的解释，使联邦的权力扩大合法化。然而与之不同的是，德国在第二次世界大战后，美英法等占领国当局不同意将一些重要职能交给联邦政府，而是赋予州政府更多的职能。

（二）州与地方

美国联邦宪法对地方事务未置一词，地方建制长久以来被视为州的创造物。除地方财产外，州议会对地方事务拥有绝对的处置权，包括地方的设置与裁撤。比如在伊利诺伊州，州议会可以创置、改变、裁撤地方单位，可以任意地授予或者取消地方权限。在数以千计的地方政府中，只有102个县和芝加哥市的存在得到了州宪法暗含条款的保证，其他所有地方单位的存续均得服从于州立法大会的意愿。在20世纪中期联邦政府以联邦财政援助的方式全面介入地方事务之前，城市与州的法律关系，成为制约城市兴衰的主要制度性因素，这个因素尽管现在受到联邦政府干预的影响，但仍然在一些关键性的地方事务中，发挥着决定性的作用。

三、政府间收入划分

美国各级政府税收关系较为独立，按照其承担的事务范围，征收一定的税收。

（一）立法和征管体制

美国的税制是适应自身国体的具有突出自治特点的三级税收管理体制。具体分为联邦税、州税和地方税，三级税收形成自身独立的税收来源和管理体制。联邦税收的征收要依据联邦国会通过的法律；各州的税收征收要依据州议会通过的法律；县和城市也可以在符合州宪法的前提下，根据本级议会的立法征税。因为税收与每个人的利益相关，所以一般涉及税收的各级政府法律，都要求各级议会立法程序以严格多数的方式通过，有的甚至要市民全体投票决定。在美国除了联邦税在全美是统一的以外，州与州之间，城市与城市之间开征的地方税就各不相同，有的甚至是相差巨大。

美国的联邦税由美国财政部下设的国家税务局（按英语直译为国内收入署）征收管理。美国联邦在各州和较大的城市都设有办事机构，其中国家税务局为一大部门。2022年美国联邦税收共征收48 960亿美元，美国国家税务局系统从事税收管理的全日制人员为79 070人。征税成本为每百美元0.29美元，创1954年以来的最低。① 由于美国地方各级政府的自治特点，在美国没有设置统一的地方税务局。地方税的征收由地方政府根据自己的特点和方便征收管理的需要设置管理机构。各州的征管方式也不同，有些州委托联邦国家税务局代征个人所得税，有些州由州税务局代地方征个人所得税和公司所得税，还有的是州和地方分征。

（二）各级政府的税种和比例

美国各级政府税收自成体系，各级政府都有主体税种，主要税种同源分享。一是联邦税收体系以个人所得税、公司所得税和社会保险税三大直接税为主体，辅之以消费税、遗产和赠与税、关税。二是州政府的税收体系是以销售税、总收入税为主，辅之以个人所得税、公司所得税、消费税、遗产税以及其他税种。州政府主要收入来源是销售流转额征收，占州政府的19.8%。② 这种税直接对工商企业的商品或劳务的生产和销售流转额征收，其优点是州政府可用较低的名义税率和保证费用得到大量收入，征管效应强，为州政府提供了稳定的税源。三是市县镇地方政府的税收体系以财产税为主体，辅之以销售税、个人所得税和其他税种，以及其他税费。由于固定资产代表一种相当长远的资本投资形式，因而能成为地方政府一个丰富的税源，所以财产税在市县镇地方政府收入中的比重

---

① 美国国内收入署. https://www.irs.gov/zh-hans/statistics/irs-budget-and-workforce.
② 张帆，肖诗阳. 美国政府财政与债务危机：对中国的借鉴 [M]. 北京：北京大学出版社，2016.

达75%。上述三级税收体系表明，美国各级政府之间划分税种并不是绝对的，一些主要税种由中央和地方共享税源。采用税率分享的办法划分收入，是美国分税制的一个显著特点。由三级政府同时开征的税种有个人所得税、公司所得税、工薪税、销售税、消费税等；由联邦和州政府共同开征的税种有遗产和赠与税；由州政府和市县镇地方政府共同开征的税种有财产税。自20世纪70年代以来，地方税收入（州和市县镇政府税收）占税收总额的比例大致保持在40%。

四、财政转移支付制度

在财政转移支付制度方面，美国使用较多的是附加条件的补助而不是不限用途的一般性补助。

在20世纪90年代早期，附加条件的补助占联邦政府转移支付总规模的90%以上。联邦政府大约2/3的这种补助拨给了州政府，1/3直接拨给地方政府。美国的政府间转移支付补助大致可分为联邦对州和地方政府的转移支付、州对地方政府的转移支付两个层次。联邦政府的转移支付补助是州和地方财政的一个重要来源，且增长较快。2024财年（2023.10.1—2024.9.30）联邦对州和地方政府的转移支付为1.1万亿美元，占联邦预算支出的16.2%[①]，占州和地方财政支出总额的18.3%。在联邦补助中，对州的转移支付所占比重较大，2004年达到88%。州对地方政府的补助也是美国政府间转移支付体系的重要组成部分，是地方财政的重要收入来源。上述两个层次的转移支付补助重点不同，联邦对州和地方政府补助侧重于卫生保健、收入保障等公共福利方面，而州对地方政府的补助重点是提供中小学教育等方面。目前联邦政府对州和地方政府的拨款种类约400个，主要包括专项补助和分类补助。

（1）专项补助（Categorical Grants）

专项补助是联邦对州和地方政府转移支付的最主要类型，专项拨款约占总拨款额的87%，具有指定用途和强制性，目的在于实现联邦政府设定的目标。州或地方政府必须按照联邦政府规定的标准、用途安排使用。专项补助主要用于社会服务领域，如保健、失业保险、教育培训和交通。专项补助具有两种补助方式：公式法补助和项目法补助。公式法补助是指根据一定的公式在各地区之间分配补助，公式中考虑的因素主要是适龄人口、人均收入等指标。不同项目所使用的公式可能区别较大。项目法补助由联邦政府有关部门组织评估后自主确定。在联邦政府的专项补助中，大约60%需要受补助的政府提供配套资金。

（2）分类补助（Block Grants）

分类补助是按照一定的公式对全部符合条件的补助对象分配拨款额，公式和补助对象的条件由法律或法规明确规定。美国政府间关系委员会解释的分类补助含义是：支付给符合法定条件的政府部门，在很大程度上由接受款项的单位自主决策使用，可用于广泛的职能领域。州或地方政府可在联邦政府规定的范围内自行确定项目、制订计划、分配资源，但完成的项目必须达到规定的标准。20世纪80年代以来，联邦政府的分类补助越来越受

---

① 美国政府预算公开网址．https://www.usaspending.gov/．

到青睐,在转移支付补助中所占的份额不断提高,目前共有9种分类补助项目,包括社区发展、社会服务、健康、就业与培训以及低收入家庭能源补助等。州政府对地方政府在教育、地方公路等补助实行的也是分类补助的方式。

五、德国对比分析

(一) 行政体制概况

同样作为联邦制国家,德国的《基本法》把国家分为联邦、州、市镇三级,共有16个州,10 751个市镇,并规定了各自独立的管理权限。州政府以下的市、县、乡、镇,在法律上是州的组成部分,统称"地方"。地方各级政权也依法享有独立管理自己事务的权限。并且德国州级政府的自治程度较高,联邦政府不能给州下达指令,而是通过议会中的协调委员会协调,各州都很注意其自治权不受限制。同时,联邦也不能直接向第三级地方政府施加影响,因为州政府对地方政府具有管辖权。德国政府间的财政关系,是按照规范化、宪政化的方式进行协调和运转的。

(二) 各级政府的事权与支出责任划分

纵观德国三级政府间的支出责任划分,虽然有一定交叉,但各自的基本范围是明确的,并通过法律形式确定下来。联邦政府主要负责国防、金融、交通、教育规划和促进经济发展等,各个州政府主要负责学校、警察、文化及社会救济,各个市镇主要负责公共福利、文化设施、公共交通、能源供给、垃圾和污水处理、建设规划等。根据《基本法》所规定的原则,联邦和各州依法共同承担一些任务,如地区性经济结构、新建或扩建高等院校和医学院附属医院;改善交通、水源和能源基础设施;环保项目和海岸保护项目等。根据《基本法》规定,在某些情况下,三级政府需共同承担一些经济建设和协调区域发展的任务。各级政府的承担比例依据相关规定和实际需要确定。对于改善区域经济结构的共同任务支出,联邦和州各承担50%的支出;对于促进农业生产、海岸保护的共同任务,联邦政府至少承担50%。共同项目的支出责任分配,均在共同承担的协议书中写明。如果联邦与几个州联合兴办一个项目,其支出费用则由联邦承担一半,其余部分由涉及各方按受益大小协议负担。《基本法》具体规定:属于联邦和州共同承担的职责,双方通过协议的方式确定各自所应负担的支出比例,由各州负责落实的受联邦政府委托的事务,其开支全部由联邦政府承担,但州政府必须保证做到专款专用。

(三) 政府间收入划分

与美国类似,德国按照立法权集中、执行权分散的原则,德国的税收立法权基本由联邦掌握。《基本法》规定,"联邦一级对关税和国家专卖税具有专属立法权;如果征收的全部或部分税收属于联邦所有,联邦对其赋税具有完全立法权。"州和地方政府对财产税等地方税种拥有较大权力,可以自行规定税率、减免和加成等。在某些领域,联邦和州共同享有立法权,但联邦有优先立法权。当联邦与州的税法发生矛盾时,由联邦做出最终裁决,州和地方不得越权自行其是。德国法律还规定,联邦已开征的税种,地方不能再开征。这与同样实行联邦制的美国和加拿大等国明显不同,也表明德国的税收立法权、开征权等基本控制在联邦。

德国的财政收入包括各种税收收入、国有企业投资收益、公共管理服务收入以及贷款收入。德国税制结构较为复杂,税收收入约占德国各级财政收入的90%。目前全国开征四十多个税种,主要包括增值税、个人所得税、公司所得税、资本收益税、营业税、遗产税、烟草税、地产税、土地增值税等。

德国采用税收分权体制,并依据税种将税收收入在联邦、州以及地方之间进行分配。德国的税收分为专享税(联邦税、州税、地方税)和共享税,以共享税为主。《基本法》第十章第106条规定了各项税收收入在联邦、州、地方政府之间的划分原则。税收收入由联邦政府和州政府(含地方政府)通过协议分成,除进口增值税由联邦海关总局征收外,其余共享税均由联邦政府委托州政府行使征收执行权。其中,工资税和收入税在联邦、州与地方之间的分成比例为42.5∶42.5∶15,企业所得税在联邦和州之间的分成比例为50∶50,资本所得预提税在联邦、州与地方之间的分成比例为44∶44∶12,增值税在联邦、州与地方之间的分成比例为49.39∶48.41∶2.2。同时,联邦政府每隔3—5年就会依据各级政府的财税能力、总体经济景气形势对分配比例做出调整,不是长期固定不变。①

(四) 财政转移支付制度

与美国不同,德国的转移支付的重要特色是坚持实行纵向和横向财政平衡,并将《基本法》第107条作为财政平衡的法律基础,即"各邦间互异之财力,应借法律确保其有合理之平衡。"并且通过《基本法》确立了"公民生存条件一致性"的原则,即公民享有的公共服务在全国范围内是均等的,经济发展水平高的州必须对经济发展水平低的州提供财政补贴,以保持各州财力水平的适度均衡,促进国内各州为居民提供大体一致的公共服务。

除此之外,《联邦财政平衡法》明确规定了德国转移支付体系的具体调整范畴和实施办法,短期内一经确定后相对较为稳定,同时也会根据联邦和各州的经济发展情况做局部调整。具体情况是:

1. 均等化转移支付

均等化转移支付是德国转移支付体系中最为复杂的部分,涉及联邦与州两级政府,按照三个层次进行。②

(1) 第一个层次:联邦对州的转移支付

第一次转移支付是通过对增值税分享来进行的。在所有共享税中,增值税的分配较为特殊,因为它不是简单地按比例在各州之间平均分配,而是作为德国税收收入分配体系中唯一能够调整联邦与州之间以及州与地方之间收入关系的税种,在具体分配形式上带有明显的"富帮贫"色彩。需要说明的是,按照现行财政平衡法的规定,全部增值税收入的5.63%和2.2%首先将分别用于养老保险和分配给地方政府。所余的92.17%增值税收入部分属于联邦与州分享范围,分享比例分别为49.6%和50.4%。其中的50.4%的州分享部分,又被分成两部分在各州之间进行分配。

增值税地方分享部分的第一次分配,是将50.4%的增值税收入中至少75%的部分,按照州的居民人口进行分配。即用这部分增值税除以各州居民总人数,得出全国统一的人

---

① 熊若愚. 美国与德国政府间税收收入划分模式简介 [J]. 税务研究, 2017 (01).
② 李万慧, 于印辉. 横向财政转移支付: 理论、国际实践以及在中国的可行性 [J]. 地方财政研究, 2017 (08).

均增值税收入的税额,然后用某州的居民人数乘以人均增值税分配份额,即得出某州按居民人数分配得到的增值税份额。第二次分配,是将 50.4% 增值税收入中剩下最多不超过 25% 的部分进行一种平衡性非对称分配,主要是针对那些财政能力弱的州。这里,首先需要测算某州的税收能力和标准税收需求,并进行平衡比较,只有贫困州才有资格参加分配,分配的目标是使那些贫困州的财政能力达到全国平均水平的 92%。经过平衡分配后如增值税仍有余额,将仍然按照州的居民人数标准进行分配。

(2) 第二个层次:州与州之间的转移支付

州与州之间财政转移支付也称州际横向平衡。德国联邦财政体制中独具特色的重要内容就是州与州之间的财力平衡。其具体操作程序是,先测量财力指数与平衡指数,然后进行平衡关系的比较,并通过富州向穷州的横向拨款来实现各州之间财力水平的基本接近。

a. 财力指数

财力指数 = 增值税前的税收能力 + 增值税 + 补贴税 − 港口税 + 地方税

财力指数主要衡量各州的税收能力水平。考虑到某些州的特殊负担,如港口城市(汉堡和布莱梅两个州级市)的港口维护费用,可在统计其税收收入时分别作部分扣除。

b. 平衡指数

平衡指数 1 = [(所有州的增值税前的税收能力之和 + 分配到的增值税 + 补贴税 − 港口税) ÷ 所有州测定居民数总和] × 各州测定居民数

平衡指数 2 = [所有州的地方(区)税之和 ÷ 所有州测定居民数总和] × 各州测定居民数

平衡指数实际上体现的就是标准财政支出需求,是一个用来与各州的财力指数相比较,以确定财力平衡情况的数值。平衡指数包括平衡指数 1 和平衡指数 2 部分,前者表示州本级的标准财政支出需求,是用全国人均的税收收入分别乘以各州的居民人数;后者表示州内地方的标准财政支出需求,是用各地的居民人数乘以全国人均的税收收入。

c. 财力平衡

通过各州财力指数与平衡指数的对比,来确定某州是接受转移支付的州还是贡献的州,以及各州之间财政转移支付的资金流向和数量规模。经过比较,对于州财政能力低于平均财政能力 95% 的州进行第二次转移支付,保证经过第二次转移支付后,每一个州的财政能力(包括接受转移支付以后的财力)至少要达到平均财政能力的 95%。而转移支付的资金,来源于经过上述测算财政能力超过标准的州,按《联邦财政平衡法》规定的比例所贡献出来的财力。

(3) 第三个层次:联邦补充拨款

联邦补充拨款是指联邦政府对财力较弱州的财政拨款,是一种纵向转移支付,也是对州际财政平衡的一种补充。联邦补充拨款分为一般性联邦补充拨款和特殊需要联邦补充拨款。

a. 一般性联邦补充拨款指,当一州在接受州际转移支付后其人均财力仍然低于全国平均水平的 99.5% 时,联邦政府针对该州就低于限额部分的 77.5% 所进行的补充拨款。此种补充拨款没有具体用途上的规定,允许州政府自由分配使用,以满足州政府的一般性财政需求。与州际转移支付不同的是,此种补充拨款是一次性定额转移支付。根据实际运行效果,若在州际转移支付之前,一州人均财力水平仅为全国平均水平的 70%—90%,那么在进行州际转移支付和一般性联邦补充拨款后就可以达到平均水平的 97.5%—98.5%。由此可知,一般性联邦补充拨款明显地缩小了各州之间的财力不平等程度。

b. 特殊需要联邦补充拨款指,针对财力薄弱州的特定财政支出需要的联邦补充拨款。这类补充拨款必须用于联邦政府指定的领域使用,主要包括三个方面:

第一,弥补两德分裂所造成的地区间财力差距。德国联邦政府在2005—2019年给原东德各州(包含柏林)提供特殊需要联邦补充拨款,以补偿基础设施带来的特殊负担,并弥补其低于全国平均水平的薄弱财力;

第二,平衡地区之间因结构性失业引起的社会保障负担。德国存在地区结构性失业,这种失业情况一方面给东德地区直接造成财政负担,另一方面其引发的失业救济和社会救济也大大增加了东德地区政府开支。为了减轻东德地区财政负担,实现地区间财力的再平衡,联邦政府给予原东德各州(不包含柏林)联邦补充拨款;

第三,减轻部分地区的行政管理费用负担。因为一些特殊原因,部分州的行政管理费会超过全国平均水平,德国联邦政府会通过特殊需要联邦补充拨款给予财政支持。

2. 专项转移支付

为了规范联邦对州政府活动的干预,1969年德国通过修改《基本法》,引入了联邦对州的专项拨款制度。

专项拨款主要集中在四个领域:一是联邦与州的共同任务,如大学修建、经济结构和农业结构调整、海岸线保护等;二是教育发展规划与科研创新;三是跨州的公共交通设施建设;四是地方的大型基础设施建设。

3. 州对地方政府的转移支付制度

州对所属地方政府的财政转移支付制度并没有统一规定,各州的做法存在着较大差别。归纳起来,主要有两种方式:一是州对地方财政的一般均衡性拨款。这类拨款不限定具体用途,一般占到州对地方财政转移支付总额的70%;二是州对地方的专项拨款。根据地方财力状况,各州对地方的特殊需要给予专项拨款,如公路、医院以及环保等方面的投资,其数额一般相当于州对地方转移支付资金的30%。

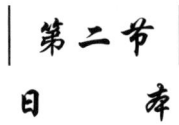

第二节

日　本

一、行政体制概况

单一制国家多是沿袭特定的历史传统遗留下来的问题而形成的,一般来讲,是中央政府在筹建地方政府时,对地方政府权力的一种授予。世界范围内比较典型的单一制国家有英国、法国以及日本等,在本节分析单一制国家的财政体制中,我们主要以日本为例。日本实行以立法、司法、行政三权分立为基础的议会内阁制。国会是最高权力和唯一立法机关,分众、参两院。内阁为最高行政机关,对国会负责,由首相(内阁总理大臣)和分管各省厅

（部委）的大臣组成。近年实施行政改革后，日本中央政府机构为1府12省2厅。[1]

日本的地方政府分为普通地方政府与特别地方政府。普通地方政府有两个层级，日本的都、道、府、县是平行的一级行政区，直属中央政府，但各都、道、府、县都拥有自治权；每个都、道、府、县下设若干个市、町（相当于镇）、村。日本地方政府虽然统称为都、道、府、县或是市、町、村，但实际上，同一层级的地方政府在人口、面积上千差万别。

相较而言，英国只有一级地方政府，即郡或市政府，在过去的几十年里，随着社会福利的增加，英国地方政府的职责增加许多。

二、政府间事权与支出责任划分

都道府县和市町村两级政府在日本宪法中被称为"地方公共团体"或"地方自治体"，是独立于中央政府的法人。为确保地方政府的自治地位，除了宪法规定之外，日本还制定了《地方自治法》等相关法规，对地方自治的框架和中央地方关系做出了明确的界定。中央和地方各级政府间的职责范围大体划分为：

（一）中央政府事务

除了公路、河流、教育、社会福利、劳动、卫生、工商、农林行政等大多数行政事务由中央与地方共同负责以外，国防、外交和公安等事务由中央负责。

（二）都道府县政府职责范围

1. 广域性事务，即超越市町村区域受益范围的事务。
2. 统一性事务，即在都道府县内需要依照全国统一标准处理的必要事务，例如，本区域内的警察、交通运营、教育、社会福利，以及各种营业许可等事务。
3. 联络调整性事务，即对市町村组织、运作、管理需要提出合理性劝告、指导的事务。
4. 补充性事务，即超出市町村自有能力的事务，如高等院校、医疗保健设施的建设、产业振兴等事务。

（三）市町村政府事权范围

其余的诸如消防、城市规划、公共卫生、住宅等与居民日常生活密切相关的事务则属于市町村政府事权范围。需要指出的是，日本政府间职能划分依据的一项基本原则就是地方事务尽可能先由市町村实施。此种分权化的政府间职责配置，形成了下沉型的政府体系结构。从人员配置上看，2023年末日本国家公务员共59.0万人，占全国公务员的17.4%；而地方公务员合计280.3万人，占82.6%。从支出结构上看，地方支出也占绝对主体地位。2021年，地方支出合计123.36兆日元，占全国支出的比重达80.0%。[2]

三、政府间收入划分

日本实行复合税制，现行税收体系源于1949年的"夏普税改方案"。日本现行税制

---

[1] 国家机关事务管理局. https://www.ggj.gov.cn/zgjghq/2018/201802/201907/t20190726_28382.htm.
[2] 日本中央省厅网站. https://www.soumu.go.jp/.

共包括47个税种,直接税占到税收收入比重的60%以上。① 日本实行彻底的三级分税体制,但税收立法权统一在日本国会,所有的税法都要经国会批准。

(一)税权划分原则

中央和地方的税权划分主要遵循三个原则:

1. 税源划分以事权划分为基础,"各级政府事务所需经费原则上由本级财政负担。"
2. 便于全国统一税率和征收的大宗税源归中央,征收工作复杂的小宗税源划归地方。
3. 涉及收入公平、宏观政策的税种划归中央,地方税主要实行比例税率或轻度累进税率。例如,中央与地方都对个人和企业的所得征税,但中央的所得税、法人税的累进性强,地方的所得税(即居民税)累进性弱。

(二)政府的财源形式

按照上述原则划分收入后,政府的财源形式主要表现在四个方面:

1. 中央主要通过国税、地方主要通过地方税分别筹措财政收入;
2. 中央将其征收的部分国税以地方交付税或地方转让税的名义拨给地方;
3. 中央对地方的某些经费进行补贴;
4. 中央委托地方办理行政事务,支付给地方分担费。其中,第一种形式(即税源划分)是最基本的,它规定了中央与地方政府的自主财源,是其他三种财源分配形式的基础。

从收入划分结果看,与支出层面上的分权相比,日本政府间财政收入的划分呈现出集权特征。2003年,中央税收收入合计45.4兆日元,占全国税收总额78.1兆日元的58.1%。2021年,中央税收收入合计24.629兆日元,占全国税收总额67.0379兆日元的36.7%。② 从历史发展看,虽然中央收入比重出现不断下降的趋势,但与其支出份额相比,日本中央地方间仍存在着显著的纵向不平衡。

四、财政转移支付制度

(一)转移支付形式

日本转移支付制度可以分为两类,一类是中央不指定用途的一般性转移支付,另一类是中央限定用途的专项转移支付。其主要形式是地方交付税、国库支出金和地方让与税。

1. 地方交付税

地方交付税属于一般性拨款范畴。其目的是通过对地方交付税的适当分配,调整地方政府间的财力差距,以实现财力横向分布的均衡性。转移支付的总额根据中央所得税、酒税、法人税、消费税、烟税的一定比例确定,分别是所得税和酒税的32%,法人税的34%,消费税的29.5%和烟税的25%。③ 其资金由地方政府自主支配,中央政府不附加任何条件。

地方交付税又分为普通交付税和特别交付税两种。前者分配对象是收入能力不足的地方政府,分配依据为标准支出大于标准收入的差额,其规模约占均衡性转移支付总额的94%;后者主要考虑地方政府的特殊因素,用以解决执行中不可预见的问题,其规模约占

---

① 杨华. 日本政府预算制度的构成、特点及启示[J]. 地方财政研究, 2018(02).
② 日本国税厅官网. https://www.nta.go.jp/publication/statistics/kokuzeicho/r03/R03.pdf.
③ 参考日本《地方交付税法》第六条.

总额的 6%。

日本的地方交付税资金分配的目标是均衡地区间财政能力差异。具体公式为：

某地分享的地方交付税 = 该地基准财政需要额 − 该地基准财政收入额

此外，基准财政收入的测算之所以只考虑一定比例的标准地方税，主要是出于以下两方面原因：一是为了满足地方的特殊支出需求。中央政府用统一的公式来评估地方支出需求时，往往不能涵盖许多地方政府的特殊支出需求，因此需留出一部分地方财源以满足这些特殊支出需求。二是鼓励地方政府发展经济，拓宽地方税税基。如果在计算基准财政收入额时考虑 100% 的标准地方税收，则地方税基的增加会导致等额的地方交付税减少，挫伤地方政府增加税基的积极性。而在一定的折算比例下，税基拓宽形成的收入增加不会被地方交付税的减少完全抵消，这就保护了地方政府发展经济的积极性。

对支出需求的测算也是日本地方交付税分配过程中的主体部分，而其中所引入的"修正系数"又是支出需求评估的关键所在。某地方政府的基准财政需要是指该地方政府达到中央所规定的公共服务水平所必需的财政支出。支出需求为六项公共服务所需支出的总和，包括：治安与消防、公共市政工程、教育、社会福利与劳动服务、工业与经济发展和行政管理。每一项支出分别按照下述标准公式进行测算：

基准财政需要额 = 测定单位 × 单位成本 × 修正系数

式中，测定单位指公共服务受益对象的数量，如教师或学生人数、需要提供治安保护的居民人口、需要消防服务的居民人数、公路长度和辖区面积等。单位成本指提供每单位公共服务所需的标准财政支出，如每个教师所需经费等。各项公共服务的单位成本均按照一个假设的标准地方政府的情况来估算。其中，一个标准都道府县级政府拥有人口 170 万，面积 6 900 平方公里；而一个标准规模的市町村地方行政机构拥有人口 10 万，面积 160 平方公里。式中的最后一项"修正系数"，实际上是考虑各地地理、社会、经济等差异后所确定的成本差异系数，用于对单位成本进行调整。修正系数大于 1，表明该地公共服务的单位成本高于标准水平；修正系数小于 1，则表明低于标准水平。修正系数由总务省地方财政局每年调整一次。在评估不同类别的支出需求时，适用不同的修正系数。归纳起来，共有下述八种修正系数：类别修正系数、规模修正系数、密度修正系数、寒冷地区修正系数、测定单位骤增修正系数、特定单位骤减修正系数、债务修正系数以及特殊因素修正系数。

2. 国库支出金

国库支出金是中央政府为实施特定的经济社会政策而对地方政府的特定项目进行的补助，即专项拨款补助，其中 40% 是用于对公路、桥梁、公园、河坝、港口和贫困者住房等公共工程建设的补助。中央政府对都道府县的最大补助项目是义务教育，对市级政府的最大补助项目是贫困者的生活保障。国库支出金的基本目标是贯穿事权和财权统一的原则，对地方政府行为进行引导，并体现财政均衡目标，具体来讲，又可以分为"国库负担金""国库委托金"和"国库补助金"。所谓"国库负担金"是指中央与地方共同承担的事务中，全部由地方负责办理，中央按自己负担的份额拨给地方经费；"国库委托金"是指对于本应由中央承办但因发生在地方，按照效益原则而委托地方承办的事务，由中央负担其全部费用；"国库补助金"则是指中央对地方兴办的项目认为有必要予以奖励和资助而拨给的资金，中央按照全额或按一定比例负担项目经费。

3. 地方让与税

地方让与税是指一些原属于地方税的税源，并且其税收大部分也直接用于地方支出，本该由地方政府来征收，但由于这类税收由国家统一征收比较方便，为此先作为中央税加以课征，再将部分税收收入按照一定标准返还给地方政府。目前，日本的税收返还包括消费让与税、地方道路让与税、石油天然气让与税、汽车重量让与税、航空燃料让与税、特别吨位让与税等六种，除航空燃料让与税、特别吨位让与税范围限定为机场、港口所在地及周围地区外，其他4种让与税对象均为一般的都道府县、市町村政府。如消费让与税，按照总额的6/11、5/11的标准在都道府县和市町村间进行返还。

（二）转移支付特点

从制度运行情况看，日本的转移支付呈现如下特点：

1. 法治化

转移支付制度本身以法律形式加以确立，无论是地方交付税，还是国库支出金与地方让与税等，都有相应的立法。政府间事权划分有明确的法律界定，在计算均衡性转移支付时，地方政府的"标准支出"容易把握。

2. 普遍进行转移支付

由于在政府间初次分配过程中，中央税收收入比重较大，一般保持在61%—65%的水平，而支出负担主要在地方政府，因此形成地方政府普遍接受中央转移支付的局面。如均衡性转移支付，全国47个都道府县除东京都外均享受此项转移支付。

3. 中央政府"一竿子到底"

日本三种形式的转移支付都直接面向两级地方政府，能够充分考虑各地各级的特殊因素，均衡效果较为理想，避免苦乐不均。

4. 转移支付规模较为明确

如均衡性转移支付总额根据中央所得税、酒税、法人税、消费税、烟税的一定比例确定，减少了随意性；在税收返还中，让与返还的标准也比较固定。

5. 确定了制衡与监督机制

日本在转移支付资金分配与使用过程中，形成了较为严密的制约、监督机制。对违规者的惩罚手段包括劝告、部分或全部扣减地方政府均衡性转移支付、扣减税收返还等。对于专项转移支付的使用过程及效果，中央有关部门有权进行监督，并要求各地方政府提交使用情况报告。

第三节　俄罗斯

一、行政体制概况

除联邦制和单一制两种国家结构形式外，转型期国家的政府间财政关系也值得我们研究借鉴。转型期国家指的是正在向工业国过渡的发展中国家或在进行经济转型的国家，在经济转型方面主要指由计划经济向市场经济的转型，大多是前社会主义国家，比如俄罗斯、东欧各国、越南等。在转型期国家中，"金砖四国"显得尤为突出，特别是俄罗斯的财政改革经验值得借鉴。

根据《俄罗斯联邦宪法》规定，俄罗斯联邦政体是共和制的民主联邦制国家，实行三权分立原则和总统制。权力设置为总统、议会和宪法法院。其中总统是国家元首；议会是俄罗斯联邦的代表与立法机关，由联邦委员会（上院）和国家杜马（下院）组成；宪法法院是法院系统用以制约总统和议会，平衡行政、立法、司法权力关系的机构。俄罗斯的政府行政管理包括三个层级，即联邦、联邦主体（包括22个共和国、46个州、3个联邦直辖市、1个自治州、4个自治区和9个边疆区）以及地方政府（包括区、市、镇、村）。[①]

二、政府间事权与支出责任划分

俄罗斯联邦的支出范围大多涉及有关国家总体规划、管理和安全，关系到全体人民利益方面的重大问题。而联邦和联邦各主体共同拥有的职责则主要局限在有关社会服务、公民事务的一般原则等需各主体协商确定的一系列问题上。对于联邦主体的事权范围，俄联邦宪法规定，"在俄罗斯联邦的管辖范围之外，俄罗斯联邦主体拥有充分的、完全的国家权力"。也就是说，联邦主体拥有独立的管理本地区经济和社会发展的权力。具体责任划分见表9-1。

表9-1　　　　　　　　　　俄罗斯各级政府支出责任划分

政府级次	支出责任	法律依据
联邦政府	1. 对俄联邦总统、俄联邦议会、俄联邦审计院、联邦行政机关及其地区分支机构的业务活动提供经费支持，对其他列于下年财政预算中并得到联邦法案审议批准的一般性政府行政管理支出提供经费支持； 2. 保障联邦法院系统； 3. 为了整个联邦利益开展国际事务（从财政上保障履行国际条约和国际金融机构协议，保障联邦政府机构履行国际文化，科学及信息合作，俄罗斯联邦向国际组织缴纳会费，联邦年度预算法批准时所确定的国际合作方面的其他支出）； 4. 国防和保障国家安全，实施国防工业军转民； 5. 基础科研和促进科技进步； 6. 国家对铁路、航空和海洋运输的支持； 7. 国家对原子能的支持； 8. 清除联邦性紧急状况后果即自然灾害后果； 9. 宇宙、空间探索及利用； 10. 归联邦所有或联邦国家机关所辖机构的经费； 11. 形成联邦财产的支出； 12. 联邦国债还本付息； 13. 补偿国家预算外基金用于支付国家养老金，津贴等社保方面其他支出，依据联邦法律这些支出应当由联邦预算资金拨付； 14. 补充国家贵金属和宝石储备以及国家物资储备； 15. 举行俄罗斯联邦选举和全民公决； 16. 联邦投资计划； 17. 保障落实联邦国家机关所做的造成其他级次预算增支或减收的决定； 18. 保障履行某些转交其他级次政府的国家职能； 19. 联邦主体的财政支持； 20. 官方统计核算； 21. 其他支出。	宪法和《俄罗斯联邦政府法》

---

① 整理自外交部官网. https://www.fmprc.gov.cn/.

续表

政府级次	支出责任	法律依据
联邦主体政府	1. 保障联邦主体立法（代表）机构和执行权力机关履行职能； 2. 联邦主体公债还本付息； 3. 组织联邦主体选举和全民公决； 4. 保障实施地区性专项规划； 5. 形成联邦主体的国有财产； 6. 实施联邦主体的国际及对外经济联系； 7. 联邦主体所辖企业、机构、单位的运转和发展； 8. 保障联邦主体大众传媒业务； 9. 给地方预算提供财政支持； 10. 保障某些转移给地方政府的国家职能履行； 11. 补偿由于联邦主体国家机关决策而招致地方预算增支或减收所产生的额外支出； 12. 与联邦主体履行职权有关的其他支出。	宪法
市政府	1. 地方自治机构经费； 2. 地方财产的形成及管理； 3. 地方所有或地方机构所辖教育、卫生、文化、体育、媒体等企业机构和单位的运转和发展； 4. 地方公共秩序机构的经费； 5. 地方住宅公用事业的组织、运转和发展； 6. 地方道路建设和地方性道路的维护； 7. 地方公用事业和绿化； 8. 废物利用与加工（放射性废物除外）； 9. 地方负责管理的墓地经费； 10. 保障消防安全； 11. 地方区域的自然环境保护； 12. 实施地方自治机构通过的专项计划； 13. 地方公债还本付息； 14. 对居民的专项补贴； 15. 地方档案经费； 16. 进行地方选举和地方全民公决； 17. 实施地方自治机构其他决议的拨款，以及地方自治代表机构依据俄罗斯联邦预算分类确定的用于解决地方性问题的其他支出。	宪法和《俄罗斯联邦地方自治一般组织原则法》
联邦、州、市（共享）	1. 国家对工业（不包括原子能），建筑和建筑业，煤气和供水，农业，公路和河流运输，通信和道路、地铁等领域的支持； 2. 保障护法事务； 3. 保障消防活动； 4. 保障科学技术进步的研究、设计和工程勘测工作； 5. 对居民的社会保障； 6. 环境保护、自然资源的保护和再生，水文气象业务； 7. 发展市场基础设施； 8. 联邦以及各民族关系的发展； 9. 根据俄联邦的联邦立法要求而成立的地区选举委员会的日常开支； 10. 大众媒介的开支； 11. 保障公共教育； 12. 预防和消除跨区域性的紧急状况及自然灾害后果； 13. 联邦、联邦主体及地方共同管辖的其他支出。	宪法

资料来源：《俄罗斯预算法典》。

三、政府间收入划分

俄罗斯的政府收入根据政权机关管辖范围与税收支配权限，而俄联邦税制又分为三级，分别为联邦税、联邦主体税（即地区税）和地方税，三级税制都有相应的法律规定。其中，联邦税由《俄联邦税收法典》直接规定，联邦主体税由联邦主体立法机关以专门法律规定，地方税由地方自治代表机关以法规的形式加以规定。联邦税包括增值税、消费税、个人所得税、统一社会税、企业利润税和矿产资源开采税，其中以增值税、消费税为主要税种；联邦主体税包括销售税、运输税、博彩税和企业财产税，地方税只有土地税。联邦税和联邦主体税都有与下级政府分享的税种。其具体税收分享比例见表9-2，表中企业所得税采用特殊征收机制：联邦按税基3%征收，主体按税基17%征收，合计税率20%。

表9-2　　俄罗斯联邦主要税种具体税收分享比例表

税种	税率	联邦	联邦主体	地方
增值税	0%，10%，20%	85%	15%	0%
消费税	—	50%	50%	0%
个人所得税	13%－22%	0%	100%	0%
企业所得税	20%	3%	17%	0%
销售税	不超过5%	0%	40%	60%
企业财产税	不超过2.2%	0%	50%	50%

资料来源：根据2023年修改和补充后的《俄联邦税收法典》整理。

四、财政转移支付制度

在其整个政治、经济转轨时期，俄罗斯的政府间转移支付可以分为三个基本类型：均等化转移支付、专项转移支付、其他转移支付。均等化转移支付资金的总体水平由每年的联邦预算确定，其目的主要是为无法满足支出需求的州提供额外的资金，以平衡各州的收入能力，是联邦政府主要的均衡性转移支付；专项转移支付主要作为一种"弥补缺口法"转移支付方式，支付给地方政府以弥补最低预算支出与收入的差距；其他转移支付主要是互助结算补助，主要用以补偿州政府承担的联邦指令性项目和作为紧急援助。

由于俄罗斯地区间经济发展极不平衡，因此，通过转移支付平衡各地财政能力，进而实现基本公共服务的均等化就显得尤为重要。转轨时期俄罗斯政府间转移支付以均等化转移支付为主，1997年该项转移支付占转移支付总额为80%，该项资金来源于地区财政援助资金。

（一）均等化转移支付

如表9-3所示，均等化转移支付资金的总体水平由每年的联邦预算确定，其目的主要是为无法满足支出需求的州提供额外的资金,以平衡各州的财政能力。1999年联邦预算法明确规定了地区财政援助资金来源、接受条件和因素选取。

表9-3　　　　　　　　1995—2021年均等化转移支付资金来源变化表

时间	主体	客体	内容
1995年	联邦	各地方	均等化转移支付,以增值税的27%资金来源
1996—1997年	联邦	州级	税收总额的15%,不包括联邦与地方共享的关税和个人所得税
1998年	联邦	州级	税收总额的14%
2021年	联邦	州级	不低于税收总额的14%

资料来源:俄罗斯《联邦预算法》。

联邦政府对州的均等化转移支付在测算时,首先,确定哪些州纳入转移支付的范围,该范围的确定依据某一州标准化后的人均收入与各州标准化后的平均人均收入的对比,若前者小于后者,则对该州进行转移支付。其次,对纳入转移支付范围的州进行拨款。拨款依据各州预算支出指数、人口数以及各州标准化后的平均人均收入与该州标准化后的人均收入之差决定。

专栏9-1

均等化转移支付测算步骤

第一步　确定州级财政援助资金(FFSR)的资金总额

第二步　确定人均收入 $R_i^{pc} = \dfrac{R_i}{N_i}$(衡量财政能力的指标)

第三步　确定预算支出指数 $K_i = \dfrac{\sum\limits_{j=1}^{s} H_{ij}}{\min_i \sum\limits_{j=1}^{s} H_{ij}}$

(其中:H_{ij}代表标准人均支出,i代表第i个地区,j代表支出类别)

第四步　确定标准化调整后的人均收入 $RP_i = \dfrac{R_i^{PC}}{K_i}$

第五步　确定转移支付数额。对$RP_i < \overline{RP}$的州给予转移支付额为:
$$t_i = (\overline{RP} - RP_i) * K_i * N_i$$

第六步　如果资金不足,则通过调整,重新划定列入转移支付范围的州:
$$\dfrac{\sum\limits_{i=1}^{m} RP_i * N_i * K_i}{\sum\limits_{i=1}^{m} N_i * K_i}$$

（二）专项转移支付

专项转移支付的分配方式和分配条件不通过法律进行确定，基本上是由联邦政府斟酌发放。因此，在一定程度上是地区院外集团游说的压力结果，而不是基于联邦的发展战略所做出的长远安排，无法实现各地区财政能力的均等化。

（三）其他转移支付

其他转移支付主要是指均等化转移支付和专项转移支付以外的其他各种不是很规范的资金拨付形式，包括相互结算补助、预算贷款等。这些类型的转移支付的特点是没有一定的共识或原则作为基础，支付方式大多按需分配，并且缺乏透明度，在有些年份，其资金总额竟超出了地区财政支持基金。

五、印度对比分析

（一）行政体制概况

印度作为一个联邦制的国家，是一个主权独立、政教分离的民主共和国。1950年1月26日生效的宪法，规定了印度的政治体制。联邦共和国的权力分为行政权、立法权和司法权三部分。中央政府也被称作联邦政府，联邦的行政机构由总统、副总统和部长会议组成。总统为宪法规定的行政首长，但是实际行政权力被以总理为首的部长会议控制。立法权集中于议会。司法权归属联邦最高法院及各邦高等法院。印度有多个政党，国民大会党、人民党、共产党以及泰卢固之乡党。其中国民大会党现为最大执政党。根据印度宪法，印度全国被划分为邦和中央直辖区两种行政区。各邦的政府体制与联邦政府体制非常接近。邦和直辖区政府以下的地方政府进一步由市、县、乡和村政府组成。

（二）政府间事权与支出责任划分

印度为了发挥邦政府分配的自主性，避免出现矛盾，在联邦体制中通过在宪法第七条例（即宪法第246条）中的"联邦职权表"和"邦职权表"明确规定了联邦政府和邦政府的权限和责任，此外还规定了联邦和邦兼有职权表。但是，在共同职权表中联邦政府具有绝对权威，其他一切都要服从联邦政府。联邦政府主要负责与国家利益有关的事务——政治上的安全和经济上的稳定，而那些诸如司法、法律与秩序、教育、保健等公共劳务的提供都属于邦政府，具体见表9-4、表9-5。

表9-4　　　　　　　　　　印度各级政府支出责任划分

政府级次	支出责任
联邦政府	国防，军队和外交事务，铁路、邮政电信、国家高速公路、内陆的航海与运输、航空运输交通等；货币流通、造币、外汇、外国贷款、印度储备银行（央行）、对外贸易、各邦间的商贸往来，以及与财政和贸易有关的企业或公司事务、银行、保险、汇票、支票、本票等，证券交易所，有利于公共利益的工业管理、石油业、采矿业的发展与管理
邦直辖区	公共秩序、警察、公共工程、公共保健、教育、农业、矿业、渔业、灌溉、土地所有权、不包括在联邦表内的工业管理、天然气及其工程、农业债务的减免、赌博、邦的公共债务、国库储备、某些税种的征税权等

续表

政府级次	支出责任
兼有职权	刑法，刑事程序，囚犯，结婚与离婚，收养，遗嘱，农业用地外其他财产的让渡，破产与无力偿还债务，信托，森林，保护野生动物与鸟类，人口控制与计划生育，工会，社会安全与社会保险，失业与就业，慈善事业与机构，生命统计，食品等物品的商业贸易、生产、供应与分配，价格控制，工厂，电力，报纸，书籍和出版物，财产的获得与分配，有关的收费（不包括所有法院的收费）等

表9-5　　　　　　　　联邦和邦政府部分事权支出责任归属情况

支出项目	事权	资金来源	支出项目	事权	资金来源
国防	F	F	航空铁路	F	F
外交	F	F	工业	FS	FS
外贸	F	F	农业	FS	FS
环境	FS	FS	教育	FS	FS
银行	F	F	卫生	S	S
邦际贸易	F	F	社会福利	FS	FS
移民	F	F	警察	S	S
失业保险	FS	FS	自然资源	FS	FS

其中：F代表联邦政府，S代表邦政府，FS代表联邦与邦兼有。

（三）政府间收入划分

印度宪法对联邦和邦政府的财源作了明确划分，联邦政府征收所得税、货物税以及关税；邦政府则征收土地税、农业所得税、地方商品税等，具体见表9-6。

表9-6　　　　　　　　印度各级政府财政收入划分表

收入项目	税基	税率	征管
关税	F	F	F
所得税	FS	FS	FS
遗产税	FS	FS	FS
公司税	F	F	F
资源税	S	S	S
销售税	FS	FS	FS
消费税	FSL	FSL	FSL
财产税	FSL	FSL	FSL
收费	FSL	FSL	FSL

其中：F代表联邦政府，S代表邦政府，FS代表联邦与邦兼有，FSL代表联邦、邦与地方政府兼有。

（四）财政转移支付制度

印度早在1919年，就有了从联邦政府向邦政府的财政转移支付。自1947年印度独立后，转移支付制度经多次调整，形成了现在的三种转移支付形式，包括：财政委员会安排的税收返还和补助;计划委员会安排的补助和贷款;中央各部门的转移支付和中央各部门对某些项目的资助。其中以财政委员会的税收返还和补助为主,2014—2015 财年该项转移支付占整个转移支付的 50.6%。

1. 财政委员会安排的税收返还和补助

印度联邦财政委员会是根据宪法规定而设立的非常设机构,管理的是无条件拨款部分的一般补助。根据其宪法第 280 条规定,财政委员会每五年需要对应该在中央和邦政府之间分配的税收收入(个人所得税和联邦消费税中与邦政府分享的部分)进行收入比例分成,该比例一旦确定,则依据这一比例安排对地方政府的转移支付,主要是对中央与邦之间税收让与的标准。在上述两税地方分享的比例确定后(在第七届委员会之前,两税在联邦和地方政府之间分享比例不同),各邦之间获得的份额由人口因素决定。为实现转移支付资金分配的公平化,第十届委员会提出两税在联邦和邦政府间分享比例相同,在第十一届委员会上,进一步提出新的分配原则:人口 20%;某一邦人均收入与最富邦的人均收入差 60%;基础设施状况 5%;区域面积 5%;税收努力程度分配(税收努力程度定义为人均自有财政收入与人均收入平方的比率)10%。

2. 计划委员会安排的转移支付

计划委员会不同于财政委员会由宪法规定,它是在印度中央政府行政命令下产生的,其任务是提出一个中央和邦政府都承担职责的 5 年计划。转移支付则是为帮助各邦实现这一计划而给予的财政援助。它根据国民发展委员会同意的公式为邦政府的计划支出提供补助金和贷款。计划委员会安排的转移支付包括 30% 的拨款和 70% 的贷款,统称为计划转移支付。根据 1991 年 12 月修订的方案,可分配资金的 30% 给特殊邦,其余部分则根据各邦制定的计划项目确定,其中 90% 为补助,10% 为贷款。在分配给邦的资金中,主要按照因素法分配,选取了人口、人均邦内生产总值、财政管理等因素。

3. 中央各部门的转移支付和中央资助项目

该类转移支付项目主要由联邦各部委控制,它由中央各部委根据各自的要求,制定标准,确定项目和援助方式,属专项转移支付,由于这类转移支付随意性较大,而且带有附加条件,影响了政府对项目的优先考虑和安排,规模一般都控制在转移支付总量的 15% 左右。

第四节 国际经验对我国的启示

同其他国家不同的财政体制来看,政府间财政关系一直没有统一的制度体系可以直接套用,但是世界上其他国家的做法给我们提供了可以参考的经验,使我国在政府间财政关系改革中得到启示。

一、推动政府间关系法制化

坚持法制化规范化道路是政府间财政事权划分的具体要求,让行政权力在法律和制度的框架内运行,是依法治国、依法行政的重要组成部分。当前,加快政府机构组织立法,以法定形式理顺政府行政部门间的权责关系,优化机构设置与职能配置。一方面,有利于厘清行政机关的职权关系,化解权力交错的现状问题,以更好落实权责法定原则;另一方面,有利于行政组织和行政程序相关法律制度的完善,进而推动政府机关将行政职能、程序、权限管理系统性纳入法治化渠道。推进立法修法,发挥重点领域立法的加强引领和推动作用。[1]

一些发达国家的财政制度是建立在其完善的法律制度基础之上的,各级政府的财权和事权都有明确的法律规定。这提醒我们,财政制度的改革和加强必须与法律制度的建设相互配合,以法律来保障财政制度的实施和运行。只有这样,我们的财政制度才能真正做到公正、公平、公开和有效。

二、明确政府间财政事权划分

无论是单一制国家还是联邦制国家,中央政府和地方政府在事权划分方面往往不够清晰,存在交叉事权的现象,而有效的事权划分有利于各级政府更好地承担自己的职责,实现分权基础上的制衡。

我国作为统一的单一制国家,中央政府统一领导全国财政事务。同时,针对地方财政事务,中央政府往往赋予地方政府一定的自主权。新中国成立以来,财政事务处理得较好的时期,都是强调发挥中央和地方两个积极性,无论是计划经济时期,还是改革开放以来,都是如此。首先要适度加强中央的财政事权,在一直存在事权划分交叉的基本公共服务等方面强化中央的财政事权履行责任。分税制的实质是分级财政。在中国,分级财政理所当然是统一领导下的分级财政,中央在财政体制的改革和完善中起决定性作用。

美国是联邦制国家,财政体制采用分权制,联邦、州和地方三级政府各自拥有独立的财政权。这使得各级政府能灵活根据本地情况制定财政政策,促进了财政创新和效率。我们可以借鉴美国的分权制,适当增强地方政府的财政自主权,让地方政府有更多资源来应对本地的问题。这也有助于提高财政效率,因为地方政府往往更了解本地的情况和需求。

中央政府只把握大方向,根据事权的构成要素等细化各级政府承担的职责。最后是建立财政事权动态调整机制,根据政府财力状况和事权的具体需求,动态调整财政事权划分。

---

[1] 熊文钊. 加强法治政府建设的立法保障 [EB/OL]. (2019-03-29) [2024-03-15] http://www.legaldaily.com.cn/government/content/2019-03/29/content_7945144.html.

三、明确政府间收入划分

政府收入的主要来源是税收,因此政府间财政关系的改革离不开税收划分,这也是政府履行职责的有效保障。在财税联邦主义下,各级政府都有自己的主体税种和税收征收权,从而保障了各级政府的财政独立。同时,美国宪法对各级政府的财权和事权都有明确规定,减少了财政冲突。其财政预算制度具有很强的硬约束性,各级政府的预算必须经过严格的审批程序,一旦通过就不能随意更改。这对我们也是一个启示,我们应该加强预算的硬约束,防止预算的随意更改,提高财政的预见性和稳定性。

因此启示我们需要进一步完善政府间收入划分制度和地方转移支付制度,改革地方税制,进一步提高各级政府职责范围内的财力保障水平。政府间关系法制化的核心在于明确中央与地方的财政事权和支出责任。这涉及到中央决策、地方执行的机制,以及中央在财政事权确认和划分上的决定权。这种划分旨在适度加强中央政府承担基本公共服务的职责和能力,同时发挥地方政府因地制宜加强区域内事务管理的优势。[①]

四、健全转移支付监管机制

完善转移支付资金监管体系是提升财政资金使用效益的关键举措。国际经验表明,健全的跟踪问效机制是规范转移支付管理的有效手段。为此,需要持续推进全过程预算绩效管理体系,目前我国已实现转移支付项目绩效目标管理全覆盖,需持续扩大中央对地方转移支付的绩效评价范围。在此基础上,首先要继续确保资金使用报告制度常态化、定期化,要求受助地方政府定期向上级财政部门提交资金使用明细和成效说明;其次,绩效评价体系不断完善,实现多层次绩效评价体系,确保各类产出指标可量化,实现资金使用效益的客观评估;再次,健全责任追究机制,在法规中明确违规使用资金的处罚措施,强化信息化监管手段。另外,针对均衡性转移支付的特点,更应充分发挥省级政府的监管主体作用。建议基于基本公共服务均等化进程,建立公共服务发展水平动态监测体系,并将其作为评估基层政府资金使用效益的重要依据。这种基于客观指标的考核方式,既能体现"资金跟着项目走、项目跟着规划走、规划跟着绩效走"的现代财政管理理念,又能兼顾均衡性转移支付的政策目标。同时,通过强化省级政府的监管责任,可以更好地发挥其信息优势和统筹协调作用,确保转移支付资金切实用于提升基本公共服务均等化水平。

---

① 《国务院关于推进中央与地方财政事权和支出责任划分改革的指导意见》(2016)。

第十章 Chapter 10
走进大数据时代、构建数字化政府

> 财政数字化建设或者说数字财政，它是整个国家治理的基础设施。
> ——刘尚希

数字政府是指以新一代信息技术为支撑，重塑政务信息化管理架构、业务架构、技术架构，通过构建大数据驱动的政务新机制、新平台、新渠道，进一步优化调整政府内部的组织架构、运作程序和管理服务，全面提升政府在经济调节、市场监管、社会治理、公共服务、生态环境等领域的履职能力，形成"用数据对话、用数据决策、用数据服务、用数据创新"的现代化治理模式。[①]

【思政案例】

建立完善的数字化政府

习近平总书记指出，信息是国家治理的重要依据。党的十八大以来，党中央高度重视数字化、信息化发展对于国家治理和经济社会发展的作用。财政是国家治理的基础和重要支柱，推进数字财政建设具有十分重要的意义。近年来，财政部在总结预算改革经验基础上，积极推进预算管理一体化建设，旨在构建"制度+技术"的预算管理机制，为进一步深化预算管理改革提供坚实支撑。广东财政在"数字政府"建设框架下，打造了"数字财政"建设的"广东样本"，取得了显著成效，积累了宝贵经验。本期专题刊发了广东"数字财政"建设的创新实践，特别约请专家撰文论述以"数字财政"建设为契机，进一步为财政管理赋能提效，助力国家治理体系和治理能力现代化的主要路径。

案例解析： 在数字化背景下，我们的知识体系迫切需要更新。许多概念可能需要重新

---

① 广州市人民政府办公厅．关于印发广州市基于城市信息模型的智慧城建"十四五"规划的通知：穗府办〔2022〕17号．(2022-07-14)［2024-02-25］．https://www.gz.gov.cn/zwgk/fggw/sfbgtwj/content/post_8458925.html．

定义，许多理论问题需要深入探讨，如果缺乏理论支撑，仅通过技术手段和现有的按照传统理论所定义的数据来进行数字财政建设，可能会导致严重的认识误区和行为偏差。要实现数据和其本质的统一，必须重新思考相关基础性理论，以契合数字化发展新形势和新要求。

思考讨论：如何构建完善的数字化政府？

第一节 财政数字化转型加速到来

进入21世纪以后，数据成为战略性资源及新生产要素，在社会生产活动中发挥着越来越重要的作用。英国数学家克莱夫·洪比（Clive Humby）提出了"数据就是石油"的比喻，对数据价值的提炼成为促进数字经济发展的原动力，数字经济也正逐步成为人类社会经济的重要形态。据《数字中国发展报告（2024年）》统计，2024年我国数字经济发展提质增效，数字经济核心产业增加值占国内生产总值比重达10%左右。数字经济在国民经济中的地位更加稳固、支撑作用更加明显。财政是国家治理的基础和重要支柱，数字化时代为财政治理带来了新的机遇与挑战，充分关注数字经济在财政领域的最新应用对于建设现代财政制度尤为关键。相比于传统财政学研究，数字财政将数字纳入财政学研究范式，利用人工智能、区块链等新一代信息技术，将财政大数据与收入、支出、债务等领域结合，拓宽了财政学的内涵与外延。因此，厘清数字化对财政的影响将为现代财政制度带来巨大变革。

一、数字技术与财政收入

党的十八大以来，以习近平同志为核心的党中央高度重视发展数字经济，将其上升为国家战略。数字经济是指以使用数字化的知识和信息作为关键生产要素、以现代信息网络作为重要载体、以信息通信技术的有效使用作为效率提升和经济结构优化的重要推动力的一系列经济活动，作为一种新经济形态，数字经济以数字技术为核心驱动力，以大数据、云计算、人工智能等为代表的智能技术和电子商务、数字金融为代表的新兴产业成为其具体表现，数字经济的长足进步必然对财政收入发展产生影响。

（一）以精准分析确保税收征管效率

2021年3月，中共中央办公厅、国务院办公厅印发了《关于进一步深化税收征管改革的意见》（以下简称《意见》），提出了智慧税务建设目标。党的二十大进一步强调了网络强国、数字中国建设要求，为税收征管数字化转型注入了新的思想动能。加快推进税收征管数字化转型必须全面厘清制约当前我国税收征管数字化转型的突出问题，并采取全面系统、科学有效的措施，化挑战为机遇，确保税收征管数字化转型稳步推进，为实现税收现代化、增添服务中国式现代化新动能奠定坚实基础。人工智能技术可自主分析税收数据中的运行规律，通过对数据的加工处理进行自主判断、决策，使税收决策更加理性化、标准化，有效降低工作人员在数据分析过程中的主观影响，同时提高税收分析效率，有利于形成更加科学规范的税收治理格局。

一是提升税收征管资源配置合理性。通过精准化投放纳税服务和税收优惠，人工智能可对纳税人的需求进行精确计算，使纳税服务更具针对性并减轻纳税人负担。同时，人工智能从技术端对税收信用体系进行重构、改造和提升，将有效遏制数据造假问题，确保交易数据的真实性。

二是实现税收收入的有效预测。通过人工智能对历史积累数据的分析处理，可对税收收入进行合理预测。人工智能能够实现对实际征管情况的综合比对，从而进行更加有效的税源分析，形成完整的纳税群体画像，建立分析模型，预测税收收入的规模和增长情况，同时通过模型判断和风险分析，进行有效防控，实现精准治理。同时也要最大程度地共享社会经济数据，建立参与主体广泛的综合治税平台，税收征管活动高度社会化。①

（二）建立统一公共支付平台，推进非税项目线上线下服务一体化

数字支付作为数字经济建设的核心技术和基础设施保证，近年来发展迅速，已成为我国发展数字经济的重要推动力。据第55次《中国互联网络发展状况统计报告》统计，截至2024年12月，我国网络支付用户规模达10.29亿人，网上零售额、移动支付普及率稳居全球第一。

推进数字政府建设，建立跨部门的协同平台尤为重要。党的十八大以来，在习近平新时代中国特色社会主义思想指引下，我国税收征管数字化转型加快推进、成效显著。2021年以来，以"金税四期"为抓手的税收征管数字化转型正在稳步推进，并取得了阶段性成效。党的二十大从九个方面阐释了中国式现代化的本质要求，税务部门进一步明确方向、查找差距，推动税收现代化更好服务于中国式现代化。依托数字支付技术、建立统一公共支付平台，可以为社会公众提供更加多元、便捷的智慧支付渠道，推进线上线下公共服务一体化。我国非税收入项目较多，执收主体多元，缴款人群分布广泛。统一公共支付平台为缴款人节约了不同部门之间转换、排队的时间，也节省了工作人员的办公时间，可以有效提高政务服务效率。

（三）利用区块链电子发票降低制度性交易成本

区块链作为一项新兴的技术，具有不可篡改、信息透明、可追溯等特点，这些技术优势使得电子票据交易成为区块链技术极为天然的应用场景。利用区块链技术可加强电子发票全流程管理。区块链技术可以实现电子发票数据的统一和整合，利用区块链技术的去中心化特点，解决了不同系统间的数据孤岛问题。在区块链上确认后，票据的全部操作都会被实时记录，实现全流程路径追踪，同时完成发票数据自动备份，节约了人力、物力成本，也大大降低了各类寻租腐败行为发生概率，提高了财政资金运行效率。此外，还应结合税收领域的业务特点和管理难题，加快区块链技术在税收业务执行、征管质效评价、征纳双方互联、服务经济社会发展等业务场景中的探索、研究和应用，助力实现税收管理信

---

① 刘尚希，王文京. 2020年中国数字财政年度报告 [M]. 北京：经济科学出版社，2021.

息化、规范化和智能化。

经济进入新常态后,财政收入难以再现以往的高速增长态势,财政支出增长保持刚性,财政收入管理面临着巨大挑战。依托人工智能、区块链等数字技术,解决复杂、动态、精准化的财政收入应用场景,满足差异化要求并提供合理预测,成为优化财源建设、保基层运转、促民生发展的新着力点。[①]

二、数字技术与财政支出

随着数字技术的快速发展,数字技术与传统行业深度融合,能够催生新业态、新模式,有助于推动经济高质量发展和提高社会治理效率。数字技术与实体经济融合发展衍生出的数字经济新形态,对促进产业结构转型升级、提高创新效率、提升经济效率、推动高质量发展发挥了重要作用,数字经济已成为社会经济发展的新动力。财政支出是财政调控的重要工具,财政支出结构体现调控的重点和方向,和财政收入一样,财政支出的数字化同样有助于实现效率与公平的统一。在各国经济复苏动力不足、地缘冲突和逆全球化升级的复杂外部环境下,我国宏观经济面临着需求收缩、供给冲击和预期转弱的三重压力,财政支出上行压力加大,利用数字技术可有效提高财政支出管理效率,通过资金直达通道保障财政资金用在"刀刃"上。

(一)利用数字技术确保财政资金精准投放

党的二十大报告提出,健全现代预算制度,优化税制结构,完善财政转移支付体系。作为创新宏观调控的重大举措,财政资金直达机制确保中央财政资金迅速直达基层,减少中间环节、提高使用效率,为基层"六稳""六保"提供了有力支撑。资金拨付重在高效,利用大数据技术分行业、分收入群体进行快速筛选,可精准定位地方受疫情冲击最大的中小微企业、个体工商户和困难群众,保证新增财政赤字和抗疫特别国债直达市县,建立健全县级基本财力保障机制,提高基层"三保"能力,切实落实"六保"任务,确保资金真正惠及困难群体。此外,在监管方面,2020年财政部门用不到一个月的时间开发建设了联通中央、省、市、县四级财政的监控系统,将实行纳入直达机制管理的资金全部纳入监控范围。近年来,围绕资金分配下达、支出使用、资金支付、监控监管等方面构建了完备的直达资金制度体系。直达资金监控系统可以全面覆盖指标流、现金流和信息流,实现从资金源头到使用末端的全链条跟踪监管。监控系统对不同类型资金"量身定做"的预警规则,可对多种疑点信息进行自动红灯、黄灯预警,据此给出不同等级的预警提示。各级财政部门都可以使用这一系统加强线上监控和线下核查,对资金分配、拨付、使用等各个环节进行全过程监控,督促各地合理有序把握支出进度,促进资金规范、尽早使用。

(二)数字经济可以提高政府质量,从而促进财政支出效率上升

参照世界银行的定义,政府质量是政府权力的运行体制、制度和传统,包括权力产生、监督和更迭等过程,制定和实施政策的能力,以及管理社会和尊重公民权利等。数字

[①] 刘尚希,王文京. 2020年中国数字财政年度报告[M]. 北京:经济科学出版社,2021.

经济基于高新技术产业，涉及 5G、大数据、云计算、人工智能等前沿领域，有利于政府充分利用大数据平台，构建多层次、全方位、立体化的财政监管体系，提高财政透明度，强化财政监督，压缩寻租空间，减少财政资金浪费与财权资本化风险。同时，不断汇集的数据与涌现的新分析方法可使政府更好地分析取得的数据，挖掘经济数据包含的潜在信息，减少信息不对称问题，为政府安排财政支出提供更加充分的依据。此外，数字经济促进社会公众在国家治理中发声，可以更好地体现对公共产品的需求和偏好，提高地方政府政策精准性，更有效率地安排财政支出。

三、数字财政推动财政治理现代化

（一）数字财政的发展历程

数字财政的建设是一个长期的过程，整体来看，我国数字财政主要经历了两个阶段，呈现出由信息化向数字化进发的特征。

1. 数字财政 1.0 阶段

主要表现为财政信息化系统建设。以"金税工程"和"金财工程"为代表的财政信息化，将财政业务与信息技术相互融合，从收入管理及支出管理两个侧面入手，建立并完善了财政信息化系统。"金税工程"是国家信息化重点工程之一，是将一般纳税人认定、发票领购、纳税申报、税款缴纳全过程实现网络运行，加强增值税征收管理的信息化系统工程。"金财工程"即政府财政信息管理系统，主要包括财政业务信息系统及信息网络系统两部分。两个系统经过近 20 年的完善，初步形成财政数据标准体系架构，为数字财政的蓬勃发展奠定坚实基础。

2. 数字财政 2.0 阶段

主要表现为数据生产与应用开发、财政数字化转型是一个长期的过程。财政数字化时期的主要标志为 2018 年 12 月财政部审议通过的《财政部网络安全和信息化建设管理办法》，要求推动财政网信工作从"以流程为主线"向"以数据为核心"转变，全面统筹推进财政部网络安全和信息化建设的规范管理，财政数字化转型随之提速。当前中国数字财政建设包括生产系统和应用系统两大系统建设。前者主要通过建立预算管理一体化系统，实现预算管理的全流程覆盖，为财政部门积累了大量的数据；后者以财政大数据应用为代表，2019 年财政部印发《关于推进财政大数据应用的实施意见》的通知，首次从顶层设计层面对财政大数据应用提出要求，并明确提出"到 2023 年底，建成以大数据价值为基础，以大数据智能应用为支撑的数字智慧型财政"。总的来说，一个完整的财政数字化系统应涵盖财政部门与微观个体、其他政府部门等之间的互联互通，最终形成共商、共建、共享的底层生态系统。

（二）财政数字化提升财政运行效率

1. 数字技术可以有效匹配财政资金和公共服务需求，全面提升政府公共服务供给效率。作为公共财政的核心内容，公共服务供给是实现国家治理现代化的突破口。在公共服务供给的质量和效率上，公共服务的提供既要具有普遍性，又要能够补偿不同地方的需求，而数字化公共服务的创新最能满足上述条件。政府在提供公共服务时会由于信息不对称和外部性导致政府失灵、市场失灵的现象出现，财政数字化转型可以改进政府公共服务决策能力、公共服务投入能力、公共服务管理能力、公共服务产出能力四个方面，从而有效缓解两类失灵。但是，目前相关的分析观点较为分散，未能系统地探讨数字化转型下公共服务的新变化，还需作进一步的拓展研究。

2. 数字化有助于推动税收征管转型升级，进而缓解税收的公平与效率问题。伴随着数字技术的广泛深度应用，税收征管的效率也整体实现跨越式发展。信息约束作为传统税收经济分析的核心，数字革命给税收政策和执行所带来的信息扩展和分析能力的影响是深远的。数字技术应该成为提高税收管理效率的工具，应涵盖从监管支持到业务流程现代化的所有领域，税收管理的所有主体都应参与其中。以现代信息技术为依托，可以全方位提升涉税信息的采集、分析和共享工作效率，并形成以涉税数据为基础、以数据流程为主线、以数据应用比对为核心、以互联网技术和人工处理相结合为手段的以数治税模式。并且，有效的征管能力可以在低税率下保持收入的稳定态势，有机统一地处理公平与效率的关系，在一定程度上缓解了税收的公平与效率难以平衡的困境。

（三）数字财政助力大国财政，发挥社会主义制度优势

全球风险治理需要树立大国财政思维，全球治理体系创新呼唤大国财政。如今大数据信息平台治理目前正成为全球经济治理的重要趋势，简单的单边实施平台治理通常难以实现我国的治理目标，必须突破国内财政界限，强化平台建设全球化发展。中国的大国财政建设应紧扣"公共风险治理"的主旨，建立全流程的风险识别、匹配、治理和反馈机制，在风险治理过程中逐步实现国际影响力的提升。在全球化和信息化大潮中，以大国财政结合数字财政成为关键之处。我国在新阶段全球化中的角色发生了历史性转变，在智信时代中建立大国财政是我国牢牢掌握制度规则的主动权、向世界提供更多重要公共产品、争夺国际话语权的重要战略选择。作为"和平崛起"中的大国，有中国特色的大国财政必须要抢抓信息革命带来的机遇，从而打造创新型数字财政，以高质量发展的国家财政事业护航国计民生。

另外，在数字化转型方面，中国与西方主流国家的主要区别在于具有中国特色的政治制度优势。我国政府在数字化转型中起到了明显的引领作用，政府决策机制是对中国特色社会主义优越性的有力彰显，且社会主义制度决定了政策执行的稳定性。不同于日本追求政治大国地位和美国意图保住世界霸主地位而进行的数字化转型布局，中国的数字化转型是为了破解国内外双循环下产业结构升级面临的困难挑战，并以中国方案实现"弯道超车"的发展战略规划。目前，我国仍深深地被英美等国家具备范式竞争优势的财政理论所影响，以市场失灵理论为基础的英美财政理论在我国财政体系中占据主流地位，被广泛接受的西方财政学理论无法解释我国发展过程中的一系列问题。因此，在财政数字化转型过程中我们要注意不应简单套用西方财政学方法和研究范式，而是要结合实际，深刻观察中国现实经济背景和制度根源，在此基础上推动财政数字化的转型。

第二节
财政数字化转型与横向转移支付探索

数字财政是数字化发展的必然趋势，对实现国家治理体系和治理能力现代化起着关键的作用。[①] 2016 年，我国《国家信息化发展战略纲要》发布，提出以信息化驱动现代化，加快建设网络强国。2019 年，党的十九届四中全会通过《中共中央关于坚持和完善中国特色社会主义制度、推进国家治理体系和治理能力现代化若干重大问题的决定》，明确指出"推进数字政府建设，加强数据有序共享"，为我国包括财政和金融体系在内的国家治理体系和治理能力现代化改革转型指明方向。加强数字政府建设是建设网络强国、数字中国的基础性和先导性工程，是推进国家治理体系和治理能力现代化的重要举措。2022 年，国务院出台了《关于加强数字政府建设的指导意见》，就主动顺应经济社会数字化转型趋势，充分释放数字化发展红利，全面开创数字政府建设新局面作出部署。加强数字政府建设，对加快转变政府职能，全面提升政府治理能力，具有重要意义。

一、财政数字化转型与数字财政

（一）财政数字化转型

财政数字化是数字经济向政府、社会等更广泛的领域拓展的新阶段。[②] 有学者提出财政数字化是我国数字经济历经数字支付、数字法币之后发展的第三个增长极和关键的跳跃。也有学者提出数字财政的概念，认为数字财政是财政数字化的具体呈现形式。从现有研究看，主流观点把数字财政概括为以财政大数据为基础，以提高资源配置效率和促进公平为目标，以大数据、区块链、云计算等现代信息技术为手段，通过智能化管理框架和财政信息实时反馈系统强化财政收支及其治理、财政政策制定和评估活动。此外，还有学者提出数据财政的概念，认为地方政府通过激活、运营数据资源产生衍生价值，从而带动地方经济增长，以此来创造财政收入。综上，财政数字化首先体现在财政数据与数字技术的有机融合，进而改进和创新财政业务流程及财政治理体系，以实现预期的政策目标和获取更大的管理绩效。

数字财政建设旨在通过数字化为财政赋能，财政数字化转型则是立足于财政发展现状，着眼于数字财政未来发展，利用现代数字和信息技术，以完善财政治理体系、改进财政业务流程、夯实财政数字基础设施为主要内容，实现财政和公共数据与数字技术有机融合，推动传统财政向数字财政全面转型。

实际上，数字财政抑或数据财政都是财政数字化转型的最终形式或成果，其本质上涉

[①] 黄国平，李婉溶. 数字人民币促进数字财政建设和财政数字化转型 [J]. 财政研究，2022（02）.
[②] 张少博. 推进财政数字化转型的理论思考与政策选择 [J]. 财政科学，2021（09）.

及的无非是财政管理和数字化两个方面。从财政管理的角度来说,数字化作用于财政管理的全阶段,对于政府预算、国库管理、财政收支、政府债务以及政府采购等活动的方方面面都产生了深远的影响。从数字化角度来说,数字技术与整个财政管理过程的融合、财政数据的挖掘与运用以及数字化衍生物如数字货币等对现有财政制度所带来的影响,都是财政数字化转型的具体内容。从更广泛的意义上讲,一个完整的财政数字化系统还应该涵盖财政部门与其他政府部门、银行体系以及微观个体之间的互联互通,是多主体参与、多部门联动,最终形成的共商、共建、共管、共享和共赢的底层生态系统。

财政数字化转型是利用现代数字和信息技术,推动传统财政走向数字财政,实现财政体制现代化和财政治理体系数字化发展。[①] 财政数字化转型作为财政治理体系现代化和数字化的动态演进过程,推动了财政供给和服务模式不断创新,促进了财政和公共治理信息透明度不断提高,加强了政民沟通协调,提升了财政治理的效率和质量。[②] 同时,财政数字化转型也通过推动预算绩效管理、评价体系的数字化发展和创新,重构和完善了财税征收、风险管理、体系建设和实施路径,从而建设和形成了满足数字政府与数字社会治理和发展要求的数字财政。[③]

我国政府数字化转型也已全面展开,财政作为国家治理的基础和重要支柱,其数字化转型是必然趋势。将数字技术和财政业务进行深度融合,形成一个数字财政体系,是传统财政走向现代财政的必由之路。数字财政建设是落实数字政府建设部署的有力举措,是参与推动财政治理能力现代化的重要抓手,可以有效提升政府的财政信息化建设和财政管理现代化水平,对于建设现代服务型政府,提升政府的公共服务能力具有重要作用,不仅便于政府更加准确、及时地掌握公共需求变化,提高决策质量,让公共服务的供求更加匹配,而且使税收的公平与效率问题得到一定程度上的缓解,拓宽政府收入空间,消除财政收支中的寻租和腐败行为、减少资金漏损、提升公共支出的精准度,实现政策、项目、财政资金、公共服务对象的"四位一体"。

党的二十大报告指出,加快实施创新驱动发展战略,加快实现高水平科技自立自强,以国家战略需求为导向,集聚力量进行原创性引领性科技攻关,坚决打赢关键核心技术攻坚战,增强自主创新能力。2022 年 6 月国务院印发的《关于加强数字政府建设的指导意见》提出,要提高自主可控水平,加强自主创新,加快数字政府建设领域关键核心技术攻关,强化安全可靠技术和产品支持类应用,切实提高自主可控水平。

财政作为政府数字化转型的重要组成部分,稳步推进自主创新的数字技术融入财政数字化转型尤为关键。财政部门高度重视数字财政建设,不断加强顶层设计,分别于 2019 年 6 月和 2020 年 2 月印发了《开展财政核心业务一体化系统实施工作的通知》和《预算管理一体化规范(试行)》,强化了对各省数字财政建设的规划与部署,要求将制度规范

---

① 赵斌,陈成天,孙倩. 数字财政:转型制约因素与全面数字化对策[J]. 地方财政研究,2020(10).
② Nakasone, E., Torero, M., & Minten, B.. The Power of Information: The ICT Revolution in Agricultural Development. Annual Review of Resource Economics, 2014 (06).
③ 王敏,彭敏娇. 大数据时代全面预算绩效管理面临的机遇和挑战分析[J]. 经济纵横,2019(05).

与信息系统建设紧密结合,在全国统一技术标准及业务规范的基础上构建数字财政系统。2021年9月印发的《预算管理一体化系统部署及应用指南》,对于新技术应用总体要求需满足国家及地方相关安全可信要求,以及自主创新,支持主流国产处理器、操作系统、数据库和中间件。

当前,数字财政建设在提高公共财政管理水平、助力国家治理体系和治理能力现代化方面取得了一定的成效。但要进一步满足自主创新的数字财政建设目标要求,还存在着一些需要突破的"瓶颈"。首先,安全能力需要提升,目前我国仍未建立完善的安全管理体系和技术体系,对安全事件的应急处置措施不够。云网缺乏协同,解决方案和安全防护需要提升。其次,业务需求响应不够敏捷,基于传统架构系统开发周期长,新技术与业务的结合度不够,未能发挥云计算等新技术的促进作用。最后,缺乏统一公共服务平台,服务组件复用率低。可见,如何更好地利用数字技术,顺应转型趋势,推进省级预算管理一体化集中建设对系统提出了更高的要求,亟须构建高性能、高安全、高可靠、标准化、敏捷化、智能化的财政数字化平台。

(二)数字财政

财政是国家治理的基础和重要支柱,相应地,数字财政是建设数字政府、实现政府数字治理的基础和重要支柱。数字财政通过数字技术与财政制度的深度融合,可以为各方参与国家治理提供有效的保障。在数字经济时代,财政必须要尽快适应并抓住数字化浪潮带来的机遇,通过构筑数字财政体系来加快现代财政制度建设,从而加快推进国家治理现代化。[1]

1. 数字财政的内涵

国内学界使用最为广泛的数字财政的定义由王志刚[2]、赵斌[3]提出,他们认为,数字财政是以财政大数据价值为基础,以财政大数据应用为支撑,以现代信息技术(大数据、区块链、云计算等)为主要手段,实现优化收支结构、提高效率以及促进公平目标的政府收支活动。可见,数据和财政是数字财政的核心组成要素,数字财政并非是将数字技术简单地应用于财政的某几个领域,而是数据治理与财政治理的深度融合,是基于数字技术产生的财政形态发生根本性变化的一种新型财政,其中体现了财政理念、运行方式和组织形式等一系列的整体性变革与革命性重塑。[4] 部分学者认为数字财政是一种管理理念的体现,并从该角度出发对其进行定义,数字财政,是指利用数字技术对财政管理活动进行创新的过程,它通过对信息技术和财政业务流程的整合,实现财政数据的数字化、网络化和智能化。数字财政的核心特征包括高度的信息透明度、强大的数据处理能力、实时的业务响应速度及广泛的参与主体,这些特征共同作用于财政管理的各个层面,推动了财政资源配置的优化及管理决策的科学性。[5] 部分学者研究分析了区块链技术在数字财政建设中的作用与路径,并提出:"数字财政是与数字经济相匹配、数字社会相适应的可编程财政管

---

[1] 王志刚,李小梦. 数字财政为现代财政制度建设蓄力赋能[J]. 中国财政,2022(04).
[2] 王志刚. 财政数字化转型与政府公共服务能力建设[J]. 财政研究,2020(10).
[3] 赵斌,陈成天,孙倩. 数字财政:转型制约因素与全面数字化对策[J]. 地方财政研究,2020(10).
[4] 许梦博,寇依. 数字财政研究进展与展望[J]. 财会研究,2023(08).
[5] 朝鲁门. 数字财政背景下预算管理一体化改革实践研究[J]. 财经界,2024(28).

理系统,是综合运用现代信息技术构建的智能化管理框架和财政信息实时反馈系统"。[①] 还有学者从数字经济发展的角度出发,将数字财政当作数字经济发展中的其中一个体现场景。[②] 他认为数字经济发展将经历数字支付、数字法币和数字财政三个阶段,财政数字化是数字经济发展的第三个增长极,通过财政数字化可以实现数字法币的回笼,未来完成数字法币到数字财政这一关键的跳跃。另外,除了从运营的角度讨论界定"数字财政",还有部分学者从财政收支的角度提出了"数据财政"这一概念。

总体来看,数字财政在理论意义上并非颠覆传统财政,它与传统财政本质上都是一种国家分配活动,能够更好地发挥财政的资源配置、收入调节、稳定经济、经济发展等职能,重构政府与市场边界,双向弥补"政府失灵"和"市场失灵"的不足。我们认为,数字财政应置于数字经济、数字社会与数字治理的浪潮中进行定义,它不是静态的概念而应该是动态的、不断变化的;数字财政不是简单的"数字+财政"的组合,而是以数据为基础和核心的财政收支管理和运行的体系;数字财政不应只涉及财政,也要与政府的政策及治理体系等紧密关联。目前对于数字财政的内涵还有待进一步探讨,今后可以在充分利用财政大数据的基础上,加强对其研究的客观性、深入性与科学性。

2. 数字财政的现状

(1) 信息化引领意识有待提升

数字财政是政府数字化转型背景下财政工作发展的必然要求。在财政数字化建设中,各级财政局一直很重视财政数字化的引领作用,但目前的一体化软件应用体系还不能满足各方需求,数据高铁、公共数据平台、云计算等一些先进技术在数字财政建设过程中亟须引入。

(2) "信息孤岛"显现严重

目前,财政业务系统有预算编审管理系统、国库集中支付系统、会计核算系统、非税系统、资产管理系统等。但由于财政各业务系统都是上级财政下发或本单位自行采购,并由不同的软件企业开发,各财政业务系统间相对孤立,系统间数据共享度不高。

(3) 数字财政建设经验不足

数字财政建设是个复杂的系统工程,没有超前的数字化转型建设理念和数字化转型建设规划是难以实现的。由于每个县(市)财政业务系统的需求各不相同,县级财政的数字化转型建设经验缺乏,使得县级财政数字化建设难上加难。县级财政局内的业务系统应用,多数属于简单的单项事务处理,系统规模很小,应用难度不大,对数字财政这样大规模、系统性强的信息化系统建设缺少成功经验。

(4) 数字化专业复合人才缺乏

数字财政的趋势是财政业务一体化,在数字财政建设方面,急需一批既懂业务、又懂计算机技术的高级信息技术人才。同时,各行政事业单位的工作人员计算机应用技术水平也参差不齐,使软件选型、软件推广、软件应用等产生了一定的难度,影响了数字财政建设的深入和发展。数字财政建设要求财政各相关人员要成为懂财政业务、财务管理、熟悉

[①] 李长璐. 区块链在"数字财政"建设中的作用与路径 [J]. 当代农村财经, 2019 (11).
[②] 周子衡. 数字经济发展三阶段:数字支付、数字法币与数字财政 [J]. 清华金融评论, 2018 (04).

会计电算化和网络的复合型人才。

3. 数字财政的必然性

党的十八届三中全会关于"财政是国家治理的基础和重要支柱"这一具有里程碑意义的全新定位，标志着我国财政从适应社会主义市场经济发展的"公共财政"正式向承担国家治理现代化发展职责的"现代财政"跃升，财税体制已成为国家治理体系中关乎全局性、根本性的重要组成内容。经济市场化必然带来相匹配的财政公共化，国家治理的现代化在客观上要求和决定着财政的现代化，这不仅在于现代财政是实现国家治理体系和治理能力现代化的基础和重要支柱，也体现于财税体制改革作为全面深化改革的各领域交汇点所具有的"铺路搭桥"作用和"垂范表率"效应。①② 国家治理体系和治理能力现代化是中国特色社会主义事业建设和发展的必然结果，也是人类社会从工业制度与技术伴随数字与信息技术范式走向风险社会的客观要求。相较于严丝合缝的工业制度和技术，数字和信息技术范式下的现代社会，风险传播范围不断扩大。风险社会中，社会系统内生的不确定性占据主导地位，个别局部风险演化为全局系统风险的速度和危害性升级。风险社会的国家治理本质是通过注入确定性化解国家和社会发展中的不确定性与公共风险。现代财政体制在国家治理体系中扮演着基础性的角色，它不仅是国家治理的重要支柱，而且为管控公共风险、提升社会公共理性水平提供了必要的经济、物质和技术支持。随着经济社会的发展，财政体制的现代化成为实现国家治理体系和治理能力现代化的关键因素。在风险社会中，现代财政体制通过注入确定性来化解国家和社会发展中的不确定性与公共风险，是完善国家治理结构的中枢和管理公共风险的内在机制。数字技术的发展，特别是数字财政的建设，进一步强化了财政体制在资源配置、收入分配调节以及提高财政治理效率方面的能力。数字财政的建设不仅是现代财政体制建设和发展的必然，也是适应数字社会快速和弹性化发展要求的客观需要。通过数字技术的应用，现代财政体制能够更好地监测、识别和预警公共风险，提高公共风险管理的能力。因此，现代财政体制的改革和完善，对于提高国家治理效率、促进社会公平、实现长治久安具有重要意义。③ 风险社会中风险导源于国家和社会治理结构脆弱性。④ 治理结构的脆弱性本质上是治理结构的发展不能适应社会结构演化的复杂性所导致的信息不对称。⑤ 当社会制度和治理结构不能协调和满足生产力与生产关系的互动及其所产生的张力，信息不对称及其衍生的道德风险和逆向选择就可能孕育出更为复杂和严重的系统和制度性风险。数字社会的来临，数字化、信息化和网络化拉近个体距离与交互，风险复杂性和危害性也因群体间的高度关联而升级和扩大。基于工业制度和技术建立起来的国家和社会治理体系愈益不能适应数字和信息社会快速和弹性化的发展要求，这在客观上倒逼和推动了国家治理体系数字化发展和治理制度现代化创新。数字财政作为数字政府的关键和核心组成部分，是国家治理体

---

① 高培勇. 论国家治理现代化框架下的财政基础理论建设 [J]. 中国社会科学，2014（12）.
② 高培勇. 中国财税改革40年：基本轨迹基本经验和基本规律 [J]. 经济研究，2018（03）.
③ 马海涛，阮睿. 财政高质量发展推动中国式现代化的机理与路径 [J]. 江西社会科学，2023（11）.
④ 刘尚希，傅志华，李成威，等. 全面认识财政是国家治理的基础和重要支柱——学习习近平总书记关于财政问题重要论述 [J]. 财贸经济，2022（02）.
⑤ 刘尚希，李成威，杨德威. 财政与国家治理：基于不确定性与风险社会的逻辑 [J]. 财政研究，2018（01）.

系和治理能力现代化发展的应有之义，也为全面建设数字政府和国家数字治理体系提供物质、技术和数据支持。

4. 数字财政的特征

国家和政府出现以后，面对众多公共事务，数字化管理成为不可或缺的工具，作为政府的重要调控手段，财政自然也是数字财政，只是那个时候的技术手段相对缺乏，现代数字化技术更无从谈起，但是基本理念是相似的。周代的九赋九式，秦汉的上计制度与编户齐民，唐代的支度国用，两宋的会计录，以及明清的鱼鳞图册，无不渗透着数字化管理的理念。国家的数字管理程度决定了国家治理的效率，经济社会发展带来的公共需求变化带动了政府数字化转型。传统社会中市场分工没有那么细致、社会组织没有那么复杂，政府面临的经济社会问题没有那么棘手，不需要太高的数字管理技能，但是到了现代社会，经济与社会管理的复杂性大幅提升，对政府数字管理技能的提升就日渐迫切。当前，全球数字经济浪潮汹涌，快速地改变着人们的生产生活方式，国家治理面临前所未有的挑战与机遇，财政作为国家治理的基础和重要支柱，必须要尽快适应并抓住数字化浪潮带来的机遇，通过构筑数字财政体系来推动国家治理能力现代化。

数字财政是一个动态过程，有高低层次之分，划分标准是财政业务中对数字技术运用的深度、广度与融合程度；数字技术是为了解决现实问题，是手段，不是目标。数字财政亦是数字政府、数字经济与数字社会交叉的领域，并不只是实务层面数字化手段在传统财政领域的应用，更是体现在方式、功能、目标、理念等各个层面上，数字财政是对财政理论和政策实践的更新和优化，甚至是重构和重塑。

数字财政是以财政大数据价值为基础、财政大数据应用为支撑，以现代信息技术（大数据、云计算、人工智能等）为主要手段，实现优化收支结构、提高效率以及促进公平目标。数字财政充分体现了财政治理与数据治理的融合。其中，财政大数据价值主要为财政大数据的质量，要实现跨部门、跨级次的数据采集、整合和分析；财政大数据应用则需要结合各类财政业务；现代信息技术包括大数据、区块链、人工智能等，需要以平台化、公开化、智能化、网络化为运行方式，为各级财政部门、预算单位、社会公众高效提供与其需求更加匹配的公共物品或公共服务。

数字财政可以分为微观、中观和宏观三个层面。微观层面关注于财政管理层面，主要涉及财政资金的日常运行，对数据进行实时查询、定期公示公开；实现自助查询、资金公示及举报，对资金的全景、全流程分析、全景监管。中观层面侧重于对资金使用的控制，包括从上级到下级的纵向控制，从财政到非财政的横向控制，通过大数据等技术建立全流程在线审查的一站式闭环监管，实现对预算的全过程、全口径的智能化监督与风险预警。宏观层面侧重于对一级政府层面，基于财政大数据的宏观分析研究，例如分析税收结构变化以了解产业结构态势，分析财政支出结构变化以探究社会结构变化，分析债务变化以掌握财政金融风险等特点，同时要做好各种重要的宏观指标预测，为政府决策提供及时、准确、全面的信息。

5. 数字财政的关键收益：数字财政盈余

数字财政改变了公共产品或服务提供的方式，大数据技术可以提高公共品或公共服务供给与需求的匹配度,意味着资源配置效率的大幅提升,同时社会福利亦会得到显著改善。① 假定公共服务有价格和数量,按照传统的经济理论,数字化会产生一定的数字盈余红利,这些盈余有助于政府提供更多的公共服务,扩大了公共服务的供给(供给曲线会右移)。在需求不变的条件下,数字财政可以降低公共服务价格(或成本)。下面,我们从收入和支出两端来介绍数字财政盈余的产生过程。

从收入端看,数字财政下政府可以增加收入。② 一是通过提高征税效率增加税收。通过跨部门、跨层级数据的汇总和分析,产生单一部门所不能比拟的数据集聚效应,征税能力大幅提升。例如南非、印度等发展中国家借助地理信息系统对土地、房屋等财产征税,带来财产税的显著增加;巴西、墨西哥等国家借助大数据分析,识别税收欺诈或偷逃税行为。借助电子发票或区块链发票减少不开票经济活动、打击发票造假,提高税收收入,通过数字支付大幅减少了现金使用,有助于缩小"影子经济"规模,减少偷逃税机会。二是可能带来新的税收数字经济。主要涉及三类税收:对用户在虚拟货币交易中获得的收益(资本收益)征收的所得税,对以虚拟货币购买商品或服务缴纳的消费税,以及对数据交易征税。英国已对搜索和广告等数字服务收入征税2%。三是央行发行成本较低的数字货币带来的铸币税增加。四是开放政府数据产生的辐射效应,即基于公共数据开放所间接带来的财政收入。例如以交通空间信息为基础的各类出行管家软件或APP,实际上也提高了这些数据资产的价值,这些价值创造通过企业的税收再流回财政部门。从长期来看,数据资产可能像土地等资产一样,如果纳入政府的资产负债表中,未来可以成为新的资产处置收入。落实到实际层面,IMF测算发现,对于大多数国家来说,政府支付数字化可创造约1%的GDP价值,相当于为所有发展中国家每年创造2 200亿美元至3 200亿美元的价值。③

从支出端看,数字财政节约了大量的决策、资金、时间、人工等成本。数字财政的先进技术可为决策者提供更加强大的政策工具,可以对各类政策组合进行仿真模拟,降低决策失误的概率及带来的损失。数字技术可以优化财政支出业务流程,从线下到线上就可以节约大量的纸张成本,线上运行可以把财政资金运行纳入管理的笼子中,提高了资金运行的透明度及效率,降低人为因素带来的各种资金成本。数字化还节约了大量的时间成本,可以让财政部门有更多时间用于其他重要的决策。数字财政需要一批精干的、懂业务会技术的综合人才,一些日常性的管理工作完全可以实现人工智能化,降低了政府的雇佣成本。此外,数字化渗透到财政管理的各个环节,尤其是与全面预算绩效管理相结合,让绩效评估项目落实落细到具体的市场主体或个人身上,实现了精准调控,避免了资金的无效使用和浪费。因此,数字财政的确是可以创造出新的数字财政盈余,这些盈余有的是显性或短期可见的,有的是隐性或长期显现的。我们以2018年中国各省的大数据发展指数作为数字经济指标,④ 相关分析发现大数据发展指数和财政收入、财政支出、财政自给度都

---

① 王志刚,赵斌. 数字财政助推国家治理现代化 [J]. 北京大学学报(哲学社会科学版),2020 (03).
② 王志刚. 数字财政:现代财政的必由之路 [J]. 中国财经报,2019 (07).
③ Sanjeev Gupta, Michael Keen, Alpa Shah, and Geneviève Verdier. Digital Revolutions in Public Finance [M]. Washington:IMF report, 2017.
④ 连玉明,张涛,宋希贤,等. 大数据蓝皮书:中国大数据发展报告 No.3 [M]. 北京:社会科学文献出版社,2019.

是明显的正相关关系，相关系数分别为 0.61、0.74、0.80，这意味着数字经济发展伴随着财政自给度的提高，有助于缩减财政收支缺口。尽管这不是一种因果关系，但是这种现象在某种程度上佐证了数字财政盈余。

6. 数字财政建设的重点

数字财政建设是数字政府建设的重要组成部分，未来数字财政建设必须要适应数字化发展的要求加速数字化转型，充分利用互联网、大数据、云计算、人工智能等新兴技术构建数字财政管理体系，努力做到用数据说话、用数据管理、用数据决策、用数据创新，不断提高公共财政管理质量，实现"以数理财""以数治税"，不断推动国家治理体系和治理能力现代化。同时也要清醒地认识到，财政数字化转型是一个长期的过程，数字财政建设因其涵盖面较为广泛，并非可以一蹴而就，在未来数字财政建设过程中，应该做好如下四个方面重点工作。

一是要树立数字化治理的理念。数字化时代的数字治理是一种先进的治理理念，财政业务数据化、数据财政业务化，数据价值在数字治理和财政业务融合中得到释放，数字技术让财政有了更加广阔的治理空间和更有效的治理手段。以区块链技术为例，它可以在电子票据管理、预算信息公开、国库集中支付、直达资金机制、对公钱包等诸多领域得以应用，将会大幅提升财政资金管理效率。

二是要加强数字基础设施建设。不断推进各地财政大数据平台建设及统一的信息共享平台和标准体系建设，为财政大数据应用推广夯实数据、技术等数字基础设施，建立数据共享交换的长效机制。

三是加快打造复合型数字化人才队伍。强化学习与培训，促进业务人才和数字技术人才的双向流动，为数字化红利转变为数字财政盈余创造各种有利条件。

四是加快完善数字财政治理体系建设。强化政府、产业界和学术界的对话与交流，建立健全数据全生命周期管理、数字资产评估、数字资产定价、数字经济统计、数字安全防护等基础性制度，加快完善已有的财税制度，把顶层设计和基层实践结合起来，系统性推进数字财政建设进程，最终实现技术进步和制度优化的良性互动，让数字财政真正成为提升财政治理能力的"推进器"。

7. 数字财政总结与展望

综上，国内外学者从不同角度对数字财政进行了一系列研究和探讨，为我国数字财政理论的构建和未来发展提供了思考。但从目前数字财政相关的研究来看，还存在一些问题亟须解决。

首先，对数字财政的理论研究有待加强。目前我国数字财政实践发展很快，学者们研究较充分，但对数字财政的基础理论研究落后于实践，理论对实践应用较难起到科学的指导作用。并且，我国未来财政建设的目标是数字财政，但从目前的研究看，主要集中于财政在运行层面的数字化和财政管理信息化。数字财政是一种新生事物，是先进的治理理念，应该从数字经济与财政理论关系角度加强数字财政的理论研究，要从中国特色社会主义制度和国家治理现代化角度构建数字财政理论体系。

其次，对数字财政的系统研究有待加强。数字财政涉及数字、财政、政府治理等多方面内容的系统性问题，是数字经济与财政相互融合的有机统一体。比如我国目前的"金税工程"和"金财工程"是分别在税务系统和财政系统的信息化管理,未来的数字财政研究要综合财政收支、财政管理和财政运行等内容,系统性运用财政数据和财政信息,构建有深厚理论基础和完整财政理论实践体系的数字财政框架。

最后,对数字财政的国际比较研究有待加强。数字经济的快速发展重构了人类社会生活的方方面面,世界上其他国家的数字经济和数字财政都有新进展。我国目前的数字财政研究还处于起步阶段,关注数字经济发展迅速的国家的数字财政研究,合理借鉴其成功经验,将有助于我国数字财政的研究和探索。作为一个新领域,各国的数字财政大部分处于试行与摸索阶段,数字财政的理论体系和实证研究仍需进一步推进。此外,作为财政学领域近年来的重大创新,数字财政的深度发展能否在提高效率的同时促进公平?数字财政能否缓和当下社会主要矛盾的变化?数字财政区域发展不平衡不充分的影响因素与解决措施有哪些?这些问题同样有待进一步探讨和研究。

总的来讲,建设数字财政是落实"有为政府"和"有效市场"更好结合的题中之义,有助于更好地发挥政府"看得见的手"与市场"看不见的手"的协同作用。

二、数字财政面临的挑战和问题

(一) 数字财政面临的挑战

数字财政建设涵盖的面极为广泛,短期内要有一套相对清晰的建设指南并非易事,需要在实践中不断总结提炼,这就需要政府、企业、学术界等各方加强对话交流形成共识,逐步探索形成一套科学的顶层规划,以系统化改革推动建设进程。当前,财政数字化转型面临以下五个方面的挑战:①

一是数字财政的理念尚未普及。数字财政不是简单的技术手段运用,而是一种先进的治理理念,将数字技术与财政业务进行深度融合,实现政府、个人、企业之间的良性互动,让政府可以以更为精准的公共服务满足公众合理需求,提升公民的参与感和获得感,增强社会凝聚力。数字财政是现代财政制度建设的最优路径,对于改善财政管理绩效、政策绩效等具有划时代意义,要将其放在一个国家治理现代化的高度来认识,而不能简单视为一种技术。

二是数据产权制度有待完善。2017年6月,《中华人民共和国网络安全法》(以下简称《网络安全法》)实施,此后,2019年国家互联网信息办公室发布了《数据安全管理办法(征求意见稿)》,重点介绍重要数据和个人信息管理,尤其是个人信息安全管理的相关内容。分析这些制度内容,可以说,目前与数据产权相关的制度尚未出台,产权明晰是市场经济的基本前提,要形成规范、有序、高效、公平的数据市场,就必须建立起完善的数据产权制度,通过一系列规则,明确数据市场主体对数据生成、挖掘、加工、交易、应用以及监督与问责等的权责利。只有数据的权属得以明确,权利主体关系得以厘清,数据才能够成为可流通的具有经济价值的资产。数据产权制度的建立,使得产权主体的各项权利受到法律的保护,数据市场的各方参与者才具备了挖掘数据价值、创新商业模式的不

---

① 王志刚. 财政数字化转型与政府公共服务能力建设[J]. 财政研究,2020(10).

竭动力，从而加速数据的流通与应用，促进数据产业生态系统的生成。

政府采购中将产生采购公告、合同、支付记录等各类采购数据，并集中存储于政府采购平台。对采购数据进行开发利用，是充分发挥政府采购数字化转型潜在作用的必然要求，而这涉及数据的管理权和使用权问题。现实中电子商务平台经营者是平台数据的所有者，在不影响用户私人信息安全的前提下有权对数据进行开发利用。相比之下，政府采购平台所集成的采购数据并不存在明确的产权主体。政府采购数据源自各个分散的采购人，在一定程度上具有国有资产的性质。虽然每项数据都有对应的所有者，但数据集成后必然出现所有者缺位。同时，平台运营者虽然承担着数据的存储与管理职责，却没有法律明确赋予其对数据的管理权和使用权。平台运营者可以将数据用于履行预警、监管、决策支持等公益职能，但若没有所有者为其授权，在对数据进行商业性开发利用方面必然受到一定的质疑和阻力，从而制约其基于采购数据更好地服务于各采购监管部门和市场主体，为社会创造更多的价值，促进数字政府建设和繁荣数字经济。随着数字化政府采购的持续进行，政府采购平台集成的采购数据将越来越多。如果长期不明确管理权和使用权的问题，采购数据将会成为冗余资产，难以发挥政府数据资产的价值。数据规模的扩大只会增加政府采购平台运营商的存储与管理成本，却无法为其带来相应的收益。这一矛盾将严重抑制政府采购平台运营者的激励与活力，最终阻碍政府采购数字化转型的进一步发展。

三是数字财政建设的基础条件薄弱。数字财政首先要有一个较为完备的财政数字基础设施，即财政大数据平台，这里面既有数据生产系统，又有数据交换和使用系统。作为数据生产系统，预算管理一体化系统标准化建设还在推进中，预算管理一体化的基础是项目库管理，预算项目的定义、范围、管理标准的不统一会导致央地间、部门与财政间的项目库管理难以衔接，不利于预算编审和全生命周期管理。现有的财政业务信息系统之间仍未形成统一的数据采集、交换、使用等技术或业务标准，上下级财政系统间的数据交换通道不畅，对外部数据的搜集、共享程度不够，导致单位信息、人员信息、资产信息、政府债务信息、支出标准、绩效指标、会计信息、采购信息、账户信息等基础信息还未能实现全覆盖。此外，各地的财政资金管理信息化进展不一，基层财政部门的数字基础设施薄弱，政策落地"最后一公里"面临挑战。

四是数字财政需要的复合型人才不足。尽管数字技术已经有了很大的进展，但是如何将其与财政业务进行无缝衔接，需要进行详细的应用场景分析，也就是以问题为导向，这需要一批复合型人才。复合型人才供给已经成为数字财政建设的短板所在，无论是财政内部抑或信息技术提供商内部都存在复合型人才短缺问题，导致在双方合作中花费大量时间来进行沟通，延缓了相关系统建设进度。作为数字财政复合型人才的主要提供者，高校相关数字财政学科建设亦滞后，数字财政复合型人才供求失衡不利于数字财政建设。

五是数字财政需要加强国际合作。全球化带来人员、资金、技术、数据等跨国流动频繁，随着经济数字化程度提高，所有这些要素都可以浓缩为数据流动，数据信息可以迅即跨越国界，进而对全球产业链、国际贸易、资本流动等产生重要影响，给跨国税收协调、财政政策协调等带来新的挑战，这就需要加强国际合作，及时掌握各类数据信息，设计更好的国际数字财政合作机制，以更好地平衡全球利益分配，减少新的风险挑战。例如科技跨国企业在母国之外的数字服务该如何征税，单边还是多边税收协议如何制定，生产地原则还是消费地原则等，这些都需要各国进行谈判磋商。

（二）数字财政面临的问题

尽管数字财政建设在我国已取得一定成效，但总体而言相关理论和实践发展尚处于探索阶段，数字财政建设面临着理念、规范和标准建设等方面的系统性挑战，主要体现在以下四个方面：

1. 理论困境：数字财政缺乏统一的目标和理念

数字财政的理念尚未普及，对于财政数字化转型的底层逻辑和基础理论没有研究透彻，对实践的指导性较弱。实践缺乏理论指导，导致多地财政数字化转型工作都在走"试错"的路子。各地只能依据中央指示、参考其他省份做法，结合自身实际"摸着石头过河"，存在推进建设的思路不够清晰、有力抓手不多等问题。

一是缺乏明晰的数字财政目标建设。从国外财政信息系统的一体化建设来看，要保障财政信息共享共用的透明度、准确性和可及性，需要为财政预算管理和监督提供有效的目标设置、标准管理或指导原则，相比之下，我国在预算管理一体化建设中缺乏明确的绩效性、公平性和效益性标准，有关目标的设计过于"技术化"，缺乏目标指引，容易使数字财政建设陷入标准不明、推进不力的困境。

二是尚未完全树立起数字治理理念。数字治理理念是新时代政府治理理念的创新，是符合数字经济时代的先进治理理念，数字技术让财政有了更加广阔的治理空间和更加有效的治理手段。但是目前数字治理思维在政府治理全过程中尚未全面建立起来，公众参与的数字化观念也不牢固，需要对数字财政理念推广普及，形成财政数字化的观念和智能化管理的模式，构建数字化、智能化的政府运行新形态。

三是数字财政的理论基础较为薄弱。目前我国对于数字财政的实践应用经验总结成果比理论分析成果多，相比于各地对数字财政建设的现实探索，理论支持还远远不够。例如，数字财政的底层逻辑是什么？要建设数字财政需要以何理论为支撑？现有理论研究深度还较为有限，难以支撑未来财政数字化的深入转型以及数字财政的进一步改革。

2. 制度困境：数字财政的规则制定存在短板

"数据"是当前财政数字化转型过程中的核心要素，涉及不同部门、不同层级乃至政府和市场关系等一系列问题，存在较为复杂的权责利关系。目前国内针对数据开发利用、数据交易、数据保护、数据伦理等方面尚没有系统性、权威性的法律法规或制度文件，数据集中后如何治理的体系还不够完善。财政作为综合部门，数字财政具有跨部门特征，涉及数据库建设和维护、资金拨付和使用、部门间衔接、政府与市场关系等一系列问题，数字财政建设仅靠财政数据支撑是远远不够的，需要涵盖经济社会众多领域的宏微观大数据支撑，但目前数字财政建设所需的大数据集中的规模和程度还不够，部门间的数据交换共享通道不畅，部门间的基础信息尚未能实现全覆盖，数据的应用研究还不够系统深入，基础条件有待夯实。

一是法律制度相对落后。目前国内针对数据开发利用、数据的估值、数据的交易和保护等方面尚缺乏系统性、权威性的制度规范，有关数据治理法律规范的专业性、科学性、可操作性有待提升，"无规可依"成为制约财政数字化转型的重要问题。① 例如，尽管我国《数据安全法》第21条明确了国家建立数据分类分级保护制度，但对于算法产生的局限性，目前尚未纳入数据安全法的规制范畴。

二是数据保障制度不健全。随着数字经济的发展，数据作为新型生产要素逐步成为国家参与国民收入分配的重要工具，但我国数据保护制度体系还不够健全，政府信息系统管理制度不完善，大量数据难以保证使用安全和隐私安全。具体来说，在财政大数据管理中存在数据共享不畅、数据产权不明、隐私保护不力等问题，制约了"数据仓库"的建设。

三是数字财政监督机制不完善。现有关于财政监督的数字化程度不高，对数据的自动采集、分析能力有待增强。且从监督的流程来看，主要侧重事后监督，事前预警、事中动态监控力度不足，容易导致不必要的损失。② 此外，财政部门、审计部门以及纪检监察等部门在数字财政监督领域缺乏有效协同，未能形成监督合力。

3. 技术困境：数字财政的前沿技术未能深入挖掘

随着数字财政内涵的深化，我国旨在推动的数字财政不是简单地把数字技术应用到财政治理的"物理变化"，而是需要实现流程再造、效率提升、治理优化的"化学反应"。

一是数字基础设施落后。信息基础设施是数字经济快速发展的支撑，加强信息基础设施建设、强化信息资源深度整合，能够打通经济社会发展的信息"大动脉"。在数字财政建设中，我国各级财政局虽然高度重视财政数字化的引领作用，但目前的一体化软件应用体系尚不能满足各方需求，"数据高铁"、公共数据平台、云计算等技术有待在数字财政领域深度嵌入。③

二是数据处理能力不高。一些部门本身数字技术发展缓慢，没有达到高效处理海量数据的要求，财政部门的信息处理能力有待加强。加之部门间的数据统计口径和标准不尽相同，平台所遵循的技术规则也不全然相同，数据端口之间的对接存在困难，客观上影响了数据的大集成和信息之间的共享共用。

三是财政数据应用的互动性有待加强。受限于现有管理体制的影响，当前的财政数据应用主要依靠各级财政部门单方决策进行公开，信息传递缺乏双向沟通互动，其他单位和个人能够了解的信息广度和深度有限。一方面，各预算单位只扮演数据录入的角色，被动地接受财政部门的公开数据，难以根据自身需求进行纵向和横向的对比，缺乏数据获取的能动性；另一方面，尽管社会公众可依申请要求财政部门信息公开，但申请信息公开的程序繁杂、透明度不高，使得公众的监督权利难以得到保障。

4. 保障困境：数字财政的建设力量较为薄弱

数字财政建设涵盖所有财政管理和改革范畴，是一项庞大复杂的系统工程和长期性工作，当前数字技术发展迅猛，条线分支比较多，技术更新换代非常快，而财政领域本身知识体系庞杂，业务烦琐，能够兼具技术与业务能力的复合型人才极为缺乏，建设力量存在较大短板；部分地区数字财政建设缺乏稳定的工作机构和人才队伍，导致数字财政建设水

---

① 谢易和，许家瑜，许航敏. 数字财政：地方实践、理论辨析及转型思考［J］. 地方财政研究，2021（04）.
② 李灏. 数字财政的广东实践与未来发展建议［J］. 会计师，2022（18）.
③ 方小明. 县级数字财政建设的实践与探索［J］. 网络安全和信息化，2022（03）.

平存在较大的区域之间、行政层级之间、领域之间的不平衡。

一是数字财政建设水平不均衡。数字财政在发达地区与欠发达地区、中央与地方层级之间、省级与省级以下层级之间的发展程度存在较大差别。财政原本应起到促进地区间分配公平的作用，但由于资源和技术往往集中在发达地区和中央层面，这反而容易造成不同地区和不同行政层级之间的发展不平衡。比如，最早进行数字财政建设的地区如广东、浙江、江苏等省份已完成了数字财政基础框架的搭建，走在了其他省份的前面，而那些落后地区往往既无资源优势又无政策支持，数字财政改革进程缓慢，就此而言，数字财政建设必须改善上下级政府之间"木桶效应"明显、不同层次政府之间推进差异过大的问题。

二是部门权责利关系尚不明晰。数字财政并非财政部门的一己之事，其不仅涉及统一的数字财政目标设定、相关政策的制定和分析，还涉及数据库的建设和维护、部门间的衔接和沟通等一系列问题，在此过程中谁主谁辅需要进行明晰的权责安排和利益分配，但就当前来看，我国尚未对数字财政建设进行科学合理的分工安排，财政数字化转型及改革建设过程中容易出现主体不明确、责任归属不清晰、权力和利益分配不公平等问题。

三是各部门协作有待加强。当前数字财政往往是由财政部门独自建设，其他政府部门的重视程度、支持力度还不够充分，有待通过激励性的制度建设、规范的程序机制，为各部门共同参与数字财政建设创造良好环境。

三、数字政府下的横向转移支付

推动全国数字政府建设从不均衡向均衡迈进。一方面，要以省级以下财政体制改革为契机，明确省市县三级政府的数字政府建设事权和支出责任划分，加大对落后地区数字政府建设的转移支付力度，形成制度化的数字政府建设财政保障机制。另一方面，要在制度、体制和机制等方面总结和推广浙江、广东等地区均衡推进辖区数字政府建设的经验和做法，形成可复制、可推广的良好实践方式，以更高水平的数字政府建设来提升地区财政透明度。

（一）数字政府

随着时代发展，数字政府成为建设数字中国的关键环节，而数字财政则是建设数字政府过程中不可或缺的组成部分。① 2019年党的十九届四中全会发布的《中共中央关于坚持和完善中国特色社会主义制度推进国家治理体系和治理能力现代化若干重大问题的决定》提出"推进数字政府建设，加强数据有序共享"的战略设想。《中华人民共和国国民经济和社会发展第十四个五年规划和2035年远景目标纲要》提出，要将数字技术广泛应用于政府管理服务。党的二十大报告提出要加快建设数字中国的重要部署。2022年国务院印发的《关于加强数字政府建设的指导意见》，就主动顺应经济社会数字化转型趋势，充分释放数字化发展红利，全面开创数字政府建设新局面作出部署。2023年2月27日，中共中央、国务院印发的《数字中国建设整体布局规划》提出要发展高效协同的数字政务，强调加快制度规则创新、强化数字化能力建设、提升数字化服务水平。

---

① 王婷婷，杨明慧. 数字财政的发展动因、主要挑战与优化路径［J］. 财政研究，2023（05）.

当前，我国政府正以新一代信息技术为支撑，加强大数据驱动下的机制、平台、组织结构创新。受此驱动，各级政府财政业务信息系统建设成效显著，数据共享和开发利用取得快速进展，数字化改革正持续推动政府履职效能的优化。在数字政府建设中，数字财政可以大力助推政府进行全面数字化改革，并借此优化财政收支结构、提升财政预决算效率、增进公共服务供给的公平性。

(二) 数字政府下的横向转移支付

公共服务均等化原则要求居民享受公共服务的机会均等、结果均等，而均等的前提是各地方政府要有相对均等的财政能力，既包括税收能力，也包括财政支出能力。然而在市场经济条件下，各地之间由于地理环境、自然资源、人口素质、城镇化程度和经济发展水平不同，造成税基规模差异，进而导致各地方政府税收能力和支出能力产生差异。横向转移支付能够在纵向转移支付的基础上，加大弥补地区间财政能力差距的力度，进一步实现地区间财政能力的均等化。①

1. 促进财政分配的公平性

数字财政对于建立健全科学的财政体制，优化资源配置，促进社会公平意义重大。当前，虽然中央和地方财政关系不断完善，但省以下财政体制改革相对滞后，数字财政能够助推省以下财政体制的改革，尤其是在转移支付方面，能够利用数字技术和智能化管理模式发挥财政在资源配置、财力保障、统筹调控中的作用，促进公共服务的均等化。例如，在财政转移支付领域，政府可以运用大数据分析来优化转移支付制度设计，提高转移支付对基本公共服务均等化的支撑力度；利用生物识别技术来实现扶贫资金的精准识别、精准帮扶、精准管理、精准考核，实现扶贫资金的有效使用。② 尤其是，经由数字财政建设，政府资金能够通过"直达快享"机制及时传递到基层和个体，实现个体享受国家财政帮扶的公平正义。

2. 财政支出的数字赋能让资金流转便捷高效

数字社会的来临拉近了人们之间的距离，但风险的复杂性和危害性也因群体间的高度关联而升级。从各国财政支出的变革来看，随着公共风险应对力度的加大，为保障财政支出的公平性和及时性，财政政策支持体系也在进行适应性调整。例如，各国以往流行病和经济危机期间的经验表明，采用数字化的转移支付方案和模式可以有效保护脆弱家庭，尤其是贫困地区的家庭。而在新型冠状病毒感染疫情发生之后，越来越多的政府直接采用现金转移支付方式来保护脆弱家庭，数字化在帮助政府高效、快速地向其预期受益人进行财政资金的现金支付上发挥了重要成效。这些措施表明，政府可以使用数字技术识别和验证直接明确现金支付收款人的范围、建立有效进行现金支付的机制，精简公共财政管理程序，确保快速地为公民提供福利或现金支持。同时，数字技术还可以确保财政的透明度，对财政支出的过程进行适当监控，有效防止严重的财政违法违规行为。③ 为此，从财政支

---

① 林继红. 推进京津冀协同发展的横向财政转移支付体系的构建 [J]. 税务与经济, 2016 (02).
② 王志刚. 财政数字化转型与政府公共服务能力建设 [J]. 财政研究, 2020 (10).
③ Una, G., Allen, R., Pattanayak, S., et al.. Digital Solutions for Direct Cash Transfers in Emergencies [J]. Regional Economic Outlook, 2020 (04).

出的角度看,各国都加强规范政府配置财政资金行为,增强大数据与公共服务精细化之间的内在契合性,促进财政支出向公众最需要的领域倾斜。各国应急财政资金现金支付的典型做法如表 10-1 所示。

3. 特殊转移支付有效助力应急财政管理

财政转移支付是弥补地方财政缺口、均衡地方政府财力、缩小地区差距和城乡差距的重要机制。[1] 在数字财政发展过程中,随着地方政府对中央政府财政资金转移支付"效率性"诉求的增加,财政转移支付的数字化得以发展。在当今经济下行压力大的情况下,我国为化解地方政府财政压力,创新实施了"数字化"的特殊转移支付制度,该制度要求省级财政不截留,资金直达基层。在此过程中,政府建立了严密的数字监管系统,要求对特殊转移支付从中央财政资金源头到企业、居民等资金使用的最末端进行全链条的监控,对资金的分配、拨付、使用进行跟踪,并规定标准化的数据规范,对全过程信息留痕,防止弄虚作假、套利行为的发生。为做好该项制度保障,财政部通过制定管理办法、明确管理要求、建立台账制度、实行全程监控、加大监管力度、强化问责机制等方式,建立和完善了直达资金的监控体系,成为数字财政在转移支付领域的重要实践。

表 10-1　　各国应急财政资金现金支付的典型做法

	第一阶段:识别并登记受益人	第二阶段:联系预期受益人并执行现金支付	第三阶段:处理、控制、记录和报告现金支付
主要措施	1. 对于正规劳动力市场,利用现有的社会保障和税收征管数据库。 2. 对于其他受益人,利用其他现有的数据库,如社会保障、税收、公共事业数据库进行识别。 3. 使用应用程序编程接口和机器人流程自动化验证其他数据源的注册。 4. 考虑采用一种增量法——先提供少量救济,再进行正式登记。 5. 在财政部设立一个统一的机构领导该计划,并与其他政府机构、银行业部门和移动网络运营商进行协调。 6. 通过验证,不仅要确保受益人符合福利标准,还要确保避免重复和"幽灵"领取福利。 7. 确保对计划及其数据库适用数据保护标准。	1. 如果预期受益人拥有银行账户,可通过中央银行的电子支付网络进行直接转移。 2. 其他支付选项可能包括商业银行、邮局和预付卡。 3. 当建立财政资金的数字化现金支付需要更多时间时,则考虑采用两种并行的交付机制:柜台现金实物分配、数字现金。 4. 转移支付。如果现金支付是唯一选项,则可利用地区财政办公室、其他政府服务提供单位和/或金融机构的现场或流动分支机构。 5. 需要向参与实施现金支付计划的银行、其他金融机构或邮局提供补偿,以支付其行政费用。	1. 必要时调整财政法律法规,以便灵活、快速地实施计划。 2. 通过指定用途,将一些资金,如捐赠款项用于有针对性的现金支付。 3. 为便于登记、核算和支付支出,精简控制和批准流程,并对国家的财务管理信息系统进行必要的调整。 4. 对于拥有国库单一账户的国家,利用中央银行的国家电子支付系统,直接以现金支付方式集中到国库。 5. 采用强有力的机制,通过事后审计和监察防止欺诈和腐败。 6. 定期发布关于财政资金的现金支付和使用的报告,最好是实时发布。 7. 加强财政部信息技术部门适用政府网络安全政策和程序的能力。

资料来源:IMF 财政事务部数据。

---

[1] 王灿雄. 财政转移支付、数字普惠金融与城乡协调发展 [J]. 技术经济与管理研究,2023 (01).

第三节
大数据时代的政府间关系

一、数字时代政府间关系

数字时代的社会巨变给当代中国政府治理带来深刻影响，意味着政府治理面临诸多崭新的治理情境。

进入数字时代，治理情境变迁对基层政府的信息优势带来新的挑战，线上数字空间的出现导致基层政府传统信息收集方式的适应性降低。具体而言，大规模的经济社会事务在数字空间发生，各种各样的线上行为痕迹被时刻记录，由此形成的巨量行为数据分布于数字空间，基层政府的传统信息收集方式不再适用于数字空间的信息收集。数字空间的信息收集，需要相应的数据资源、数据权限、技术设备、专业人才和资金保障等，超出了大多数基层政府的能力。与此同时，中央政府和省市政府却有可能绕开基层政府直接获取数字空间的信息，获得比较优势。但这并不意味着上级政府在治理信息收集方面可以完全替代基层政府。因为数字空间的社会互动是由实体空间的行动者带来的，仅仅了解数字空间的信息不足以把握治理对象的完整信息。当今时代多层级政府间的信息优势结构正在发生深刻变化，出现了一种特殊而重要的结构，即上级政府和下级政府分别在数字空间和实体空间具有信息优势，称之为"信息优势的上下分化"。

进入数字时代，数字空间成为人类社会一种全新的生产生活空间，大规模分布在不同属地的行动者通过数字空间互动。对国家治理而言，这不仅意味着迥异于传统属地的新"疆域"的出现，而且意味着"跨区域事务"的指数级增长。[1] 面对这种巨变，属地治理的覆盖性大为降低。第一，新"疆域"的治理责任难以依旧的属地原则进行清晰分割和层层分解。不同属地行动者在数字空间的互动，难以完全界定为某个单一属地政府的治理范围。第二，属地政府更多只能掌握"跨区域事务"在属地范围内的信息，难以掌握分布在其他属地的相关信息，而且属地信息与治理所需的信息之间存在很大差距。

进入数字时代，数字技术在社会大众中的广泛应用，极大增进了社会福祉，同时也导致社会风险的规模放大。社会风险的规模放大效应，对属地化的分级治理模式构成了重大挑战。焦点在于，数字时代的连通性、中心性和扩散性三种机制会放大局部对于全局的影响力，导致"上下分治"治理体制的风险分散、隔离和化解作用减弱。一方面，行动者通过数字空间带来的风险事件，难以被限定在实体空间中其所处的局部区域。另一方面，实体空间中的区域性风险事件，在数字空间中可能会迅速引发全国乃至全球范围内的广泛关注，形成整体性的社会影响。这两个方面都会导致风险治理压力逐级上移，因此，各级

---

[1] 黄其松. 数字时代的国家理论[J]. 中国社会科学, 2022 (10).

政府的风险治理压力较前数字时代都大幅增加。

多层级政府需要根据不同领域治理情境变迁的实际情况而选择相应的治理模式。如果一个领域的线上化、跨域化和风险性程度越高，那么基层治理短板越可能暴露出来。在此情况下，完全依靠"行政发包"和"上下分治"难以实现有效治理；同时，如果实施"垂直管理"和"高度关联"的成本又太过高昂，则中央政府和省市政府更有可能直接参与到治理之中，由此产生"上下共治"的治理模式。

二、不同时期与数字时代政府间关系比较

"上下共治"治理模式的出现，表明数字时代改变了"行政发包制""上下分治的治理体制""国家治理的制度逻辑"等理论的前提预设。[①] 如表 10-2 所示，对五种治理模式进行比较。既有国家治理理论的共同特点在于，都是以实体空间的属地化分级治理为经验基础，提出的"行政发包""上下分治""垂直管理""高度关联"等概念都旨在刻画多层级政府应对实体空间治理问题所发展出的治理模式。其中，"行政发包"主要应对激励问题，有助于降低中央政府的组织成本；"上下分治"主要应对风险问题，有助于将风险分散在局部、隔离和化解在基层；"垂直管理"主要应对地方干预问题，有助于实现一体化治理、维护中央政府利益；"高度关联"应对组织危机问题，有助于对地方政府行为进行纠偏。进入数字时代，这四种治理模式并未失效，而是稳定存在，它们涉及的治理问题依然存在，依然具有难以替代的功能。然而，"数实相融"的新型治理情境对基于实体空间的属地化分级治理构成基础性挑战，急需具备适应性的新型治理模式才能实现有效治理。基于此，"上下共治"作为一种新型治理模式出现了，通过上层治"数"、下层治"实"、分工协作和共同治理来应对新型治理情境，弥补基层政府在数字信息、线上治理、跨区域协调和风险监测预警等方面的短板。

表 10-2　　　　　　　　　　　五种治理模式的比较

治理模式	行政发包	上下分治	上下共治	垂直管理	高度关联
层级关系	层层发包和监督、职责重叠和覆盖；不是分工关系；整体性发包代替专业化分工和一体化协调；整体性问责、结果考核	治官权和治民权分设，中央和省市政府掌握治官权，县乡政府掌握治民权；上层治官、下层治民，上层通过治官间接治民	上层治数、下层治实；分工协作、共同治理；中央和省市政府开展数字空间治理、跨区域协调和风险预警；强化属地责任	上层治数、下层治实；分工协作、共同治理；中央、省市政府开展数字空间治理、跨区域协调和风险预警；强化属地责任	自上而下高度集权、整合、动员；中央政府保留目标设定、检查验收和激励分配等所有控制权；打破常规运行，开启动员式治理
中央政府	发包方（管人）	治官之官	混合型角色	一体化管理	绝对主导
省市政府	转包方（管人）	治官之官	混合型角色	配合型角色	被动执行
县乡政府	承包方（管人）	治民之官	不完全承包	配合型角色	被动执行

---

① 向静林，艾云. 数字社会发展与中国政府治理新模式［J］. 中国社会科学, 2023 (11).

"上下共治"治理模式展现出来的政府治理变革逻辑在于：为了应对"数实相融"的新型治理情境，多层级政府的关系属性、实际角色和运行方式在"行政发包""上下分治"治理模式的基础上出现了三个标识性和实质性的变化。一是中央政府和省市政府愈发凸显地直接开展数字信息收集、数字空间治理（风险监测预警）、跨区域事务协调等；二是中央政府、省市政府、县乡政府之间的优势互补、分工协作和共同治理效应更加凸显；三是中央政府和省市政府对于治理过程的控制性、整合性、协调性和监督性在增强。正是因为这一变革逻辑，"上下共治"既有别于"行政发包""上下分治"，又与它们有一些相似之处（如实体空间属地治理任务的层层分解）。也正是基于这一变革逻辑，在"上下共治"治理模式中，虽然中央政府和省市政府保留关键权力、直接参与治理，但明显不同于"垂直管理"模式中的一体化管理和"高度关联"模式中的集中式动员。因此，"上下共治"是一种新型治理模式，是多层级政府应对数字时代环境巨变的适应性变动，这种变动是渐进性而非颠覆性的。至此，可以得出一个推论，即在其他条件（如垂直管理成本）相同的情况下，如果一个领域的线上化、跨域化、风险性程度越高，那么多层级政府呈现"上下共治"治理模式的可能性越高。[①]

值得指出的是，在当代中国国家治理体系的整体结构中，"上下共治"与"行政发包""上下分治""垂直管理""高度关联"之间并不是竞争和替代关系。第一，五种治理模式之间存在互补和并列的关系。它们是多层级政府面对不同环境压力、应对不同治理问题、采取不同应对策略而生成的不同治理模式，共存于数字时代中国政府治理的实际运行中，只不过分布于不同的治理领域、治理情境或治理阶段，发挥着各自不同的治理效能，在中国国家治理体系中扮演不同角色而已。第二，五种治理模式并非基于单一的维度划分，而是可以从不同维度进行分类和比较。例如，相比"高度关联"而言，其他四种治理模式是更加常规型的治理模式；从地方分权程度看，"行政发包""上下分治"更高，"垂直管理""高度关联"更低，"上下共治"居中；从中央政府或省市政府的过程控制程度看，"行政发包""上下分治"最低，"上下共治"较高，"垂直管理""高度关联"更高。第三，五种治理模式并不互斥。例如，"行政发包"中内含"上下分治"，"上下共治"中包含"上层治官"和"不完全发包"，"垂直管理""高度关联"中也可以存在"上层治数、下层治实"。

三、数字经济时代下财政经济的协同

数字财政是财政收支管理的系统性数字化变革，通过数据集聚、数据共享、数据协同、数据赋能和循数决策，实现以数聚财、以数理财、以数促管和以数辅政，提升财政监管与服务、财政分析与决策的数字化和智能化水平，增强财政收支的科学性、公平性、效益性，从而更好发挥财政在整个经济社会发展和政务服务中的基础性作用。与传统的财政管理模式相比，数字财政是以数据证据为基础、促进财经数据协同共享、注重财政数据发掘应用、提高财政资金服务便捷效率、更好发挥财经数据在经济社会发展中的作用的新型

[①] 向静林，艾云. 数字社会发展与中国政府治理新模式 [J]. 中国社会科学，2023（11）.

财政治理模式。这种新模式力图借助数字技术来挖掘、整合、活化和运用财经大数据,服务于政府的精准化决策、智能化服务和协同化监管。

以数字财政赋能数字经济。数字经济是新经济高质量发展的重要趋势。数据要素的开放、流通和交易,是数字经济发展的前提条件。打造数字财政赋能数字经济发展的新场景,包括积极稳妥开放数字财政所集聚的财经数据资源,为数字经济发展注入活力;利用数字财政平台推动跨部门、跨领域的数据整合与共享,推动数据产品开发和确权数据资产,为数字经济发展创造价值;以数字财政平台为依托,推动数据产品和数据资产的流通交易,实现数据的货币化或金融化,为数字经济的发展蓄力赋能。

以数字财政融合"政策链—资金链—产业链"。高质量发展需要配套各类民生政策、产业政策和相应的财政补贴资金,进而形成政策链、资金链和产业链的关系,而促进这三链的有机融合则是高质量发展的加速器。打造数字财政赋能公共服务的新场景,包括在数字财政平台整合各类民生和产业政策及其补贴资金"一网"统管、智能分析政策内容、优化政策组合、杜绝重复补贴或错误补贴;依靠财政大数据分析构建财政资金使用和产业发展关系的算法模型,实时追踪资金链和产业链的耦合关系,最终使资金、政策和产业的数据流相融合,实现政策、资金与产业的最优匹配。

第四节 加强数字化发展治理、推进数字化政府建设

一、从数字管理到数字治理

数字时代的背景下,政府正经历从数字管理到数字治理的转型。为了明晰转型过程并发现该过程的范式特点、现实表现和深层问题,基于对数字管理和数字治理进行整体性分析。研究发现在理论演进视角下,数字管理与数字治理存在情境、特征、功能、技术、理念五个维度的转向,数字治理是对数字管理的继承与发展。在实践发展视角下,二者存在从流程驱动到要素驱动、从事务管理到需求服务、从垂直管理到多元参与的转向。

自20世纪末以来,随着信息技术的发展,人类社会步入数字时代。数字管理随之被引入到政府部门中,用以重塑政府流程和优化政府服务。近年来,工具属性的数字逐渐成为一种生产要素,赋能和赋权于政府治理,以数据驱动和数字治理为核心特征的数字化转型成为政府治理改革的核心议题。

当前,我国政府正在经历从数字管理到数字治理的转型过程。数字管理与数字治理的关系看似彼此对立,实际上数字治理大量采用数字管理的理念,二者的理论边界模糊不清。数字管理最早可追溯到19世纪末20世纪初弗雷德里克·温斯洛·泰勒(Frederick Winslow Taylor)提出的科学管理理论,该理论通过实验式的工作流程获取标准化数字,

以优化工作管理过程。① 但随着20世纪40年代第一台电子计算机的问世,信息技术开始出现并逐渐变成一种重要的生产技术,这让数字管理改变传统意义上的量化管理过程,开始突破人类个体在数据存储和管理活动的有限边界,进而获得信息技术时代下的新发展。因此,在技术飞速发展的背景下,"数字管理"不再是刻板印象下工业文明标准化的工作优化过程,而是利用网络技术、信息通信和人工智能等,量化管理对象与管理行为,实现计划、组织、协调、管理、创新等职能的管理活动和管理方法的总称。但由于数字管理会产生效率对公平的压制、技术对价值的漠视以及目的与手段的分离等问题,学界开始倡导对人性基点的回归,出现由数字管理向数字治理过渡的趋势。英国学者帕却克·邓利维（Patrick Dunleavy）系统地阐述了"数字治理"理论,该理论倡导由传统的公民参与转变为现代的电子参政,形成公民与政府互动的新形式。国内最早在2000年对数字治理的应用进行初步探讨,直到2005年以后才开始进入理论和应用同步发展的状态,并形成以竺乾威为代表的数字治理研究浪潮。数字治理顺应新公共管理的逻辑,通过信息技术的变革将公民纳入治国理政之中,形成多元主体参与、政务工作透明、政社关系改善的治理形态,并成为和网络化治理等具有互补关系的社会治理模式,从而更好地实现善治目标。

数字管理是管理导向的,意在使用企业家精神重塑政府流程;而数字治理是治理导向的,旨在使用数字技术赋能政府。数字治理的产生源于信息技术发展,更源于其作为治理理论的分支,与中国治理现代化的要求具有内在一致性。但基于实践环境的复杂性,某种程度上数字治理仍然带有数字管理的影子,如均重视技术应用、兼有工具理性的风格和欠缺对公民参与的重视等。然而另一方面,数字治理在数据驱动下致力于构建服务型政府以提供更好的公共服务,此种意义上它又实现了对数字管理的超越。我国的高质量发展转型依赖于党的集中统一领导,同时深受历史造成的城乡二元结构的影响,数字管理到数字治理的转型也不例外。这一转型过程中形成了"中央统筹,城乡二元"的数字实践路径,不同时期呈现出各具特色的数字实践样态。

二、数字治理政府：构建数字化政府

要基于数据共享与数字共治,加快数字经济时代下政府职能的转变和升级,推动数字政府建设。加强数字政府建设是全面建设社会主义现代化国家的历史性、全局性、战略性任务。党中央高度重视电子政务发展,强调要以信息化推进国家治理体系和治理能力现代化。党的十九大以来,数字政府建设加速推进。《中华人民共和国国民经济和社会发展第十四个五年规划和2035年远景目标纲要》明确了数字政府建设的任务,单独设立"提高数字政府建设水平"章节,重视程度可见一斑。数字政府建设是创新政府治理理念和方式、形成数字治理新格局、推进国家治理体系和治理能力现代化的重要举措。党的十八大以来,我国高度重视数字经济的发展,数字政府建设步入快车道,中央和地方各级政府部门积极探索数字政府的建设方式。总体来看,我国当前电子政务的建设已初具成效,为

---

① 保海旭,陶荣根,张晓卉. 从数字管理到数字治理：理论、实践与反思 [J]. 兰州大学学报（社会科学版）,2022,50(05).

"十四五"期间进一步提升数字政府治理能力奠定了坚实基础。数字政府在整个经济社会的数字化、智能化过程中占据着不可或缺的一环，既是我国构建数字经济治理体系、促进数字经济健康持续发展的基本需求，也是国家治理体系和治理能力现代化的重要推动力。要以数字政府为核心，充分利用好政府部门的公共数据资源，统筹安全与发展推动数据共享，充分调动好数字经济中的各类互补者，集合社会各界力量做好数字共治，最终共同推动数字政府的建设。

经济基础决定上层建筑，上层建筑反作用于经济基础。数字经济时代下，数字技术与实体经济深度融合，数据要素赋能数字产业化与产业数字化的各类应用场景。只有构建适用于数字经济发展规律的数字政府，才能安全高效地提升数字经济的治理，进而规范和引导数字经济的健康持续发展。综合当前我国数字政府的建设现状以及未来数字经济的发展需求，构建数字政府应遵循如下三大原则：第一，统筹安全和发展两件大事，推动公共数据赋能社会治理与经济发展。政府开放、共享公共数据，提升数据利用效率是构建数字政府的一个重要方面，而作为国家战略资源，数据的安全又关乎国家安全。因此，既要坚持底线思维，增强忧患意识，严守《中华人民共和国数据安全法》，建立健全数据安全协同治理体系；又要勇于探索，敢于创新，最大限度发挥公共数据的社会经济价值。第二，数字政府在满足人民对美好生活向往的同时，也要起到规范数字经济发展的作用。数字政府的构建需要紧紧围绕我国现阶段的主要矛盾，要把满足人民对美好生活的向往作为出发点和落脚点。同时，数字政府建设也应走在数字经济发展的最前沿，把握数字经济的方向，规范数字经济的发展。第三，数字政府建设应把握好政府与市场的关系，充分利用数字经济的客观发展规律。数字政府不仅是数字社会与数字经济的治理者，也是重要参与者。因此，数字政府建设需要充分理解、分析并利用好数字经济的客观发展规律，和各类数字经济互补者共同打造有效率的数字社会与数字经济，共同构建有效果的数字治理体系。

构建平台型政府，通过数字平台集中社会各层级力量，做好数字共治。数字经济的发展催生了大量的数字平台，数字政府一方面可以在数字平台上开设官方政务号，提升政务覆盖人群；另一方面也可以构建平台型政府，与数字平台的接入者之间形成更为紧密的网络联结关系。平台型政府的信息传递更及时，信息透明度更高，政府与民众的信息交互性也更强。构建平台型政府，以各级政府为核心，发挥集体智慧，集中社会各层级力量做好公共治理。平台型政府下，数字政府领导数字平台和民众共同形成数字共治力量，为中国国家治理体系的现代化提供动力，也为疫情治理、共同富裕、"双碳"发展等目标的实现凝聚全社会的合力。

加快职能角色转变，联合数字经济各类互补者，做好规范数字经济发展的数字共治。数字经济下，政府既扮演治理者角色，也扮演参与者角色。[①] 数字技术与数据要素赋能传统产业转型升级，在催生新产业新业态新模式的同时，也引发了诸如数字平台垄断、数据隐私保护不当、互联网资本无序扩张等问题。因此，数字政府建设也要求政府能够深入理解数字产业的发展逻辑，掌握数字经济的发展动态，并及时、有效地出台政策条例，规范数字经济发展过程中的不合理现象。在这些政策条例的起草、修正和出台过程中，同样可

---

① 任保平，孙一心. 数字经济背景下政府与市场制度创新的协调研究［J］. 财经问题研究，2023（04）.

以凝聚包括高校学者、业界实践者等在内的数字经济各类互补者的社会智慧。构建数字政府要以各级政府为核心，以数字经济各类主体为重要互补者，共同应对数字产业生态发展、数据要素市场构建等方面的现实问题，为数字经济的健康持续发展保驾护航。

三、小结

从数字管理到数字治理的转变源于信息技术的更新换代和治理体系现代化的要求。数字管理和数字治理同属于数字范畴，但内在含义截然不同，在中国语境下，数字管理像是结果管理，数字治理则更像是过程管理，二者的区别主要在于是否以公共服务为导向、是否有多元主体参与以及是否兼顾公共价值理性。数字治理是数字时代全新的治理取向，实现了从数字管理到数字治理的更新。[①] 这一更新能有效加强顶层设计，强化政策制定与部署落实，构建规范有序的数字化治理体系，把握发展与治理的平衡点，建立全方位、多层次、立体化监管治理体系，实现政府与企业、政府与个体的有效结合与良性互动。

我国已经开启全面建设社会主义现代化国家的新征程，推进国家治理体系和治理能力现代化、适应人民日益增长的美好生活需要，对数字政府建设提出了新的更高要求。要主动顺应经济社会数字化转型趋势，充分释放数字化发展红利，进一步加大力度，改革突破，创新发展，全面开创数字政府建设新局面。加强数字政府建设是适应新一轮科技革命和产业变革趋势、引领驱动数字经济发展和数字社会建设、营造良好数字生态、加快数字化发展的必然要求，是建设网络强国、数字中国的基础性和先导性工程，是创新政府治理理念和方式、形成数字治理新格局、推进国家治理体系和治理能力现代化的重要举措，对加快转变政府职能，建设法治政府、廉洁政府和服务型政府意义重大。

---

① 保海旭，陶荣根，张晓卉. 从数字管理到数字治理：理论、实践与反思［J］. 兰州大学学报（社会科学版），2022（05）．

主要参考文献 References

[1] [美] 阿图·埃克斯坦. 公共财政学 [M]. 张愚山, 译. 北京: 中国财政经济出版社, 1983.

[2] 白景明. 央地收入划分关系重构 [J]. 新理财 (政府理财), 2015 (12).

[3] 财政部干部教育中心. 现代政府间财政关系研究 [M]. 北京: 经济科学出版社, 2017.

[4] 曹志伟, 吴柏钧, 李竞超, 等. 转移支付、政府间财力协调与地区差异化投资 [J]. 财经论丛, 2023 (08).

[5] [美] 理查德·A. 马斯格雷夫, 佩吉·B. 马斯格雷夫. 财政: 理论与实践 [M]. 荀燕楠, 译. 北京: 中国财政经济出版社, 2022.

[6] 柴雪华. 财政部门加强政府非税收入管理改革的建议 [J]. 中国管理信息化, 2023 (14).

[7] 崔军, 李晓凡, 黄健雄. 建国以来中央与地方事权划分: 历史回顾与经验总结 [J]. 财政监督, 2022 (08).

[8] 崔小勇, 赵煦风, 闫昱. 公共支出均衡化、外部性与最优一般性转移支付 [J]. 经济研究, 2023 (02).

[9] 邓子基. 以收定支还是以支定收 [J]. 财政研究, 2002 (03).

[10] 樊丽明, 郭健. 地方主体税种选择: 理论逻辑、国际经验与策略权衡 [J]. 国际税收, 2022 (11).

[11] 冯根富, 崔海雷. 建立更有效的区域协调发展机制 [J]. 公安研究, 2020 (03).

[12] 冯静, 汪德华. 新中国政府债务 70 年 [M]. 北京: 中国财政经济出版社, 2020.

[13] 冯俏彬. 我国政府收入体系现代化研究 [J]. 重庆理工大学学报 (社会科学), 2020 (09).

[14] 高培勇. "以支定收" 的财政观 [J]. 经济研究参考, 2001 (39).

[15] 高培勇. 中国财税改革 40 年: 基本轨迹基本经验和基本规律 [J]. 经济研究, 2018 (03).

[16] 葛乃旭, 宋静. 德国转移支付制度改革及对我国的启示与借鉴 [J]. 地方财政研究, 2013 (01).

[17] 胡玉杰, 高延雷, 王秀东. 财政纵向失衡、转移支付与民生性公共服务供给

[J]．当代财经，2023（11）．

［18］黄凤羽，李洁．税制结构演变的国际经验与中国展望［J］．财经理论与实践，2023（05）．

［19］黄国平，李婉溶．数字人民币促进数字财政建设和财政数字化转型［J］．财政研究，2022（02）．

［20］贾俊雪，刘勇政．现代财政体制建设［M］．北京：中国人民大学出版社，2023．

［21］姜世林等．世界宪法全书［M］．山东：青岛出版社，1997．

［22］姜晓萍，郭宁．我国基本公共服务均等化的政策目标与演化规律——基于党的十八大以来中央政策的文本分析［J］．公共管理与政策评论，2020（06）．

［23］靳继东．世界主要国家政府间财政关系立法概论［M］．北京：科学出版社，2020．

［24］兰小欢．置身事内：中国政府与经济发展［M］．上海：上海人民出版社，2021．

［25］李萍．财政体制简明图解［M］．北京：中国财政经济出版社，2010．

［26］刘佳，吴建南，马亮．地方政府官员晋升与土地财政——基于中国地市级面板数据的实证分析［J］．公共管理学报，2012（02）．

［27］刘琳，孙磊．日本转移支付制度概述及经验借鉴［J］．商业研究，2012（03）．

［28］刘明慧，侯雅楠．政府间收入划分：理论与现实驱动的重新审视［J］．财经问题研究，2019（06）．

［29］刘泰洪．地方政府竞争的正效应：一个蒂布特模型分析［J］．山东工商学院学报，2009（04）．

［30］刘振，曾津．地方政府竞争、财政分权与产业高质量发展［J］．经济问题探索，2023（07）．

［31］楼继伟．中国政府间财政关系再思考［M］．北京：中国财政经济出版社，2013．

［32］吕冰洋．央地关系：寓活力于秩序［M］．北京：商务印书馆，2022．

［33］吕冰洋．走向现代财政："国家治理财政"视角［M］．北京：中国人民大学出版社，2022．

［34］马克思，恩格斯．马克思恩格斯选集（第三卷）［M］．北京：人民出版社，1972．

［35］乔宝云，刘乐峥．公共财政研究报告——中国政府间财政关系与财政风险分担职能［M］．北京：中国财政经济出版社，2013．

［36］汪戎，常斌．政府间均衡性转移支付绩效评价体系构建［J］．学术探索，2015（07）．

［37］王婷婷，杨明慧．数字财政的发展动因、主要挑战与优化路径［J］．财政研究，2023（05）．

［38］王玮．中国能引入横向财政平衡机制吗？——兼论"对口支援"的改革［J］．财贸研究，2010（02）．

[39] 王湘军, 李雪茹. 深化政府事权划分改革之整体框架建构 [J]. 中国行政管理, 2019 (04).

[40] 王叙果, 张广婷, 沈红波. 财政分权、晋升激励与预算软约束——地方政府过度负债的一个分析框架 [J]. 财政研究, 2012 (03).

[41] 王蕴波, 景宏军. 分配正义视阈下我国政府间财政风险分担机制研究 [J]. 财会研究, 2020 (05).

[42] 王志刚. 财政数字化转型与政府公共服务能力建设 [J]. 财政研究, 2020 (10).

[43] 王志刚, 赵斌. 数字财政助推国家治理现代化 [J]. 北京大学学报（哲学社会科学版）, 2020 (03).

[44] 吴群, 李永乐. 财政分权、地方政府竞争与土地财政 [J]. 财贸经济, 2010 (07).

[45] 谢京华. 政府间财政转移支付制度研究 [M]. 浙江: 浙江大学出版社, 2011.

[46] 徐阳光. 如何实现"以支定收"——新《预算法》理财观解读 [J]. 税务研究, 2015 (01).

[47] 詹绍菓, 李昕. 财政分权对地方政府债务规模的非线性影响——基于财政透明度的调节效应 [J]. 东北大学学报（社会科学版）, 2023 (03).

[48] 张帆, 肖诗阳. 美国政府财政与债务危机: 对中国的借鉴 [M]. 北京: 北京大学出版社, 2016.

[49] 张紧跟. 当代中国政府间关系导论 [M]. 北京: 社会科学文献出版社, 2009.

[50] 赵斌, 陈成天, 孙倩. 数字财政: 转型制约因素与全面数字化对策 [J]. 地方财政研究, 2020 (10).

[51] 赵云旗. 中国分税制财政体制研究 [M]. 北京: 经济科学出版社, 2005.

[52] 周黎安. 中国地方官员的晋升锦标赛模式研究 [J]. 经济研究, 2007 (07).

[53] 周业安. 地方政府竞争与经济增长 [J]. 中国人民大学学报, 2003 (01).

[54] 朱军, 许志伟. 财政分权、地区间竞争与中国经济波动 [J]. 经济研究, 2018 (01).

[55] 朱秋霞. 德国政府预算制度 [M]. 北京: 经济科学出版社, 2017.

[56] 刘尚希, 赵福昌, 孙维. 中国财政体制: 探索与展望 [J]. 经济研究, 2022 (07).

[57] 刘尚希, 程瑜, 赵福昌, 等. 优化中央与地方财政关系研究 [J]. 财贸经济, 2024 (10).

[58] 辛冲冲. 纵向财政失衡、FDI竞争与医疗卫生服务供给水平——兼论标尺竞争机制下地区间的策略性行为 [J]. 财贸经济, 2022 (01).

[59] 吕冰洋, 台航. 国家能力与政府间财政关系 [J]. 政治学研究, 2019 (03).

[60] 李永友, 张帆. 垂直财政不平衡的形成机制与激励效应 [J]. 管理世界, 2019

Nakasone E, Torero M, Minten B. The Power of Information: The ICT Revolution in

Agricultural Development [J]. Annual Review of Resource Economics, 2014 (06).

[62] Wallace W E. Oates: An Essay on Fiscal Federalism [J]. Journal of Economic Literature, 1999 (03).

[63] Sanjeev Gupta, Michael Keen, Alpa Shah, and Geneviève Verdier. Digital Revolutions in Public Finance [M]. Washington: IMF report, 2017.

[64] Tiebout, C. M. A Pure Theory of Local Expenditures [J]. Journal of Political Economy, 1956 (05).

[65] Una G, Allen R, Pattanayak S, et al. Digital Solutions for Direct Cash Transfers in Emergencies [J]. Regional Economic Outlook, 2020 (04).

后 记 | Postscript

如何在社会主义市场经济条件下充分发挥中央和地方两个积极性，既坚定维护党中央权威和集中统一领导，又为地方提供有效激励，是我国在40多年改革开放实践中着力探索回答的重要课题。但是如何理顺政府间财政关系，客观认识财政体制改革中存在的问题与不足，确保财政体制有效运转，是我们心之所系、行之所向。因此在本书编写过程中，我们既回顾过去，又展望未来；既立足中国，又放眼世界。当代中国从历史中国走来，我们在对历史的深入思考中汲取智慧、走向未来，通古今变化，把握世界发展潮流，发时代先声。面对多方观点，我们求同存异，也在写作中融入自己的心得体会。或许有些观点存在不足，有些观点有失偏颇，但本书也希望能在政府间财政关系方面输出自己的想法与视角，与读者共同探讨。

本书凝结了多位专家教授与财政学前辈的智慧，我们要特别感谢云南省人大常委会预工委、云南省财政厅以及云南省委金融办相关同志，感谢他们为本书提供的各种有价值的观点。更要感谢云南财经大学财政与公共管理学院以及公共政策研究中心对本书的大力支持，他们不仅给予我教学科研的岗位，还资助本书的出版，感激之情，无以言表。除此之外，本书在编写过程中还参阅、借鉴了诸多优秀教材和政府间财政关系方面的前沿研究成果，再次向这些文章的作者表示崇高的敬意和衷心的感谢！

本书由云南财经大学期刊中心方铸教授、云南省委金融委员会办公室副主任常斌老师共同主持，由相关教学工作一线的教师与相关研究人员分工协作、共同完成。更要感谢的是，在前期授课过程中，云南财经大学博士研究生白帆、王成展、李敏丽、李丽梅、何倩、刘雅娴，云南财经大学硕士研究生马嘉润、王颖、杨学良、胡贤智、金美恒、杨洋、杨颖、任婕、王慧、刘晓莹、黄梦雪、吴思颖、王晓萌、韩欣敏，云南财经大学本科生赵珅、段贵悦、陈雨彤和云南财经大学财政与公共管理学院2022级财政学专业硕士研究生、卓政20-1、财基23-1、财基23-2、财政23-1、财政23-2本科班全体同学给予的诸多反馈意见和直接修改帮助。在此感谢所有参与本书撰写的人员，感谢他们在编写过程中的付出与努力。

本书主要适用于高等院校财政学专业和其他经济管理类专业的本科课程，可以供有关工作人员学习参考。最后，希望本书的出版发行，能够进一步引起更多读者对于政府间财政关系的思考与讨论，研究无止境，出于种种原因，本书肯定还存在许多不足之处，敬请读者不吝批评指正。

作　者

2025年5月于昆明